DICTIONNAIRE DES RIMES

P. DESFEUILLES

DICTIONNAIRE DES RIMES

PRÉCÉDÉ D'UN

PETIT TRAITÉ DE VERSIFICATION FRANÇAISE

ÉDITIONS GARNIER
8, Rue Garancière
75006 Paris

A Monsieur HUGO P. THIEME,
Professeur à l'Université de Michigan,
Hommage respectueux.

ISBN : 2-7370-0174-9

NOTE BIBLIOGRAPHIQUE.

Parmi les ouvrages fondamentaux à consulter, outre ceux que nous avons déjà cités, pour approfondir les notions forcément très succinctes que nous venons de donner — ouvrages que nous nous réservons d'indiquer ultérieurement dans une « Petite bibliographie du vers français » — on se reportera avec profit à : Hugo P. THIEME : *Essai sur l'histoire du vers français ;* BANVILLE : *Petit traité de poésie français.* (La rigueur des prescriptions de cet ouvrage tient au caractère un peu scolaire de ce livre. On y note l'influence directe, dans le chap II, du *Dictionnaire de rimes*, de Napoléon Landais et des coïncidences frappantes entre certains passages du chap. X et les ouvrages de Richelet, Asselineau et Wilhelm Tenint...) ; V. Delaporte : *De la rime française. . ;* Georges Lote : *Etudes sur le vers français ;* Rochette : *L'alexandrin chez Victor Hugo ;* Maurice Souriau : *L'évolution du vers fr. au XVIIe siècle;* Robert de Souza : *Questions de métrique.*

Petit traité de versification française.

La versification, que l'on oppose parfois à la poésie, et qui de fait ne saurait à elle seule faire les vrais poètes, constitue la partie technique de la poésie, le « métier ». Si elle ne suffit pas à donner le secret de la poésie, il est en revanche indispensable d'en connaître les règles pour éviter de faire de la prose en croyant faire de la poésie. [1]) Ce qu'on appelle en effet de la prose poétique, c'est une chose hybride qui ne possède pas les éléments essentiels constituant le vers français (cf. *infra* : vers libre). Les éléments essentiels du vers français sont : la rime, la mesure et le rythme.

A. LA RIME.

On appelle rime la similitude (dans les mots ou groupes de mots terminant deux vers) du dernier élément vocalique accentué et des autres éléments sonores qui peuvent le suivre. [2])

Il y a deux sortes de rimes : les rimes masculines et les rimes féminines. Les rimes masculines sont celles qui ne comportent pas de syllable muette après l'élément vocalique accentué, les rimes féminines au contraire sont celles qui présentent une syllabe muette après l'élément vocalique accentué. On dit que deux mots riment richement lorsqu'ils ont une consonne, dite consonne d'appui, ou un groupe consonnantique de même nature immédiatement avant leur élément vocalique final et accentué commun. La versification

---

1) Même ceux qui font fi de la versification classique et qui affectent de l'ignorer auront intérêt, pour conserver à leurs tentatives d'adaptation et de renouvellement de la forme, le caractère poétique, à bien comprendre le mécanisme de la versification traditionnelle et ses raisons d'être. A cette condition seulement leurs recherches, qui n'ont rien de blâmable en soi, peuvent être fécondes.

2) Si ces derniers éléments différent on n'a plus qu'une *assonnance*, comme dans les vers de la Chanson de Roland.

classique se contente d'ordinaire de rimes *suffisantes* (c'est-à-dire dépourvues de cette consonne). Exemples :

rimes : ba*ba* - arni*ca*, sou*a*be - syll*a*be.
rimes masculines : agenda - réséda.
rimes féminines : probable - vocable.
rimes pourvues de la consonne d'appui : fa - sofa ; table - discutable

Il ne suffit pas, comme on voit, pour qu'il y ait rime que les deux ou trois dernières lettres de deux mots soient semblables : halleba*rde* et miséricor*de* ne riment pas.

Il faut éviter autant que possible de faire rimer ensemble deux mots de même espèce (substantif avec substantif, adjectif avec adjectif ou verbe avec verbe) et à plus forte raison un mot simple avec son composé. La similitude rigoureuse de la graphie des mots rimant ensemble a été longtemps exigée et cette règle a donné naissance à diverses *licences poétiques* (cf. *infra*). Une certaine tolérance à cet égard est devenue générale et on s'attache moins à rimer pour les yeux que pour l'oreille. Il n'est généralement plus tenu compte des lettres qui ne se prononcent pas. On tolérait seulement l'assimilation de *s*, *x et z* d'une part ; de *c* et de *g* d'autre part ; de *m* et de *n* enfin dans les syllabes nasales finales.

Pendant longtemps on a proscrit la rime d'un singulier avec un pluriel et d'un mot terminé par une consonne muette avec un autre mot ne rimant avec lui que de son. Mais ces règles sont devenues moins strictes. En revanche on doit bannir les rimes qui ne donnent satisfaction qu'aux yeux. On appelle rimes normandes des rimes qui ne satisfont que les yeux comme *mer* et *aimer*.

Les rimes de deux syllabes ne sont pas rares en français et conviennent aux octosyllabes familiers et truculents de la farce. On sait qu'un poéte s'était amusé à faire rimer entièrement, par suite d'un calembour qu'eut sans doute envié le Mis. de Bièvre, deux alexandrins :

Gal, amant de la Reine, alla, tour magnanime,
Galamment de l'Arène à la Tour Magne, à Nîmes.

Les jeux de rimes auxquels se livraient nos vieux rhétoriqueurs, et en particulier Crétin, ont été énumérés par Richelet.

Il y a la rime *batelée* qui revient en écho à la césure du vers suivant :

Quand Neptunus puissant Dieu de la *mer*
Cessa d'ar*mer* caraques et galées...

(Clément Marot) :

la rime *fraternisée*, qui fait répéter au début du vers tout ou partie du dernier mot du vers précédent :

> Mets voile au vent, cingle vers nous, *Caron*,
> *Car on* t'attend...

Banville obtient parfois par de hardis enjambements des rimes rarissimes (cf. *infra*). Mais le désir de trop de richesse dans la rime risque d'entraîner à d'excessifs calembours. Il faut se garder de cette exagération (sauf effet particulier à obtenir) avec autant de soin que du défaut opposé, la banalité de la rime. Les rimes rares, même lorsque la consonne d'appui leur fait défaut, seront toujours la coquetterie légitime des bons versificateurs. [1])

Il faut prendre grand soin de ne pas accoupler à la rime des syllabes longues et brèves comme *câble* et *impeccable* ou *patte* et *pâte*.

Les rimes peuvent se suivre accouplées deux à deux : ce sont alors des rimes plates ; ou bien alterner et ce sont alors des rimes croisées. Voici un exemple de rimes de ce dernier type :

> L'âme pleine d'amour et de mélancolie,
> Et couché sur des fleurs et sous des orangers,
> J'ai montré ma blessure aux deux mers d'Italie,
> Et fait dire ton nom aux échos étrangers
>
> (MAYNARD.)

Les rimes peuvent encore alterner avec embrassements : m f f m ; ou se succéder librement au gré du poète dans certaines pièces. La rime a été le plus souvent ou trop vantée ou trop décriée. La rime trop riche frisant le calembour détourne l'attention du dessin général du vers et le retour monotone à la fin du vers de ces homophonies tantôt masculines, tantôt féminines a parfois quelque chose d'accablant. Verlaine prétendait, non sans s'abuser lui-même, que la rime n'était qu'un « bijou d'un sou ». M. Paul Claudel hait l'alternance fastidieuse des rimes masculines et féminines qu'il compare à la cime dentelée d'une palissade de pieux pointus. [2])

---

1) Les rimes portant sur deux syllabes sujettes à *diérèse* on a *synérèse* (cf. *infra*) doivent unifier la quantité de la syllabe douteuse dans les deux mots considérés. — Certains mots dont nous prononçons actuellement les consonnes finales comme *fils* pouvaient autrefois (lorsque ces consonnes finales étaient atones) rimer avec des mots différant d'eux par la graphie (comme : *je fis*, du verbe faire).

2) Un autre inconvénient de la rime est qu'elle provoque souvent des « chevilles. » Voici ce qu'écrivait avec raison à ce sujet Sommer (*Dict. de rimes* p. 15) : « On a remarqué que bien souvent, chez les meilleurs poètes, de deux vers qui riment ensemble, l'un exprime la pensée

Et de fait ce trait qui est particulier à la physionomie de notre versification est d'autant plus important que, notre langue ne comportant pas de syllables longues et brèves aussi tranchées que le latin, par exemple, la clausule du vers risquerait de passer parfois inaperçue. Il faut remarquer toutefois que la rime est un élément du vers moins fondamental peut-être que la mesure ou que le rythme [1]) et sert surtout d'adjuvant à ces deux autres éléments qui ont besoin d'être renforcés de la sorte.

B. LA MESURE.

Un vers diffère d'une ligne de prose en français par le nombre limité et régulier des syllabes qui le composent, plus encore peut-être que par le retour régulier des rimes. Si en effet une prose soignée tient compte du « nombre » (ou harmonie), ce « nombre » n'est cependant pas régi par des lois aussi strictes qu'en prosodie.

Toutes les syllabes comptent dans le vers sauf celles qui, finissant un mot, se terminent par un *e muet* immédiatement suivi d'une voyelle ou d'une *h non aspirée*.

Les trois dernières lettres de la 3ème personne du pluriel de l'imparfait de l'indicatif et du conditionnel (aimai*ent*, aimerai*ent*) ne forment pas une syllabe : ces finales *aient* (comme les subjonctifs *aient* et *soient*) ne font qu'une seule syllabe.

L'*e muet* devant une consonne ou une *h aspirée* forme une syllabe que l'on compte.

On nomme *hiatus* la rencontre de deux voyelles ou d'une voyelle et d'une *h muette*, placées : l'une à la fin d'un mot et l'autre au commencement du mot suivant. L'*e muet*, à la fin d'un mot, ne peut former un hiatus avec la voyelle initiale du mot suivant, car on l'élide, comme on va voir un peu plus

---

d'une manière complète, l'autre n'est fait que pour amener la rime. De là tant de pensées affaiblies par le manque de concision, par la redondance, par un redoublement d'expressions qui affaiblit et décolore la première image. »

Taine appelait les alexandrins des « lignes non finies » et ne faisait pas grand cas des tours de force que nécessite la rime ; d'autres ont attaché le plus grand prix à la rime, les Parnassiens en particulier, qui auraient volontiers adopté à cet égard pour devise les vers de Sainte-Beuve. :

Rime, qui donnes leurs sons
Aux chansons,
Rime, l'unique harmonie
Du vers, qui, sans tes accents
Frémissants,
Serait muet au génie...

1) La rime est une esclave et ne doit qu'obéir. (BOILEAU).

loin. La voyelle finale ne fait pas hiatus devant l'*h aspirée*, témoin ce vers de Boileau !

Jeune et vaillant, dont *la haute* sagesse...

La conjonction *et* (dont le *t* ne se prononce pas) formerait hiatus avec une voyelle initiale qui le suivrait, mais non pas le mot *est* (dont le *t* se prononce dans la liaison).

L'hiatus est admis dans le corps des mots, dans les mots composés, et entre la fin d'un vers et le commencement du vers suivant :

Dans un calme profond Darius endormi
Ignorait jusqu'au nom d'un si faible ennemi. (Racine).

L'hiatus est la rencontre de deux sons voyelles produisant un effet pénible, dont l'oreille seule est juge. Cependant par suite d'une convention purement arbitraire, les mots dont l'orthographe comporte une lettre consonne finale non prononcée (et dont la présence n'est révélée qu'aux yeux d'un lecteur) sont admis devant des voyelles initiales ; *chevalier*, *nid*, *loup*, etc. se trouveront donc devant des mots commençant par des voyelles.

On admet deux *oui* de suite et les exclamations *ah*, *eh*, *oh* devant des voyelles initiales.

Oui, oui, mon choix est tel qu'on n'y peut rien reprendre. (Molière).
J'irais trouver mon juge. — *Oh ! oui*, monsieur, j'irai. (Racine).

Les anciens poètes n'évitaient pas l'hiatus ; même chez Malherbe on rencontre encore cet hémistiche :

...que l'âme, *qui est* née...

La plupart des poètes contemporains, renouant la tradition des poètes de la Pléiade, tolèrent un usage discret de l'hiatus, notamment dans les expressions toutes faites composées de plusieurs mots, telles que *peu à peu*, *il y a...* D'ailleurs on trouve dans La Fontaine, Corneille et même Racine, quelques uns de ces hiatus qui ne sont en soi nullement plus désagréables que la rencontre des voyelles à l'intérieur de mots comme *filial*, *harmonieux*, *joua*, *jouet*, *Gargantua*. Mais l'usage les interdit à la poésie relevée. Tout cela ne doit pas être l'objet de règles immuables et toutes mécaniques. L'oreille du poète et son sens de l'harmonie doivent seuls décider de ce qu'il se permettra ou s'interdira. A cause de la cacophonie, il faut éviter les séquences de syllabes nasales : *en entier*, *en vain*, *en entrant*.

On dit qu'il y a *élision*, que l'on élide un *e muet* final, quand il est devant la voyelle initiale du mot suivant, cela veut dire que cet *e* ne compte pas comme une syllabe dans la mesure, et que les mots en italique dans les vers suivants par exemple ne font que 4 syllabes ; cela est naturel puisque dans cette position l'*e* ne se prononce pas :

Oui, je viens dans son *temple adorer* l'Éternel. (RACINE).

Le pronom *le* étant accentué (son *e* n'étant donc pas muet) peut se trouver à la césure :

Épargnez-*le*, nous n'avons plus que lui. (FLORIAN) ;

Son élision, dans le vers suivant de Molière, était presqu'une licence :

Mais mon petit monsieur, prenez-*le* un peu moins haut.

L'*e* muet d'un mot où il est précédé d'une voyelle doit toujours s'élider :

...*Troie* expira sous vous. (RACINE).

Le mot « Troie » ne pourrait se placer devant une consonne initiale. Des mots au pluriel comme *joies*, *voient* ne peuvent se placer qu'en rimes féminines et non à l'intérieur d'un vers classique.

Les *licences* poétiques, ces légères infractions à l'usage de la prose ou aux règles trop strictes de la prosodie, se rapportent à la place des mots dans la phrase, à l'orthographe ou à la grammaire.

L'inversion est un tour dont les versificateurs d'autrefois ont abusé et qui « date » aujourd'hui beaucoup. On l'évitera. Les inversions les plus fréquentes étaient le sujet placé après le verbe, ou le complément déterminatif avec sa préposition précédant le mot déterminé. Ces deux genres d'inversion se trouvent dans ce vers de Molière :

Tombent sur moi du ciel les plus grands châtiments !

Si le tour exclamatif de ce vers, avec son subjonctif *tombent*, pourrait encore passer aujourd'hui, il n'en serait plus guère de même pour l'inversion de ce vers de Corneille :

Sur le repos qu'enfin a retrouvé mon âme.

Voici encore quelques exemples d'inversion :

Un docile ruisseau, qui, sur un lit pierreux,
Tombe, écume, et, roulant avec un doux murmure,
Des champs désaltérés ranime la verdure. (DELILLE.)

Que les temps sont changés ! Sitôt que de ce jour
La trompette sacrée annonçait le retour. (RACINE).

On trouve aussi un pronom avant le verbe qui le régit :

Polissez-le sans cesse et le repolissez. (BOILEAU.)

Tu veux servir : va, sers, et me laisse en repos. (RACINE).

Oui, je le vais trouver, je lui vais obéir. (VOLTAIRE.)

Lorsqu'il y a doute sur le nombre de syllabes qu'il faut assigner à un mot contenant un groupe de deux voyelles commençant par *i*, *ou*, *o* ou *u*, groupe qu'on hésite à compter pour une ou deux syllabes, on pourra suivre les préceptes empiriques de la versification classique que nous allons rappeler brièvement, mais on remarquera que les quantités ainsi prescrites sont souvent arbitraires et que de grands poètes se sont souvent contredits à leur sujet. Voici par exemple un certain nombre de mots que Victor Hugo, Alfred de Musset, Théophile Gautier et d'autres poètes faisant également autorité ont employés avec ou sans « diérèse : » ouest, truie, hier, rouet, fouet, chouette, suicide, miasme, opium... (cf. Maurice Grammont : *Le Vers Français, p.* 468). Ces contradictions s'expliquent par les fluctuations de la prononciation. Des synérèses ont été transformées en diérèses (« sanglier » au XVIIe siècle se prononcait en deux syllabes) et inversement des diérèses vieillies se sont fondues et se sont muées en synérèses (par exemple : diacre, écuelle, quotidienne, assiette, piéton, bruire *etc.* Cf. Maurice Grammont *op. cit.* 471) Les synérèses prescrites par l'usage sont indiquées, lorsqu'il y a lieu, dans notre dictionnaire par le nombre de syllabes du mot entre parenthèses. Ce sera le cas naturellement pour les mots qui n'ont que dans leur graphie un système de deux voyelles : par exemple : paon, Saône, taon. [1])

Différentes mesures de vers.

Il y a douze sortes de mesures de vers. En voici un spécimen mnémotechnique assez curieux :

O mort, viens terminer = ma misère cruelle !
S'écriait un jour, = dans un sombre transport,
Le pauvre Charle = accablé par le sort.
S'empressant = à la voix qui l'appelle,
La faux en main, accourt la mort.
Me voilà prête, dit-elle,
Or çà, de par Pluton,
Que demande-t-on ?
Je veux, dit Charle.
— Tu veux ! Parle.
Eh bien !
— Rien.

Victor Hugo dans sa pièce des *Djinns* (spirituellement pastichée par Charles Monselet) a employé dans des strophes successivement croissantes puis décroissantes les différentes mesures de vers.

---

1) Les licences d'orthographe — d'ailleurs vieillies — consistent à supprimer l'*s* final, quand la première personne du verbe se termine par cette lettre : je *voi*, je *croi*, etc.

Le vers de *douze* syllabes ou alexandrin [1] est le plus long mètre employé :

Voici comment se scandent les alexandrins :

1 2 3 4 5 6 7 8 9 10 11 12
Ce Dieu, maître absolu = de la terre et des cieux,

1 2 3 4 5 6 7 8 9 10 11 12
N'est point tel que l'erreur = le figure à vos yeux :

1 2 3 4 5 6 7 8 9 10 11 12 0
L'Éternel est son nom = le monde est son ouvrage,

1 2 3 4 5 6 7 8 9 10 11 12 0
Il entend les soupirs = de l'humble qu'on outrage,

1 2 3 4 5 6 7 8 9 10 11 12
Juge tous les mortels = avec d'égales lois,

1 2 3 4 5 6 7 8 9 10 11 12
Et du haut de son trône = interroge les rois. RACINE.

Le vers de *onze* syllabes est très peu usité.

Le *décasyllabe* est au contraire très employé :

L'honneur sans plus du verd laurier m'agrée ;
Par lui je hais le vulgaire odieux.
Voilà pourquoi Euterpe la sacrée
M'a de mortel fait compagnon des dieux. (RONSARD.)

Le vers de *neuf* syllabes ou *ennéasyllabe* est très rare :

Des destins la chaîne redoutable
Nous entraîne à d'éternels malheurs ;
Mais l'Espoir à jamais secourable,
De ses mains viendra sécher nos pleurs. (VOLTAIRE).

Voici ce que M. J. Chénier en a dit dans son poème sur les *Principes des arts :*

Dans la forme des vers, neuf syllabes rangées
Font des lignes en prose et de rimes chargées.
Si Quinault pour Lulli, Voltaire pour Rameau,
Usèrent quelquefois de ce mètre nouveau,
Racine, plus fidèle au rythme poétique,
Renouvelant ces chœurs qu'aimait la scène antique,
Sut offrir en des vers faits pour être chantés,
Et la rigueur de l'art et toutes ses beautés.

---

1) L'*alexandrin* tire son nom du vieux *Roman d'Alexandre* où il se trouvait employé. — Des vers de plus de 12 syllabes ont été essayés, en particulier le vers de 13 syllabes par Saint-Amant :

Le bon gros Saint-Amant et son compère Faret.

Mais ces tentatives n'ont jamais été que des amusements de versificateurs.

L'*octosyllabe*, qui n'est pas soumis à la césure, convient aux sujets légers ou lyriques :

Tandis qu'à leurs œuvres perverses
Les hommes courent haletants,
Mars qui rit, malgré les averses,
Prépare en secret le printemps. (TH. GAUTIER.)

Le vers de *sept* syllabes ou *heptasyllabe* s'emploie d'ordinaire comme l'octosyllabe :

Si quelque jour, étant ivre,
La mort arrêtait mes pas,
Je ne voudrais pas revivre
Après un si doux trépas :
Je m'en irai dans l'Averne,
Faire enivrer Alecton,
Et bâtir une taverne
Dans le manoir de Pluton. (MAÎTRE ADAM).

Le vers de *six* syllabes ou demi-alexandrin ne s'emploie guère seul que dans le genre lyrique, et s'entremêle le plus souvent avec des vers plus longs :

Heureuse solitude,
Seule béatitude,
Que votre charme est doux !
De tous les biens du monde,
Dans ma grotte profonde,
Je ne veux plus que vous. (DUCIS).

Hélas ! si jeune encore,
Par quel crime ai-je pu mériter mon malheur ?
Ma vie à peine a commencé d'éclore ;
Je tomberai comme une fleur
Qui n'a vu qu'une aurore.
Hélas : si jeune encore,
Par quel crime ai-je pu mériter mon malheur ? (RACINE).

Le vers de *cinq* syllabes est plus usité que le précédent, surtout dans les idylles et les cantates :

Dans ces prés fleuris
Qu'arrose la Seine,
Cherchez qui vous mène,
Mes chères brebis. (Mme DESHOULIÈRES.)

Le vers de *quatre* syllabes ou *tétrasyllabe* convient aux pièces fugitives :

Mon ermitage
Est un berceau
Dont un treillage
Couvre un caveau. (GENTIL BERNARD.)

Le vers de *trois* syllabes est rarement employé seul :

Çà, qu'on selle
Écuyer,
Mon fidèle
Destrier ;
Mon cœur ploie
Sous la joie,
Quand je broie
L'étrier. (V. HUGO.)

La cigale ayant chanté
Tout l'été. (LA FONTAINE.)

Quand je sens parmi les prés
Diaprés
Les fleurs dont la terre est pleine... (RONSARD.)

Le vers de *deux* syllabes est également fort rare et se combine d'ordinaire avec de plus grands vers :

Que les champs libres on leur laisse,
Un peu,
Je gage
Qu'on verra, s'ils sortent de cage,
Beau jeu. (LA FONTAINE.)

Le vers d'*une* syllabe ne se trouve guère qu'entremêlé avec de plus grands vers.

Daigne protéger notre chasse,
Châsse
De monseigneur saint Godefroi,
Roi !

Si tu fais ce que je désire,
Sire,
Nous t'édifierons un tombeau
Beau. (V. HUGO.)

Voici un autre exemple, de Panard :

On voit des commis
Mis
Comme des princes,
Et qui sont venus
Nus
De leurs provinces.

Il est très malaisé d'employer seul le vers *d'une syllabe* ; en voici cependant un exemple, extrait d'une pièce de M. Pommier, intitulée *Sparte, en style laconique :*

Dure
Loi ;
Sûre
Foi ;
Chastes
Mœurs ;
Vastes
Cœurs ;
Mâles

Gars ;
Pâles
Arts ;
Braves
Chauds ;
. . . .
Maîtres
Fiers ;
Piètres

Serfs ;
Princes
Gueux ;
Minces
Queux ;
Riches
Faits ;
Chiches
Mets.

L'étude des strophes (cf. *infra*) apprendra la façon dont peuvent être employés, dans une même suite de vers, des vers de mesures différentes.

On appelle *vers libres* des vers de mesures différentes, alternant au gré de la fantaisie du poète, sans suivre de règles strophiques. La Fontaine dans ses *Fables* s'est constamment servi de cette licence, et il en est résulté une grande variété, une grande souplesse de forme grâce auxquelles le poète a pu rendre sensible le mouvement de ses récits :

Si ce n'est toi, c'est donc ton frère.
— Je n'en ai point. — C'est donc quelqu'un des tiens :
Car vous ne m'épargnez guère,
Vous, vos bergers et vos chiens.
On me l'a dit : il faut que je me venge... »
(*Le Loup et l'Agneau*).

Les poètes contemporains usent volontiers des vers libres, mais, comme en outre ils répudient souvent l'usage de la rime, leur poésie risque fort de se confondre avec de la prose rythmée, tentative parfois curieuse (comme par exemple le *Gaspard de la nuit* d'Aloysius Bertrand) mais souvent décevante.

Sans tomber dans la métromanie, il ne saurait être vain d'étudier les règles traditionnelles de notre versification et d'ailleurs on sent chez les novateurs les plus hardis, lorsqu'ils apportent des formules intéressantes, une connaissance certaine des vieux auteurs. [1])

C. LE RYTHME.

I. LE RYTHME DANS LE VERS.

Le rythme qui constitue le troisième et le plus important des éléments de notre versification est défini par M. Maurice Grammont (*Petit Traité, p.* 47) « le retour à intervalles sensiblement égaux des temps marqués ou accents rythmiques. » Ces accents tombent (sauf en cas d'élision d'*e* muet) sur les finales des groupes de syllabes dans lesquels le vers se décompose ; entre ces groupes il y a des coupes (repos ou césures), qui sont placées toujours après la fin d'un mot important ; ce sont des respirations qui marquent (notamment à la fin du vers, sauf en cas d'*enjambement*) les articulations de la phrase.

1. La césure classique.

On appelle césure l'endroit où le vers se trouve coupé en deux tronçons par un repos. Dans l'alexandrin classique ce repos

1) Sur toutes ces recherches et ce qu'elles ont parfois de bien compliqué, cf. Jules Romains et G. Chennevière : *Petit traité de versification française.* Que penser en effet des rimes renversées proposées par cet auteur (julep-archipel, *p.* 67) ?

se trouve après la sixième syllabe et chacun des deux tronçons se nomme hémistiche. Dans le décasyllabe classique la césure se trouve entre la quatrième et la cinquième syllabe. Mais au siècle dernier la césure 5/5 a été admise et même le mélange des césures 4/6 et 5/5. [1]) La césure doit toujours tomber sur une syllabe accentuée, jamais sur une muette, à moins que cette muette ne soit suivie d'une voyelle, et ne s'élide :

Observez l'hémisti/che, et redoutez l'ennui
Qu'un repos unifor/me attache auprès de lui. (VOLTAIRE).

2. Les accents secondaires et le vers ternaire.

Il serait tout-à-fait erronné de s'imaginer que la coupe classique de l'alexandrin marque le seul accent du vers. Les classiques eux-mêmes avaient déjà employé des vers ternaires.

Et près de vous / ce sont des sots / que tous les hommes,
(MOLIÈRE).

Ah ! si mon cœur / osait encor / se renflammer !
(LA FONTAINE).

Mais ce sont les romantiques qui en ont développé l'usage :

Il vit un œil / tout grand ouvert / dans les ténèbres.
(V. HUGO).

A côté de la coupe 4, 4, 4, on trouve fréquemment aussi la coupe 3, 5, 4.

En dehors même des coupes du trimètre, il peut exister des accents secondaires. Becq de Fouquières, dont M. Maurice Grammont a repris la théorie dans sa magistrale étude sur *Le vers français*, en a fixé le nombre moyen à quatre, deux fixes et deux mobiles. Les deux accents fixes portent sur la 6e et la 12e syllabe ; les deux accents mobiles restent variables :

V*ê*tu / de probi*té* / can*di*de / et de lin *blanc*.

On peut ainsi avoir une grande variété de coupes :
2/4/4/2/ ; 2/4/2/4/ ; 3/3/2/4/ ; 4/2/3/3/ ; *etc.*

3. Enjambement ou rejet.

Il y a enjambement quand le sens dépasse la fin du vers

Oui, j'accorde qu'Auguste a droit de conserver
L'empire où sa vertu l'a fait seule arriver. (CORNEILLE.)

---

1) L'octosyllabe et les vers plus courts, n'ont pas de césure fixe; cette césure, par la rapidité de son retour, deviendrait vite trop monotone.

Songez combien de fois vous m'avez reproché
Un silence témoin de mon trouble caché. (RACINE).

Et cependant, mon fils, tu meurs si je n'arrête
Le fer que ce cruel tient levé sur ta tête. *Id.*

Je verrai les chemins encor tout parfumés
Des fleurs dont sous ses pas on les avait semés. *Id.*

Mais j'aperçois venir Madame la Comtesse
De Pimbêesche *Id.*

...L'entraîne, et quand sa bouche, ouverte avec effort
Crie, il y plonge ensemble et la flamme et la mort.
(ANDRÉ CHÉNIER).

Comme si l'on voyait la halte des marcheurs
Mystérieux que l'aube efface en ses blancheurs.
(V. HUGO).

L'enjambement doit toujours être justifié par quelque effet spécial (suspension, réticence, amplification, etc...) et par la nécessité de mettre en relief un mot ou une expression ou par harmonie imitative.

Citons encore en fait d'enjambement heureux :

L'animal, pour tromper leur course suspendue,
Bondit, s'écarte, fuit, et la trace perdue. (A. CHÉNIER).

Mais l'abus de l'enjambement disloquerait entièrement les vers et détruirait son harmonie. Il convient d'indiquer à côté de l'enjambement proprement dit l'enjambement à rebours ou contre rejet qui consiste à faire commencer une nouvelle phrase un peu avant la fin d'un vers, par exemple :

Toi-même, tu te fais ton procès. *Je me fonde*
Sur tes propres leçons. (LA FONTAINE, *X*, 2).

... *La loi*
Veut qu'il soit seul pendant la nuit qui le fait roi.
(V. HUGO).

II. LES STROPHES.

Les strophes consistent en des systèmes de vers de quantité variable régis par des lois particulières et conviennent par leur cadence, plus marquée que celle des vers homogènes à rimes plates, à une inspiration purement lyrique. La variété de rythmes que l'emploi des strophes permet au poète peut refléter plus fidèlement les élans de son imagination. C'est principalement à l'ouvrage fondamental de Ph. Martinon sur les strophes que l'on se reportera, si l'on souhaite voir une étude détaillée des nombreuses ressources qu'offrent les strophes ayant fait leurs preuves dans notre littérature. Chaque système strophique forme rythmiquement un tout et les enjambements du sens d'une strophe sur la suivante ne sont tolérés que lorsqu'ils sont justifiés par un effet spécial à obtenir. Les poèmes composés de strophes s'intitulent souvent *Odes*. Des strophes de différents types peuvent être parfois employées dans un même poème strophique. Les strophes composées de vers de même mesure sont dites isométriques ; les strophes composées de vers ne comportant pas le même nombre de syllabes sont dites hétérométriques.

Le *distique* est le système strophique réduit à sa plus simple expression puisqu'il ne comprend que deux vers. Il est généralement isométrique. Il convient aux épigrammes. Citons par exemple ce distique fameux de Lebrun sur une femme de lettres coquette :

Chloé, belle et poète, a deux petits travers :
Elle fait son visage et ne fait pas ses vers.

Les *tercets*, ou groupes de trois vers qui ne sont guère employés qu'en série, se nomment, lorsque leurs rimes sont embrassées et que le poème se termine par un vers isolé à la façon italienne (terza rima), des *rimes tiercées*. On connaît le *romancero* des *Trophées* de Heredia qui est composé de semblables tercets :

Songeant à sa maison, grande parmi les grandes,
Plus grande qu'Inigo lui-même et qu'Abarca,
Le vieux Diego Laynez ne goûte plus aux viandes.

Il ne dort plus, depuis qu'un sang honteux marqua
La joue encore chaude où l'a frappé le Comte
Et que pour se venger la force lui manqua.

(HEREDIA. *Le Serrement de Mains.*)

Le *quatrain* est composé, comme son nom l'indique, de quatre vers. Employé à l'état isolé, il a servi au vieux poète Pibrac dont les quatrains moraux ont été longtemps appris aux enfants. De nos jours, d'autres poètes en ont également usé pour de courts poèmes. Mais le plus souvent le quatrain est employé en série avec des rimes soit croisées, soit encadrées et d'une façon tantôt isométrique, tantôt hétérométrique.

Les deux rimes masculines peuvent être encadrées par les deux rimes féminines :

J'ai perdu ma force et ma vie
Et mes amis et ma gaieté ;
J'ai perdu jusqu'à la fierté,
Qui faisait croire à mon génie. (A. DE MUSSET).

Les rimes peuvent être alternées dans l'ordre f m f m :

Souvent sur la montagne, à l'ombre d'un vieux chêne,
Au coucher du soleil, tristement je m'assieds ;
Je promène au hasard mes regards sur la plaine
Dont le tableau changeant se déroule à mes pieds.

(LAMARTINE.)

Elles peuvent également se succéder dans l'ordre inverse :

Avec ses vêtements ondoyants et nacrés,
Même quand elle marche on croirait qu'elle danse,
Comme ces longs serpents que les jongleurs sacrés
Au bout de leurs bâtons agitent en cadence.
(BAUDELAIRE).

Citons enfin un exemple de quatrain constituant à lui seul un poême, quatrain ciselé par l'impeccable « ouvrier » qu'est Vincent Muselli :

LE SOIR.

Les feuilles ne sont plus que cendres et que rouilles
Le jour est mort, le ciel est dépeuplé d'oiseaux ;
Déjà la lune morte et déjà les grenouilles
De leur chant querelleur ont troublé les roseaux.
(*Les Travaux et les Jeux*).

Les quatrains hétérométriques les plus employés sont ceux qui comportent deux vers longs et deux vers courts alternant :

Mais elle était du monde où les plus belles choses
Ont le pire destin ;
Et, rose, elle a vécu ce que vivent les roses,
L'espace d'un matin. (MALHERBE).

Ah ! passe avec le vent mélancolique feuille
Qui donnait ton ombre au jardin !
Le songe où maintenant mon âme se recueille
Ouvre les portes du destin. (JEAN MORÉAS).

On rencontre aussi souvent des quatrains composés de trois vers longs et d'un vers court, mais rarement la disposition inverse :

Ainsi toujours poussés vers de nouveaux rivages,
Dans la nuit éternelle emportés sans retour,
Ne pourrons-nous jamais sur l'Océan des âges
Jeter l'ancre un seul jour ? (LAMARTINE).

Le *quintil* est, comme son nom l'indique, une strophe de cinq vers et comporte le plus souvent trois rimes masculines et deux féminines ou inversement, entremêlés :

Vallon ! j'ai bien souvent laissé dans ta prairie
Comme une eau murmurante errer ma rêverie :
Je n'oublierai jamais ces fugitifs instants ; —
Ton souvenir sera, dans mon âme attendrie,
Comme un son triste et doux qu'on écoute longtemps. (V. HUGO).

Il peut être hétérométique aussi bien qu'isométrique :

Tant qu'a duré leur vie ils semblaient quelque chose,
Il semble après leur mort qu'ils n'ont jamais été :
Leur mémoire avec eux sous leur tombe est enclose
Avec eux y repose
Toute leur vanité.
(CORNEILLE : *Imitation de Jésus-Christ*).

Le *sixain* ou strophe de six vers consiste le plus souvent en deux tercets dont les deux derniers vers riment ensemble. Il peut être isométrique.

Tircis, il faut penser à faire la retraite :
La course de nos jours est plus qu'à demi faite.
L'âge insensiblement nous conduit à la mort.
Nous avons assez vu sur la mer de ce monde
Errer au gré des vents notre nef vagabonde :
Il est temps de jouir des délices du port.
(RACAN).

Voici un autre sixain isométrique sur trois rimes et composé d'octosyllabes :

Quand je suis vingt ou trente mois
Sans retourner en Vendômois,
Plein de pensées vagabondes,
Plein d'un remords et d'un souci,
Aux rochers je me plains ainsi,
Aux bois, aux antres et aux ondes.
(RONSARD).

Cette strophe peut ne rouler que sur deux rimes diversement enchevêtrées. Alfred de Musset s'en est servi dans ses *Stances à la Malibran*. Mais le plus souvent il est composé de vers inégaux, quatre longs et deux courts, par exemple :

Oh ! quand il bâtissait de sa main colossale,
Pour son trône, appuyé sur l'Europe vassale,
Ce pilier souverain,
Ce bronze, devant qui tout n'est que poudre et sable,
Sublime monument, deux fois impérissable,
Fait de gloire et d'airain... (V. HUGO).

Parfois les deux vers courts sont réunis à la fin de la strophe et il arrive même qu'un vers court unique la termine.

Citons enfin le sixain hétérométrique composé de vers d'un nombre impair de syllabes (sept et trois) cher aux poètes de la Renaissance et repris par les Romantiques ; en dépit de son corselet bien lacé, il est susceptible d'une remarquable souplesse et d'une charmante fantaisie. Il convient d'ordinaire aux sujets légers mais ne laisse pas que de rendre parfois l'accent d'une mélancolie voilée :

Sarah, belle d'indolence
Se balance
Dans un hamac, au-dessus

Du bassin d'une fontaine,
Toute pleine
D'eau puisée à l'Illsus. 1) (V. HUGO).

La strophe de sept vers est relativement rare. Il en est de même pour celles de neuf vers et de onze vers. La strophe de huit vers comprend deux quatrains qui doivent être reliés par la rime :

Sans monter au char de victoire,
Meurt le poète créateur :
Son siècle est trop près de sa gloire
Pour en mesurer la hauteur. —
C'est Bélisaire au Capitole :
La foule court à quelque idole
Et jette en passant une obole
Au mendiant triomphateur. (V. HUGO).

La strophe de dix vers est une des plus heureuses et convient aux grands sujets. Son modèle le plus usité a été donné par Malherbe et emploie l'octosyllabe :

Apollon à portes ouvertes
Laisse indifféremment cueillir
Les belles feuilles toujours vertes
Qui gardent les noms de vieillir ;
Mais l'art d'en faire des couronnes
N'est pas su de toutes personnes,
Et trois ou quatre seulement,
Au nombre desquels on me range,
Peuvent donner une louange
Qui demeure éternellement.

La strophe de douze vers est une des plus longues qu'on puisse se permettre :

Oh ! Demain c'est la grande chose !
De quoi demain sera-t-il fait ?
L'homme aujourd'hui sème la cause,
Demain Dieu fait murir l'effet.
Demain c'est l'éclair dans le voile,
C'est le nuage sur l'étoile,
C'est un traitre qui se dévoile,
C'est le bélier qui bat les tours,
C'est l'astre qui change de zone
C'est Paris qui suit Babylone,
Demain c'est le sapin du trône,
Aujourd'hui, c'en est le velours ! (VICTOR HUGO).

Même en usant de vers très courts, il est difficile de dépasser le nombre de douze vers et de cinq rimes dans une strophe sous peine d'en faire perdre de vue l'ordonnance.

1) Banville reprochait à Victor Hugo d'avoir fait masculine la 3e rime de la strophe 7, 3, 7, 7, 3, 7 de Ronsard (Fuchs : *Th. de Banville, p.* 195.)

Toutefois Lamartine dans *La chute d'un ange* a tenté une strophe de seize vers d'une belle envolée. Mais ce ne peut être qu'une exception. [1])

III. LES POÈMES TRADITIONNELS A FORME FIXE.

1. Le Sonnet

Le poème à forme fixe le plus répandu de nos jours est le sonnet. D'origine italienne, ce poème qui compte quatorze vers a été très en faveur dans notre littérature à l'époque de la Renaissance. Puis il tomba quelque peu en désuétude pendant la période classique. Sainte Beuve lui redonna parmi les romantiques un regain de popularité et depuis lors sa vogue a été considérable. [2])

Parmi les sonnets les plus souvent cités rappelons le fameux sonnet d'Oronte dans *le Misanthrope* de Molière et le mélancolique sonnet d'Arvers, ce joyeux compagnon d'Alfred de Musset, ce poète dont un médaillon commémore le souvenir dans l'Ile Saint Louis. Ce dernier sonnet est reproduit par la plupart des anthologies. Il est extrait d'un recueil intitulé *Mes heures perdues*, publié en 1833. On a prétendu qu'il était dédié à la fille de Charles Nodier, Madame Menessier, la muse de l'Arsenal. En voici le texte :

Ma vie a son secret, mon âme a son mystère,
Un amour éternel, en un moment conçu.
Le mal est sans espoir, aussi j'ai dû le taire,
Et celle qui l'a fait n'en a jamais rien su.

Hélas ! j'aurai passé près d'elle inaperçu,
Toujours à ses côtés et pourtant solitaire,
Et j'aurai jusqu'au bout fait mon temps sur la terre,
N'osant rien demander et n'ayant rien reçu.

---

1) Cf.Cette strophe *in* Dorschain : *L'Art des vers*, p.341 — Pour qu'il y ait strophe, il ne suffit pas de découper dans un poème des tranches d'un certain nombre de vers qui pourraient se segmenter encore. Banville *op. cit.* 165 reproche à Musset un artifice de ce genre dans *Mardoche.* Il faut qu'il y ait un système rythmique reconnaissable à l'oreille, une sorte d'architecture sonore aisément perceptible.

2) Sur le sonnet à l'étranger, outre l'ouvrage de Gollancz relatif à la forme dite shakespearienne, cf. : J. C. Rowell : *The sonnet in America*, Oakland (Cal.), 1887, in - 8° ; Heinrich Welti : *Geschichte des Sonettes in der deutschen Dichtung*, Leipzig, 1884 ; in 8° ; ... *Les Sonnets à Laure* de Pétrarque ont souvent été traduits de l'italien en français. On sait que Michel-Ange composa des sonnets.

Pour elle, quoique Dieu l'ait faite douce et tendre,
Elle ira son chemin, distraite et sans entendre
Ce murmure d'amour élevé sur ses pas.

A l'austère devoir pieusement fidèle,
Elle dira, lisant ces vers tout remplis d'elle :
« Quelle est donc cette femme ? » et ne comprendra pas.

Ce sonnet qui passe pour un modèle n'est cependant pas rigoureusement conforme aux règles du genre. Il comporte en effet des répétitions de mots (faire, son, rien) alors qu'il est prescrit par la tradition en ce domaine de n'employer qu'une seule fois chaque mot au cours des quatorze vers du sonnet, exception faite pour les articles.

Tout sonnet se compose de deux quatrains et de deux tercets. La disposition classique des rimes (celle qui a servi au Ronsard de Cassandre) peut être figurée comme suit (cf. Jasinski : *Histoire du sonnet en France*, p. 229) :

	ABBA	ABBA	CCD	EED
ou	ABBA	ABBA	CCD	EDE

De grands poètes, même appartenant à la pléiade romantique, ont dédaigné le sonnet, le considérant comme une forme de poème trop grêle, et n'ont pas voulu limiter leur jeu à cette chanterelle. Lamartine n'en a pas publié et de Victor Hugo on n'en connait que cinq. Il revint à José-Marie de Hérédia dans ses *Trophées* de rendre au sonnet tout son ancien prestige et même de l'augmenter encore en arrivant à ciseler des « combats de Titans » sur ce « pommeau de dague » qu'est un poème de quatorze vers. Parmi les nombreux poètes qui, à sa suite, usèrent de la forme du sonnet citons Auguste Angellier (*A l'amie perdue*) et l'auteur des *Jours d'autrefois*, Henri Potez. [1])

Nous ne saurions énumérer ici toutes les particularités de structure et de disposition des rimes que l'on rencontre dans la forme du sonnet, comme de croiser les rimes des quatrains au lieu de les embrasser. Nous renvoyons pour cela aux ouvrages déjà cités de Martinon et de Jasinski. Signalons toutefois une tentative déjà ancienne de sonnets de 15 vers : l'*estrambotte*. Et citons enfin à titre de curiosité un essai de sonnet à l'envers que tenta jadis pour l'amusement des lettrés l'auteur du fameux sonnet sur le *Cochon*, Charles Monselet :

LE TOAST.

Pour vous fêter, ami, les verres sont tendus
Et nos joyeux propos, du dehors entendus,
Dans le jardin d'en bas font s'arrêter les groupes.

1) Sur le sonnet, cf. les études de : Asselineau, Hébertot, Raynaud ; cf. aussi Ibrovac : *J. M. de Hérédia*, p. 483.

Jamais le grand salon des Frères Provençaux
N'a, sous son plafond d'or, vu plus gais commensaux,
Le rire en feu jaillit du fond glacé des coupes.

Ami, j'aime à vous voir au milieu des bouquets
Et des cristaux, heureux, à cette place même
Où le baron Taylor, ce forçat des banquets,
Présida si souvent, entre parfait et crême.

D'aimables orateurs vous ont porté leurs vœux :
Ils ont dit l'influence et la tâche rêvée ;
C'est au mieux. Moi pourtant, frivole esprit, je veux
Boire à votre jeunesse, une heure retrouvée.
(CHARLES MONSELET - *Poésies complètes*, 1889, p. 158).

Il va sans dire que l'alexandrin n'est pas le seul vers susceptible d'être employé dans un sonnet : le décasyllabe, l'octosyllabe, et même des vers plus courts, voire les monosyllabes ont pu être utilisés dans son cadre. Certains poètes ont écrit des œuvres suivies en sonnets. Mais ce n'est là qu'une exception confirmant la règle d'après laquelle le sonnet forme un tout se suffisant à soi-même.

2 Autres Poèmes à forme fixe.

Citons d'abord quelques types archaïques de poèmes à forme fixe : le *rondel*, le *lai*, le *virelai*, le *chant royal*, qui ne sont plus guère usités de nos jours.

Le *rondel*, surtout employé par Charles d'Orléans au XVe siècle, était écrit sur deux rimes et comprenait deux quatrains suivis d'un quintil. Les deux premiers vers du 1er quatrain constituaient un refrain ; ils formaient la seconde moitié du second quatrain et le premier d'entre eux formait le dernier vers du quintil. Voici la disposition de ce genre de poème, dont la première rime pouvait être indifféremment masculine ou féminine.

RONDEL.

Le temps a laissié son manteau
De vent, de froidure et de pluye,
Et s'est vestu de brouderie,
De soleil luisant, cler et beau.

Il n'y a beste ne oyseau.
Qu'en son jargon ne chante ou crie :
Le temps a laissié son manteau
De vent, de froidure et de pluye.

Rivière, fontaine et ruisseau
Portent, en livrée jolie,
Gouttes d'argent d'orfaverie,
Chascun s'abille de nouveau,
Le temps a laissié son manteau.

(CHARLES D'ORLÉANS).

Le *lai*, surnommé « arbre fourchu », était un poème sur deux rimes composé de vers de cinq et de deux syllabes. Ces derniers n'étaient généralement pas écrits en retrait mais à partir du commencement de la ligne. Ils formaient en quelque sorte, par suite de cette graphie, le tronc du poème dont les vers plus longs représentaient les branches. En voici un exemple donné par Richelet :

La grandeur humaine
Est une ombre vaine
Qui fuit :
Une âme mondaine
A perte d'haleine
La suit :
Et pour cette Reine
Trop souvent se gêne
Sans fruit. 1)

Le *lai* se muait en *virelai* lorsque, faisant virer la rime, on affectait aux vers de deux syllabes la rime féminine et aux vers de cinq syllabes la rime masculine.

Le *chant royal* qui devait n'être adressé qu'à Dieu au Roi, ou à un Prince, et traiter un sujet allégorique, se composait de cinq Strophes de onze vers et d'un « envoi » de cinq vers ; la disposition des rimes restait la même dans chaque strophe. On cite de préférence, en fait de chants royaux, ceux de Clément Marot.

Outre les formes délaissées il convient d'indiquer quelques autres formes de poèmes traditionnels à forme fixe dont l'usage s'est maintenu : la *ballade*, le *rondeau*, le *triolet*, la *vilanelle*.

La *ballade* est composée de décasyllabes à césure classique (4-6) ou d'octosyllabes. Lorsqu'elle est composée de décasyllabes, elle comprend trois dizains rimés pareillement et un envoi de cinq vers ; lorsqu'elle est composée d'octosyllabes, elle comprend trois huitains écrits sur des rimes semblables et un envoi de quatre vers. Les rimes de l'envoi dans l'un et l'autre cas sont semblables à celles de la seconde moitié de la strophe (dizains ou huitains). L'Envoi doit débuter par un vocatif tel que Prince, Sire,... Il va sans dire que les libres ballades romantiques n'ont en commun avec la ballade traditionnelle que le nom.

---

1) Les *Lais* de Marie de France (XIIIe s.) n'étaient pas composés de la sorte.

Le *Rondeau* compte treize vers (octosyllabes ou décasyllabes) construits sur deux rimes selon le schéma suivant :

AABBA, AAB, AABBA.

De plus les premiers mots de la pièce sont répétés sous forme de refrain en dehors des vers proprement dits : 1° à la fin du tercet ; 2° à la fin de la pièce. Le poète Voiture était passé maître dans le maniement de cette forme. Citons ce rondeau de lui :

L'Amour qui de tous sens me prive
Fit ma raison votre captive ;
Quand un soupçon, pris par mal-heur,
Me comble l'esprit de douleur
Et d'une tristesse excessive :

Une humeur jalouse et craintive
Se mit dans votre âme plaintive,
Et pensa chasser de mon cœur
L'Amour.

Mais si jamais cela m'arrive :
Je consens que l'on me poursuive
Par toute sorte de rigueur.
Je ne veux plus vivre en langueur.
Meure la jalousie et vive.
L'Amour.

Le *rondeau redoublé* est écrit sur deux rimes comme le rondeau ordinaire, mais il est composé de six quatrains à rimes croisées. Les vers du premier quatrain forment successivement le quatrième vers des quatrains suivants. Les premiers mots du premier vers de la pièce sont répétés tout à fait à la fin. 1)

Le *triolet*, qui s'emploie d'ordinaire en série, compte huit vers sur deux rimes. Le quatrième vers répète le premier, les deux derniers répètent les deux premiers. On cite souvent le poème en triolets d'Alphonse Daudet intitulé *Les prunes* :

De tous côtés, d'ici de là,
Les oiseaux chantaient dans les branches,
En si bémol, en ut, en la,
De tous côtés d'ici, de là.
Les prés en habit de gala
Étaient pleins de fleurettes blanches.
De tous côtés, d'ici, de là,
Les oiseaux chantaient dans les branches...

---

1) Il faut noter une certaine ressemblance entre le rondeau et le rondel examiné *supra* : ces deux formes de poèmes, dont le nom est d'ailleurs en effet le même, ont treize vers l'un et l'autre.

La *Villanelle* est une suite de tercets (en nombre impair) terminée par un quatrain. Elle est écrite sur deux rimes ; l'une masculine qui est commune au second vers de chaque tercet et du quatrain final ; l'autre féminine, qui « régit », dit Banville (*op. cit.*), les autres vers. Le 1er et le 3e vers du 1er tercet reviennent tour à tour à la fin de chaque autre tercet. Le quatrain final se compose d'un vers féminin et d'un vers masculin suivis du 1er et du 3e vers du 1er tercet. La vilanelle de Passerat qui commence par ces mots : « J'ai perdu ma tourterelle... » et que citent d'ordinaire les anthologies, peut servir de modèle.

Certains poètes se sont inspirés des divers procédés de répétition de vers qu'offrent les poèmes à forme fixe traditionnels, et ont imaginé des poèmes tels que la *sextine* ou la *picardille* sur le détail compliqué desquelles nous ne pouvons nous appesantir ici. Mais nous devons en revanche indiquer d'une façon moins sommaire une curieuse forme étrangère empruntée à l'Orient : le *pantoum*. Victor Hugo, dans une note des *Orientales*, l'a révélée en publiant une traduction en prose d'un pantoume malais. D'autres poètes en ont composé en vers français, Théodore de Banville notament qui, en 1856 dans ses *Odes funambulesques* insérait un pantoum intitulé : *Monselet d'automne.*

Le pantoum est formé de quatrains qui ont cette particularité que le second et le quatrième vers de chacun d'eux deviennent le premier et le troisième vers du quatrain suivant, de plus le premier vers du premier quatrain réparaît comme dernier vers du dernier quatrain.

Une forme, également étrangère, et venue d'Asie le *Haï-Kaï* (ou *tanka*) a été très en faveur ces dernières années auprès des poètes. Sa règle est l'absence de règles quant à la nature des vers, des rimes, de la structure du poème. Mais elle prescrit la plus grande concision. Simple notation destinée à évoquer un sentiment ou un paysage, le *Haï-Kaï* doit rappeler les poèmes de Li Tai pé et des poètes de l'époque des Thang traduits par Rémusat ou les *tankas* japonaises citées par M. Maxime Revon dans sa petite *Anthologie de la littérature japonaise*, ou par le Dr Couchoud dans son livre *Poètes et Sages d'Asie*, et ne pas dépasser, s'il se peut, la longueur d'un distique. 1)

---

1) Nous ne citons pas parmi les poèmes à forme fixe les *Iambes* (suite de vers alternativement de 12 et de 8 syllabes.) cf. *supra* divers mètres. Nous ne rappellerons également que pour mémoire les genres poétiques tels que la *fable*, la *satire*, l'*élégie*, le *madrigal* ou l'*épigramme* qui relèvent plus de l'histoire littéraire que de la technique poétique. cf. *supra* (*vers libre*) et les paragraphes consacrés au *distique*, au *quatrain*, au *quintil*, au *sixain*, etc.

* * *

Pour écrire de beaux vers il ne suffit pas d'observer intelligemment les règles relatives à la rime, à la mesure et au rythme, telles que nous venons de les résumer brièvement. Il faut encore rechercher l'harmonie. Non pas seulement l'harmonie imitative, dont les effets sont en général un peu puérils :

Sa croupe se recourbe en replis tortüeux, (RACINE)

bien qu'elle soit susceptible parfois d'étonnantes évocations comme cette notation de déchirement suivi de roulement du bruit du tonnerre ;

La foudre au Capitolin
Tombe. Le bronze sue et le ciel rouge est terne, (HÉRÉDIA)

mais d'une façon générale l'heureux agencement des sons — matière aussi subtile que complexe — où d'aucuns ont cherché à découvrir des lois, mais dont la maîtrise semble ne devoir appartenir en propre qu'aux poètes-nés. Le sens de l'harmonie n'est d'ailleurs pas seulement nécessaire au versificateur qui prétend s'élever au-dessus des bouts-rimés ; il est indispensable également à tout amateur de vraie poésie pour jouir pleinement des chefs-d'œuvre de notre patrimoine poétique.

A

A[1].

a, *v.*
ah ! *int.*
ha ! *int.*
brouhaha.
cahin-caha.
Nausicaa, *n. p.*

ba.

baba.
bah !
casba.
Cuba, *g.*
Galba, *n. p.*
isba.
Juba, *n. p.*
Macouba, *s. et g.*
Saba, *g.*

bla.

Hybla, *g.*

bra.

abracadabra.
Alhambra.
cobra.

ca.

arnica.
harmonica.
coca.
Inca.
mica.
Nasica, *n. p.*
Oca, *g.*
Rebecca, *n. p.*
sonica.
tapioca.
(*voir* ka.)

ça.

ah ! çà !
çà.
deçà.
en deçà, or çà.
(*voir* sa *dur et* xa.)

cha.

bacha.
geisha.
pacha.
padischah.
schah.

cla.

Hécla, *g.*

da.

Adda, *g.*
agenda.
armada.
assa fœtida.
barda.
Canada, *g.*
corrida.
czarda.
da (oui-da, nenni-da).
dada.
Edda.
Ida, *g.*
Juda, *g.*
Léda, *myth.*
réséda.
soda.
Véda.
Velléda, *n. p.*
véranda.

dra 2).

drap.

éa.

aléa.
alinéa.
Léa, *n. p.*

---

1) Pour *bra, cra, fla, fra, gla, gea, gna, lla, oua, pla, pra, qua, va, vra* et *ya* (3e pers. du sing. du passé défini de l'indicatif) cf. les verbes en *brer, crer, fler*, etc. et d'une manière générale les verbes en *er*. Pour rimer avec un mot en *a* employé au pluriel (*opéras* par ex.) cf. les rimes en AS.

2) Cf. en outre les 3es pers. du sing. du passé défini des verbes en *drer* et les 3es pers. du sing. du futur des verbes en *loir, oudre, aindre, eindre, endre, ondre, tenir* et *venir*.

nymphéa.
Rhéa, *myth.*

fa.

alfa.
difa.
fa, *mus.*
sofa.
(*voir* pha.)

ga.

aga, agha.
alpaga.
bachagha.
gaga.
galéga.
Malaga, *g.*
navigua (et passé défini des verbes en *guer.*)
oméga.
Riga, *g.*
saga.
seringa.
Volga, *g.*

gna.

Auvergnat.
cagna.
doña.

i-a.

acacia.
alléluia.
aria.
ave Maria.
bégonia.
Borgia, *n. p.*
camélia.
charabia.
chechia.
cochléaria.
dahlia.
dia.
fantasia.
gardénia.
hortensia.
Ilia, *myth.*
loggia.
maëstria.
malaria.
paria.
ratafia.
razzia.
sépia.
tafia.
ténia.
thuya.
tibia.
victoria.

ja.

jà.
déjà.
raja *ou* rajah.
mangea.
vengea (et passé défini des v. en *ger.*)

ka.

chapzka.
Kamtchatka, *g.*
mazurka.
Moka, *g. et s.*
moqua (il se).
polka.
(*voir* ca.)

la.

allah.
Atala, *n. p.*
Attila, *n. p.*
bamboula.
Caligula, *n. p.*
cela.
celui-là.
celle-là.
ceux-là.
chincilla *ou* chinchilla.
Dalila, *n. p.*
delà (au delà, etc.).
falbala.
fellah.
fla.
flafla.
gala.
halte-là !
holà !
il a ; elle a.
kola.
la, *mus.* ; *art. et pron.*
là (çà et là).
Loyola, *n. p.*
marsala.
par delà.
quinola.
revoilà.
Scévola, *n. p*
Scylla, *g.*
smala.
Sylla, *n. p*
tombola.
tralala.
villa.
voilà, revoilà.

ma.

Brahma.
cinéma.
coma.
comma.
cosmorama
diorama.
eczéma.
gamma.
grand Lama.
lama.
Lima, *g.*
ma, *adj. poss.*
magma.
maxima, minima.
Numa, *n. p.*
Panama, *g.*
plasma.
panorama.
pyjama.
tréma.
uléma.

na.

ana.
bella-dona.
Cana, *g.*
Catilina, *n. p.*

Cinna, *n. p.*
Dina, *n. p.*
donna.
donna (prima).
Etna, *g.*
gitana.
hosanna.
ipécacuana.
nirvana.
on a *et* on n'a.
quinquina.
Sina (pr Sinaï), *g.*

oa.

Bidassoa, *g.*
boa.
Goa, *g.*

oua.

joua.
pouah !
roua.
secoua.

pa.

Agrippa, *n. p.*
catalpa.
Mazeppa, *n. p.*
papa.
pampa.
Zampa, *n. p.*

pha.

alpha.
(*voir* fa.)

ra [1].

agora.
angora, Angora.
ara.
baccara.
choléra.
Débora, *n. p.*
et cætera.
gandoura.
hourra.
jettatura.
Jura, *g.*; jura, *v.*
libera.
Marmara, *g.*
Niagara, *g.*
opéra.
phylloxera.
Pyrrha, *myth.*
rémora.
Sahara *ou* Zara, *g.*
Sara, *n. p.*
segnora.
sierra.
surah.
tradéridéra.
vitchoura.
zingara.

sa ***dur.***

assa.
medersa.
Ossa, *g.*
Sancho Pansa, *n. p.*
vice versa.
(*voir* ça *et* xa.)

sa ***doux.***

mimosa.
Spinosa, *n. p.*
Vasa, *n. p.*
visa.
(*voir* za.)

ta.

basta.
bêta.
Calcutta, *g.*
Ceuta, *g.*
chipolata.
Delta, *g.*
desiderata.
duplicata.
errata.
gutta.
impedimenta.
iota.
Jugurtha, *n. p.*
nota.
Œta, *g.*
patatipatata.
polenta.
prorata (au).
rasta.
rata.
recta.
segnorita.
ta (*adj. poss.*).
taratata.
vendetta.
Vesta, *myth.*

tra.

extra.
Mithra, *myth.*
nec plus ultra.
semen-contra.
Sumatra, *g.*

u-a.

Gargantua, *n. p.*
Nantua, *g.*

ui-a.

alleluia.
à quia.
thuya.

va.

Calatrava, *g.*
déva.
diva.
Java, *g.*
Jéhovah.
Néva, *g.*
va (*du v.* aller).

wa.

redowa.

---

[1] Cf. en outre les 3es pers. du sing. du passé défini des verbes en *rer* et les 3es pers. du sing. du futur de presque tous les verbes.

xa.

avec ça.
moxa.
vexa.
(*voir* ça *et* sa *dur*).

za.

alcaraza.
colza.
coryza.
Gaza, *g.*
influenza.
(*voir* sa *doux.*)

AB.

Achab, *n. p.*
baobab.
cab.
Joab, *n. p.*
Mab (reine).
Moab, *g.*
nabab.

ABE

crabe.

astrolabe.
décasyllabe.
dissyllabe.
hendécasyllabe.
monosyllabe.
polysyllabe.
syllabe.
trisyllabe.

Souabe, *g.*

Arabe, *g.*
mozarabe.

ABLE.

able.
hâble, *v.*

bable.

imperturbable.
improbable.
probable.

blable.

dissemblable.
invraisemblable.
semblable.
vraisemblable.

brable.

innombrable.

cable.

accable, *v.*
applicable.
câble.
communicable.
confiscable.
éducable.
évocable.
explicable.
impeccable.
implacable.
impraticable.
inapplicable.
incommunicable.
inexplicable.
inextricable.
irrévocable.
peccable.
praticable.
révocable.
vocable.
(*voir* quable).

çable.

effaçable.
imprononçable.
ineffaçable.
prononçable.
remplaçable.
(*voir* sable *dur.*)

chable.

approchable.
déchiffrable.
inapprochable.
indéfrichable.
irréprochable.
reprochable.

crable.

exécrable.

dable.

abordable.
accommodable.
accordable.
amendable.
défendable.
formidable.
imperdable.
inabordable.
inaccommodable.
inaccordable.
indéfendable.
insondable.
intimidable.
invendable.
pendable.
perdable.
plaidable.
raccommodable.
recommandable.
vendable.

éable.

agréable.
corvéable.
désagréable.
guéable.
imperméable.
malléable.
perméable.

fable.

affable.
fable.
ineffable.

frable.

déchiffrable.
indéchiffrable.

gable.

infatigable.
innavigable.
irréfragable.
irrigable.
navigable.
relégable.

geable.

dirigeable.
dommageable.
échangeable.
forgeable.
immangeable.
impartageable.
interchangeable.
logeable.
mangeable.
négligeable.
partageable.

gnable.

assignable.
contraignable.
dédaignable.
enseignable.
gagnable.
imprégnable.
inexpugnable.

i-able.

amiable.
appréciable.
châtiable.
conciliable.
diable [2].
enviable.
friable.
graciable.
inalliable.
inappréciable.
inconciliable.
indéniable.
inexpiable.
inoubliable.
inqualifiable.
insatiable.
insociable.
invariable.
irréconciliable.
irrémédiable.
justiciable.
justifiable.
liquéfiable.
maniable.
mariable.
multipliable.
négociable.
niable.
panifiable.
pliable.
préjudiciable.
putréfiable.
qualifiable.
réconciliable.
reniable.
serviable.
sociable.
variable.
viable.
vitrifiable.
(*voir* yable.)

lable.

assimilable.
brûlable.
calculable.
congelable.
consolable.
contrôlable.
cyclable.
doublable.
égalable.
incalculable.
inconsolable.
inébranlable.
inégalable.
inviolable.
isolable.
préalable.
rafistolable.
renouvelable.
sifflable.
valable.
volable.

llable *mouillé.*

conseillable.
habillable.
indébrouillable.
mortaillable.
taillable.

mable.

aimable.
blâmable.
chômable.
décimable.
estimable.
exprimable.
imprimable.
incomprimable.
indéformable.
inestimable.
inexprimable.
inflammable.
innommable.
irréformable.
présumable.
réformable.
transformable.

nable.

abominable.
aliénable [5].
concevable.
condamnable.
convenable.
damnable.
déclinable.
déraisonnable.
disciplinable.
fashionable.
imaginable.
impardonnable.
imprenable.
impressionnable.
inaliénable.
incriminable.
incunable.
indéclinable.
indéracinable.
indéterminable.
indiscernable.
indisciplinable.
inexpugnable.
ingouvernable.

inimaginable.
insoupçonnable.
insoutenable.
intenable.
interminable.
irraisonnable.
minable.
pardonnable.
prenable.
raisonnable.
soupçonnable.
soutenable.
tenable.

ou-able.

allouable.
avouable.
inavouable.
injouable.
jouable.
louable.

pable.

capable.
coupable.
impalpable.
incapable.
palpable.
papable.

quable.

attaquable.
critiquable.
immanquable.
inattaquable.
remarquable.
risquable.
(*voir* cable.)

rable.

admirable.
adorable.
altérable.
arable.
censurable.
commensurable.
comparable.
considérable.
curable.
déchirable.
défavorable.
déplorable.
désirable.
durable.
endurable.
érable.
exorable.
favorable.
honorable.
impondérable.
inaltérable.
incommensurable.
incomparable.
incurable.
indéchirable.
indémontrable.
inénarrable.
inespérable.
inexorable.
inséparable.
intolérable.
invulnérable.
irréparable.
irrespirable.
labourable.
libérable.
mémorable.
mesurable.
misérable.
opérable.
perdurable.
pondérable.
préférable.
râble.
réparable.
requérable.
respirable.
secourable.
séparable.
tolérable.
triturable.
vénérable.
vulnérable.

sable *dur.*

bannissable.
carrossable.
chérissable.
connaissable.
controversable.
désensable, *v.*
dessable, *v.*
ensable, *v.*
guérissable.
haïssable.
impérissable.
incassable.
inconnaissable.
indéfinissable.
indispensable.
infranchissable.
inguérissable.
inlassable.
insaisissable.
intarissable.
internissable.
inversable.
irresponsable.
méconnaissable.
passable.
périssable.
pétrissable.
punissable.
reconnaissable.
remboursable.
responsable.
sable, *s.*
sable, *v.*
saisissable.
tarissable.
(*voir* çable.)

sable *doux.*

académisable.
accusable.
canalisable.
dosable.
épuisable.
épousable.
excusable.
faisable.
imposable.
inépuisable.
inexcusable.
infaisable.
inusable.
irréalisable.
irrécusable.

méprisable.
mobilisable.
proposable.
réalisable.
récusable.
supposable.
utilisable.
(*voir* les v. en *ser.*)

table.

acceptable.
accostable.
achetable.
attable (s'), *v.*
cartable.
chantable.
charitable.
commutable.
comptable.
confortable.
connétable.
constable.
contestable.
convoitable.
délectable.
démontable.
détestable.
dilatable.
discutable.
disputable.
domptable.
entable.
épouvantable.
équitable.
escomptable.
étable.
évitable.
excitable.
exécutable.
exploitable.
flottable.
habitable.
imitable.
imputable.
inacceptable.
inaccostable.
incommutable.
inconfortable.
incontestable.
incrochetable.
indécachetable.
indécrottable.
indiscutable.
indomptable.
indubitable.
inéluctable.
inévitable.
inexécutable.
inhabitable.
inimitable.
inscrutable.
instable.
insupportable.
insurmontable.
intraitable.
invitable.
irréfutable.
irritable.
lamentable.
mettable.
notable.
patentable.
permutable.
portable.
potable.
présentable.
profitable.
rachetable.
redoutable.
réfutable.
regrettable.
rejetable.
respectable.
retable, *arch.*
sortable.
souhaitable.
stable.
supportable.
surmontable.
table.
traitable.
transportable.
végétable.
véritable.

trable.

démontrable.
indémontrable.
impénétrable.
ministrable.
montrable.
pénétrable.

u-able.

commuable.
contribuable.
destituable.
évaluable.
immuable.
muable.
restituable.
transmuable.
tuable.

vable.

apercevable.
buvable.
concevable.
cultivable.
décevable.
inconcevable.
insolvable.
introuvable.
lavable.
observable.
recevable.
redevable.
solvable.
trouvable.

vrable.

livrable.
ouvrable.
recouvrable.

yable.

croyable.
délayable.
effroyable.
impayable.
impitoyable.
incroyable.
nettoyable.
payable.
pitoyable.

ployable.
(*voir* iable.)

ABRE.

cabre (se), *v.*
macabre.

glabre.

Calabre, *g.*
candélabre.
délabre, *v.*
palabre.

cinabre.

sabre, *s. et v.*

AC

(dont le *c* ne se prononce pas; cf. ACS).

tabac.

estomac.

almanach.

AC

(dont le *c* se prononce).

Ab hoc et ab hac.

Isaac, *n. p.*

bac.
colbac.
draw-back.
scubac *ou* usquebac.

bric-à-brac.

cric crac. crac.
crack.

krach.

kodak.

flic flac.

frac.

Armagnac, *g.*
Cognac, *g.*
cotignac.
polignac.

ammoniac.
sandjiak.

lac.
lacs (*voir* la).

Condillac, *n. p.*
tillac.

hamac.
micmac.
sumac.

cornac.
Jarnac (coup de).

arack.
Nérac, *g.*

bissac.
cul-de-sac.
fronsac.
havre-sac.
ressac.
sac.

tac tac.
du tac au tac.
tic tac.
du tic au tac.

trac.
trictrac.

bivouac [2].
couac.
vrac (en).
yacht.
Anzac, *n. p.*
Balzac, *n. p.*

ACE bref.

rubace.

Bocace, *n. p.*
dédicace.
efficace.
inefficace.
perspicace.

pancrace, *antiq.*
Pancrace, *n. p.*

audace.
cordace.

Boniface, *n. p.*
efface, *v.*
face.
postface.
préface.
surface.
volte-face.

agace, *v.*
agace, *s.*
fugace.
sagace.

brise-glace.
glace, *s.*
glace, *v.*

coriace.
Curiace, *n. p.*

délace, *v.*
enlace, *v.*
entrelace, *v.*
fallace.
lace, *v.*
Lovelace, *n. p.*
palace.
populace.
villace.
Wallace, *n. p.*

contumace.
grimace, *s. et v.*
limace.

bonace.

menace, *s. et v.*
tenace.

fouace.
voir OISSE.

carapace.
rapace.

déplace, *v.*
place, *s. et v.*
remplace, *v.*
replace, *v.*

Horace, *n. p.*
race.
sera-ce.
vorace.

Alsace, *g.*
Arsace, *n. p.*
besace.
rosace.

retrace, *v.*
trace, *s. et v.*
Thrace, *g.*

vivace.
voir ASSE *bref.*

ACE long.

disgrâce.
grâce.
La grâce, *théol.*
Les Grâces, *myth.*

espace, *s. et v.*
voir ASSE long.

ACH.

Almanach.
voir AC.

ACHE bref.

ache.
h.
hache, *s. et v.*

cache, *v. et s.*
cache-cache.

crache, *v.*
recrache.

rondache.

Gamache, *n. p.*

déharnache.
empanache, *v.*
enharnache, *v.*
ganache.
grenache.
harnache, *v.*
panache, *s. et v.*

gouache.

apache.

amourache (s'), *v.*
arrache, *v.*
bourrache.
Carrache, *n. p.*

ensache.
sache (*du v.* savoir).

attache, *s. et v.*
détache, *v.*
entache, *v.*
Eustache.
moustache.
patache.
pistache.
potache.
rattache, *v.*
sabretache.
soutache.

tache, *s. et v.*

bravache.
cravache.
vache.

ACHE long.

bâche, *s. et v.*
rabâche, *v.*

fâche, *v.*
défâche (se), *v.*

gâche, *s.*
gâche, *v.*

lâche, *a.*
lâche, *v.*
relâche, *s.* et *v.*

mâche, *s.*
mâche, *v.*
remâche, *v.*

tâche, *s. et v.*

ACHME [1].

drachme.
tétradrachme.
voir AGME.

ACHT.

yacht [1].
voir ACT.

ACLE.

bâcle, *v.*
débâcle, *v.*
débâcle, *s.*
embâcle, *s.*

macle.

1) *Achme* se prononce parfois *agme,* dans *drachme* et *tétradrachme.*

bernacle.
cénacle.
pinacle.
renâcle, *v.*
tabernacle.

miracle.
oracle.
racle, *s. et v.*

habitacle.
obstacle.
réceptacle.
spectacle.

ACQUE.

voir AQUE.

ACRE long.

âcre, *a.*

ACRE bref.

acre, *s.*
Acre, *g.*

quakre.

archidiacre [4].
diacre [2].
Fiacre [2], *s. et n. p.*
sous-diacre [3].

polacre.
simulacre.

nacre.

quaker (prononcez quouacre).

consacre, *v.*
massacre, *s. et v.*
sacre, *s. et v.*

ACS.

lacs (prononcez *lâ*).
voir AS.

ACT.

compact.

contact.
intact.
tact.

tract.

exact.
inexact.

yacht [1].

ACTE.

acte.

autodidacte.

réfracte, *v.*

compacte.
épacte.
pacte.

cataracte.
Soracte, *g.*
intacte.

contracte, *a.*
contracte, *v.*
détracte, *v.*
entr'acte.
rétracte, *v.*

exacte.
inexacte.

AD.

Bagdad, *g.*
Galaad, *g.*
Joad, *n. p.*
lad.
Léninegrad.
Petrograd.

ADE.

bade.

aubade.
Bade, *g.*
Barbade, *g.*
dérobade.
gambade, *s. et v.*
soubarbade.
troubade.

cade.

alcade.
arcade.
barricade, *s. et v.*
cascade.
cavalcade.
décade.
embuscade.
estacade.
estocade, *s. et v.*
Leucade, *g.*
muscade.
Orcade, *g.*
saccade.
toquade.

çade.

façade.

(*voir* sade *dur.*)

chade.

bambochade.
bronchade.
pochade.

clade.

Cyclades, *g.*

dade.

brandade.
débandade.

éade.

Oréade, *myth.*

fade.

étouffade *ou* estouffade.
fade.
griffade.
rebuffade.

gade.

aiguade.
bourgade.
brigade.
embrigade.

geade.

orangeade.
(*voir* jade.)

glade.

sanglade.

grade.

Belgrade, *g.*
centigrade.
dégrade, *v.*
digitigrade.
grade.
plantigrade.
rétrograde, *a. et v.*
tardigrade.

guade.

(*voir* gade.)

i-ade.

Alcibiade, *n. p.*
annonciade.
asclépiade.
Héliade, *myth.*
Henriade.
Iliade.
jérémiade.
Lusiade.
Miltiade, *n. p.*
myriade.
Naïade, *myth.*
olympiade.
pariade.
pléiade.
triade.
(*voir* yade.)

jade.

jade.
galéjade.
(*voir* geade.)

lade.

accolade.
ballade.
bousculade.
Cyclades, *g.*
défilade.
dégringolade.
Encélade, *myth.*
enfilade.
escalade, *s. et v.*
estafilade.
garde-malade.
Hellade, *g.*
malade.
marmelade.
pelade.
Pylade, *n. p.*
reculade.
régalade.
rémolade *ou* rémoulade.
rigolade.
roulade.
salade.

llade ***mouillé.***

aiguillade.
aillade
anguillade
fusillade.
grillade.
mitraillade.
œillade.
persillade.
poincillade.
taillade, *s. et v.*

made.

brimade.
chamade.
gourmade.
nomade.
pommade.

nade.

arlequinade.
bastonnade.
berquinade.
canonnade.
cantonade.
capucinade.
carabinade.
carbonnade.
caronade.
cassonade.
citronnade.
claironnade.
coïonade.
colonnade.
cotonnade.
dragonnade.
esplanade.
fanfaronnade
gasconnade.
grenade, *s.*
Grenade, *g.*
limonade.
marinade.
mazarinade.
Ménade, *myth.*
monade.
oignonade.
panade.
pantalonnade.
pasquinade.
promenade.
satinade.
sérénade.
tornade.
turlupinade.

o-ade.

Troade, *g.*

ou-ade.

escouade, *cf.* froide.

pade.

croupade.
échappade.
escapade.
estrapade, *s. et v.*
galopade.

plade.

peuplade.

rade

algarade.
Bensérade, *n. p.*
bigarade.
bourrade.
camarade.
charade.
dérade, *v.*
Désirade (la), *g.*
dorade.
ferrade.
mascarade.
parade.
pétarade.
retirade.
revirade.
Sporade, *g.*
tirade.

sade *dur.*

ambassade.
anspessade.
cassade.
embrassade.
glissade.
lapalissade.
maussade.
palissade, *s. et v.*
passade.
torsade.
(*voir* çade.)

sade *doux.*

arquebusade.
camisade.
croisade.
pavesade.
rasade.
septembrisade.
(*voir* zade.)

tade.

bonnetade.
boutade.
capilotade.
croustade.
incartade.
mousquetade.
pintade.
rodomontade.
souffletade.
stade.

trade.

balustrade.
estrade.
extrade.

u-ade.

dissuade, *v.*
persuade, *v.*
ruade.
saluade.

vade.

vade (mise au jeu.)
bravade.
évade (s'), *v.*

vrade.

poivrade.

y-ade.

Dryade, *myth.*
Hyade, *myth.*
Hamadryade, *myth.*
noyade [3].
Thyade, *myth.*
(*voir* iade.)

zade.

cruzade.
(*voir* sade *doux.*)

ADRE.

cadre, *s.*
cadre, *v.*
encadre, *v.*
escadre.

ladre.

AF.

bat. d'Af.
gnaf.
paf.
pif, paf.
Falstaff.

AFE et AFFE.

gaffe.

agrafe, *s. et v.*
dégrafe, *v.*
ragrafe, *v.*

piaffe, *v.* [3].

naffe (eau de).

carafe.
girafe.
parafe, *s. et v.*
pataraf e.
voir APHE.

AFLE.

rafle, *s. et v.*
érafle.

AFRE, AFFRE.

affres.

bâfre, *s. et v. pop.*

Cafre, *g.*

balafre, *s. et v.*

Vénafre, *g.*

AG.

drag.

landtag.
reichstag.

Ranelagh.

zigzag.
voir AC.

AGE.

âge.

bage.

ambages.
cubage.
flambage.
gerbage.
herbage.
jambage.
plombage.
tubage.

blage.

assemblage.
criblage.
doublage.

brage.

calibrage.
ombrage, *s. et v.*
timbrage.

cage.

blocage.
bocage.
cage.
démarquage.
dépiquage.
encage, *v.*
marécage.
mastiquage.
pacage.
parcage.
piquage.
placage.
remorquage.
repiquage.
saccage, *s. et v.*
truquage.

çage.

défonçage.
dépeçage.
écorçage.
forçage.
glaçage.
laçage.
lançage.
perçage.
pinçage.
ponçage.
rapiécage.
rinçage.

chage.

accrochage.
affichage.
arrachage.
branchage.
brochage.
couchage.
décrochage.
défrichage.
dérochage.
embauchage.
épluchage.
fauchage.
guillochage.
lâchage.
piochage.
repêchage.
rabâchage.
séchage.

clage.

cerclage.
raclage.
sarclage.

crage.

ancrage.
encrage.

dage.

abordage.
accommodage.
achalandage.
adage.
bandage.
bavardage.
blindage.
bordage.
brigandage.
cafardage.
clabaudage.
cordage.
dévergondage.
dévidage.
échafaudage.
échaudage.
émondage.
épandage.
étendage.
faisandage.
galandage.
glandage.
hourdage.
marivaudage.
mouchardage.
raccommodage.
ravaudage.
taraudage.
vagabondage.

drage.

cylindrage.

é-age.

péage.

fage.

chauffage.
(*voir* phage.)

flage.

boursouflage
persiflage.
soufflage.

frage.

gaufrage.
naufrage, *s. et v.*
saxifrage, *s. et a.*
soufrage.
suffrage.

gage.

bagage.
bastingage.
dégage. *v*
dragage.
élagage.
engage, *v.*
gage, *s.*
gage, *v.*

langage.
rengage, *v.*
tangage.

geage.

jaugeage.

glage.

cinglage.
réglage.

gnage.

barguignage.
gagnage.
lignage.
témoignage.

i-age.

alliage.
bailliage.
charriage.
mariage.
pliage.
rapatriage.
sciage.
triage.
verbiage, *s. et v.*
(*voir* yage.)

lage.

accouplage.
attelage.
bariolage.
batelage.
bosselage.
bottelage.
carrelage.
cartilage.
chaulage.
collage.
coulage.
couplage.
déballage.
désemballage.
détalage.
emballage.
enallage.
encollage.
étalage.
geôlage [3].
halage.
hypallage.
martelage.
moulage.
mucilage.
naulage.
parfilage.
parlage.
pelage.
Pélage, *n. p.*
pucelage.
racolage.
roulage.
salage.
satinage.
soulage, *v.*
vasselage.
village.
volage.

llage *mouillé.*

appareillage.
babillage.
barbouillage.
coquillage.
échenillage.
enfantillage.
feuillage.
gaspillage.
gribouillage.
grillage.
habillage.
maquillage.
mouillage.
outillage.
pillage.
pointillage.
rhabillage.
sillage.
treillage.

mage.

allumage.
arrimage.
chaumage.
chômage.
dédommage, *v.*
dommage,
écrémage.
écumage.
endommage, *v.*
essaimage.
étamage.
fermage.
fromage.
fumage.
gommage.
hommage.
image.
limage.
mage.
plumage.
ramage, *s. et v.*
rétamage.

nage.

affinage.
alevinage.
aménage, *v.*
apanage, *s. et v.*
aunage.
badinage.
baladinage.
badigeonnage.
baragouinage [5].
béguinage.
bétonnage.
binage.
bornage.
braconnage.
cabotinage.
camionnage.
cannage.
canonnage.
carénage.
cartonnage.
carnage.
charbonnage.
charronnage.
clayonnage.
cloisonnage.
compagnonnage.
concubinage.
cousinage.
crayonnage.

damasquinage.
débinage.
déménage, *v.*
drainage.
échevinage.
égrenage.
emmagasinage.
emménage, *v.*
engrenage.
espionnage.
fanage.
glanage.
griffonnage.
hivernage.
jardinage.
lainage.
lamanage.
laminage.
lantiponnage.
libertinage.
maçonnage.
magasinage.
maquignonnage.
marinage.
marnage.
marronnage.
ménage, *s. et v.*
Ménage, *n. p.*
minage.
moulinage.
nage, *s. et v.*
parrainage.
patelinage.
patinage.
patronage.
pèlerinage.
pennage.
personnage.
plafonnage.
poinçonnage.
pontonage.
raffinage.
ramonage.
remue-ménage.
satinage.
saunage.
savonnage.
surmenage.
surnage, *v.*
tabarinage.
tambourinage.
tannage.
tonnage.
tournage.
traînage.
vannage.
vinage.
voisinage.

ou-age.

affouage.
échouage.
enclouage.
fouage.
louage.
renflouage.
rouage.
tatouage.
touage.
(*voir* oije.)

page.

aréopage.
attrapage.
cépage.
coupage.
décapage.
découpage.
équipage.
page, *s. et m.*
page, *s. et f.*
propage, *v.*
ratage.
retapage.
stoppage.
tapage.
trempage.

phage.

anthropophage.
hippophage.
ichthyophage [5].
lithophage.
œsophage.
sarcophage.
(*voir* fage.)

plage.

plage.

prage.

épamprage.

quage.

(*voir* cage.)

rage.

Abencérages, *g.*
aciérage.
aérage.
amarrage.
arrérage, *v.*
arrérages.
atterrage.
barrage.
bourrage.
cirage.
commérage.
compérage.
courage.
couturage.
curage.
décourage, *v.*
démarrage.
éclairage.
écurage.
encourage, *v.*
enrage, *v.*
entourage.
étirage.
ferrage.
forage.
fourrage, *s.*
fourrage, *v.*
garage.
labourage.
mesurage.
mirage.
orage.
parage.
pâturage.
peinturage.
peinturlurage.
pressurage.
rage.

récurage.
rembourrage.
soutirage.
terrage.
tirage.
virage.
voiturage.

sage (s *dure.*)

amerissage.
apprentissage.
atterrissage.
blanchissage.
bossage.
brassage.
brossage.
brunissage.
corsage.
crépissage.
dégraissage.
dépolissage.
dévissage.
dressage.
équarrissage.
finissage.
fixage.
fourbissage.
graissage.
hersage.
lambrissage.
lissage.
massage.
message.
métissage.
nourrissage.
ourdissage.
pansage.
passage.
pétrissage.
plissage.
polissage.
ratissage.
remplissage.
repassage.
rouissage.
sage.
sertissage.
tissage.
vernissage.
vissage.

sage (s *douce.*)

arrosage.
balisage.
boisage.
bronzage.
creusage.
dévisage, *v.*
dosage.
empesage.
envisage, *v.*
Osages, *g.*
paysage [4].
pesage.
posage.
présage, *v. et s.*
puisage.
reboisage.
remisage.
tamisage.
usage.
visage.

tage.

abatage.
affûtage.
agiotage [5].
ajoutage.
ajustage.
arpentage.
avantage, *s. et v.*
ballottage.
barbotage.
battage.
biseautage.
blutage.
briquetage.
brocantage.
cabotage.
cachetage.
cahotage.
cailletage.
cailloutage.
calfatage.
canotage.
caquetage,
Carthage, *g.*
chantage.
chipotage.
chuchotage.
clapotage.
colmatage.
colportage.
cottage.
courtage.
crochetage.
culottage.
curetage.
davantage.
décolletage.
décrottage.
démâtage.
démontage.
départage.
déplantage.
dépotage.
désavantage.
égouttage.
emboîtage.
ergotage.
ermitage.
escamotage.
étage, *s. et v.*
factage.
fagotage.
faîtage.
feuilletage.
filetage.
filoutage.
flottage.
frelatage.
frottage.
furetage.
gargotage, *pop.*
grattage.
héritage.
jabotage.
laitage
lattage.
lestage.
marmottage.
montage.
numérotage.
otage.
papotage.

papillotage.
paquetage.
parentage.
parquetage.
partage, *s. et v.*
pelotage.
pilotage.
plantage.
pointage.
portage.
potage.
pourcentage.
radotage.
rapiécetage [5].
ratage.
reportage.
remportage.
sabotage.
sauvetage.
sulfatage.
stage.
Tage (le), *g.*
tricotage.
tripotage.
tuyautage.
valetage.
voltage.

trage.

arbitrage.
calfeutrage.
cintrage.
cuivrage.
fenêtrage.
feutrage.
filtrage.
lustrage.
métrage.
outrage, *s. et v.*
plâtrage.
replâtrage.
salpêtrage.
titrage.
vitrage.

u-age.

cocuage.
nuage.
remuage.

vage.

arrivage.
avivage.
balivage.
breuvage.
clivage.
couvage.
cuvage.
dépavage.
élevage
emblavage.
esclavage.
lavage.
lessivage.
levage.
pavage.
ravage, *s. et v.*
rivage.
sauvage.
servage.
solivage.
veuvage.

vrage.

ouvrage.
sevrage.

yage.

Astyage, *n. p.* [4].
fossoyage.
monnayage.
nettoyage.
voyage, *s. et v.*

(*voir* iage.)

zage.

(*voir* sage.)

AGME.

diaphragme [4].

voir ACHME.

AGNE long.

gagne, *v.*
regagne, *v.*

AGNE bref.

bagne.

Ascagne, *n. p.*
cocagne.

Cerdagne, *g.*

fagne.

Allemagne, *g.*
Charlemagne, *n. p.*
Romagne, *g.*

accompagne, *v.*
campagne.
Champagne, *g.*
compagne.
Espagne, *g.*
pagne.

Bretagne, *g.*
montagne.
Mortagne, *g.*
passe-montagne.
tranche-montagne.
(*voir* oigne.)

AGRE.

podagre.

Méléagre, *myth.*
Œagre, *myth.*

onagre.

chiragre.

AGUE.

bague.

blague.

cague.

dague.

drague, *s. et v.*

élague, *v.*

Copenhague, *g.*

schlague.

Prague, *g.*

divague, *v.*
extravague, *v.*
vague, *a.*, *s. et v.*

zigzague, *v.*

AH.

ah ! *interj.*

hah !

Allah.

Sarah.

pouah ! [1].

coprah.

Jéhovah.

surah.

AI [1].

ai, *v.* (*d'*avoir.)
hai ! *interj.*

bai.

chai.

déblai.
remblai.

brai.
Cambrai, *g.*

frai.

gai.
papegai.
Paraguai, *g.*
Uruguai, *g.*

geai.
j'ai.

balai.
délai.
lai.
malai.
relai.
virelai.

mai.

Douai, *g.*

quai.

rai (rayon).
minerai.

essai.
étai.

vrai.

voir AY, EY et É, AIS, ET, ETS.

AIA.

Maïa, *myth.*
Malouïa, *g.*, etc.

voir YA.

AIBLE.

faible.

voir ÈBLE.

AICHE.

fraîche, *a. f.*

quaiche.
saiche (*ou* sèche).
voir ÈCHE.

AID.

laid.
plaid.
voir AIT et ET.

AIDE.

aide, *s. et v.*

laide, *a. f.*

plaide, *v.*

raide.
voir ÈDE.

AÏE.

aïe ! *ou* haïe ! *interj.*
voir AYE.

AIE.

aie, *v.* (*d'*avoir).
haie.

baie.

tremblaie.

braie.

claie.

craie.

coudraie.

1) Cf. en outre les premières pers. du passé défini des verbes en *er* ; les 1res pers. du futur de tous les verbes ; les 2es pers. de l'impératif, et les 1res de l'indic. présent de quelques verbes en *aire*, dont on peut supprimer par archaïsme l'*s* finale : *fai*, *je me tai*, etc. et les rimes en *é*.

effraie (chouette).
orfraie.

gaie, *a. f.*
pagaie.
zagaie.

boulaie.
laie, *a. et s.*
saulaie.

maie (pétrin).
ormaie.

aunaie.
cannaie.
chênaie.
frênaie.
monnaie.
papier-monnaie.
porte-monnaie.

plaie.

châtaigneraie.
oseraie.
palmeraie.
peupleraie.
pommeraie.
raie.
ronceraie.
roseraie.

houssaie.
saie.
saussaie.

cerisaie.
fresaie (chouette).

futaie.
taie.

hêtraie.

ivraie.
vraie, *a. f.*

AIGLE.

aigle, *m. et f.*
voir ÈGLE et EIGLE.

AIGNE.

baigne, *v.*
craigne, *v.*

daigne, *v.*
dédaigne, *v.*
Sardaigne, *g.*

brehaigne.

plaigne, *v.*

araigne.
musaraigne.

saigne, *v.*

châtaigne.
Montaigne, *n. p.*

contraigne, *v.*
voir ÈGNE et EIGNE.

AIGRE.

aigre.

maigre.

vinaigre.
voir ÈGRE.

AIL.

ail.

bail.

bercail.

chandail.

aiguail.

camail.
émail.
fermail.
mail.
tramail.
trémail.

gouvernail.

attirail.
caravansérail.
corail.
Montmirail, *g.*
rail.
sérail.
soupirail.

bétail.
détail.
épouvantail.
éventail.
portail.
vantail.
ventail.

poitrail.
vitrail.

travail.

AILE.

aile (d'oiseau).
aile (*ale* bière anglaise).
voir AYLE, ÈLE, et ELLE.

AILLE.

aille, *v.* (*d'*aller).

baille.

baille, *v.*
bâille, *v.*
entre-bâille, *a.*

braille.

braille, *v.*
débraille (se), *v.*

caille.

blocaille.
caille, *s.*
caille, *v.*
écaille, *s. et v.*
passacaille.
quincaille.
racaille, *pop.*
rocaille.
(*voir* quaille.)

çaille.

fiançailles.
(*voir* saille *dur.*)

chaille.

blanchaille.

daille.

accordailles.
godaille.
médaille.
ribaudaille.
truandaille.

faille.

défaille.
faille, *v.* (*de* falloir).
faille (soie, fente).

geaille.

mangeaille.
que j'aille.

i-aille.

criaille, *v.*
piaille, *v.*

laille.

volaille.

maille.

aumailles.
chamaille, *v.*
émaille, *v.*
fesse-maille.
limaille.
maille.
marmaille.
pince-maille.
rimaille, *v.*
rouge-maille.
semailles.

naille.

canaille.
encanaille, *v.*
grenaille, *s. et v.*
moinaille.
poissonnaille.
sonnaille, *v.*
tenaille, *s. et v.*
tournaille, *v.*

ou-aille.

Cornouaille, *g.*
fouaille, *v.* [2]
jouaille, *v.*
ouaille.

paille.

empaille, *v.*
hache-paille.
harpaille (se), *v.*
paille.
ripaille.
tripaille.

quaille

antiquaille.
(*voir* caille.)

raille.

déraille.
éraille, *v.*
ferraille, *s. et v.*
funérailles.
muraille.
pierraille [3]
raille, *v.*
tiraille, *v.*

saille *dur.*

assaille.
broussailles.
tressaille, *v.*
Versailles, *g*
(*voir* çaille.)

saille *doux.*

cisailles.
épousailles.
grisaille, *s. et v.*
gueusaille.
représailles.

taille.

avitaille, *v.*
basse-taille.
bataille, *s. et v.*
bretaille, *v.*
détaille, *v.*
entaille, *s. et v.*
futaille.
haute-taille.
intaille (pierre gravée).
pretintaille.
ravitaille, *v.*
retaille, *s. et v.*
taille, *s.*
taille, *v.*
valetaille.

traille.

entrailles.
mitraille, *s. et v.*
prêtraille.
traille.

u-aille.

menuaille.
victuaille.

vaille.

relevailles.
travaille, *v.*
trouvaille.
vaille, *v.* (*de* valoir).

AILS.

(*voir* les mots en AIL qui ne font pas le pluriel en *aux.*)

AIM.

daim.

abat-faim.
crève-la-faim.
faim.
male-faim.
meurt-de-faim.

essaim.

étaim.

voir AIN et EIN.

AIME.

aime, *v.*
essaime.

voir ÈME.

AIN.

Ain, *g.*

bain.

aubain.
bain.
suburbain.
urbain, *a.*
Urbain, *n. pr.*

cain.

africain.
américain.
armoricain.
dominicain.
franciscain.
Lucain, *n. pr.*
marocain.
mexicain.
publicain.
républicain.
Vulcain, *myth.*

chain.

prochain.

dain.

andain.
dédain.
Jourdain, *g.*
mondain.
soudain.

drain.

drain.

fain.

Génovéfain.

frain.

refrain.

gain.

gain.
regain.

grain.

grain.

lain.

chapelain.
châtelain.
poulain.
vilain.

main.

appui-main.
arrière-main.
après-demain.
avant-main.
baisemain.
bonne-main.
cousin germain.
demain.
essuie-main.
face-à-main.
germain, *a.*
Germain, *g. et n. pr.*
gallo-romain.
humain.
inhumain.
lendemain.
main.
romain.
roumain.
sous-main.
surhumain.
surlendemain.
tournemain (en un).

nain.

nain.
nonnain.

pain.

copain.
pain.
gagne-pain.
massepain.
parpaing.

plain.

plain.

rain.

airain.
contemporain.
forain.
lorrain.
merrain.
nourrain.
parrain.
riverain.
souterrain.
souverain.
suzerain.
terrain.

sain *dur.*

sain.
malsain.

sain *doux.*

diocésain.
fusain.
toulousain.
(*voir* xain *et* zain.)

tain.

certain.
châtain.
étain.
hautain.
huitain.
incertain.
lointain.
métropolitain.
napolitain.
Pétain, *n. p.*
puritain.
plantain.
sacristain.
samaritain.
tain.
thibétain.
trentain.
tripolitain.
ultramontain.

train.

avant-train.
boute-en-train.
Chartrain, *g.*
entrain.
quatrain.
train.
train-train.

vain.

couvain.
douvain.
écrivain.
levain.
Louvain, *g.*
Sylvain, *myth.*
vain *et* en vain.

xain (*prononcez* **zain.**)

sixain.

(*voir* sain *doux et* zain.)

zain.

dizain.
douzain.
zain.

(*voir* sain *doux et* xain.)

voir AIM, AINC, EIN et IN

AINC.

vainc, *v.*
convainc, *v.* [1].

voir AIN et EING.

AINCRE.

vaincre.
convaincre.

AINDRE.

craindre.

plaindre.

contraindre.

voir EINDRE et INDRE.

AINE [2].

aine.
haine.

baine.

aubaine.
thébaine.
urbaine.

caine.

(*voir* le fémin. des adj. en AIN.)

chaine.

chaîne.
déchaîne, *v.*
désenchaîne.
enchaîne, *v.*
prochaine, *a. et f.*
renchaîne.

daine.

calembredaine.
bedaine.
bourdaine.
daine.
la faridondaine.
fredaine.
mondaine.
Sedaine, *n. pr.*
soudaine.

draine.

draine, *s. et v.*

faine.

faîne.

gaine.

dégaine, *s.*
dégaine, *v.*
engaine, *v.*
gaine.
rengaine, *v. et s.*

graine.

graine.
migraine.

kraine.

Ukraine, *g.*

laine.

l'aine.
châtelaine.
laine.

---

1) Cf. en outre les 1res pers. du sing. de l'indic. présent de ces verbes, dont on peut supprimer archaïquement l'*s*.
2) Cf. tous les adjectifs en AIN, dont les féminins riment avec AINE.

Madelaine, *n. p.*
marjolaine.
porcelaine.
poulaine (à la)
tire-laine.
vilaine.

maine.

domaine.
germaine.
humaine.
inhumaine.
Maine, *g.*
romaine, *s. et a.*
semaine.
surhumaine.

naine.

naine.
(*voir* nène.)

plaine.

plaine.
(*voir* pleine.)

raine.

Lorraine, *g.*
marraine.
raine.
moraine.
souveraine.
suzeraine.
Touraine, *g.*

saine *dur.*

(*voir* le fémin. des noms en *sain.*)

saine *doux.*

diocésaine.
misaine.
toulousaine.
(*voir* zaine.)

taine.

Aquitaine, *g.*
capitaine.
centaine.
cinquantaine.
croquemitaine.
fontaine.
futaine.
huitaine.
mitaine.
miton mitaine.
pretantaine.
quarantaine.
quartaine (fièvre).
quintaine.
soixantaine.
tiretaine.
trentaine.
turlutaine.
vingtaine.

traîne.

entraîne, *v.*
traîne, *s. et v.*

vaine.

neuvaine.

zaine.

dizaine.
douzaine.
quinzaine.
(*voir* saine *doux.*)
voir EINE, ÈNE et ENNE.

AINQUE.

convainque.
vainque.
voir inque *et* ynque.

AINS.

(*voir* le pluriel des mots en AIM, AIN, EIN et IN.) [1].

AINT.

craint.

maint.

complaint (se).
plaint.

sacro-saint.
saint.
Toussaint.

contraint [2].
voir EINT *et* INT.

AINTE.

crainte, *s. et partic.*

mainte, *a. f.*

complainte.
plainte, *partic.*

contrainte, *s. et partic.* [3].

sainte, *a. f. et s.*
Saintes, *g.*
voir EINTE et INTE.

AIR.

air.
pet-en-l'air.

blair.

---

1) Cf. en outre les deux 1res pers. du sing. du prés. de l'indic. des verbes en AINDRE et EINDRE.
2) Cf. en outre les 3es pers. du sing. du prés. de l'indic., et le part. passé masc. des verbes en AINDRE et EINDRE.
3) Cf. les participes passés féminins des verbes en AINDRE et EINDRE.

chair.
rocking chair.

clair.
éclair.

flair.

mohair.

pair, *a. et s.*
impair.

vair.
(*voir* ER, dont le *r* se prononce.)

AIRE.

aire, *s.*
Aire, *g.*
haire.

baire.

lombaire.
syllabaire.

braire.

braire, *v.*
libraire.

caire.

apothicaire.
Beaucaire, *g.*
bibliothécaire.
Caire (le), *g.*
calcaire.
hypothécaire.
Robert Macaire, *n. p.*
persicaire.
précaire.
sicaire.
urticaire.
vicaire.
(*voir* quaire.)

chaire.

chaire.

claire.

claire, *a. f.*
éclaire, *v.*

daire.

abécédaire.
dromadaire.
hebdomadaire.
lampadaire.
lapidaire.
légendaire.
milliardaire.
récipiendaire.
référendaire.
secondaire.
solidaire.

é-aire.

balnéaire.
interlinéaire.
linéaire.
juxtalinéaire.

faire.

affaire
contrefaire, *v.*
défaire, *v.*
faire, *v.*
forfaire, *v.*
malfaire.
parfaire, *v.*
refaire, *v.*
satisfaire, *v.*
savoir-faire.
surfaire, *v.*

flaire.

flaire, *v.*

gaire.

vulgaire.

glaire.

glaire.

graire.

agraire.

i-aire.

auxiliaire.
bénéficiaire.
bestiaire.
biliaire.
ciliaire.
bréviaire [3].
domiciliaire.
évangéliaire.
extrajudiciaire.
fiduciaire.
glaciaire.
herniaire.
incendiaire.
intermédiaire.
judiciaire, *a. et s.*
miliaire.
milliaire.
mobiliaire.
nobiliaire, *a. et s.*
pécuniaire.
pénitentiaire.
plagiaire.
plénipotentiaire.
rétiaire.
revestiaire.
stipendiaire.
subsidiaire.
stagiaire.
tertiaire.
vendémiaire.
vestiaire.

laire.

alvéolaire.
ancillaire.
angulaire.
annulaire.
armillaire (sphère).
atrabilaire.
auriculaire.
axillaire.
bullaire.
caniculaire.
capillaire.
capitulaire.
capsulaire.
cartulaire.
cellulaire.
circulaire, *s. et a.*

consulaire
corollaire.
corpusculaire.
crépusculaire.
épistolaire.
folliculaire.
formulaire.
globulaire.
impopulaire.
insulaire.
intercalaire.
jubilaire.
jugulaire, *s. et a.*
lenticulaire.
luni-solaire.
maxillaire
médullaire
molaire.
musculaire.
naviculaire.
oculaire.
orbiculaire.
patibulaire.
pédiculaire.
péninsulaire.
perpendiculaire.
polaire.
populaire.
proconsulaire.
pupillaire.
quadrangulaire.
rectangulaire.
salaire.
scapulaire.
scolaire.
scrofulaire.
séculaire.
solaire.
spéculaire.
stellaire.
titulaire.
triangulaire.
tumulaire.
tutélaire.
vasculaire.
vermiculaire.
vocabulaire.

maire.

brumaire.
frimaire.
grammaire.
intérimaire.
légitimaire.
lord-maire.
maire.
mammaire.
palmaire.
primaire.
sommaire, *a. et s.*
ulmaire.
victimaire.

naire.

actionnaire.
antiphonaire.
binaire.
catilinaire.
centenaire.
cessionnaire.
commissionnaire
concessionnaire.
concussionnaire.
convulsionnaire.
coreligionnaire.
culinaire.
débonnaire.
démissionnaire.
dénaire.
dictionnaire.
disciplinaire.
discrétionnaire.
divisionnaire.
doctrinaire.
duodénaire.
embryonnaire.
expéditionnaire.
extraordinaire.
factionnaire.
fonctionnaire.
fractionnaire.
imaginaire.
légionnaire.
liminaire.
luminaire.
lunaire.
mercenaire.
millénaire.
millionnaire.
missionnaire.
munitionnaire.
nonagénaire.
novénaire.
octogénaire.
octonaire.
ordinaire, *a. et s.*
originaire.
partenaire.
pensionnaire.
permissionnaire.
pétitionnaire.
poitrinaire.
préliminaire.
pulmonaire.
quadragénaire.
quaternaire.
questionnaire.
quinaire.
quinquagénaire.
réactionnaire.
religionnaire.
révolutionnaire.
sanguinaire.
saponaire.
scissionnaire.
séminaire.
sénaire.
septénaire.
septuagénaire [6].
sermonnaire.
sexagénaire.
soumissionnaire.
stationnaire.
sublunaire.
ternaire.
tambourinaire.
tortionnaire.
trentenaire.
urinaire.
valétudinaire, *s. et a.*
vétérinaire, *s. et a.*
vinaire.
visionnaire.

o-aire.

microzoaire.
protozoaire.

ou-aire.

douaire.

paire.

impaire, *a. f.*
paire.
repaire.

plaire.

complaire, *v.*
déplaire, *v.*
exemplaire, *s. et a.*
plaire, *v.*

quaire.

antiquaire.
moustiquaire.
reliquaire.
(*voir* équerre *et* caire.)

raire.

araire.
cinéraire.
funéraire.
honoraire, *a. et s.*
horaire.
itinéraire.
laraire.
littéraire.
numéraire.
onéraire.
stercoraire.
surnuméraire.
téméraire.
temporaire.
thuriféraire.
usuraire.
vulnéraire.
(*voir* rère.)

saire *dur.*

adversaire.
anniversaire.
bouc-émissaire.
commissaire.
corsaire.
dispensaire.
émissaire.
faussaire.
fidéi-commissaire.
glossaire.
janissaire.
nécessaire, *a. et s.*
pessaire.

saire *doux.*

Bélisaire, *n. p.*
Césaire, *n. p.*
garnisaire.
rosaire.

taire.

adjudicataire.
alimentaire.
autoritaire.
caudataire.
célibataire.
censitaire.
Clotaire, *n. p.*
colégataire.
colocataire.
commentaire.
complémentaire.
consignataire.
copropriétaire.
dentaire.
dépositaire.
dignitaire.
donataire.
égalitaire.
élémentaire.
éventaire.
feudataire.
héréditaire.
humanitaire.
interplanétaire.
inventaire.
involontaire.
légataire.
locataire.
Lothaire, *n. p.*
mandataire.
médicamentaire.
militaire.
monétaire.
mousquetaire.
notaire.
pamphlétaire.
pariétaire.
parlementaire.
planétaire.
prolétaire.
propriétaire.
protonotaire.
réfractaire.
réglementaire.
reliquataire.
rudimentaire.
Sagittaire (le).
salutaire.
secrétaire.
sectaire.
sédentaire.
serpentaire.
sociétaire.
solitaire.
sous-locataire.
sous-secrétaire.
supplémentaire.
taire.
testamentaire.
tributaire.
trinitaire.
unitaire.
universitaire.
volontaire.
Voltaire, *n. p.*

traire.

arbitraire.
abstraire, *v.*
contraire.
distraire, *v.*
extraire, *v.*
portraire, *v.*
retraire, *v.*
soustraire, *v.*
traire, *v.*

u-aire.

actuaire.
annuaire.
belluaire.
estuaire.
mortuaire.
obituaire.
ossuaire.
ripuaire.
sanctuaire.
somptuaire.
statuaire.
suaire.
textuaire.
tumultuaire.

vaire.

calvaire.
larvaire.
olivaire.
ovaire.
salivaire.
voir ÈRE et ERRE.

AIS [1].

ais.

hais, *v.* (*de* haïr).

rabais.

brais, *v.*

Français, *g.*

chais (selliers).
Beaumarchais, *n.p.*

babordais.
dais.
dadais.
Hollandais, *g.*
Irlandais, *g.*
tribordais.

fais, *v.* et ses composés.

faux-frais.
frais, *a.*
frais, *s.*

Portugais, *g.*

Anglais, *g.*

engrais.

biais [1 *ou* 2].
en biais.
liais [2].
niais [2].

jais.

Alais, *g.*
balais (rubis).
Calais, *g.*
Malais, *g.*
palais.
Rabelais, *n. p.*
relais.
Valais, *g.*

désormais.
jamais.
mais.

n'ais.
n'es.
Albanais, *g.*
Aragonais, *g.*
Bourbonnais, *g.*
connais.
harnais.
Japonais, *g.*
méconnais.
Milanais, *g.*
nais, *v.*
Nivernais, *g.*

Orléanais, *g.*
panais.
Polonais, *g.*
punais.
reconnais.
renais, *v.*

ouais ! *interj.* [1].

épais.
pais, *v.*
repais, *v.*

plais, *v.* et ses composés.

laquais.

apparais.
marais.
parais.
rais.
Vivarais, *g.*

Écossais, *g.*
sais, *v.*

Maltais, *g.*
Piémontais, *g.*
tais, *v.*

abstrais, *v.*
distrais, *v.*
extrais, *v.*
portrais, *v.*
soustrais, *v.*
trais, *v.*

Beauvais, *g.*
mauvais.
vais, *v.*

voir AIX, EGS, ÈS et ETS.

---

1) Cf. les pluriels des noms en AI, AIT, etc. ; les 1res et 2es pers. du sing. de l'imparfait et du conditionnel de tous les verbes.

AISE [1].

aise, *a. et s.*

baise, *v.*

Blaise, *n. p.*

biaise.

braise, *s. et v.*

chaise.
fichaise.
Père La Chaise.
steeple-chase.

fadaise.

fraise.

anglaise, *s. et a.*
glaise.

marseillaise.
versaillaise.

biaise, *v.* [3].
déniaise, *v.* [4].
niaise.

bordelaise.
falaise.
malaise.

cymaise.

fournaise.
mayonnaise.
polonaise.
punaise.

apaise, *v.*

complaise, *v.*
déplaise, *v.*
plaise, *v.*

navarraise.

foutaise.
mortaise.
taise, *v.*

mauvaise.

voir ÈSE, ÈZE et EIZE.

AISNE

(prononcez *aine*).

Aisne, *g.*

voir AINE, EINE et ÈNE.

AISSE.

abaisse, *v.*
baisse, *s. et v.*
bouillabaisse.
rabaisse, *v.*
rebaisse, *v.*

caisse.
décaisse, *v.*
encaisse, *v.*
qu'est-ce.
rençaisse.

affaisse, *v.*

dégraisse, *v.*
engraisse, *v.*
graisse, *s. et v.*
rengraisse, *v.*

laisse, *v.*
laisse, *s.*
délaisse, *v.*
sot-l'y-laisse.

connaisse, *v.*
méconnaisse, *v.*
naisse, *v.*
reconnaisse, *v.*
renaisse, *v.*

épaisse, *a. f.*
paisse, *v.*
repaisse.

apparaisse, *v.*
comparaisse, *v.*
disparaisse.
paraisse, *v.*
reparaisse, *v.*

voir ESSE.

AIT [2].

ait, *v.* (*d'*avoir).
hait, *v.* (*de* haït).

brait, *v.*

bienfait.
contrefait, *v. et a.*
défait, *v. et part.*
étouffait, *v.*
fait, *s., v. et part.*
forfait, *s.*
forfait, *v.*
imparfait, *a. et s.*
méfait.
parfait, *a. et s.*
parfait, *v.*
refait, *v. et s.*
satisfait, *v. et a.*
stupéfait.
surfait, *v.*
tôt-fait.

caille-lait.
lait.
petit-lait.

connaît.

---

1) Cf. les féminins des adjectifs en AIS.
2) Cf. les 3es pers. du sing. des imparfaits et des conditionnels de tous les verbes.

méconnaît.
naît.
prenait.
reconnaît.
renaît.
tenait.
venait.

paît.
repaît.
rompait.
soupait.

complaît.
déplaît.
plaît.

paraît.

souhait [2].

sait, *v.*

tait, *v.*

abstrait.
attrait
distrait, *v. et a.*
extrait, *v. et s.*
portrait, *s. et v.*
retrait, *s. et v.*
soustrait, *v.*
trait, *s.*
trait, *v.*

voir AID et ET.

AITE long.

affaîte.
faîte.

voir ÊTE.

AITE bref [1].

défaite.
entrefaites.
faite (fémin).
faites (vous).

laite.
allaite, *v.*

souhaite, *v.* [3].

abstraite.
distraite.
extraite.
maltraite, *v.*
retraite.
traite, *s.*
traite, *v. et partic. f.*
soustraite.

voir ÈTE et ETTE.

AITRE.

aîtres (les) d'une maison.

contremaître.
grand-maître.
maître.
petit-maître.
quartier-maître.
sous-maître.

connaître, *v.*
méconnaître, *v.*
naître, *v.*
reconnaître, *v.*
renaître, *v.*

forpaître.
paître, *v.*
repaître, *v.*

apparaître, *v.*
comparaître, *v.*
disparaître, *v.*
paraître, *v.*
reparaître, *v.*

traître.

voir ÊTRE long *et* EITRE.

AIVE.

glaive.
(*voir* ÈVE long.)

AIX.

(dont le *x* se prononce).

Aix, *g.*
voir EX.

AIX

(dont le *x* ne se prononce point).

arrière-faix.
faix.
portefaix.
surfaix.

paix.
voir AIS.

AL.

bal.

Annibal, *n. p.*
Asdrubal, *n. p.*
bal.
global.
foot-ball.
tombal.
verbal.
procès-verbal.

bral.

cérébral.

---

1) Cf. les féminins des adjectifs et participes en AIT ; et, pour le pluriel, la 2e pers. du pl. de l'indic. prés. du verbe *faire* et de ses composés : *faites, défaites,* etc. ; les 2es pers. du sing. de l'ind. prés. des verbes en AITER : *allaites, maltraites,* etc.

septembral.
vertébral.

cal.

amical.
ammoniacal.
archiducal.
arsenical.
bancal.
beylical.
bocal.
buccal.
canonical.
cervical.
chacal.
chirurgical.
clérical.
cortical.
dominical.
ducal.
fécal.
fiscal.
focal.
grammatical.
grand-ducal.
intertropical.
local, *s. et a.*
médical.
monacal.
musical.
obstétrical.
ombilical.
Pascal, *n. p.*
pascal, *a.*
patriarcal.
pontifical.
radical.
stomacal.
syndical.
tropical.
vertical.
vésical.
vocal.
zodiacal.

çal.

Provençal, *g.*
(*voir* sal *dur et* xal.)

chal.

archal (fil d').
maréchal.
sénéchal.

cral.

sépulcral.

dal.

caudal.
féodal.
modal.
pyramidal.
synodal.

é-al.

boréal.
féal.
floréal.
idéal.
nivéal.
réal, *monnaie.*

fal.

Parsifal.
(*voir* phal.)

gal.

conjugal.
égal.
frugal.
illégal.
inégal.
jugal.
légal.
madrigal.
Portugal, *g.*
régal.
Sénégal, *g.*
théologal.

gnal.

orignal.
signal.

gral.

intégral.

i-al.

abbatial.
adverbial.
allodial.
alluvial.
antisocial.
armorial.
bestial.
brachial.
branchial.
canonial.
censorial.
cérémonial.
collégial.
colonial.
commercial.
consistorial.
cordial.
crucial.
curial.
dictatorial.
directorial.
domanial.
éditorial.
équatorial.
équinoxial [5].
Escurial (l').
facial.
familial.
fécial.
filial.
fluvial.
génial.
glacial.
immémorial.
impartial.
impérial.
initial.
inquisitorial.
jovial.
labial.
lilial.
marsupial.
martial, *a.*
Martial, *n. p.*
matrimonial.
médial.
mémorial.

mondial.
monial.
notarial.
nuptial.
official.
paroissial.
partial.
patrimonial.
pluvial.
prairial.
présidial.
primatial.
primordial.
proverbial.
provincial.
radial.
sensorial.
seigneurial.
sénatorial.
social.
solsticial.
spécial.
synovial.
territorial.
testimonial.
tibial.
tinctorial.
trial.
trivial.
vicarial.
(*voir* yal).

mal.

animal, *s. et a.*
anomal.
anormal.
aromal.
baptismal.
brumal.
décimal.
duodécimal.
haut-mal.
hiémal.
lacrymal.
mal, *s. et adv.*
normal.
quadragésimal.
rhumatismal.
thermal.

nal.

abdominal.
anal.
annal.
arsenal.
automnal.
bacchanal.
banal.
biennal [3].
canal.
cantonal.
cardinal, *a.*
cardinal, *s.*
chenal.
communal.
confessionnal [5].
coronal (os).
décanal.
décennal.
diaconal [3].
diagonal [4].
diurnal.
doctrinal.
Epinal, *g.*
fanal.
final.
germinal.
hivernal.
infernal.
inguinal [3].
international.
intestinal.
journal.
Juvénal, *n. p.*
longitudinal.
machinal.
marginal.
matinal.
matutinal.
médicinal.
méridional.
mikadonal.
national.
nominal.
obsidional.
officinal.
ordinal.
original, *s. et a.*
patronal.
pénal.
phénoménal.
polygonal.
processional.
pronominal.
quinquennal [3].
Quirinal, *g.*
rational.
régional.
rénal.
septennal.
septentrional.
spiral.
surrénal.
terminal.
tonal.
tribunal.
triennal.
uninominal.
urinal.
vénal.
vernal.
vicennal.
vicinal.
virginal.

pal.

archiépiscopal.
épiscopal.
municipal.
pal.
papal.
principal, *a. et s.*

phal.

triomphal.
(*voir* fal.)

ral.

amiral.
architectural.
augural.
auroral.
bilatéral.

caporal.
chloral
choral.
collatéral, *a. et s.*
conjectural.
contre-amiral.
crural.
décemviral.
doctoral.
électoral.
équilatéral.
fédéral.
floral.
général, *a. et s.*
guttural.
huméral.
humoral.
immoral.
inaugural.
intégral.
latéral.
libéral.
littéral.
littoral.
minéral, *s. et a.*
moral.
mural.
numéral.
oral.
pastoral.
pectoral.
pictural.
plural.
préceptoral.
presbytéral.
professoral.
rectoral.
rural.
scriptural.
sculptural.
sidéral.
spiral.
temporal.
théâtral.
triumviral.
unilatéral.
vespéral.
vice-amiral.

viscéral.

sal *dur.*

bursal.
colossal.
commensal.
dorsal.
kursaal.
tattersall.
transversal.
Upsal, *g.*
vassal.
(*voir* çal *et* xal.)

sal *doux.*

causal.
nasal.

tal.

azimutal.
brutal.
Cantal, *g.*
capital.
continental.
costal.
cristal.
dental.
départemental.
dialectal.
digital.
dotal.
étal.
expérimental.
fatal.
fondamental.
frontal.
génital.
gouvernemental.
hôpital.
horizontal.
instrumental.
intercostal.
marital.
mental.
métal.
monumental.
natal.
occidental.
oriental.
ornemental.
pariétal.
piédestal [3].
pointal.
postal.
prévôtal.
quintal [2].
récital.
sacerdotal.
sacramental.
santal.
sentimental.
total, *a. et s.*
transcendental.
transcontinental.
végétal, *a. et s.*
vital.
zénithal.

tral.

arbitral.
astral.
austral.
cadastral.
central.
claustral.
diamétral.
géométral.
lustral.
magistral.
mistral.
spectral.
théâtral.
ventral.

val.

aval.
carnaval.
cheval.
estival.
festival.
médiéval.
narval.
naval.
nerval.
ogival.
rival.
val.

xal.

paradoxal.
(*voir* çal *et* sal *dur.*)

yal.

déloyal.
loyal.
royal.
(*voir* ial.)

ALBE.

Albe, *g.*

galbe.

ALC.

Saint Malc.

talc.

ALD.

Théobald.

de Bonald.

Mac Donald.

ALDE.

Alde, *n. p.*

Smalkalde.

scalde.

ALE long.

hâle, *s. et v.*

Bâle, *g.*

châle.

déhâle.

mâle.

pâle.

râle, *s. et v.*

ALE bref [1].

ale.

hale, *v.*
squale.

bale.

bale (de grain).
brimbale, *v.*
bubale.
cabale, *s. et v.*
cannibale.
cymbale.
Héliogabale, *n. p.*
timbale.
trimbale, *v.*

cale.

cale, *s.*
cale, *v.*
chrysocale.
décale.
écale, *s. et v.*
escale (faire).
intercale, *v.*
Lupercales, *myth.*
percale.
recale.

chale.

maréchale (à la).
sénéchale.

dale.

amygdales.
Dédale, *s. et n. p.*
pédale.
pyramidale.
rixdale.
sandale.
scandale.
Vandale, *g. et s.*

drale.

cathédrale.

éale.

céréale.
pinéale, *a. f.*
réale, *monnaie.*

fale.

rafale.
s'affale.

(*voir* phale.)

gale.

astragale.
Bengale, *g.*
cigale.
égale, *v.*
fringale.
gale.
galle (noix de).
galle (arch.)
galle et archigalle (prêtres de Cybèle.)
Galles (pays de).
martingale.
régale, *s.*
régale, *v.*

gnale.

signale, *v.*

i-ale.

impériale, *s. et a.*
initiale.
labiale.
martiale (loi).
mercuriale.
moniale.
onciales.
provinciale.
(*voir* yale.)

1) Cf. tous les féminins des adj. en AL.

male.

décimale.
normale (la).
tithymale.

nale.

annales.
bacchanales.
diagonale, *s. et a. f.*
finale, *s. et a. f.*
Ménale, *g.*
Saturnales, *myth.*

pale.

empale, *v.*
opale.
pale.
Sardanapale, *n. p.*
sépale.

phale.

acéphale.
autocéphale.
bicéphale.
brachycéphale.
Bucéphale, *myth.*
dolichocéphale.
encéphale.
hydrocéphale.
Omphale, *myth.*
philosophale (pierre).
(*voir* fale.)

rale.

amirale.
générale, *s. et a. f.*
gutturale, *a. f. et s.*
lustrale (eau).
morale.
pastorale.
puerpérale (fièvre).
pyrale.
rostrale.
spirale.

sale *dur.*

dessale, *v.*
Pharsale, *g.*
ressale.
sale, *a.*
sale, *v.*
succursale.

sale *doux.*

causale.
nasale.

tale.

capitale.
comtale (couronne).
crotale.
décrétale.
dentale.
détale, *v.*
digitale.
étale, *v. et a.*
palatale.
pétale.
Tantale, *myth.*
vestale.

vale.

avale, *v.*
cavale, *s.*
cavale (se).
dévale, *v.*
ovale, *a. et s.*
ravale, *v.*
rivale, *s. et a. f.*

xale.

exhale, *v.*

yale.

royale, *s. et a.*
(*voir* iale.)
voir ALLE.

ALGUE.

algue.

ALLE.

halle.

balle, *s. et v.*
déballe, *v.*
désemballe.
emballe, *v.*
porteballe.
triqueballe.

dalle.

galle (noix de).

malle.

salle.

installe, *v.*
stalle.

intervalle.
voir ALE bref.

ALME.

alme.

calme, *a. et v.*

palme.

spalme.

ALPE.

alpe.
Alpes, *g.*

scalpe, *v. et s.*

palpe, *v.*

ALQUE.

orichalque.

calque, *s. et v.*
chrysochalque.

catafalque.

défalque, *v.*

Ménalque, *n. p.*

ALS.

bals.

bancals.

carnavals.

chacals.

chorals.

narvals.

navals.

pals.

régals.

ALSE.

balse.

salse.

valse, *s. et v.*

ALT.

Anhalt, *g.*

cobalt.

malt.

smalt.

spalt.

ALTE.

halte.

Malte, *g.*

asphalte.

basalte.

Montalte, *n. p.*

exalte.

ALVE.

salve.

Gonzalve, *n. p.*

bivalve.
univalve.
valve.

AM (pron. *ame*).

Abraham, *n. p.*
Amsterdam, *g.*
bairam.
Cham, *n. p.*
hammam.
macadam.
madapolam.
Potsdam, *g.*
Priam, *n. p.*
Rotterdam, *g.*
sélam.
Siam, *g.*
tamtam.
tram (way).

AM (pr. *an*).

Adam, *n. p.*
dam.
Imam.
quidam [2].
voir AN.

AMBE.

ambe.

flambe, *v.*

ingambe.
viole de gambe.

iambe [3].
choriambe.
croc-en-jambe.
enjambe, *v.*
jambe.

dithyrambe.

AMBLE.

amble, *s. et v.*

voir EMBLE.

AMBRE.

ambre.

Delambre, *n. p.*

cambre, *v.*
Sicambre.

antichambre.
chambre.
grand'chambre.

Sambre, *g.*

AME long.

âme.

blâme, *s. et v.*

brahme *ou* brame.

infâme.

Paname (Paris).

jusquiame.

pâme, *v.*

dictame.

voir AMME long ; ajouter les 1res pers. du plur. en *âmes.*

AME bref.

brame, *v.*

acclame, *v.*
clame, *v.*
déclame, *v.*
proclame, *v.*
réclame, *v.*

dame *et* dame !
jeu de dame.
madame.
Notre-Dame.
trou-madame.
vidame.

ciné-drame.
drame.
mélodrame.
mimodrame.

affame.
diffame.

amalgame, *s. et v.*
Bergame, *g.*
bigame.
cryptogame.
monogame.
phanérogame.
polygame.

brise-lame.
épithalame.
lame.

cinname.

Pyrame, *myth.*
rame, *s. et v.*

sésame.

dictame.
entame, *s. et v.*
étame, *v.*
hippopotame.
rétame.

squame, *s.*
desquame, *v.*

trame, *s. et v.*

voir AMME bref et EMME.

AMME long.

enflamme, *v.*
flamme.
oriflamme.
renflamme.

voir AME long.

AMME bref.

anagramme.
cablogramme.
chronogramme.
cryptogramme.
diagramme.
épigramme.
gamme.
gramme, et ses composés.
monogramme.
parallélogramme.
programme.
radiogramme.
télégramme.

voir EMME.

AMNE.

condamne, *v.*
damne, *v.*

v. ANE et ANNE.

AMP.

aide de camp.
camp.
maréchal de camp.
mestre de camp.
champ.
sur-le-champ.
Longchamp, *g.*

voir AND, ANT ENT et END.

AMPE.

hampe.

campe, *v.*
décampe, *v.*
escampe, *v.*
hippocampe.

crampe.

lampe, *s.*
lampe, *v.*

pampe (botan.)

rampe, *s.*
rampe, *v.*

estampe, *s. et v.*
étampe, *s. v.*

voir EMPE.

AMPHRE.

camphre.

AMPLE.

ample.

voir EMPLE.

AMPRE.

pampre.
épampre, *v.*

AMPS.

(*voir* EMPS, et le plur. des mots en AND et en ANT.)

AMS.

Brahms.

rams.

AN.

(*n* sonore ; plur. en *men* avec *n* sonore aussi.)

alderman.
barman.
clergyman.
clubman.
englishman.
gentleman.
policeman.
recordman.
sportsman.
wattman.
woman.

AN.

(*n* nasal ; *voir* ANT.)

an.
han.

a-an.

ahan.
Canaan, *g.*
hihan.
Hispahan, *g.*

ban.

arrière-ban.
Artaban, *n. p.*
ban.
caban.
forban.
galhauban.
hauban.
Liban, *g.*
Montauban, *g.*
oliban.
risban.
ruban.
traban.
turban.
Vauban, *n. p.*

bran.

bran.
halbran.
Malibran, *n. p.*

can.

anglican.
Astracan, *g.*
boucan.
bouracan.
Caen, *g.* (pr. *Can*).
caimacan.
cancan.
carcan.
encan.
gallican.
pélican.
Racan, *n. p.*
rubican.
toscan.
toucan.
Vatican.
volcan.
(*voir* kan.)

clan.

bataclan.
clan.

plan.

biplan.
monoplan.
plan.

cran.

cran.
écran.

dan.

Buridan, *n. p.*
Eridan, *g.*
Gévaudan, *g.*
Grésivaudan, *g.*
ramadan.
redan.
Sedan, *g.*
Soudan, *g.*

dran.

balandran.
cadran.

é-an.

lettre-océan.
océan.
péan.

fan.

faon (pr. *Fan*).
fanfan.
Khordofan, *g.*

flan.

flan.

fran.

safran.

gan.

catogan.
guingan.
origan.
ouragan.
vigan.
yatagan.

glan.

Icoglan.
raglan.

gnan.

Carignan, *g.*
Draguignan, *g.*
Frontignan, *g.*
gnangnan.
Lusignan, *n. p.*
magnan.
Marignan, *g.*
Perpignan, *g.*

gran.

bougran.
Mazagran, *g.*

i-an.

Banians (secte d'Indiens).
fénian.
médian.
Morbihan, *g.*
Ossian, *n. p.*
rufian.

jan.

Jean, *n. p.*
Séjan, *n. p.*
Trajan, *n. p.*

kan.

kan.
khan.
(*voir* can.)

lan.

bilan.
bon an mal an.
bout de l'an.
brelan.
capelan.
Catalan, *g.*
Ceylan, *g.*
chambellan.
chambrelan.
Coriolan, *n. p.*
élan.
éperlan.
hulan *ou* uhlan.
l'an.
Magellan, *g.*
merlan.
milan, *s.*
Milan, *g.*
myrobolan.
ortolan.
palan.
portulan.
Tamerlan, *n. p.*

llan (*ll mouillées*).

Castillan.

man.

Aman, *n. p.*
Aman (cri des Musulmans pour demander merci).
Birman.
bosseman.
caïman.
doliman.
dolman.
drogman.
firman.
grand'maman.
Gusman, *n. p.*
hetman.
landamman (Suisse)
Léman, *g.*
maman.
m'en.
musulman.
ottoman.
roman, *s.*
roman, *a.*
Soliman, *n. p.*
talisman.
toman.
trucheman.

nan.

Dinan (et autres noms de géographie).
nanan.
Renan, *n. p.*
rhénan.
un an.

o-an.

Rohan, *n. p.*

ou-an.

Chouan [2].
Cordouan.
Mantouan.
Padouan.
rouan.

pan.

chenapan.
Egipans, *myth.*
empan.
pan, *s.*
Pan (le Dieu).
pan ! pan !
paon (*pron.* pan).
patapan.
sampan.
trépan.
tympan.

plan.

plan, *s.*
plan, *a.*
rataplan.

ran.

A.coran.
cormoran.
gourgouran.
jaseran.
Oran, *g.*
tyran.
vétéran.

san *dur.*

persan.

san *do*

artisan.
courtisan.
faisan.
faisant.
parmesan.
partisan.
paysan [3].
Pisan.
(*voir* zan.)

tan.

Arlatan.
autan.
cabestan.
cafetan *ou* caftan.
capitan.
charlatan.
entan.
Hindoustan, *g.*
mahométan.
orviétan [4].
Satan.
sultan.
tan.
taon (*pron.* tan).
tartan.
Titan, *myth.*
Tristan, *n. p.*
va-t'en.
Wotan, *myth.*

tran.

estran.
trantran.

u-an.

Juan, *n. p.*
Tétuan, *g.*

van.

cravan.
divan.
Érivan, *g.*
Morvan, *g.*
van *et* Van, *g.*
vlan !

zan.

Alezan.
allez-vous-en
balzan.
(*voir* san *doux*).
voir EN, et, pour le plur. des noms, ANS.

ANC.

banc.
char à bancs.

blanc.
bouillon-blanc.
de but en blanc.
fer-blanc.
Mont Blanc.

flanc.

franc, *s.*
Franc, *a. et n. p.*
voir ANG et ENG. ANT et ENT.

ANCE et ANSE.

anse (du panier).
Hanse.

bance.

bombance.

blance.

dissemblance.
invraisemblance.
ressemblance.
vraisemblance.
remembrance.

cance.

vacance.

chance.

chance.
malchance.
male chance.

dance et danse.

abondance.
ascendance.
concordance.
condescendance.
correspondance.
dépendance.
descendance.
discordance.
indépendance.
intendance.
outrecuidance.
redondance.
surabondance.
surintendance.
tendance.
transcendance.
danse.
contredanse.

é-ance.

bienséance.
condoléance.
créance.
déchéance.
doléance.
échéance.
mécréance.
messéance.
préséance.
séance.
suppléance.
surséance.

fance.

enfance.

france.

France, *g.*
souffrance.

gance.

arrogance.
Bragance, *g.*
élégance.
extravagance.
ganse.
inélégance.
manigance, *s. et v.*

geance.

allégeance.
désobligeance.
engeance.
obligeance.
vengeance.

gnance.

répugnance.

i-ance.

alliance.
ambiance.
confiance.
défiance.
fiance, *v.*
insignifiance.
insouciance.
luxuriance.
méfiance.
mésalliance.
oubliance.
(*voir* yance).

lance.

ambulance.
balance, *s. et v.*

contre-balance, *v.*
élance, *v.*
l'anse.
lance, *s. et v.*
forlance.
nonchalance.
pétulance.
relance, *v.*
rutilance.
vigilance.

llance (ll *mouillées*).

bienveillance.
défaillance.
malveillance.
surveillance.
vaillance.

mance.

accoutumance.
manse.
nécromance.
Numance, *g.*
performance.
transhumance.
romance.

nance.

alternance.
appartenance.
assonance.
consonance.
contenance.
convenance.
décontenance.
disconvenance.
dissonance.
finance, *s. et v.*
inconvenance.
lieutenance [4].
ordonnance, *s. et v.*
prédominance.
prévenance.
provenance.
résonance.
soutenance.
souvenance.
survenance.

panse.

panse (la).
il panse (un blessé).

rance.

assurance.
attirance.
désespérance.
Durance, *g.*
endurance.
errance.
espérance.
exubérance.
fragrance.
fulgurance.
garance, *s. et a.*
gérance.
ignorance.
intempérance.
intolérance.
persévérance.
prépondérance.
protubérance.
rance.
tempérance.
tolérance.
vétérance.

sance *dur.*

conjouissance.
connaissance.
croissance.
décroissance.
désobéissance.
excroissance.
impuissance.
jouissance.
méconnaissance.
naissance.
obéissance.
puissance.
reconnaissance.
réjouissance.
renaissance.
toute-puissance.

sance *doux.*

aisance.
bienfaisance.
complaisance.
déplaisance.
insuffisance.
luisance.
malfaisance.
médisance.
nuisance.
plaisance, *s.*
Plaisance, *g.*
suffisance.
usance.

(*voir* zance.)

tance.

accointance.
assistance.
circonstance.
concomitance.
consistance.
constance, *s.*
Constance, *g.*
distance.
importance.
inadvertance.
inconsistance.
inconstance.
insistance.
instance.
jactance.
laitance.
partance.
persistance.
pitance.
prestance.
quittance, *s. et v.*
repentance.
résistance.
stance.
subsistance.
substance.
tance, *v.*

trance.

maistrance.

outrance.
remontrance.
transe.

u-ance.

muance.
nuance, *s. et v.*

vance.

avance, *s. et v.*
devance, *v.*
inobservance.
mouvance.
observance.
redevance.
survivance.

vrance.

délivrance.
navrance.
Recouvrance (Notre Dame de).

yance.

clairvoyance.
croyance.
imprévoyance.
incroyance.
prévoyance.
(*voir* iance).

zance.

Byzance, *g.*
(*voir* sance *doux.*)
voir ANSE, ENCE et ENSE.

ANCHE.

anche.
hanche.

blanche, *a. f. et s.*
Blanche, *n. p.*
carte blanche.

branche.
ébranche, *v.*
Malebranche, *n. p.*

éclanche.

flanche, *v.*

franche, *a. f.*
Villefranche, *g.*

avalanche.
démanche, *v.*
dimanche.
emmanche, *v.*
endimanche (s'), *v.*
manche, *s.*
Manche (la), *g.*
palanche.

épanche, *v.*

planche.

Sanche, *n. p.*

tanche.
étanche, *v. et a.*

tranche, *s. et v.*
retranche, *v.*

revanche, *s. et v.*

Avranches, *g.*
voir ENCHE.

ANCRE.

ancre, *s. et v.*

cancre.

chancre.
échancre, *v.*
voir ENCRE.

AND.

(avec D sonore).

Hinterland.

rand.

shake-hand.

stand.

George Sand.

noms de pays comme Jutland, Oberland.

AND [1].

Childebrand, *n. p.*

marchand.

brigand.
Gand, *g.*

gland.

grand.

Chateaubriand, *s. et n. p.*

friand.

chaland.
goéland.
Groënland, *g.*
Maryland, *g.*
Roland, *n. p.*

Allemand, *a. et s.*
Armand.
flamand.
gourmand.
normand.

épand, *v.*
répand, *v.*

1) Cf. les deux premières pers. du sing. de l'ind. présent et la 2e pers. du sing. de l'impératif des verbes en ANDRE.

quand.

tisserand.

truand.

voir ANT, END et ENT.

ANDE [1].

bande, *s.*
bande, *v.*
contrebande.
débande, *v.*
plate-bande.
rebande, *v.*
sarabande.

brande.

multiplicande.
Samarcande, *g.*
scande, *v.*

marchande, *s. a. et v.*

offrande.

brigande, *v.*
dégingande (se).
propagande.

glande.

affriande, *v.*
friande.
viande [2].

achalande, *v.*
chalande.
Courlande, *g.*
désachalande, *v.*
Finlande, *g.*
guirlande.
Hollande, *g.*
houppelande.
Irlande, *g.*
Islande, *g.*
lande.
Landes (les).
Zélande, *g.*

allemande, *s. et a. f.*
amande.
commande, *s. et v.*
contremande, *v.*
décommande.
demande, *s. et v.*
gourmande, *a. f.*
gourmande, *v.*
limande.
mande, *v.*
quémande, *v.*
recommande, *v.*
redemande, *v.*
réprimande, *s. et v.*

girande.
jurande.

faisande (se), *v.*

truande.

lavande.

voir ENDE.

ANDRE.

esclandre.

scaphandre.

Léandre, *n. p.*
Méandre, *g. et s.*
oléandre.

Flandre, *g.*

coriandre.
calandre.
filandre.

salamandre.
Scamandre, *g.*

Ménandre, *n. p.*

épandre, *v.*
répandre, *v.*

Cassandre, *n. p.*
palissandre.

Sylvandre, *n. p.*

Alexandre, *n. p.*
voir ENDRE.

ANDS [2].

épands, *v.*
répands, *v.*
voir ENDS.

ANE long

ahane, *v.*

âne.

Albane, *n. p.*

arcane.

crâne.

bédane.
Mandane, *n. p.*

profane, *a. et v.*

Diane, *myth.*

coq-à-l'âne.

---

1) Cf. les féminins des adj. et subst. en AND.
2) Cf. le pluriel des mots en AND.

flâne.

mânes.

douane.
cf. OINE.

voir AMNE et ANNE long.

ANE bref.

bane.

cabane.
enrubane.

brane.

membrane.

cane.

anglicane.
arcane.
barbacane.
bécane.
bec-de-cane.
boucane, *v.*
cane.
cancane.
chicane, *s. et v.*
gallicane.
ricane, *v.*
sarbacane.
toscane.
vaticane (biblioth.).

dane.

bardane.
dos d'âne.
guide-âne.

éane.

océane (mer).

fane.

fane, *v. et s.*
profane.
(*voir* phane).

gane.

Afghane.
gourgane.
Morgane.
organe.
Tzigane.

glane.

glane, *s. et v.*

grane.

filigrane.

i-ane.

Ariane, *myth.*
Bactriane, *g.*
castillane.
la diane.
Diane, *myth.*
gentiane.
liane.
Louisiane, *g.*
Marianne.
médiane.
valériane.

(*voir* yane.)

jane.

jane.
colonne trajane.

lane.

atellane.
Catalane.
macfarlane.
Roxelane, *n. p.*
Santillane, *g.*

mane.

anglomane.
Arimane (dieu des Perses).
bibliomane [5].
bimane.
Birmane.
brahmane.
émane, *v.*
mégalomane.
mélomane.
métromane.
monomane.
musulmane.
ottomane.
quadrumane.
romane.

nane.

banane.
rhénane.

oanne.

Joanne.
Roanne.

ouane.

couenne.
douane.
padouane.
rouanne.
rouanne (jument).

pane.

campane.
frangipane.
pane.
panne.
paonne (*pron.* panne).
trépane, *v.*

phane.

Aristophane, *n. p.*
colophane.
diaphane.
(*voir* fane.)

plane.

aéroplane.
hydroplane.
plane, *a. et s.*
plane, *v.*

rane.

Cisjurane, *g.*
soprane.
Transjurane, *g.*
urane.

sane *dur.*

persane.

sane *doux.*

alezane.
basane.
courtisane.
faisane.
filanzane.
parmesane.
pertuisane [4].
pisane.
tisane.

tane.

capitane.
Catane, *g.*
charlatane.
Ecbatane, *g.*
gitane.
platane.
prytane.
soutane.
sultane.
tarlatane.
tartane.
tramontane.

vane.

caravane.
Havane, *g. et s.*
pavane (se), *v.*
pavane, *s.*
savane.

yane.

Guyane, *g.*
(*voir* iane).

voir ANNE bref.

ANG.

rang.

demi-sang.
pur-sang.
sang.

étang.
mustang (cheval).
orang-outang.

voir ANC, ANT, ENG *et* ENT.

ANGE.

ange.

change, *s. et v.*
échange, *s. et v.*
rechange.

vendange, *s. et v.*
vidange, *s. et v.*

fange.

frange, *s. et v.*

Gange, *g.*

grange.
engrange, *v.*

archange (*pron.* kange).

lange.
l'ange.
mélange, *s. et v.*
Michel-Ange, *n. p.*
phalange.

démange, *v.*
mange, *v.*

louange, *s. et v.*

arrange, *v.*
dérange, *v.*
orange.
range, *v.*

losange.
mésange.
parasange.

fontange.

étrange.

voir ENGE.

ANGLE.

angle.
Angles, *n. p.*

équiangle.

mangle.

sangle, *s. et v.*
dessangle, *v.*

rectangle.

étrangle, *v.*

triangle.

ANGUE.

cangue.

dengue.

exsangue.

gangue.

langue.

harangue, *s. et v.*
marangue.

mangue.

tangue, *v.*

ANLE.

branle, *s. et v.*
chambranle.
ébranle, *v.*

ANNE long.

Jeanne, *n. p.*
Dame-jeanne.
voir ANE long

ANNE bref.

Anne, *n. p.*
manne.

banne.

canne.
Cannes, *g.*

couenne (*prononcer* couanne).

panne (mettre, rester en).
empanne, *v.*

Lausanne, *g.*
paysanne [4].

tanne.

vanne, *v.*
vanne, *s.*
eaux vannes.

Vannes, *g.*

Suzanne, *n. p.*

voir ANE bref.

ANQUE.

banque.
débanque.
embanque.
saltimbanque.

calanque.
palanque.

efflanque, *v.*
flanque, *v.*

Franque (langue).

manque, *s. et v.*
Salamanque, *g.*

ANS [1].

cent ans.
haubans.

dans.
dedans.

céans.
léans.
Orléans, *g.*

Mans (le), *g.*

sans.

voir ANDS et ENS.

ANSE.

voir ANCE.

ANT.

(*t* sonore).

cant.
Kant, *n. p.*

ANT [2].

bant.

absorbant.
Brabant, *g.*
flambant.
probant.
sachant.
surplombant.
tachant.
tombant.

blant.

accablant.
beau semblant.
beuglant.
dissemblant.
faux semblant.
meublant.
ressemblant.
semblant.
tremblant.
troublant.

brant.

abracadabrant.
célébrant.
encombrant.
térébrant.
vibrant.

cant.

capricant.
convaincant.
consacrant.
coruscant.
fabricant.
formicant.
mordicant.
prédicant.
provocant.
suffocant.
vacant.
vésicant.

(*voir* quant).

çant.

agaçant.
commençant.
commerçant.
glaçant.
grimaçant.
menaçant.
perçant.
remplaçant.

(*voir* sant *dur.*)

chant.

alléchant.
approchant, *adj. et adv.*
attachant.
chant.
couchant.
déchant.
desséchant.
effarouchant.

1) Cf. le pluriel des mots en AND, ANT, END et ENT.
2) Cf. les participes masculins de tous les verbes. Les finales *clant*, *drant*, etc. n'appartiennent qu'à des participes.

méchant.
penchant.
plain-chant.
relâchant.
sachant, *part.* (*de* savoir).
touchant, *a.*
touchant, *prép.*
tranchant, *a.*
tranchant, *s.*
trébuchant.

crant.

consacrant.
sacrant.

dant.

abondant.
accommodant.
adjudant.
aguichant.
ascendant, *a. et s.*
attachant.
attendant.
brochant.
cédant.
cependant.
coïncidant.
commandant.
concordant.
condescendant.
contendant.
contondant.
correspondant.
corrodant.
débordant.
dégradant.
dépendant.
descendant.
discordant.
excédant.
fécondant.
fendant.
fondant.
grondant.
incommodant.
indépendant.
intendant.
intimidant.
mandant.
mordant.
obsédant.
outrecuidant.
pédant.
pendant, *a. et s.*
pendant, *prép.*
perdant.
plaidant.
prétendant.
redondant.
regardant.
répondant.
résidant.
rétrocédant.
surabondant.
surintendant.
tendant.
tordant.
transcendant.
trépidant.

drant.

(*voir* part. prés. des verbes en *dre.*)

é-ant.

béant.
bienséant.
échéant, *part.* (*de* échoir).
fainéant.
géant.
malséant.
mécréant.
messéant.
néant.
séant, *part.* (*de* seoir, *inusité*).
séant, *s.*
séant, *a.*
suppléant.

fant.

bouffant.
ébouriffant.
échauffant.
enfant.
étouffant.
infant.
olifant.
(*voir* phant.)

flant.

ronflant.
sifflant.

frant.

offrant.
souffrant.

gant.

adragant.
arrogant.
élégant.
extravagant.
fatigant.
flamingant.
fringant.
gant.
inélégant.
interrogant.
intrigant.
suffragant.

geant.

affligeant.
arrangeant.
assiégeant [3].
changeant.
copartageant.
décourageant.
dérogeant.
désobligeant.
dirigeant.
encourageant.
engageant.
enrageant.
exigeant.
intransigeant.
mangeant.
obligeant.
outrageant.
partageant.
plongeant.
voltigeant.

glant.

aveuglant.

cinglant.
sanglant.

gnant.

complaignant.
contraignant.
empoignant.
enseignant.
épargnant.
gagnant.
joignant.
plaignant.
poignant.
régnant.
répugnant.
saignant.
(*voir* partic. des v. en *gner* et *indre*.)

grant.

dénigrant.
émigrant.
flagrant.
fragrant.
immigrant.
intégrant.

i-ant.

alliciant.
ambiant.
asphyxiant.
communiant.
conciliant.
confiant.
contrariant.
criant.
défiant.
dulcifiant.
édifiant.
étudiant.
fortifiant.
fructifiant.
humiliant.
insignifiant.
insouciant.
justifiant.
liant.
lubrifiant.
luxuriant.
méfiant.
mendiant.
mortifiant.
négociant.
officiant.
pétrifiant.
pliant, *a. et s.*
purifiant.
radiant.
raréfiant.
rassasiant.
riant.
rubéfiant.
sanctifiant.
sciant.
signifiant.
souriant.
stupéfiant.
suppliant.
terrifiant.
tonifiant.
variant.
vivifiant.
(*voir* yant).

lant et llant (ll *non mouillées*).

affolant.
affriolant.
allant.
ambulant.
appelant.
ballant.
bêlant.
branlant.
brimballant.
brûlant.
camp volant.
canulant.
cerf-volant.
chancelant.
circulant.
collant.
consolant.
coulant, *a. et s.*
croulant.
désolant.
désopilant.
ensorcelant.
étincelant.
flagellant.
foulant.
galant.
gondolant.
horripilant.
hurlant.
isolant.
jubilant.
mirobolant.
moulant.
nonchalant.
ondulant.
pantelant.
parlant.
passe-volant.
pétulant.
pont volant.
postulant.
régalant.
roulant.
ruisselant [3].
rutilant.
salant.
scintillant.
sibilant.
stimulant.
stipulant.
vacillant.
vigilant.
volant, *a.*
volant, *s.*
voulant.

llant (ll *mouillées*).

accueillant.
assaillant.
bienveillant.
bouillant.
brillant, *a. et s.*
croustillant.
défaillant.
détaillant.
émoustillant.

faux-brillant.
feuillant.
fourmillant.
frétillant.
grouillant.
malveillant.
pétillant.
saillant.
sautillant.
scintillant.
sémillant.
surveillant.
taillant.
tressaillant.
vaillant.
pas un sous vaillant.

mant.

aimant, *a.*
aimant, *s.*
alarmant.
amant.
assommant.
calmant.
charmant.
consumant.
déprimant.
diamant [3].
diffamant.
dirimant.
dormant.
écumant.
endormant.
fermant.
flamant.
fumant.
infamant.
nécromant.
transhumant.

nant.

acoquinant.
agglutinant.
alternant.
appartenant.
assonant.
attenant.
avenant.
avoisinant.
bassinant.
bouillonnant.
bourdonnant.
bretonnant.
carême-prenant.
chagrinant.
concernant, *prép.*
consonant.
contenant.
contrevenant.
convenant.
Covenant, *hist.*
culminant.
déclinant.
déterminant.
détonant.
détonnant.
dissonant.
dominant.
donnant.
entraînant.
entreprenant.
environnant.
étonnant.
frissonnant.
fulminant.
gênant.
grisonnant.
gouvernant.
guignonnant.
hallucinant.
hibernant.
impressionnant.
inconvenant.
intervenant.
lancinant.
lieutenant [3].
maintenant.
malsonnant.
manant.
moyennant, *prép.*
opinant.
ordinand.
ordinant.
passionnant.
ponant.
prédéterminant.
prédominant.
prenant.
préopinant.
prévenant.
provenant.
rayonnant.
résonnant.
revenant.
ruminant.
sonnant.
sous-lieutenant [4].
soutenant.
stagnant.
surprenant.
survenant.
tannant.
tenant.
tonnant.
tourbillonnant.
tournant, *a. et s.*
traînant.
venant *et* tout venant.

pant.

clopin-clopant.
constipant.
corrompant.
crispant.
coupant.
enveloppant.
frappant.
grimpant.
interrompant.
occupant.
participant.
pimpant.
rampant.
rompant.
sacripant.

phant.

éléphant.
triomphant.
(*voir* fant.)

plant.

plant.

quant.

attaquant.
choquant.
clinquant.
communiquant.
convainquant.
croquant, *a. et s.*
délinquant.
estomaquant.
flanquant.
manquant.
marquant.
piquant, *a. et s.*
pratiquant.
quant.
trafiquant.

(*voir* cant.)

rant.

aberrant.
acquérant.
altérant.
aspirant, *a. et s.*
atterrant.
attirant.
belligérant.
colorant.
comburant.
comparant.
concourant.
conquérant.
considérant.
conspirant.
contre-courant.
corroborant.
courant, *a.*, *s. et part.* (*de* courir).
déchirant.
déclarant.
déférant.
désespérant.
délibérant.
délirant.
demeurant.
au demeurant.
désaltérant.
discourant.
désespérant.
déshonorant.
dévorant.
durant, *prép.*
éclairant.
écœurant.
effarant.
endurant.
errant.
essorant.
exaspérant.
exhilarant.
expirant.
exubérant.
ferrant (maréchal).
figurant.
fulgurant.
garant.
gérant.
hilarant.
ignorant.
intempérant.
intolérant.
Juif Errant.
mourant.
murmurant.
odorant.
odoriférant.
paissant.
parant.
persévérant.
pleurant.
prépondérant.
protubérant.
quérant.
rassurant.
recourant.
renversant.
repaissant.
réfrigérant, *a. et s.*
requérant.
restaurant, *a. et s.*
soupirant.
tempérant.
tirant.
tolérant.
warrant.

sant *dur.*

abasourdissant.
aboutissant, *a. et s.*
abrutissant.
adoucissant.
affadissant.
affaiblissant.
agissant.
amollissant.
angoissant.
appétissant.
assortissant.
assoupissant.
assourdissant.
assujettissant.
attendrissant.
avilissant.
blanchissant.
blessant.
blondissant, *v.*
bondissant.
bruissant.
caressant.
cassant.
cessant.
comparaissant.
compatissant.
croissant, *a.*
croissant, *s.*
croupissant.
dansant.
décroissant.
désobéissant.
divertissant.
éblouissant.
embarrassant.
envahissant.
étourdissant.
faiblissant.
flétrissant.
fleurissant.
florissant.
frémissant.
gémissant.
glapissant.
glissant.
grandissant.

impuissant [3].
incessant.
intéressant.
jaillissant.
jaunissant.
jouissant.
languissant.
lassant.
méconnaissant.
mugissant.
mûrissant.
naissant.
nourissant.
obéissant.
offensant.
pâlissant.
passant, *a.*
passant, *s.*
pensant.
pressant.
puissant [2].
rafraîchissant.
ravissant.
reconnaissant.
réjouissant.
renaissant.
repoussant.
resplendissant.
ressortissant.
retentissant.
rugissant.
saisissant.
salissant.
Tout-Puissant.
vagissant.
verdissant.
versant, *s.*
versant, *a.*
vieillissant.
vexant.
(*voir* çant).

sant *doux.*

agonisant.
amusant.
arabisant.
besant.
bien-disant [3].
bienfaisant [3].
brisant.
charabiaïsant.
complaisant.
composant.
contredisant.
cuisant [2].
démoralisant.
déplaisant.
déposant, *a. et s.*
écrasant.
épuisant.
exposant.
faisant.
fertilisant.
germanisant.
gisant, *a. et part.* (*de* gésir.)
gueusant.
hébraïsant.
imposant.
insuffisant.
judaïsant.
jusant.
luisant [2].
malfaisant.
malplaisant.
médisant.
méprisant.
opposant, *a. et s.*
paralysant.
patoisant.
pesant.
plaisant.
proposant.
rasant.
reluisant [3].
reposant.
rhumatisant.
satisfaisant.
séduisant [3].
soi-disant.
suffisant.
tranquillisant.

tant.

arc-boutant.
argumentant.
assistant, *a. et s.*
attristant.
autant.
battant, *a.*
battant, *s.*
broutant.
cahotant.
chantant.
chuintant.
clignotant.
combattant.
commettant.
compromettant.
comptant.
concertant.
concomitant.
consentant.
consistant.
constant.
consultant.
contestant, *a. et s.*
contractant.
contrefaisant.
cousant.
coûtant.
crépitant.
débilitant.
débitant.
débutant.
déconcertant.
dégoûtant.
dégouttant.
désinfectant.
distant.
éclatant.
écoutant.
embêtant.
épatant.
équidistant.
éreintant.
esquintant.
étant (*part. de* être).
excitant.
exécutant.
existant.
exorbitant.

expectant.
exploitant.
fébricitant.
flottant.
froufroutant.
habitant.
haletant.
hésitant.
humectant.
important.
inconsistant.
inconstant.
inquiétant [4].
instant, *s.*
instant, *a.*
insultant.
irritant.
manifestant.
méritant.
mettant.
militant.
montant, *a. et s.*
nonobstant.
palpitant.
partant, *adv. et s.*
percutant.
permutant.
persécutant.
persistant.
pivotant.
à bout portant.
portant (théâtre).
portant (bien ou mal).
pourtant.
préexistant.
profitant.
protestant, *s. et a.*
ragoûtant.
rebutant.
récitant.
réconfortant.
repentant.
représentant.
résistant.
restant, *a. et s.*
résultant.
révoltant.
sextant.
sous-traitant.
tant.
tentant.
tourmentant.
traitant.
tremblotant.
végétant.
vêtant.
votant.

trant.

entrant, *s. et a.*
filtrant.
impétrant.
pénétrant.
récalcitrant.
rentrant, *a. et s.*

u-ant.

atténuant.
bruant.
chat-huant.
concluant.
constituant.
évacuant.
exténuant.
fluctuant.
gluant.
insinuant.
puant.
reconstituant.
remuant.
suant.
tonitruant.
tuant.

vant.

adjuvant.
aggravant.
auparavant.
au-devant.
avant, *prép. et s.*
captivant.
ci-devant.
crevant.
décevant.
desservant.
dépravant.
devant, *prép. et s.*
dissolvant, *a. et s.*
dorénavant.
émouvant.
énervant.
levant, *a. et s.*
mouvant.
passavant.
poursuivant, *s. et a.*
résolvant.
savant.
servant, *a. et s.*
suivant, *a. et s.*
suivant, *prép.*
survivant.
vivant.

vrant.

couvrant.
enivrant.
navrant.
ouvrant.

yant.

aboyant.
attrayant.
ayant.
broyant.
bruyant.
chatoyant.
clairvoyant.
croyant.
distrayant.
effrayant.
entrevoyant.
faux-fuyant.
flamboyant.
foudroyant.
fuyant.
gerroyant.
imprévoyant.
incroyant.
larmoyant.
ondoyant.
oyant.
payant.

pourvoyant.
prévoyant.
rougeoyant.
seyant.
tournoyant.
trayant.
verdoyant.
voyant.

(*voir* iant.)

voir AND, END, ENT, *et, pour le pluriel, les noms en* ANS *et* ENS.

ANTE [1].

hante, *v.*

Corybante, *myth.*

acanthe.
Alicante, *g.*
Bacchante, *myth.*
brocante, *v. et s.*
décante, *v.*
peccantes(humeurs)
sécante.

chante, *v.*
déchante, *v.*
désenchante, *v.*
enchante, *v.*

andante.
Dante, *n. p.*
commandante.
intendante.
pédante.
surintendante.

fainéante, *v. et a. f.*

enfante, *v.*
hiérophante.
infante.
sycophante.

adragante.
dégante, *v.*
gante, *v.*
intrigante.

ensanglante, *v.*

adiante.
amiante.
communiante.
étudiante.
médiante, *musique.*
mendiante [4].
suppliante.
variante, *s. et a. f.*
voyante.

jante.

Atalante, *myth.*
atlante.
brillante, *v. et a. f.*
filante (étoile).
foulante (pompe).
ébouillante, *v.*
postulante.
surveillante.

aimante, *v. et a. f.*
amante.
désaimante.
diamante.
mante.
Rhadamante, *myth.*

dominante.
gouvernante.
lancinante.
lieutenante.
Nantes, *g.*
nonante.
rossinante.

galopante (phtisie).
Lépante, *g.*
pante, *argot.*

cinquante.
croquante.

Hiérophante.
sycophante.

déplante, *v.*
implante, *v.*
plante, *s. et v.*
replante, *v.*
supplante, *v.*
transplante, *v.*

amarante.
amirante.
courante, *s. et a. f.*
Dorante, *n. p.*
figurante.
gérante.
main courante.
quarante.

cessante (toute affaire).
plaisante, *v.*
remplaçante.

débitante.
débutante.
militante, *a. f.*
nécessitante.
octante.
pivotante (racine).
résultante.
septante.
tante.

épouvante, *s. et v.*
servante.
suivante.
vante, *v.*

Xanthe, *g.*

soixante, *a. et v.*

---

1) Cf. les féminins des adj. en ANT.

Zante, *g.*
voir ENTE.

ANTRE.

antre.

chantre.
préchantre.

diantre [2].
voir ENTRE.

ANVRE.

chanvre.

AP.

cap.
handicap.

drap.

il faudra.
sparadrap.

jalap.
hanap.

APE et APPE.

happe, *v. et s.*

cape.
décape.
handicape, *v.*

chape.
échappe, *v.*
porte-chape.
réchappe.

drape, *v.*

frappe, *v. et s.*
refrappe.

agape.

égrappe, *v.*
grappe.

Priape, *myth.*

jappe, *v.*

Esculape, *myth.*
lape, *v.*
nappe.

antipape.
pape.
soupape.

dérâpe.
râpe, *s. et v.* (*long*)

sape, *s. et v.*

étape,
retape, *v.*
tape, *s. et v.*

attrape, *s. et v.*
chausse-trappe.
étrape, *s. et v.*
rattrape, *v.*
satrape.
trappe.
Trappe, *g.*
Trappe (la).

APHE.

apographe.
autographe.
bibliographe.
biographe.
calligraphe.
cartographe.
chalcographe.
cinématographe.
cosmographe.
cryptographe.
dactylographe.
épigraphe.
ethnographe.
géographe.
hagiographe.
historiographe.
hydrographe.
lexicographe.
lithographe.
maréographe.
micrographe.
néographe.
olographe.
orthographe.
paléographe.
pantographe.
paragraphe.
phonographe.
photographe.
polygraphe.
sismographe.
sténographe.
stylographe.
tachygraphe.
topographe.
télégraphe.
typographe.

cénotaphe.

épitaphe.
voir AFE.

APHTE.

aphte.

naphte.

APLE.

Naples, *g.*

APRE.

âpre.

câpre.

diapre, *v.*

APS.

laps.
relaps.

schnaps.

APT.

Apt, *g.*

rapt.

APTE.

apte.
inapte.

capte, *v.*

adapte, *v.*

AQUE long.

Jaque.
Jacques, *n. p.*
Pâque *ou* Pâques.

AQUE bref.

abaque.

braque, *s.*
braque, *v.*
schabraque.
tribraque.

caque.
encaque, *v.*
macaque.

chaque.

claque, *s. et v.*

craque, *v.*

Éaque, *myth.*

flaque.

ambrosiaque.
ammoniaque.
aphrodisiaque.
cardiaque.
céliaque.
démoniaque.
dionysiaque.
élégiaque.
hypocondriaque.
iliaque.
maniaque.
orgiaque.
paradisiaque.
simoniaque.
syriaque.
thériaque.
zodiaque.

laque.
Polaque.
Valaque.

Andromaque, *n. p.*
estomaque (s'), *v.*
Symmaque, *n. p.*
Télémaque, *n. p.*

cloaque.

opaque.

plaque, *s. et v.*

baraque, *s. et v.*
caraque.
raque, *v.*
sandaraque.

casaque.
cosaque.
saque, *v.*

attaque, *s. et v.*
contre-attaque.
Ithaque, *g.*
taque, *v.*

détraque, *v.*
matraque.
patraque.
traque, *v.*

vaque, *v.*

bivouaque [3] ou
Bivaque, *v.*

quoique.

AR.

Bar, *g.*
bar.
Escobar, *n. p.*
Malabar, *g.*
Zanzibar, *g. et s.*

Amilcar, *n. p.*
brisquard.
car, *conj. et s.*
lascar.
Madagascar, *g.*
sleeping-car.

char.

Czar.

hospodar.
sirdar.

nénufar.

caviar.

Agar, *n. p.*
hangar.

dollar.

calmar.
cauchemar.
Colmar, *g.*
coquemar.
lupanar.
Omar, *n. p.*
Weimar, *g.*

par.

casoar.
douar.

Putiphar, *n. p.*

sar.
César, *n. p.*

avatar.
coaltar.
Gibraltar, *g.*
instar (à l').
nectar.
racontar

jaguar.

bolivar.
samovar.

Alcazar.
Balthazar, *n. p.*
bazar.

ARBE.

barbe, *s. et v.*
cheval barbe.
barbe, *s. et a.*
ébarbe, *v.*
joubarbe.
rhubarbe.
sainte-barbe.

Tarbes, *g.*

ARBRE.

arbre.

marbre, *s. et v.*

ARC.

arc.

Danemark, *g.*
marc, *s.* (pr. *mar*).
Marc, *n. p.*
mark, *s.*

parc.

ARCE.

farce.

garce.
voir ARSE.

ARCHE.

arche.

patriarche.

contre-marche.
démarche.
marche, *s. et v.* (*de* marcher).
marche (degré).
marche (frontière d'un État).

ARCLE.

sarcle.

ARD.

bard.

flambard.
jobard.
Lombard.

blard.

doublard.
faiblard.
roublard.

card.

brancard.
brocard.
chicard.
dog-cart.
frocard.
Picard.
placard.

chard.

mouchard.
pochard.
Richard, *n. p.*
richard, *s.*

dard.

dard.
étendard.
pendard.
soudard.
Saint Médard.

fard.

blafard.
cafard.
chauffard.
fard.
giffard.
soiffard.

flard.

mouflard.
riflard.

gard.

égard.
hagard.
regard.
ringard.
Stuttgard, *g.*

gnard.

bagnard.
cagnard.
campagnard.
grognard.
guignard.
mignard.
montagnard.
poignard.
Regnard, *n. p.*

i-ard.

criard.
liard [1].
milliard.
(*voir* yard.)

lard.

Abeilard, *n. p.*
foulard.
gueulard, *s.*
lard.
papelard.
tranchelard.

llard (**ll** ***mouillées***).

babillard.
béquillard.
billard.

braillard.
brouillard.
capitulard.
chevillard.
colin-maillard.
coquillard.
corbillard.
cumulard.
débrouillard.
égrillard.
feuillard.
fripouillard.
gaillard.
nasillard.
oreillard.
paillard.
piaillard.
pillard.
souillard.
tortillard.
vétillard.
vieillard [2].

mard.

camard.
flemmard.
homard.
pomard.
trimard.

nard.

Bernard, *n. p.*
canard.
cornard.
épinard.
fouinard.
goguenard.
nard.
Panard, *n. p.*
peinard.
penard.
pinard.
renard.
traînard.
traquenard.
veinard.

oard et **ou-ard.**

bézoard.
couard.

pard.

caméléopard.
léopard.
poupard.

quard.

voir CAR.

rard.

pleurard.
surard.

sard *dur.*

brassard.
chançard.
cuissard.
Froissard, *n. p.*
hussard.
poissard.
Ronsard, *n. p.*
Tsar.

sard *doux.*

busard.
hasard.
houzard.
isard.
musard.
nasard.
puisard.
(*voir* zard.)

tard.

bâtard.
fêtard.
moutard.
pétard.
retard.
tard.
têtard.
vantard.

vard.

bavard.
bouvard.
boulevard.
buvard.

yard.

Bayard, *n. p.*
boyard.
foyard.
fuyard.
savoyard.
(*voir* iard).

zard.

lézard.
(*voir* sard *doux*).
voir ART.

ARDE [1].

harde.
hardes.

barde.

barde, *s.*
barde, *v.*
bombarde, *s. et v.*
chambarde, *v.*
débarde, *v.*
embarde, *v.*
escobarde, *v.*
guimbarde.
hallebarde.

carde.

brocarde, *v.*
cacarde, *v.*
carde, *s. et v.*
cocarde.
endocarde.
péricarde.
placarde, *v.*

charde.

écharde.
moucharde, *v.*

darde.

darde, *v.*

farde.

farde, *v.*
bouffarde.

1) Cf. en outre les féminins des adj. en ARD.

garde.

arrière-garde [5].
avant-garde.
corps de garde.
garde, *s.*
garde, *v.*
mégarde.
regarde.
sauvegarde.

gnarde.

acagnarde, *v.*
mignarde, *v.*
poignarde, *v.*

iarde.

liarde, *v.* [2].

larde.

entrelarde, *v.*
larde, *v.*
poularde.

llarde ***mouillée.***

billarde, *v.*
gaillarde.

marde.

la Camarde (la Mort).

narde.

canarde, *v.*
chaparde, *v.*
goguenarde, *v.*
Oudenarde, *g.*

sarde ***dur.***

à la hussarde.
mansarde.
poissarde, *s. et a.*
Sarde, *g.*
Sardes, *g.*

sarde ***doux.***

hasarde, *v.*
musarde, *v.*
nasarde, *s. et v.*
(*voir* zarde.)

tarde.

attarde (s').
bâtarde, *s. et a. f.*
moutarde.
outarde.
retarde, *v.*
tarde, *v.*

zarde.

bazarde, *v.*
lézarde.

(*voir* sarde *doux.*)

ARDRE.

ardre, *v.* (vieux).

ARE et ARRE.

are, et ses composés.
arrhes.

bare.

barre, *s. et v.*
barbare, *a. et s.*
débarre, *v.*
gabare.
jeu de barres.
rembarre, *v.*

care.

bécarre.
carre, *s.*
carre, *v.*
contrecarre, *v.*
escarre *ou* eschare.
Icare, *myth.*
palikare.

clare.

déclare.

dare.

dare-dare.
Pindare, *n. p.*
Tyndare, *myth.*

fare.

effare, *v.*
fanfare.
La Fare, *n. p.*
(*voir* phare.)

gare.

bagarre.
bigarre, *v.*
Bulgares, *g.*
cigare.
égare, *v.*
gare, *s.*
gare, *v. et interj.*
Mégare, *g.*

gnare.

ignare.

i-are.

centiare.
tiare.

jare.

jarre.

lare.

hilare.
lare, *s. et a.*

mare.

amarre, *s. et v.*
chamarre, *v.*
démarre, *v.*
mare.
simarre.
tintamarre.

nare.

narre, *v.*
Ténare, *myth.*

oare.

foarre (paille).

pare.

accapare, *v.*
compare, *v.*
dépare, *v.*
désempare, *v.*

empare (s'), *v.*
ovipare.
pare, *v.*
prépare, *v.*
rempare (se), *v.*
répare, *v.*
sépare, *v.*
vivipare.

phare.

phare.
(*voir* fare.)

rare.

Carrare, *g.*
curare.
Ferrare, *g.*
rare.
tarare, *interj.*

tare.

catarrhe.
cithare.
guitare.
hectare.
solfatare.
tare, *s. et v.*
Tartare.

uare.

square.

vare.

avare.
Navarre, *g.*
Novare, *g.*

yare.

Madgyare.

zare.

bizarre.
Pizarre, *n. p.*

ARGE.

barge.

boute-charge.
charge, *s. et v.*
décharge, *s. et v.*
monte-charge.
recharge, *v.*
surcharge, *s. et v.*

large.

marge.
émarge, *v.*

litharge.
targe.

ARGNE.

épargne, *s. et v.*

hargne.

ARGUE.

cargue, *v.*
subrécargue.

largue, *a., s. et v.*

nargue, *s. et v.*
Vauvenargues, *n. p.*

boutargue (mets).
targue (se), *v.*

ARLE.

Arles, *g.*

barle (faille de mine).

Charles, *n. p.*

parle, *v.*
déparle, *v.*
reparle, *v.*

ARME.

arme, *s. et v.*

carme.
vacarme.
charme, *s. et v.*
épicharme.

gendarme, *s.*
gendarme (se), *v.*

alarme, *s. et v.*
larme.

Parme, *g.*
parme, *s. f. ant. rom.*

désarme, *v.*

ARN.

Béarn, *g.*
Tarn, *g.*

ARNE.

carne.
incarne (s'), *v.*
lucarne.

acharne, *v.*
décharne, *v.*
écharne.

darne (de poisson).

Marne, *g.*
marne, *s. et v.*

ARPE.

harpe, *s.*
harpe, *v.*
La Harpe, *n. p.*

carpe, *s. f.*
saut de carpe.
carpe, *s. m.*
contrescarpe.
escarpe, *s.*
escarpe, *v.*
métacarpe.

écharpe, *s.*
écharpe, *v.*

ARQUE.

arque, *v.*
Arques, *g.*

barque.
débarque, *v.*
embarque, *v.*
rembarque, *v.*

gymnasiarque.
hérésiarque.

contremarque.
démarque, *v.*
marque, *s. et v.*
polémarque, *antiq.*
remarque, *s. et v.*

monarque.

Parque, *myth.*
parque, *v.*

triérarque, *antiq.*

Aristarque, *n. p.*
Plutarque, *n. p.*

Pétrarque, *n. p.*
tétrarque, *antiq.*

Anaxarque, *n. p.*
exarque.

ARRE.

voir ARE.

ARS.

gars (*pron.* gar *ou* ga).

jars.

Villars, *n. p.*
Mars, *myth.* (*pron.* *l's*).

épars.
pars, *v.*, et ses composés.

ARSE.

comparse.

darse.

éparse, *a. f.*

tarse *et* métatarse.

voir ARCE.

ART.

art.
hart.

Jean Bart, *n. p.*

brocart.
dog-cart.
écart.

prélart.

braquemart.
jaquemart.
plumart.

départ.
frère frappart.
part, *s.*
à part.
part, *v.*
plupart (la).
poupart.
quote-part.
rempart.
repart, *v.*
avant-quart.
demi-quart.
quart.

voir ARD.

ARTE.

carte.
écarte, *v.*
encarte.
pancarte.
porte-carte.

charte.

marte (*ou* martre).
Marthe, *n. p.*

Bonaparte, *n. p.*
départe (qu'il se).
parte, *v.* (*de* partir).
Parthe, *g.*
reparte, *v.*

quarte, *s. et a. f.*

essarte.

Sparte, *g.*

tarte.

ARTRE.

chartre, *s.*
Chartres, *g.*

dartre.

martre.
Montmartre, *g.*

tartre.

ARVE.

larve.
l'Arve (rivière).

AS [1]

(dont le *s* ne se prononce point).

as, *v.* (*d'*avoir).

bas.

bas, *a.*
à bas.
bas, *s.*
branle-bas.
cabas.
en contrebas.
ici-bas.
là-bas.

bras.

bras.
fier-à-bras.

cas.

altercas.
cas.
choucas.
en-cas.
en-tout-cas.
fracas.
Incas.
Lucas, *n. p.*
tracas.

chas.

chas.
pourchas.

cras.

Hypocras *ou* Hippocras.

das.

Judas, *n. p. et s.*

dras.

Madras, *s. et g.*

glas.

glas.
verglas.

gras.

dégras.
gras.
mardi-gras.

i-as.

galimatias.
lias (*géol.*).

jas.

Cujas, *n. p.*

las.

cervelas.
chasselas.
Colas, *n. p.*
coutelas.
échalas.
entrelacs (*pron.* lâ).
lacs (*prononcez* lâ.)
las.
lilas.
matelas.
soulas.
Vaugelas, *n. p.*

mas.

amas.
Damas, *s. et g.*
Dumas.
frimas.
mas.
ramas.
Thomas.
trois-mâts.

nas.

ananas.
cadenas.

pas.

appas.
compas.
faux-pas.
lampas (étoffe).
Maurepas, *n. p.*
pas, *s.*
pas, *partic. nég.*
repas.
trépas.

ras.

débarras.
embarras.
haras.
ras.
raz (de marée).

sas ***dur.***

sas.

tas.

galetas.
taffetas.
tas.

tras.

Carpentras, *g.*
fatras.
patatras.
platras.

vas.

canevas.
gravats.
tu vas.

AS

(dont le *s* se prononce).

as.

Barrabas, *n. p.*

Faublas, *n. p.*
Gil Blas, *n. p.*

---

1) Cf. en outre les pluriels des mots en A et en AT (*rats...*) ; la seconde personne du futur de tous les verbes, et la seconde personne du passé défini des verbes en ER.

Chacas, *n. p.*

Épaminondas, *n. p.*
Léonidas, *n. p.*
Midas, *n. p.*

Augias, *myth.*
Bias, *n. p.*
Ézéchias, *n. p.*
Pausanias, *n. p.*
Phidias, *n. p.*
Tirésias, *n. p.*
trias.

Agésilas, *n. p.*
Atlas, *n. p. et s.*
las !
Calas, *n. p.*
hélas !
Hylas, *n. p.*
Ménélas, *n. p.*
Pallas, *myth.*
Vaugelas, *n. p.*

Christmas.
mas.

Jonas, *n. p.*

Joas, *n. p.*

alcarazas.
ambesas.

Eurotas, *g.*
vasistas.

Arras, *g.*
hypocras.
Patras, *g*
stras.

Texas, *g.*

ASE.

base, *s.*
base, *v.*
parabase.

blase, *v.*

brase, *v.*
ébrase, *v.*
embrase, *v.*

case, *s.*
case, *v.*
Caucase, *g.*
occase.

crase, *gram.*
écrase, *v.*

Pégase, *myth.*

jase, *v.*

ukase.

antonomase.
Oromase, *n. p.*
paronomase.

gymnase.

emphase.
phase, *s.*
Phase, *g.*

antiphrase.
métaphrase.
paraphrase, *s. et v.*
périphrase.
phrase, *s. et v.*

chrysoprase.

rase, *a. f.*
rase, *v.*

épitase.
extase.
Métastase, *n. p.*
protase.

envase, *v.*
évase, *v.*
extravase, *v.*
transvase, *v.*
vase, *s. m.*
vase, *s. f.*

voir AZE.

ASME.

asthme.

phantasme.

sarcasme.

chiasme.
enthousiasme, *s. et v.*
miasme.

pléonasme.

cataplasme.
ectoplasme.
métaplasme, *gr.*

Érasme, *n. p.*
marasme.

spasme.

ASPE.

Hydaspe, *g.*

jaspe, *s. et v.*

ASQUE.

basque (d'habit).
Basque, *g.*

casque.

flasque.

frasque.

monégasque.

bergamasque.
démasque, *v.*
masque, *s. et v.*

bourrasque.
tarasque.

fantasque.

vasque.

ASSE long[1].

basse.

basse, *a. f. et s.*
contrebasse.

casse.

casse, *s.*
casse, *v.*
concasse, *v.*

chasse.

châsse.
échasse.
enchâsse, *v.*

classe.

classe, *s.*
classe, *v.*
déclasse.
reclasse.

grasse.

grasse, *a. f.*

lasse.

délasse, *v.*
lasse, *a. f. et v.*
prélasse (se), *v.*

masse.

amasse, *v.*
damasse, *v.*
ramasse, *v. et s.*

nasse.

nasse.

passe.

compasse, *v.*
dépasse, *v.*
estrapasse.
impasse.
outrepasse, *v.*
passe, *v.*
passe, *s.*
passe-passe.
repasse, *v.*
surpasse, *v.*
trépasse, *v.*

sasse *dur.*

ressasse, *v.*
sasse, *v.*
sasse, *s.*

tasse.

entasse, *v.*
tasse, *s.*
tasse, *v.*
voir ACE long.

ASSE bref.

basse.

calebasse.

brasse.

brasse, *s.*
brasse, *v.*
embrasse, *v.*

casse.

avocasse, *v.*
bécasse.
carcasse.
cocasse.
décarcasse, *v.*
ducasse.
fracasse, *v.*
fricasse, *v.*
jacasse, *v.*
tracasse, *v.*

chasse.

chasse, *s. et v.*
pourchasse, *v.*
rechasse, *v.*

crasse.

crasse, *s. et a.*
décrasse, *v.*
encrasse, *v.*

dasse.

blondasse.
fadasse.

fasse.

fasce.
fasse, *v.* (*de* faire) et ses composés.

gasse.

bagasse !
fougasse.
sargasse, *s.*
Mer des Sargasses, *g.*

gnasse.

cognasse.
tignasse.

i-asse.

liasse.
milliasse.

lasse.

culasse.
échalasse, *v.*
filasse.
matelasse, *v.*
mélasse.
mollasse.

---

1) Cf. en outre les premières pers. du sing. de l'imparfait du subjonctif des verbes en ER, et, au pluriel, les secondes pers. du même temps. ASSE long et ASSE bref peuvent rimer ensemble.

llasse *mouillé.*

brouillasse.
caillasse.
paillasse, *s. m.*
paillasse, *s. f.*

masse.

brumasse, *v.*
damasse, *v.*
hommasse.
masse, *s.*
masse, *v.*
rimasse, *v.*

nasse.

bonasse.
cadenasse, *v.*
finasse, *v.*
Halicarnasse, *g.*
Parnasse, *g.*
pinasse.
vinasse.

o-asse.

coasse, *v.*
croasse, *v.*

rasse.

cuirasse, *s. et v.*
débarrasse, *v.*
embarrasse, *v.*
encuirasse (s').
harasse, *v.*
paperasse, *s. et v.*
terrasse, *s.*
terrasse, *v.*
tirasse.

sasse.

sasse (pelle).

tasse.

potasse, *s. et v.*
rapetasse, *v.*
savantasse.
Tasse (le), *n. p.*

vasse.

crevasse, *s. et v.*
lavasse.
rêvasse, *v.*
voir ACE bref et OISSE.

AST.

armes d'hast.

ballast.

toast (*pron.* tost).
voir OST.

ASTE.

baste !

Acaste, *n. p.*
caste.
Jocaste, *n. p.*

chaste.

iconoclaste.

faste.
fastes.
néfaste.

ecclésiaste.
enthousiaste.
scoliaste.

gymnaste.

contraste, *s. et v.*

vaste.
dévaste, *v.*

ASTHME.

voir ASME.

ASTRE.

astre.

encastre.
médicastre.
musicastre.

cadastre.

épigastre.
hypogastre.

piastre [3].

pilastre.

poétastre

Zoroastre, *n. p.*

désastre.

AT long [1].

bât.

forçât.

dégât.

mât.

appât.

AT bref.

bat.

abat, *v.*
abats.
bat, *v.*
célibat.
combat, *s. et v.*

---

1) Cf. en outre les troisièmes pers. du sing. de l'imparfait du subjonctif des verbes en ER.

débat, *s. et v.*
ébat.
ébats.
ébat (s'), *v.*
grabat.
rabat, *v.*
rabat, *s.*
rebat, *v.*
sabbat.

blat.

oblat.

cat.

avocat.
canonicat.
certificat.
délicat.
ducat.
exarchat.
indélicat.
muscat.
patriarcat.
pontificat.
prédicat.
syndicat.
tétrarchat.
(*voir* quat.)

çat.

forçat.

chat.

achat.
chat.
crachat.
entrechat.
œil-de-chat.
rachat.

clat.

éclat.

dat.

candidat.
concordat.
mandat.
soldat.

drat.

cadrat.
cédrat.
(*voir* drap.)

é-at.

baccalauréat.
béat.
lauréat.
méat.

fat.

calfat.
califat.
chérifat.
Saint Cucufat.
Josaphat.

gat.

ablégat.
agrégat.
camerlingat.
Cattégat, *g.*
dogat.
légat.
nougat.
renégat.
rouergat.
seringat.
vice-légat.

geat.

orangeat.
orgeat.
(*voir* jat.)

gnat.

assignat.
auvergnat.
cotignat.
magnat.

grat.

ingrat.
regrat.

i-at.

burgraviat.
commissariat.
galapiat.
honorariat.
immédiat.
landgraviat.
margraviat.
médiat.
notariat.
noviciat.
opiat.
patriciat.
plagiat.
prolétariat.
secrétariat.
sociétariat.
stropiat.
vicariat.
volontariat.

jat.

goujat.
(*voir* geat).

lat.

alcoolat.
amiralat.
apostolat.
cardinalat.
cancrelat.
chocolat.
consulat.
généralat.
maréchalat.
péculat.
postulat.
prélat.
principalat.
pugilat.
proconsulat.
vice-consulat.

mat.

anonymat.
climat.

économat.
format.
intérimat.
primat.

nat.

agnat.
archidiaconat [5].
assassinat.
banat.
Catinat, *n. p.*
championnat.
cognat.
décanat.
diaconat [3].
grenat.
incarnat.
indigénat.
internat.
mandarinat.
orphelinat.
patronat.
pensionnat.
salariat.
sénat.
septennat.
stellionat.
sultanat.
tribunat.
triennat.

pat.

archiépiscopat.
épiscopat.
principat.

plat.

plat, *a.*
plat, *s.*
méplat.
pied-plat.

quat.

adéquat (*pron.* oua).
voir OIT.

reliquat.
(*voir* cat).

rat.

agglomérat.
apparat.
baccarat.
bérat.
burat.
carat.
centumvirat.
cérat.
conglomérat.
décemvirat.
doctorat.
Dorat, *n. p.*
duumvirat.
électorat.
jurat.
majorat.
Morat, *g.*
Murat, *n. p.*
nacarat.
odorat.
préceptorat.
presbytérat.
professorat.
protectorat.
provisorat.
queue-de-rat.
rat.
rectorat.
scélérat.
stathoudérat.
triumvirat.
verrat.
vizirat.

sat *doux.*

marquisat.
rosat.

sat *dur.*

pissat.
voir ÇAT.

tat.

acolytat.
aérostat.
apostat.
archontat.
attentat.
comitat.
comtat.
constat.
État.
état.
habitat.
intestat.
podestat.
potentat.
résultat.
rhéostat.
résultat.
sidérostat.
tiers état.

trat.

castrat.
contrat.
magistrat.

vat.

gravats.

AT (*t* sonore).

exeat.
fat.
Goliath, *n. p.*
mat (échecs).
pat (jeu d'échecs).
stabat.
vivat.

ATCH.

caratch.
match.
scratch.

ATE long [1].

bâte, *v.*

1) Cf. en outre, les deuxièmes pers. du pluriel du passé défini des verbes en ER.

débâte, *v.*
embâte, *v.*
gâte, *v.*

hâte, *v. et s.*

Pilate, *n. p.*

démâte, *v.*
mâte, *v.*

appâte, *v.*
empâte, *v.*
pâte.

tâte, *v.*
retâte, *v.*

ATE bref et **ATTE**[1].

bate.

acrobate.
batte, *v.* (*de* battre), et ses composés.
batte, *s.*
stylobate.

cate.

Achate, *n. p.*
avocate.
délicate.
Hécate, *myth.*
silicate.

chate.

chatte.

clate.

éclate, *v.*

crate.

aristocrate.
autocrate.
bureaucrate.
démocrate.
Hippocrate, *n. p.*
Isocrate, *n. p.*
physiocrate.
Socrate, *n. p.*
théocrate.
Xénocrate, *n. p.*

date.

antidate, *s. et v.*
canditate.
date, *s. et v.*
datte.
mandate, *v.*
Mithridate, *n. p.*
postdate, *s. et v.*

fate.

calfate, *v.*
sulfate, *s. et v.*
(*voir* phate.)

flate.

flatte, *v.*

gate.

agate.
Agathe, *n. p.*
frégate.
régate.
renégate.
rouergate.
Vulgate (la).

grate.

gratte, *v.*
ingrate.
regratte, *v.*

i-ate.

spartiate.

jate.

jatte.
cul-de-jatte.

late.

blatte.
délatte, *v.*
dilate, *v.*
écarlate.
frelate, *v.*
Galates.
latte, *s. et v.*
oxalate.
relate, *v.*
translate, *v.*

mate.

acclimate, *v.*
aromate.
automate.
casemate.
Dalmate, *g.*
diplomate.
mate, *v. et a. f.*
numismate.
Sarmate, *g.*
stigmate.
stomate.
tomate.

nate.

annate.
carbonate.
dénatte, *v.*
incarnate.
natte, *s. et v.*
pénates.
prognathe (face).
sonate.

o-ate.

Croate, *g.*

ouate.

ouate, *s. et v.* [2].

pate.

allopathe.
Carpathes, *g.*
épate, *s. et v.*
homéopathe.
hydropathe.
patte.

1) Cf. les féminins de quelques adj. en AT.

phate.

phosphate.
(*voir* fate.)

phrate.

Euphrate, *g.*

plate.

plate.
vaisselle plate.
omoplate.

rate.

baratte, *s. et v.*
chlorate.
dérate, *v.*
disparate.
pirate, *s. et v.*
rate, *s.*
rate, *v.*
scélérate.
surate (Coran).
Surate, *g.*

tate.

acétate.
cantate.
constate, *v.*
épistate.
patate.
prostate.

trate.

Érostrate, *n. p.*
nitrate.
Pisistrate, *n. p.*
Sostrate, *n. p.*

vate.

cravate.
effarvatte.
savate.

ATH.

voir AT.

ATHE.

voir ATE.

ATRE bref et ATTRE.

abattre.
battre.
combattre.
débattre.
ébattre.
entrebattre (s').
rabattre.
rebattre.

quatre.

barathre (gouffre).

ATRE long.

âtre.

albâtre.

blanchâtre.
châtre, *v.*

douceâtre.

verdâtre.

bleuâtre.

amphithéâtre.
théâtre.

rougeâtre.

acariâtre.
opiniâtre, *a. et v.*
psychiâtre.

bellâtre.
écolâtre.
folâtre, *a. et v.*
gentillâtre.
hugolâtre.
iconolâtre.
idolâtre, *a. s. et v.*
mulâtre.

gentillâtre.

saumâtre.

jaunâtre.

pâtre.
Cléopâtre, *n. p.*

emplâtre.
plâtre, *s. et v.*
replâtre, *v.*

marâtre.
parâtre.

noirâtre.

roussâtre.

grisâtre.

olivâtre.

AU et EAU (monosyllabe).

au, *article.*
burgau.
eau.
huhau !
Sundgau, *g.*

beau.

barbeau.
bau.
beau.
bleu-barbeau.
corbeau.
escabeau.
flambeau.
Isabeau, *n. p.*
lambeau.
Mirabeau, *n. p.*
Rochambeau.
tombeau.

bleau.

arc-doubleau.
câbleau.

fableau.
Fontainebleau, *g.*
tableau.

ceau.

arceau.
berceau.
cerceau.
faisceau.
garde-des-sceaux.
jouvenceau.
lionceau.
Manceau *g.*
monceau.
morceau.
panonceau.
pinceau.
ponceau.
pourceau.
puceau.
rinceau.
sceau.
souriceau.
(*voir* seau *dur.*)

deau.

bandeau.
bardeau.
bâtardeau.
bedeau.
brigandeau.
cadeau.
château d'eau.
chaudeau.
cordeau.
faisandeau.
fardeau.
fricandeau.
jet d'eau.
landau.
outardeau.
poule d'eau.
radeau.
renardeau.
rideau.
rondeau.

dreau.

perdreau.

é-au.

fléau.
préau.

geau.

Dangeau, *n. p.*
Tourangeau, *g.*

gneau.

agneau.
cigogneau.

i-au.

affutiau.
fabliau.
(*voir* yau.)

lau *et* leau.

a vau-l'eau.
Boileau, *n. p.*
bouleau.
Breslau, *g.*
rouleau.

meau.

chalumeau.
chameau.
enclumeau.
grumeau.
hameau.
jumeau.
ormeau.
plumeau.
pommeau.
rameau.
trumeau.

neau.

anneau.
baleineau.
bigorneau.
cerneau.
chaponneau.
chemineau.
chêneau.
chénau.
citerneau.
créneau.
dindonneau.
étourneau.
fauconneau.
fourneau.
friponneau.
grianneau.
haveneau.
héronneau.
jambonneau.
Landerneau, *g.*
lanterneau.
larronneau.
meneau.
moineau.
panneau.
paonneau [2].
pigeonneau.
pineau.
pruneau.
saumoneau.
tonneau.
traîneau.
tyranneau.
vanneau.

pau *et* peau.

appeau.
carpeau.
chapeau.
copeau.
coupeau.
drapeau.
empeau.
harpeau.
oripeau.
Pau, *g.*
peau.
pipeau.
porte-drapeau.
troupeau.

rau *et* reau.

bandereau.
barreau.
bigarreau.
blaireau.
bordereau.
bourreau.

bureau.
carreau.
champoreau.
fourreau.
godelureau.
hachereau.
hobereau.
lapereau.
maquereau.
passereau.
pastoureau.
poëtereau [4].
poireau.
sarrau.
sautereau.
sureau.
taureau.
terreau.
tombereau.
tourtereau.
vipereau.
volereau.

sau *et* **seau** *dur.*

arbrisseau.
bécasseau.
boisseau.
coulisseau.
Nassau, ***g.***
plumasseau.
rousseau, ***a. et s.***
Rousseau, ***n. p.***
ruisseau.
seau.
saute-ruisseau.
tasseau.
trousseau.
vaisseau.
verseau.
vermisseau.
vousseau.
(*voir* ceau).

seau *doux.*

biseau.
ciseau.
closeau.
damoiseau.
fuseau.
museau.
naseau.
oiseau.
réseau.
roseau.
tréseau (13 gerbes.)

tau *et* **teau.**

bateau.
bluteau.
bonneteau.
cailleteau.
chanteau.
chapiteau.
château.
coteau.
couteau.
diableteau.
écriteau.
étau.
flûteau.
fronteau.
gâteau.
linteau.
liteau.
loqueteau.
louveteau.
manteau.
marteau.
morte eau.
plateau.
porte-manteau.
poteau.
râteau.
serpenteau.
tau.
tourteau.
tréteau.

u-au.

gluau.
gruau.

veau.

baliveau.
caniveau.
caveau.
cerveau.
claveau.
cuveau.
écheveau.
godiveau.
hâtiveau.
maniveau.
mou de veau.
niveau.
ris de veau.
nouveau.
soliveau.
veau.

vreau.

chevreau.
couleuvreau.

yau.

aloyau.
boyau.
hoyau.
joyau.
noyau.
tuyau.
tord-boyau.

(*voir* iau.)

Ajouter le pluriel des adjectifs en AL et voir les mots en AUD, O et OT.

AUBE.

aube, ***s.***
Aube, ***g.***
daube, ***s.***
daube, ***v.***
voir **OBE.**

AUCE et EAUCE.

Beauce, ***g.***
sauce, ***s. et v.***

exauce, ***v.***
voir AUSSE et OSSE long.

AUCHE.

débauche, ***s. et v.***
ébauche, ***s. et v.***
embauche, ***v.***

fauche, ***v.***

gauche, ***a. et s.***

chevauche, ***v.***

AUD.

clabaud.
ribaud.

moricaud.

chaud, ***a. et s.***
réchaud.

badaud.
lourdaud.
sourdaud.

échafaud.

attrape-nigaud.
nigaud.
saligaud.
trigaud.

rougeaud.
clos-vougeot.

salaud.
soulaud.

cabillaud.

grimaud.

finaud.
grippeminaud.
penaud.
quinaud.
Renaud, ***n. p.***

crapaud.

faraud.
maraud.
noiraud.
taraud.

costaud.
courtaud.
pataud, ***a. et s.***
pétaud.
rustaud.

Vaud, ***g.***

voir AUT et OT.

AUDE [1].

clabaude, ***v.***
ribaude.

blaude.

chaude.
échaude, ***v.***
gorges-chaudes.
main-chaude.

Claude, ***n. p.***
reine-claude.

badaude, ***v. et s.***
lourdaude.

échafaude. ***v.***

fraude, ***s. et v.***

gaude.
nigaude, ***v. et a. f.***

Laudes, ***lit.***

baguenaude, ***v.***
baguenaude, ***s.***
chiquenaude.
minaude, ***v.***
penaude.

émeraude.
faraude.
maraude, ***s. et v.***
noiraude.
taraude.

courtaude.
rustaude.

galvaude, ***v.***
marivaude, ***v.***
ravaude, ***v.***

AUF.

sauf.

AUFFE.

chauffe, ***v.***
échauffe, ***v.***
réchauffe, ***v.***
surchauffe.

AUFRE.

gaufre, ***s.***
gaufre, ***v.***

AUGE.

auge.

bauge.

jauge, ***s. et v.***

sauge.

pataug e, ***v.***
voir OGE.

1) Cf. en outre les féminins des adj. en AUD.

AULE.

Candaule, *n. p.*

gaule, *s. et v.*
Gaule, *g.*

miaule, *v.* [3].
piaule, *v.* [3].

épaule, *s. et v.*

saule.

voir OLE long.

AULT.

voir AUT.

AULX.

voir AUX.

AUME
et EAUME.

heaume.

baume.
embaume, *v.*

chaume.

Guillaume, *n. p.*
guillaume (rabot).

paume, *s. et v.*
empaume, *v.*

psaume.

royaume.

voir OME long.

AUNE
et EAUNE.

aune, *s. et v.*

Beaune, *g.*

Faune, *myth.*

fièvre-jaune.
Fleuve Jaune, *g.*
jaune.
béjaune.
nain-jaune.

roi des Aunes.

saune.

Saône.

voir ONE long.

AUPE.

gaupe.

taupe.

AUQUE.

glauque.

rauque.

AUR.

saur (hareng).

voir SOR.

AURE.

Épidaure, *g.*

Aglaure, *myth.*

Laure, *n. p.*

maure.

saure, *a.*

Isaure, *n. p.*

taure.

Bucentaure.
Centaure, *myth.*
Minotaure, *myth.*
restaure, *v.*

voir ORE.

AUSE.

cause, *s.*
ayant cause.
cause, *v.*

clause.

pause.

voir OSE.

AUSSE.

hausse, *s. et v.*

chausse, *v.*
chausses.
déchausse, *v.*

rehausse, *v.*

fausse, *v. et a. f.*

gausse (se), *v.*

exhausse, *v.*

voir AUCE et OSSE long.

AUSTE.

holocauste.

voir OSTE.

AUT et AULT.

en contre-haut.
haut.

boucaut.
boursicaut.

Escaut, *g.*

artichaut.
chaut (peu m'en).

Brunehaut, *n. p.*

défaut.
faut, *v.* (*de* falloir *et de* faillir).
gerfaut.

taïaut [3].

monaut.

Hainaut, *g.*
Quinault, *n. p.*

héraut.
Hérault, *g.*
Perrault, *n. p.*

assaut.
goussaut (cheval).
ressaut.
saut.
soubresaut.
sursaut.

quartaut.

équivaut, *v.*
prévaut, *v.*
revaut, *v.*
vaut, *v.* (*de* valoir).

levraut.
voir AUD et OT long.

AUTE.

faute.

haute, *a. f.*

dépiaute, *v.*
tuyaute, *v.*

aéronaute.
Argonautes, *myth.*

Plaute, *n. p.*

biseaute, *v.*
ressaute, *v.*
saute, *v.*
tressaute, *v.*

voir OTE long.

AUTRE et EAUTRE.

autre.

épeautre.

vautre (se), *v.*

voir OTRE long.

AUVE.

chauve.

fauve.

guimauve.
mauve.

sauve, *v. et a. f.*

voir OVE long.

AUVRE.

pauvre.
Hanovre.

AUX, AULX et EAUX [1].

Aulx (*pl. de* ail).

baux.

Caux, *g.*

chaux.
déchaux.

Bordeaux, *g.*

Despréaux, *n. p.*
réaux, *s. pl.*

tuffeau.
faux, *s.*
faux, *a.*
faux, *v.* (*de* faillir).

bestiaux.
matériaux.
marsupiaux.
pénitentiaux, *a. pl.*

fermaux (*plur. de* fermail).
émaux.
Esquimaux, *g.*
Gémeaux.
Meaux, *g.*

apparaux.
arts libéraux.
coraux.
jeux floraux.
soupiraux.

Forges-les-Eaux.
houseaux.

Citeaux.
listeaux (*pluriel de* listel).
taux.
vantaux.

vitraux.

1) Cf. en outre les pluriels des mots en AIL, AL, AU et EAU.

Clairvaux, *g.*
équivaux, *v.*
prévaux, *v.*
revaux, *v.*
Roncevaux, *g.*
travaux.
vaux, *v.* (*de* valoir.)
les Vaux-de-Cernay.

AVE.

hâve.

bave, *s. et v.*

emblave, *v.*

brave, *a.*
brave, *v.*

biconcave.
cave, *s. et a.*
cave, *v.*
concave.
décave, *v.*
encave, *v.*
rat-de-cave.
veine-cave.

angusticlave.
autoclave.
conclave.
enclave, *s. et v.*
esclave.
laticlave.

Moldave, *g.*

agave.
gave, *s.*
gave, *v.*

aggrave, *v.*
burgrave.
engrave, *v.*
grave, *a*
grave, *v.*
landgrave.
margrave.
rhingrave.

délave, *v.*
lave, *s.*
lave, *v.*
relave, *v.*
Slave, *g.*

Scandinave, *g.*

zouave.
voir OIVE.

dépave, *v.*
épave, *a. et s.*
pave, *v.*
repave, *v.*

déprave, *v.*

betterave.
chou-rave.
Morave, *g.*
rave.

Batave, *g.*
Gustave, *n. p.*
octave, *s.*
Octave, *n. p.*

architrave.
désentrave, *v.*
entrave, *v.*
entraves.
étrave.

suave [3]

AVRE.

havre.
Le Havre, *g.*

cadavre.

Jules Favre.

navre, *v.*

AX.

Sfax.

Ajax, *n. p.*

contumax.

Astyanax, *n. p.*
opoponax.

thorax.
anthrax.

Hans Sachs.

AXE.

axe.

désaxe, *v.*

malaxe, *v.*
parallaxe.
relaxe, *v.*

Saxe, *g.*

détaxe, *s. et v.*
surtaxe, *s. et v.*
syntaxe.
taxe, *s. et v.*

AY.

tokay.

Epernay, *g.*

Mézeray, *n. p.*

railway.
tramway.
voir AI et EY.

AYE.

baye, *v.*
cobaye.

déblaye, *v.*
remblaye, *v.*

Biscaye, *g.*

Andaye, *g.*
Hendaye, *g.*

défraye, *v.*
effraye, *v.*
fraye, *v.*

égaye, *v.*
béyaye, *v.*

balaye, *v.*
délaye, *v.*
relaye, *v.*

monnaye, *v.*

Cipaye.
paye, *s. et v.*
papaye (fruit du papayer).

désenraye, *v.*
enraye, *v.*
raye, *v.*

essaye, *v.*

étaye, *v.*

voir EYE.

AZ.

Chiraz.

Diaz.

gaz.

Hedjaz.
jazz.

AZE.

gaze, *s. et v.*

topaze.

É

É [1].

hé ! *ou* eh !
évohé !
ohé !

a-é.

Aglaé, *n. p.*
Danaé, *myth.*
Pasiphaé, *myth.*

bé.

a plus *b*.
abbé.
absorbé.
Saint Barnabé.
bébé.
bombé.
courbé.
dérobé.
flambé.
Hébé, *myth.*
jambé (bien).
jubé.
lobé.
nimbé.
Niobé, *myth.*
Phébé, *myth.*
prohibé.
plombé.
recourbé.
sigisbé.
Thisbé, *myth.*
tombé.

blé.

assemblé.
blé.
câblé.
dédoublé.
doublé.
endiablé.
râblé.
redoublé.
sablé.
tremblé.

bré.

ambré.
cambré.
délabré.
démembré.
déséquilibré.
équilibré.
marbré.
membré.
timbré.
vertébré.
zébré.

cé.

ABC.
alliacé.
avancé.
balancé.
cadencé.
censé.
cétacé.
chassé.
Circé, *myth.*
coriacé.
crétacé.
crustacé.
décontenancé.
déplacé.
élancé.
émincé.
engoncé.
énoncé.
épicé.
exercé.
fascé.
facé.
fiancé [3].
foliacé [4].
foncé.
forcé.
froncé.
gallinacés.
glacé.
herbacé.
inexercé.
lancé.
opiacé.
ostracé.
in pace (cachot).
percé.
pincé.
policé.
p. p. c.

---

1) Cf. les participes passés des verbes en ER et les 1res pers. des passés définis en AI. Voir aussi les substantifs plur. en *ers* et les 2es pers. du plur. en EZ.

prononcé.
renforcé.
tiercé.
tracé.
violacé.
(*voir* sé *dur et* xé.)

ché.

alléché.
archevêché.
archiduché.
attaché.
bouché.
cherché.
cliché.
débauché.
débouché.
déhanché.
détaché.
duché.
écorché.
éhanché.
empanaché.
endimanché.
entaché.
entiché.
évêché.
fâché.
grand-duché.
haché.
marché.
péché.
peluché.
penché.
poché.
Psyché, *myth.*
recherché.
relâché.
taché.
tâché.
touché.
tranché.

clé.

clé *ou* clef.
musclé.
porte-clés *ou* porte-clefs.

cré.

nacré.
sacré.
sucré.

dé.

accordé.
affidé.
amandé.
attardé.
bardé.
bondé.
bordé.
bovidé.
bridé (oison).
c. q. f. d.
Condé, *n. p. et g.*
coudé.
dé.
débordé.
débridé.
décédé.
décidé.
dégingandé.
dégradé.
démodé.
des.
dévergondé.
échaudé.
entrelardé.
évidé.
faisandé.
fondé.
glandé.
gradé.
guindé.
hasardé.
incommodé.
iodé.
iradé.
lézardé.
mansardé.
mondé (orge).
ondé.
possédé.
procédé.
prébendé.
ridé.
saccadé.
suicidé.
Vadé, *n. p.*
validé.
vidé.

dré.

André, *n. p.*
cendré.
madré.

é-é.

agréé.
incréé.

fé.

assoiffé.
auto-da-fé.
café.
ébouriffé.
échauffé.
épouffé.
étoffé.
fieffé [2].
pousse-café.

flé.

boursouflé.
enflé.
gonflé.
soufflé.
tréflé.

fré.

balafré.
camphré.
chiffré.

gé.

abrégé.
affligé.
âgé.
agrégé.
allongé.
assiégé.
chargé.
clergé.

congé.
corrigé.
dégagé.
dérangé.
engagé.
engorgé.
enragé.
figé.
frangé.
gagé.
gorgé.
imagé.
immergé.
insurgé.
j'ai.
jugé.
mitigé.
naufragé.
négligé.
obligé.
orangé.
ouvragé.
préjugé.
protégé.
rangé.
rengagé.
sergé.
submergé.
surchargé.
vergé.

glé.

déréglé.
Églé, *myth.*
épinglé.
étranglé.
réglé.

gné.

Aubigné, *n. p.*
éloigné.
embesogné, *a.*
imprégné.
indigné.
peigné.
rechigné.
renfrogné.
résigné.
Sévigné, *n. p.*
soussigné.

gré.

degré.
émigré.
gré.
malgré.
tigré.

gué.

conjugué.
délégué.
distingué.
fatigué.
fugué.
gué.
jarnigué.
meringué.
morgué.
pargué.
relégué.
subdélégué.
tatigué.
voir GAI.

ié.

affilié.
allié.
amitié.
apprécié.
armorié.
associé.
atrophié.
avarié.
circonstancié.
convié.
crucifié.
délié.
disgracié.
domicilié.
édifié.
émacié.
épié.
estropié.
étudié.
excommunié.
extasié.
férié.
folié.
fortifié.
inexpié.
inimitié [4].
initié.
interfolié.
labié.
licencié.
maléficié.
marié.
moitié [2].
moucharabié.
notarié.
oublié.
pié (*poét.*, *pour* pied) [1].
pitié.
privilégié.
qualifié.
radié.
rallié.
réfugié.
salarié.
stipendié.
strié.
supplicié.
terrifié.
trié.
varié.
voir YÉ, IER, IED, YEZ, IEZ.

lé.

acidulé.
affilé.
ailé.
ampoulé.
annelé.
alvéolé.
aréolé.
articulé.
auréolé.
barbelé.
bariolé.

bosselé.
brûlé.
cadelé.
calé.
cannelé.
cantabile.
clavelé.
constellé.
côtelé.
coulé.
craquelé.
crénelé.
défilé.
démêlé.
dentelé.
désarticulé.
désolé.
dessalé.
dévoilé.
dissimulé.
écartelé.
écervelé.
échauboulé.
échevelé.
éculé.
effilé.
émasculé.
emballé.
emmiellé [3].
enfiellé.
enrôlé.
esseulé.
étincelé, *blason*.
étiolé.
étoilé.
exilé.
fac-similé.
fêlé.
filé.
fuselé.
gondolé.
grêlé.
grivelé.
immaculé.
inarticulé.
inconsolé.
intitulé.
isolé.
jubilé.
lamellé.
lancéolé.
lenticulé.
les.
Lé.
libellé.
martelé.
modelé.
morcelé.
narguilé, *ou* narghilé.
ocellé.
ondulé.
pédiculé.
pédonculé.
pelé.
pénicillé.
perlé.
petiolé.
petit salé.
pommelé.
potelé.
pré-salé.
recélé.
reculé.
reticulé.
révélé.
rissolé.
roulé.
salé, *a. et s.*
scellé.
Sémélé, *myth.*
sigillé.
signalé.
simulé.
stylé.
Thulé, *g.*
tollé.
tubulé.
vermiculé.
verticillé.
voilé.
volé.
zélé.

llé *mouillé.*

brouillé.
caillé.
déguenillé.
dépenaillé.
dépoitraillé.
dépouillé.
déshabillé.
détaillé.
écaillé.
effeuillé.
embastillé.
embrouillé.
embroussaillé.
endeuillé.
ensoleillé.
entortillé.
entripaillé.
éraillé.
éveillé.
fendillé.
feuillé.
médaillé.
outillé.
persillé.
pointillé.
pouillé.
quadrillé.
rouillé.
taillé.
tortillé.
travaillé.
vanillé.

mé.

accoutumé.
affamé.
aimé.
amé.
animé.
assommé.
bien-aimé.
bouts-rimés.
clairsemé.
comprimé.
conformé.
consommé.
costumé.
déformé.
dénommé.

déplumé.
déprimé.
diadémé.
diplômé.
élimé.
embaumé.
embrumé.
enfermé.
enflammé.
epitome.
famé.
flammé (grès).
formé.
fumé.
germé.
géromé.
gourmé.
imprimé.
inaccoutumé.
inanimé.
informé.
innommé.
intimé.
lamé.
mai (prononciation ancienne).
mes.
mousmé.
nommé.
nommé (à point).
opprimé.
optime.
palmé.
parfumé.
périmé.
pommé.
présumé.
primé.
ramé.
réformé.
renfermé.
renommé.
résumé.
rimé.
rythmé.
semé.
sommé.
sublimé.
surnommé.

né.

abandonné.
abonné.
acharné.
aîné.
aliéné.
alterné.
artisonné.
aviné.
baleiné.
ballonné.
basané.
bastionné.
borné.
bourgeonné.
calciné.
canné.
cantonné.
capuchonné.
carabiné.
caréné.
carminé.
carné.
cerné (œil).
corné.
chevronné.
chiffonné.
cicerone.
citronné.
cloisonné.
combiné.
condamné.
contourné.
contusionné.
corné.
couronné.
cutané.
damasquiné.
damné.
Daphné, *myth.*
Dauphiné, *g.*
déchaîné.
décharné.
découronné.
déjeuné.
déraciné.
désordonné.
destiné.
déterminé.
détourné.
dîné.
Dioné, *myth.*
discipliné.
disproportionné.
donjonné.
doyenné.
efféminé.
effréné.
embéguiné.
émerillonné.
empenné.
enchifrené.
encorné.
enfariné.
enjuponné.
enrubanné.
ensoutané.
enraciné.
enviné.
envoisiné.
éperonné.
erroné.
façonné.
fané.
filigrané.
fleuronné, *blason.*
forcené.
fortuné.
galonné.
gangrené.
géminé.
gêné.
gratiné.
halbrené.
halluciné.
henné.
hérissonné, *blas.*
herminé, *blas.*
igné.
illuminé.
incarné.
indéterminé.
indiscipliné.
infortuné.
inné.

innominé.
inopiné.
instantané.
insubordonné.
intentionné.
irraisonné.
lazarone.
luné (mal).
malintentionné.
mamelonné.
mâtiné.
mezzo-termine.
momentané.
mort-né.
mutiné.
né.
nota bene.
nouveau-né.
obstiné.
ordonné.
pané.
panné.
parcheminé.
passionné [4].
peiné.
péroné, *anat.*
Phryné, *n. p.*
prédestiné.
premier-né [3].
puîné [2].
raffiné.
raisiné.
raisonné.
ratatiné.
satané.
satiné.
saumoné.
séné.
sillonné.
simultané.
spontané.
subordonné.
succédané.
suranné.
tanné.
tourné.
vallonné.
vanné.

veiné.

o-é.

Chloé, *n. p.*
Noé, *n. p.*
Zoé, *n. p.*

ou-é.

avoué.
dévoué.
doué.
enjoué.
enroué.
noué.
roué.

pé.

anticipé.
campé.
canapé.
coupé.
crêpé.
croupé.
désoccupé.
dissipé.
échappé.
éclopppé.
émancipé.
entrecoupé.
escarpé.
frappé.
frippé.
grippé.
harpé.
huppé.
inculpé.
inoccupé.
jaspé.
Joppé, *g.*
loupé.
nippé.
occupé.
préoccupé.
râpé.
récipé.
soupé, *s.*
soupé, *v.*
s. v. p.

tapé.
Tempé, *g.*
trempé.

plé.

accouplé.
couplé.
découplé.

pré.

beaupré.
diapré [3].
empourpré.
pourpré.
pré.

phré.

camphré.

voir FRÉ.

qué.

alambiqué.
appliqué.
casqué.
communiqué.
compliqué.
cornaqué.
débarqué.
défroqué.
éduqué.
efflanqué.
étriqué.
imbriqué.
inappliqué.
inexpliqué.
manqué.
marqué.
masqué.
musqué.
piqué.
plaqué.
remarqué.
requinqué.
sophistiqué.
terraqué.
toqué.
tronqué.

ré.

acéré.
aéré.
affairé.
ajouré.
altéré.
apeuré.
arriéré [3].
assuré.
avéré.
azuré.
beurré.
bigarré.
carré.
coloré.
comparé.
confédéré.
considéré.
conjuré.
courbaturé.
couturé.
curé.
déclaré.
décoloré.
décoré.
déconsidéré.
délibéré.
déluré.
démesuré.
dénaturé.
désespéré.
désiré.
déterré.
doré.
éclairé.
écœuré.
édulcoré.
effaré.
égaré.
énamouré.
éploré.
éthéré.
évaporé.
exagéré.
fédéré.
ferré.
figuré.
fleuré, *blason*.
fourré.
ignoré.
immodéré.
inaltéré.
inconsidéré.
indélibéré.
induré.
inespéré.
inexploré.
inspiré.
intempéré.
invétéré.
juré.
lauré.
libéré.
liseré.
maniéré [3].
mesuré.
miséréré.
modéré.
moiré.
mordoré.
narré.
obéré.
paré.
pestiféré.
poiré.
pondéré.
préféré.
prématuré.
prieuré.
ré.
référé.
rembourré.
réméré (à).
resserré.
retiré.
saint-honoré.
saturé.
séparé.
serré.
sursaturé.
taré.
tempéré.
timoré.
tiré.
tonsuré.
ulcéré.

sé ***dur.***

angoissé.
embarrassé.
blessé.
caressé.
cassé
censé.
ces.
chassé.
clissé.
compassé.
controversé.
convulsé.
corsé.
crossé.
cuirassé.
damassé.
déboursé.
déclassé.
désintéressé.
dressé.
empressé.
encaissé.
fossé.
glissé.
hérissé.
insensé.
intéressé.
lambrissé.
lampassé.
massé (billard).
offensé.
passé.
plissé.
pressé.
ramassé.
récépissé.
renversé.
repoussé.
retroussé.
sensé.
ses.
surbaissé.
trépassé.
troussé.
versé.
(*voir* cé, sais, sez.)

sé *doux.*

accusé.
aiguisé.
aisé.
ankylosé.
arborisé.
ardoisé.
autorisé.
avisé.
blasé.
boisé.
brisé.
chassé-croisé.
civilisé.
composé.
couperosé.
croisé.
décomposé.
démoralisé.
déniaisé [4].
divisé.
écrasé.
empesé.
épuisé.
exposé.
extravasé.
fleurdelisé.
francisé.
frisé.
imposé.
incivilisé.
indisposé.
irisé.
malaisé.
malavisé.
opposé.
organisé.
osé.
pisé.
posé.
préposé.
rosé.
rusé.
supposé.
toisé.
usé.
vert-de-grisé.
voisé.
volcanisé.
vulcanisé.

(*voir* zé.)

té.

thé.
tes.

bâté.
casematé.
cravaté.
démâté.
dératé.
doigté.
empâté.
épaté.
frelaté.
gâté.
ouaté.
pâté.
raté.

contracté.
lacté.

exalté.

accidenté.
aimanté.
andante.
apparenté.
argenté.
assermenté.
brillanté.
charpenté.
comté.
denté.
désargenté.
désorienté.
documenté.
édenté.
enchanté.
endenté.
endiamenté.
éreinté.
éventé.
expérimenté.
fréquenté.
inexpérimenté.
infréquenté.
insermenté.
mouvementé.
orienté.
parenté.
patenté.
pimenté.
renté.
santé.
tourmenté.
vanté.

aparté.
clarté.
écarté.

acheté.
âcreté.
ancienneté [4 ou 5].
âpreté.
breveté.
brièveté.
briqueté.
chasteté.
colleté.
déchiqueté.
débonnaireté.
décolleté.
déjeté.
démoucheté.
déshonnêteté.
dureté.
duveté.
étrangeté.
fausseté.
fermeté.
feuilleté.
fleurté.
gileté.
gracieuseté.

grièveté.
grossièreté [4 ou 5].
habileté.
hâtiveté.
honnêteté.
impureté.
inhabileté.
jeté.
joyeuseté.
lâcheté.
lasciveté.
légèreté.
malhabilité.
malhonnêteté.
malpropreté.
marqueté.
méchanceté.
mitoyenneté.
moucheté.
naïveté.
netteté.
oisiveté.
opiniâtreté.
pailleté.
pauvreté.
piqueté.
propreté.
pureté.
rareté.
sainteté.
saleté.
souveraineté.
sûreté.
suzeraineté.
tacheté.
tardiveté.
tendreté.
tiqueté.
vergeté.
vileté.

anxiété.
apprêté.
arrêté.
contrariété.
crêté.
ébriété.
embêté.

entêté.
été (participe).
été (saison).
fouetté [2].
gaîté.
hébété.
impiété.
impropriété.
laité.
Léthé, *myth.*
levretté.
mont-de-piété.
notoriété.
piété.
propriété.
P. T. T. (les).
répété.
retraité.
satiété.
sobriété.
société.
traité.
variété.

affecté.
désaffecté.
injecté.

accepté.
excepté.

cherté.
concerté.
déconcerté.
fierté [2].
liberté.
puberté.

contesté.
détesté.
empesté.
incontesté.
lèse-majesté.
majesté.

assisté.
désisté.
résisté.

abrité.
absurdité.
acerbité.
acidité.
activité.
actualité.
acuité.
adversité.
affabilité.
affinité.
agilité.
agité.
amabilité.
ambiguïté [5].
aménité.
amovibilité.
anfractuosité.
animalité.
animosité.
annuité [4].
antériorité.
antiquité [4].
aridité.
assiduité [5].
aspérité.
atrocité.
austérité.
authenticité.
autorité.
avidité.
banalité.
bénédicité.
bénignité.
bestialité.
blésité.
brutalité.
caducité.
calamité.
callosité.
canonicité.
capacité.
capillarité.
captivité.
catholicité.
causalité.
causticité.
cavité.
cécité.

célébrité.
célérité.
charité.
chronicité.
cité.
civilité.
clandestinité.
collectivité.
combattivité.
comité.
commodité.
compacité.
compatibilité.
complexité.
complicité.
compressibilité.
comptabilité.
concavité.
conformité.
confraternité.
congruité [4].
connexité.
consanguinité [5].
consubstantialité.
contemporanéité.
contiguïté [5].
continuité [5].
contractilité.
contre-vérité.
conventualité.
convexité.
cordialité.
corruptibilité.
crédibilité.
crédulité.
criminalité.
crudité.
culpabilité.
cupidité.
curiosité [5].
débilité.
déclivité.
défectuosité.
déité.
densité.
dépité.
déshabité.
destructibilité.
destructivité.
dextérité.
difformité.
digité.
dignité.
dilatabilité.
discontinuité.
discrédité.
disparité.
diversité.
divinité.
divisibilité.
docilité.
domesticité.
dualité.
ductilité.
duplicité.
édilité.
efficacité.
égalité.
élasticité.
électricité.
éligibilité.
ellipticité.
énormité.
entité.
équité.
éternité.
éventualité.
excentricité.
excitabilité.
exiguïté.
expansibilité.
exquisité.
extensibilité.
exterritorialité.
extrémité.
facilité.
faillibilité.
familiarité [6.]
fatalité.
fatuité [4].
fébrilité.
fécondité.
félicité.
féodalité.
férocité.
fétidité.
fertilité.
fidélité.
finalité.
fiscalité.
fixité.
flaccidité.
flatuosité.
flexibilité.
flexuosité.
fluidité [5].
fongosité.
formalité.
fragilité.
fraternité.
friabilité.
frigidité.
frivolité.
frugalité.
fruité.
fusibilité.
futilité.
généralité.
générosité.
gibbosité.
gracilité.
gratuité [4].
granité.
gravité.
grécité.
habilité.
habité.
hérédité.
héréticité.
hilarité.
homogénéité.
horizontalité.
hospitalité.
hostilité.
humanité.
humidité.
humilité.
idéalité.
identité.
illégalité.
illégimité.
illimité.
imbécillité.
immatérialité.

immensité.
immérité.
immobilité.
immoralité.
immortalité.
immuabilité [6].
immunité.
immutabilité.
imparité.
impartialité.
impassibilité.
impeccabilité.
impénétrabilité.
imperméabilité.
impersonnalité.
impétuosité.
impopularité.
importunité.
impossibilité.
impressionnabilité.
improbabilité.
improbité.
impudicité.
impunité.
inabrité.
inactivité.
inaliénabilité.
inaltérabilité.
inamovibilité.
inanité.
incapacité.
incivilité.
incommensurabilité.
incommodité.
incommutabilité.
incompatibilité.
incompréhensibilité.
incongruité [5].
incorrigibilité.
incorruptibilité.
incrédibilité.
incrédulité.
incurabilité.
incuriosité.
indemnité.
indestructibilité.
indignité.
indissolubilité.
individualité.
indivisibilité.
indocilité.
ineffabilité.
inefficacité.
inégalité.
infaillibilité.
infécondité.
infériorité.
infertilité.
infidélité.
infinité.
infirmité.
inflexibilité.
ingéniosité.
ingénuité [5].
inhabité.
inhospitalité.
inhumanité.
iniquité.
innéité.
innocuité.
inopportunité.
insalubrité.
insanité.
insatiabilité.
insécurité.
insensibilité.
insipidité.
insociabilité.
insolvabilité.
instabilité.
instantanéité.
intégralité.
intégrité.
intensité.
intimité.
intrépidité.
inusité.
inutilité.
invalidité.
invariabilité.
inviolabilité.
invisibilité.
invité.
irrégularité.
irresponsabilité.
irrévocabilité.
irritabilité.
irrité.
jovialité.
juvénilité.
laïcité.
latinité.
légalité.
légitimité.
libéralité.
limité.
limpidité.
liquidité.
littéralité.
lividité.
localité.
longanimité.
longévité.
loquacité.
lubricité.
lucidité.
magnanimité.
majorité.
malignité.
malléabilité.
masculinité.
matérialité.
maternité.
maturité.
médiocrité.
mendicité.
mentalité.
mérité.
minorité.
mobilité.
modalité.
modernité.
modicité.
mondanité.
monstruosité.
moralité.
mordacité.
morosité.
mortalité.
mucosité.
multiplicité.
municipalité.

mutabilité.
mutualité.
mysticité.
natalité.
nationalité.
nativité.
naturalité.
nébulosité.
nécessité.
nervosité.
neutralité.
nocuité.
nodosité.
notabilité.
nubilité.
nudité.
nullité.
obésité.
objectivité.
obliquité [5].
obscénité.
obséquiosité.
obscurité.
œcuménicité.
officialité.
onctuosité.
opacité.
opportunité.
originalité.
parité.
partialité.
particularité.
passibilité.
passivité.
paternité.
pénalité.
pénétrabilité.
perceptibilité.
pérégrinité.
pérennité.
perfectibilité.
périodicité.
perméabilité.
perpendicularité.
perpétuité [5].
perplexité.
personnalité.
perspicacité.
perspicuité [5].
perversité.
placidité.
plasticité.
plausibilité.
pluralité.
polarité.
ponctualité.
popularité.
porosité.
possibilité.
postériorité.
postérité.
préciosité.
précipité.
précité.
précocité.
prémédité.
priorité.
probabilité.
probité.
proclivité.
prodigalité.
prolixité.
promiscuité [5].
prospérité.
proximité.
publicité.
pudicité.
puérilité.
pupillarité.
putridité.
pusillanimité.
qualité.
quantité.
quidité.
quotité.
radio-activité.
rancidité.
rapacité.
rapidité.
raucité.
réalité.
réciprocité.
réflexibilité.
réfrangibilité.
régularité.
relativité.
religiosité.
reproductibilité.
responsabilité.
rétro-activité.
ridiculité.
rigidité.
risibilité.
rivalité.
rotondité.
rugosité.
rusticité.
sagacité.
sagitté.
salubrité.
sapidité.
scolarité.
scurrilité.
sécularité.
sécurité.
sénilité.
sensibilité.
sensualité.
sentimentalité.
sérénité.
sérosité.
servilité.
sévérité.
siccité.
simplicité.
simultanéité.
sincérité.
singularité.
sinuosité.
sociabilité.
solennité.
solidarité.
solidité.
solubilité.
solvabilité.
sommité.
somptuosité.
sonorité.
sordidité.
spécialité.
sphéricité.
spiritualité.
spongiosité.
spontanéité.

stabilité.
stérilité.
stupidité.
suavité.
subjectivité.
sublimité.
subtilité.
superfluité [5].
supériorité.
surdité.
susceptibilité.
taciturnité.
témérité.
ténacité.
ténuité.
territorialité.
timidité.
tonalité.
tortuosité.
totalité.
toxicité.
tranquillité.
translucidité.
transmutabilité.
triennalité.
trinité.
trivialité.
truité.
tubérosité.
ubiquité [5].
unanimité.
uniformité.
unité.
universalité.
université.
urbanité.
usité.
utilité.
vacuité [5].
validité.
vanité.
variabilité.
vassalité.
velléité.
vélocité.
vénalité.
ventosité.
véracité.

verbosité.
véridicité.
vérité.
versatilité.
verticalité.
viabilité.
vicinalité.
viduité [4].
villosité.
vinosité.
virginité.
virilité.
virtualité.
virtuosité.
viscosité.
vivacité.
vitalité.
volatilité.
volubilité.
voracité.
vulgarité.

chrétienté.
éreinté.
teinté.

amirauté.
azoté.
beauté.
biseauté.
botté (chat).
communauté.
côté.
coté.
crotté.
cruauté.
débotté (au).
déloyauté.
emmotté.
empoté.
ergoté.
flotté.
loyauté.
nouveauté.
papauté.
prévôté.
primauté.

principauté.
privauté.
royauté.
vice-amirauté.
vice-royauté.
saboté.
santé.
tarabiscoté.
taroté.

boité.
doigté.
emboîté.

court-jointé.
désappointé.
épointé.
jointé.

révolté

affronté.
bonté.
comté.
déhonté.
démonté.
effronté.
éhonté.
indompté.
monté.
ponté.
vicomté.
volonté.

apporté.
déporté.
emporté.
piano-forte.
transporté.

dégoûté.
redouté.
velouté.
voûté.

amputé.

député.
exécuté.
flûté.
futé.
irréfuté.
persécuté.
réputé.
verjuté.

difficulté.
exulté.
faculté.

emprunté.

volupté.

vénusté.

vétusté.

enkysté.

tré.

administré.
archiprêtré.
attitré.
bistré.
châtré.
concentré.
cuivré.
désœuvré.
filtré.
illettré.
lettré.
métré.
mitré.
outré.
pénétré.
Prémontrés.
rentré.
sinistré.
titré.

u-é.

accentué.
atténué.
bossué.
constitué.
dénué.
destitué.
exténué.
gradué.
habitué.
infatué.
Josué, *n. p.*
ponctué.
sexué.
sinué.
situé.

vé.

achevé.
agavé.
ave.
situé.
champ-levé.
controuvé.
crevé.
cultivé.
décavé.
délavé.
dépravé.
dérivé.
élevé.
endêvé.
gavé.
gravé.
inachevé.
inobservé.
lavé.
levé.
par assis et levé.
lové.
névé.
œuvé.
pavé.
privé.
relevé.
réprouvé.
réservé.
salve.
sénevé.
trouvé.

vré.

cuivré.
désœuvré.
givré.
ouvré.
poivré.

xé.

fixé.
malaxé
taxé.
vexé.

yé.

déployé.
éployé.
employé.
envoyé.
noyé.

impayé.
rayé.

(*voir* ié).

zé.

alizé.
bronzé.
chimpanzé.
poudrederizé.

(*voir* sé *doux.*)

voir AI, EZ.

EB.

Bab-el Mandeb.
Horeb.
Maghreb.
taleb (savant arabe)

ÈBE.

glèbe.

éphèbe.

grèbe (oiseau).

plèbe.

Erèbe, *myth.*

Thèbes, *g.*

ÈBLE.

hièble [2] (botanique).

voir AIBLE.

ÈBRE.

Èbre, *g.*
Hèbre, *g.*

algèbre.

Guèbres, *g.*

célèbre, *a. et v.*

funèbre.
ténèbres.

vertèbre.

zèbre.

EC.

avant-bec.
bec.
blanc-bec.
bon bec.
cheik.
gros-bec.
rebec.

spardeck.

échec.

break.

grec.
fenugrec.

varech.

y grec.

cromlech.

samalec.

kopeck.

sec.
fruit sec.

bifteck.
tek (bois de).

anspect.

avec.

ÈCE.

est-ce.

Lucrèce, *n. p.*

Végèce, *n p.*

Grèce, *g.*

dépièce, *v.* [3].
emporte-pièce.
nièce [2].
pièce [2].
rapièce, *v.* [3].

dépèce, *v.*
espèce.

Lutèce, *g.*

voir AISSE, ESCE, et ESSE.

ECHE.

bêche, *s. et v.*
bobêche.
pimbêche.
tête-bêche.

dèche.

pie-grièche.

allèche, *v.*
calèche.
flèche.
lèche, *v.*
lèche, *s.*
pourlèche (se).

émèche.
mèche.
flammèche.

campêche.
dépêche, *v. et s.*
empêche, *v.*
garde-pêche.
pèche, *v.*
pêche, *s.*
pêche, *s. et v.*
repêche, *v.*

fraîche.

brèche.
crèche.
drèche.
ébrèche, *v.*
prêche, *s. et v.*

rêche.

assèche.
dessèche.
ressèche.
seiche *ou* sèche, *s.*
sèche, *v.*

revêche.

voir AICHE

ECK.

voir EC.

ECLE.

siècle [2].
thècle.

ECQUE.

voir ÈQUE.

ECRE.

exècre, *v.*

Baedecker.

bookmaker.

Nèkre, *g.*
Necker, *n. p.* (*pron.* Neckre.)

quakre.

ECT.

infect.

abject.

select.

intellect.

aspect.
circonspect.
porte-respect.
respect.
suspect.

correct.
direct.
incorrect.
indirect.

ECTE.

Pandectes (les).

affecte, *v.*
désinfecte, *v.*
infecte, *v. et a. f.*

abjecte.
injecte, *v.*
objecte, *v.*

analectes.
catalectes.
collecte.
délecte, *v.*
dialecte [4].

humecte, *v.*

pleuronectes (*zool.*).

circonspecte.
inspecte, *v.*
respecte, *v.*
suspecte, *v. et a. f.*

correcte.
directe.
incorrecte.
indirecte.

insecte.
secte.

architecte.

ECTRE.

Electre, *n. p.*
plèctre.

spectre.

ED.

(*d* sonore).

bar-maid.
oued.
ouled.
raid.
taled.
zed.

ED.

chauffe-pied.
chausse-pied.
chèvre-pied.
cou-de-pied.
couvre-pied.
de plain-pied.
d'arrache-pied.
marchepied.
mille-pieds.
pied [1].
sous-pied.
tire-pied.
trépied.
va-nu-pieds.

assied, *v.*
messied, *v.*
rassied, *v.*
sied, *v.* [1].

voir IÉ et IER.

ÈDE.

aède.

accède, *v.*
concède, *v.*
cède, *v.*
décède, *v.*
excède, *v.*
intercède, *v.*
précède, *v.*
procède, *v.*
rétrocède, *v.*
succède, *v.*

Tancrède, *n. p.*

tiède [2].

Tolède, *g.*

Andromède, *myth.*
Archimède, *n. p.*
Diomède, *n. p.*
Ganymède, *myth.*
intermède.
Mède, *g.*
Nicomède, *n. p.*
Palamède, *n. p.*
remède.

pinède.
... n'aide.

bipède.
palmipède.
parallélépipède *ou* parallélipipède.
quadrupède.
solipède.
vélocipède.

citharède.

déprède, *v.*

exhérède, *v.*

dépossède, *v.*
obsède, *v.*
possède, *v.*

Suède, *g.* [3].

voir AIDE.

ÈDRE.

cèdre.
dièdre.
exèdre.
hexaèdre.
Phèdre, *n. p.*
don Pèdre.
polyèdre.
tétraèdre.
trièdre.

EDS.

assieds.

ÉE [1].

bée.

amébée.
bée (bouche).
Bethsabée, *n. p.*
dérobée (à la).
enjambée.
Eubée, *g.*
flambée.
gerbée.
Machabée, *n. p.*
Mélibée, *n. p.*
retombée.
scarabée.
sigisbée.
tombée.
trabée.

blée.

assemblée.
emblée (d').
tablée.

brée.

chambrée.
hombrée (bête).
sombrée (voix).

cée.

avancée.
caducée.
fiancée [4].
gynécée.
jacée.
Laodicée, *g.*
liliacée.
lycée.
Nicée, *g.*
panacée.
papavéracée.
percée.
Phocée, *g.*
pincée.
renonculacée.
rosacée.
théodicée.

(*voir* sée *dur.*)

chée.

accouchée.
bouchée.
brochée.
chevauchée.
couchée.
cruchée.
fauchée.
fourchée.
jonchée.
Mardochée, *n. p.*
nichée.
pochée.
ruchée.
sachée.
Sichée, *n. p.*
trachée.
tranchée.
trochée.

1) Cf. en outre les féminins des adj. en É, et les participes passés féminins des verbes en ER.

clée.

Chariclée, *n. p.*
Héraclée, *g.*
raclée.

crée.

crée, *v.*
procrée, *v.*
recrée.
récrée, *v.*

dée.

abordée.
accordée.
Asmodée, *n. p.*
bordée.
Chaldée, *g.*
coudée.
dévergondée.
embardée.
glandée.
idée.
iridée.
Judée, *g.*
Médée, *n. p.*
ondée.
orchidée.
spondée.
Vendée, *g.*

drée.

cendrée.
germandrée.

é-ée.

incréée, *a. f.*

fée.

bouffée.
étouffée (à l').
fée.

(*voir* phée.)

flée.

emmitouflée.
giroflée.
soufflée.

frée.

bâfrée.
galimafrée.

gée.

Androgée, *myth.*
apogée.
augée.
dragée.
Égée (mer), *g.*
escourgée.
gorgée.
hypogée.
nagée.
périgée.
plongée.
pongée.
protégée.
rangée.

glée.

onglée.

gnée.

araignée.
cognée.
lignée.
peignée.
poignée.
saignée.

grée.

agrée, *v.*
dégrée, *v.*
grée, *v.*
maugrée, *v.*
ragrée, *v.*
simagrée.

guée.

guée, *v.*

i-ée.

ciliée.
criée.
labiée.
mariée.

lée.

affilée (d').
allée.
Apulée, *n. p.*
assemblée.
azalée.
batelée.
battelée (rime).
boisselée.
bolée.
clavelée.
contre-allée [4].
coulée.
•culée.
dégelée.
d'emblée.
écuellée [4].
envolée.
épaulée.
foulée.
Galilée, *g. et n. p.*
gelée.
giboulée.
goulée.
grivelée.
gueulée, *pop.*
mausolée.
mêlée.
miellée.
Pélée, *myth.*
pellée.
Propylées.
râtelée.
reculée (feu de).
roulée.
tablée.
truellée [4].
vallée.
volée.

llée *mouillé.*

aiguillée.
feuillée.
quenouillée.
veillée.

mée.

accoutumée (à l').
aimée.
almée.
armée.

Borrhomée, *n. p.*
camée.
Crimée, *g.*
Eumée, *n. p.*
framée.
fumée.
hommée.
Idumée, *g.*
Némée, *g.*
plumée.
Ptolémée, *n. p.*
pygmée.
ramée.
renommée.
Timée, *n. p.*

née.

ânée.
aînée.
année.
apnée.
après-dînée.
Athénée, *n. p.*
aunée,
carillonnée.
charbonnée.
chaudronnée.
cheminée.
Chéronée, *g.*
cochonnée.
coordonnée.
cornée.
destinée.
dînée.
donnée.
Dulcinée, *n. p.*
dyspnée.
échinée.
Enée, *n. p.*
Fortunées (îles), *g.*
fournée.
graminée, *a. et s.*
guinée, *s.*
Guinée, *g.*
halenée.
hyménée.
haquenée.
Idoménée, *n. p.*
journée.
macaronée.
maisonnée.
Mantinée, *g.*
matinée.
Méditerranée, *g.*
menée.
miscellanée.
ordonnée.
Panathénées.
Pénée, *g.*
périnée.
poêlonnée [4].
Prytanée.
Pyrénées, *g.*
randonnée.
romanée.
Salmonée, *myth.*
scammonée.
senée (rime).
solanée.
tannée.
taupinée.
terrinée.
tournée.
traînée.
vinée.

ou-ée.

bafouée.
bouée.
brouée.
fouée.
jouée.
pimpesouée.
touée.
trouée.

pée.

après-soupée.
cépée.
coupée.
développée.
échappée.
épée.
épopée.
équipée.
flopée.
lampée.
lippée.
mélopée.
Ménippée (satire).
Napées (nymphes).
onomatopée, *gram.*
pharmacopée.
pipée.
Pompée, *n. p.*
Poppée, *n. p.*
porte-épée.
poupée.
priapée.
prosopopée.
recépée.
ripopée.
tapée.
trempée.

phée.

Alphée, *myth.*
coryphée.
Morphée, *myth.*
nymphée.
Orphée, *myth.*
Riphées (monts), *g.*
trophée.
(*voir* fée.)

plée.

supplée, *v.*

prée.

Caprée, *g.*
vêprée.

quée.

barquée.
becquée.
flaquée.
mosquée.
yankee.

rée.

aiguiérée.
airée.
beurrée.

Borée, *myth.*
bourrée.
Briarée, *myth.*
centaurée.
Césarée, *g.*
charrée.
chasse-marée.
chicorée.
chorée.
cuillerée.
curée.
Cythérée, *myth.*
denrée.
diarrhée [4].
durée.
échauffourée.
empyrée.
Gorée, *g.*
hyperborée.
marée.
mijaurée.
Morée, *g.*
Nérée, *myth.*
orée.
panerée.
picorée.
pierrée.
Pirée, *g.*
poirée.
purée.
raz de marée.
soirée.
urée.
verrée.

sée *dur.*

arrière-pensée.
brassée.
brossée.
carrossée.
chaussée.
extradossée (voûte).
fessée.
fricassée.
maréchaussée.
Odyssée.
passée.
pensée.
Persée, *n. p.*
poussée.
rez-de-chaussée.
rincée.
rossée.
sénéchaussée.
traversée.
(*voir* cée).

sée *doux.*

billevesée.
brisées.
Colisée (le).
croisée.
éclusée.
égrisée (poudre).
Élysée, *myth.*
Élysées (Champs).
épousée.
fratrisée (rime).
fusée.
musée, *s.*
Musée, *n. p.*
nausée.
pesée.
prisée.
reposée.
risée.
rosée.
Thésée, *n. p.*
visée.

tée.

Aristée, *myth.*
assiettée [4].
athée.
bractée.
brouettée.
butée.
cactée.
charretée.
chattée.
dentée.
dictée.
frottée.
Galathée, *myth.*
hottée.
jattée.
jetée.
jointée.
lactée (voie, farine).
litée.
montée.
nitée.
nuitée.
pâtée.
pelletée.
pochetée.
platée.
portée.
potée.
Prométhée, *myth.*
Protée, *myth.*
tripotée.

trée.

Astrée, *myth.*
Atrée, *myth.*
contrée.
entrée.
Pétrée (Arabie), *g.*
rentrée.
ventrée.

u-ée.

buée.
huée.
nuée.
prostituée.
ruée.
suée.

vée.

arrivée.
cavée.
corvée.
couvée.
cuvée.
étuvée (à l').
levée.
mainlevée.
Mérovée, *n. p.*
relevée.
travée.
uvée.

vrée.

livrée.

EF.

bref, *a. et s.*

bénef [ice].

esef.

chef.
couvre-chef.
derechef.
marchef.
méchef.
sous-chef.

bas-relief [3].
bief.
brief [2].
grief [2].
fief [1].
Kief.
relief [2].
reliefs [3].

aéronef.
nef.

voir EPH.

EFFE.

greffe, *s. et v.*

EFLE.

nèfle.

trèfle.

EG.

thalweg.
Touareg.

ÈGE.

abrège, *v.*

solfège.

agrège, *v.*
désagrège, *v.*
grège.

assiège, *v.* [3].
liège, *s.* [2].
Liège, *g.* [2].
piège [2].
siège, *v. et s.* [2].

allège, *v. et s.*
collège.
florilège.
privilège
sacrilège
sortilège.
spicilège.

manège.

arpège.

Barège, *g.*
chorège.
Corrège (le), *n. p.*

ai-je ?
cortège.
cottage.
protège, *v.*

dussé-je.

puissé-je.

disais-je.
vais-je.

stratège.

Norvège, *g.*
voir EIGE.

ÈGLE.

espiègle [3].

dérègle, *v.*

règle, *s. et v.*
voir AIGLE et EIGLE.

EGME.

flegme.

apophtegme.

EGNE.

imprègne, *v.*

interrègne.
règne, *s. et v.*

duègne [2].
voir AIGNE et EIGNE.

EGRE.

allègre.

nègre.

pègre (haute et basse).

intègre, *a. et v.*
réintègre, *v.*
voir AIGRE.

EGS.

legs.
voir ÈS et AIS.

ÈGUE.

bègue.

grègue.

Dom Diègue.

allègue, *v.*
collègue.
délègue, *v.*
lègue, *v.*
relègue, *v.*
subdélègue, *v.*
télègue (voiture).

Nimègue.

EICHE.

seiche.

voir AICHE et ECHE.

EIGE.

beige.

chasse-neige.
neige, *s. et v.*
perce-neige.
voir ÈGE.

EIGLE.

seigle.

v. AIGLE et ÈGLE.

EIGNE.

feigne, *v.*

enfreigne, *v.*

dépeigne, *v.*
empeigne.
peigne, *s.*
peigne, *v.* (*de* peindre *et de* peigner).
repeigne, *v.*

empreigne, *v.*
épreigne, *v.*

ceigne, *v.*
enceigne, *v.*
enseigne, *s.*
enseigne, *v.*
porte-enseigne.
renseigne, *v.*

atteigne, *v.*
déteigne, *v.*
éteigne, *v.*
reteigne, *v.*
teigne, *s.*
teigne, *v.*

astreigne, *v.*
étreigne, *v.*
restreigne, *v.*

voir AIGNE et ÈGNE.

EIL.

vieil [1].

Corbeil.

soleil.

sommeil.
vermeil, *a. et s.*

appareil.
nonpareil.
pareil.

conseil.

méteil.
orteil.

éveil.
réveil.

pour œil, *voir* EUIL.

EILLE.

abeille.
corbeille.

vieille, *a. f. et s.*
ensoleille.

ensommeille.
sommeille, *v.*
vermeille, *a. f.*

corneille, *s.*
Corneille, *n. p.*

appareille, *v.*
cure-oreille.
dépareille, *v.*
désappareille, *v.*
Mireille, *n. p.*
nonpareille, *a. f.*
oreille.
pareille, *a. f.*
pareille (rendre la).
perce-oreille.
salsepareille.

conseille, *v.*
déconseille, *v.*
Marseille, *g.*
orseille.

Bazeilles.
groseille.
oseille.
seille.

bouteille.
teille.
vide-bouteille.

treille.

avant-veille.
émerveille, *v.*
éveille, *v.*
merveille.
réveille, *v.*
surveille.
veille, *s. et v.*

EIN.

chanfrein.

frein.
garde-frein.
serre-frein.

hein.

plein.
terre-plein.
trop-plein.

rein.
serein.

dessein.
sein.

voir AIM, AIN, EN et IN.

EINDRE.

ceindre.
enceindre.

feindre.

enfreindre.

geindre.

dépeindre.
peindre.
repeindre.

empreindre.
épreindre.

atteindre.
déteindre.
éteindre.
ratteindre.
reteindre.
teindre.

astreindre.
étreindre.
restreindre.

aveindre.

voir AINDRE et INDRE.

EINE.

chanfreine, *v.*
freine, *v.*

baleine.
haleine.
Madeleine.

peine, *s. et v.*

pleine, *a. f.*

reine.
sereine, *a. f.*

Seine, *g.*
seine (filet).

déveine.
veine.
verveine.

voir AINE, ÊNE et ENNE.

EING.

blanc-seing.
contre-seing.
seing.

voir AINC.

EINT.

ceint, *v.*
enceint, *v.*

feint, *v.*

enfreint, *v.*

geint, *v.*

dépeint, *v.*
peint, *v.*
repeint, *v.*

empreint, *v.*
épreint, *v.*

atteint, *v.*
déteint, *v.*
éteint, *v.*
reteint, *v.*
teint, *v. et s.*

astreint, *v.*
étreint, *v.*
restreint, *v.*

aveint, *v.*

voir AINT et INT.

EINTE [1].

enceinte, *s. et part.*

feinte, *s.*

empreinte, *s.*
épreinte.

astreinte, *s.*

atteinte, *s.*
demi-teinte.
teinte, *s.*

étreinte.

v. AINTE et INTE.

EINTRE.

peintre.

voir INTRE.

EIZE.

seize.

treize.

voir AISE et ÈSE.

1) Cf. les féminins des participes en EINT.

EL.

a-el.

Azraël, *n. p.*
Gaël, *n. p.*
Ismaël, *n. p.*
Israël, *n. p.*
Raphaël, *n. p.*
Sahel, *g.*
Staël, *n. p.*
taël, *s.*

bel.

Abel, *n. p.*
Babel.
Bel.
Jézabel, *n. p.*
label.
lambel.
Lebel (fusil).

cel.

Carcel.
jouvencel.
recel.
scel.
(*voir* sel *dur.*)

chel.

Michel, *n. p.*
Rachel, *n. p.*
Romanichel.

é-el.

réel.

gel.

Archangel, *g.*
dégel.
gel.
Hégel.

i-el.

Ariel.
arc-en-ciel [3].
artériel.
artificiel.
cicatriciel.
ciel [1].
circonstantiel.
confidentiel.
consubstantiel.
Daniel, *n. p.*
différentiel.
essentiel.
Ezéchiel, *n. p.*
fiel [1].
Gabriel.
immatériel.
industriel.
matériel, *s. et a.*
mercuriel.
miel [1].
ministériel.
officiel.
partiel.
pénitentiel.
pestilentiel.
pluriel [2].
potentiel.
préjudiciel.
présidentiel.
providentiel.
révérenciel.
semestriel.
substantiel.
superficiel.
torrentiel.
trimestriel.
Uriel, *n. p.*
véniel.

mel.

Béchamel (sauce).
calomel.
caramel.
Carmel, *g.*
formel.
hydromel.
kummel.
Mont-Carmel, *g.*
oxymel.

nel.

additionnel.
ascensionnel.
charnel.
coéternel.
colonel.
conditionnel.
confessionnel.
confraternel.
constitutionnel.
conventionnel.
correctionnel.
criminel.
éternel.
exceptionnel.
fraternel.
fonctionnel.
impersonnel.
inconstitutionnel.
intentionnel.
irrationnel.
juridictionnel.
Lunel, *g.*
maternel.
occasionnel.
originel.
passionnel.
paternel.
personnel.
processionnel.
professionnel.
proportionnel.
rationnel.
shrapnel.
sensationnel.
sempiternel.
solennel.
traditionnel.
transactionnel.
tunnel.
unipersonnel.

o-el.

Noël.
Petit-Noël.

pel.

appel.
archipel.
contre-appel.

Coypel, *n. p.*
rappel.
scalpel.

quel.

Kehl, *g.*
lequel.
nickel.
quel.
tel quel.

rel.

corporel.
Esterel, *g.*
naturel, *a. et s.*
rail.
Agnès Sorel.
surnaturel.
temporel, *a. et s.*

sel *dur.*

missel.
Cadet Roussel.
sel.
universel.
(*voir* cel.)

sel *doux.*

Appenzell, *g.*
bretzel.
carrousel.
damoisel.

tel.

accidentel.
autel.
bétel.
cartel.
castel.
cheptel.
cock-tail.
hôtel.
immortel.
listel.
maître-autel.
maître d'hôtel.
Marmontel, *n. p.*
Martel (Charles).
martel en tête.
mortel.
pastel.
sacramentel.
tel.
Guillaume Tell, *n. p.*
Vatel.

trel.

ménestrel.
pétrel.

u-el.

actuel.
annuel.
bisannuel.
casuel, *a. et s.*
continuel.
censuel.
contractuel.
conventuel.
cruel.
duel.
éventuel, *a. et s.*
graduel, *a. et s.*
habituel.
individuel.
intellectuel.
manuel, *s. et a.*
mensuel.
mutuel.
Pantagruel, *n. p.*
perpétuel.
ponctuel.
rituel.
sensuel.
sexuel.
spirituel.
textuel.
usuel.
virtuel.
visuel.

vel.

Cromwell, *n. p.*
eau de Javel.
Louvel, *n. p.*
Machiavel, *n. p.*
nouvel.

ELBE.

Elbe, *g.*

ELE long.

aile.
pale ale (bière anglaise).

bêle, *v.*
Cybèle, *myth.*

asphodèle.
à tire d'aile.

fêle, *v.*

frêle.

grêle, *s. et v.*
grêle, *a.*

hêle, *v.*

démêle, *v.*
emmêle, *v.*
entremêle, *v.*
mêle, *v.*
pêle-mêle.

vêle, *v.*

ELE bref [1].

cèle.

amoncèle, *v.*
cèle, *v.*
décèle, *v.*
désensorcèle, *v.*
ensorcèle, *v.*
étincèle, *v.*
ficèle, *v.*
harcèle, *v.*

1) Voir aussi *elle;* les deux formes verbales *èle* et *elle* sont usitée l'une et l'autre dans beaucoup de verbes en *eler*.

isocèle, *a.*
morcèle, *v.*
recèle, *v.*
sphacèle, *s.*
(*voir* sèle *dur.*)

dèle.

fidèle, *a. et s.*
infidèle, *a. et s.*
modèle, *s.*

gèle.

congèle, *v.*
dégèle, *v.*
gèle, *v.*

lèle.

parallèle.

mèle.

grommèle, *v.*
Philomèle, *myth.*
ressemèle, *v.*

nèle.

annèle, *v.*
cannèle, *v.*
crénèle, *v.*

pèle.

épèle, *v.*
érysipèle.
pèle, *v.*

quèle.

loquèle.

rèle.

bourrèle, *v.*
carrèle, *v.*
Marc Aurèle, *n. p.*
prêle.

sèle *dur.*

bossèle, *v.*
(*voir* cèle.)

sèle *doux.*

cisèle, *v.*
six ailes.

(*voir* zèle.)

tèle.

attèle, *v.*
bottèle, *v.*
cautèle.
clientèle.
démantèle, *v.*
dételè, *v.*
écartèle, *v.*
martèle, *v.*
pantèle.
Praxitèle, *n. p.*
réattèle.
stèle.

vèle.

déchevèle, *v.*
échevèle.
grivèle.
nivèle, *v.*
révèle, *v.*

zèle.

zèle.

(*voir* sèle *doux.*)

v. AILE et ELLE.

ELFE.

elfe.
guelfes.

voir ELPHE.

ELGE.

Belge, *g.*

ELL

voir EL.

ELLE [1].

elle.
réelle.

belle.

Arbelles, *g.*
belle, *a. f.*
colombelle.
escabelle.
gabelle.
Isabelle, *a. et. s.*
libelle, *s. et v.*
mirabelle.
ombelle.
poubelle.
rebelle.
rebelle (se), *v.*
ribambelle.

brelle.

ombrelle.

celle.

amoncelle.
balancelle.
celle.
chancelle, *v.*
crécelle.
ensorcelle, *v.*
escarcelle.
étincelle.
excelle, *v.*
ficelle.
jouvencelle.
mancelle.
morcelle, *v.*
nacelle.
ocelle.
parcelle.
pucelle.
radicelle.
rubacelle.
scelle, *v.*
sarcelle.

1) Cf. les féminins des adj. en EL.

varicelle.
vermicelle.
violoncelle [5].
(*voir* selle *dur.*)

chelle.

échelle.
La Rochelle, *g.*

delle.

bardelle.
chandelle.
citadelle.
cordelle.
haridelle.
hirondelle.
Jodelle, *n. p.*
mortadelle.
ridelle.
rondelle.

gelle.

Aulu-Gelle, *n. p.*
flagelle, *v.*
margelle.
tourangelle.

i-elle.

agnelle.
bielle.
emmielle, *v.* [3].
enfielle, *v.*
Gabrielle, *n. p.*
kyrielle.
nielle
vielle.
(*voir* yelle).

melle.

cannamelle.
chamelle.
Columelle, *n. p.*
femelle.
gamelle.
gromelle.
jumelle, *a. et s.*
jumelles.
lamelle.
mamelle.
paumelle.
pommelle.
ressemelle.
semelle.

nelle.

cannelle.
citronnelle.
coccinelle.
colonelle.
Dardanelles, *g.*
flanelle.
Fontenelle, *n. p.*
fraxinelle.
péronnelle.
pimprenelle.
polichinelle.
prunelle.
quenelle.
ritournelle.
sentinelle.
soutanelle.
spinelle.
tonnelle.
tournelle.
venelle.
villanelle.

oelle.

moelle [2], rime avec *oile*[1].
poêle [2], *idem.*

ou-elle.

écrouelles.
rouelle.

pelle.

Aix-la-Chapelle, *g.*
Apelle, *n. p.*
appelle, *v.*
carpelle.
chapelle.
coupelle.
interpelle, *v.*
pelle.
rappelle, *v.*

quelle.

laquelle.
quelle.
séquelle.

relle.

airelle.
aquarelle.
chanterelle.
entrequerelle (s'), *v.*
maquerelle.
marelle.
morelle.
passerelle.
pastourelle.
querelle, *s. et v.*
saltarelle.
sauterelle.
Sganarelle, *n. p.*
tourelle.
tourterelle.

selle ***dur.***

aisselle.
boute-selle.
desselle, *v.*
ruisselle, *v.*
selle, *s. et v.*
universelle.
vaisselle.
(*voir* celle.)

selle ***doux.***

damoiselle.
demoiselle.
filoselle.
mademoiselle.
Moselle, *g.*
muselle, *v.*
oiselle.
(*voir* zelle).

telle.

accidentelle.

1) Prononcé *mo-elle* jusqu'au XVIIe siècle.

attelle, *v. et s.*
bagatelle.
bretelle.
brocatelle.
cascatelle.
Compostelle, *g.*
constelle, *v.*
curatelle.
dentelle.
dételle, *v.*
dit-elle.
écartelle.
Estelle, *n. p.*
granitelle.
grattelle.
immortelle, *a. et s.*
jarretelle.
martelle, *v.*
mistelle.
mortelle.
sacramentelle.
tarentelle.
telle.
tutelle.

trelle.

poutrelle.

u-elle.

écuelle [3].
ruelle.
truelle.

velle.

bartavelle.
caravelle.
cervelle.
enjavelle, *v.*
gravelle.
javelle.
manivelle.
nivelle, *v.*
nouvelle, *s. et a. f.*
novelles.
renouvelle, *v.*

yelle.

voyelle.
(*voir* iélle).

zelle.

donzelle.
gazelle.
mam'zelle.
(*voir* selle *doux.*)

voir AILE et ÈLE bref.

ELME.

Elme (feu Saint-).

Anselme, *n. p.*

ELPHE.

Adelphes (les).
Delphes, *g.*
voir ELFE.

ELQUE.

quelque.

ELSE.

Celse, *n. p.*

ELTE.

Celte, *g.*

svelte.
velte.

EM.

hem !

goddam !
ibidem.
idem.
mokkadem (chef arabe).

Bethléem, *g.*

requiem [3].

chelem (*whist*).
Jérusalem, *g.*
Mathusalem, *n. p.*

ad rem.
harem.

Sem, *n. p.*

item.
totem.
tu autem.

EMBLE.

assemble, *v.*
désassemble, *v.*
ensemble, *s. et adv.*
rassemble, *v.*
ressemble, *v.*
semble, *v.*

tremble, *v.*
tremble, *s.*
Nouvelle-Zemble, *g.*

voir AMBLE.

EMBRE.

décembre.
démembre.
gingembre.
membre.
novembre.
remembre, *v.*
septembre.

EME long.

blême.
emblème.
problème.

Brême, *g.*
brême (poisson).

crème.
Chrême (Saint)
écrème, *v.*

emphysème.

érythème.

diadème.
Nicodème, *n. p.*
œdème.

stratagème.

Triptolème, *myth.*

enthymème.
même.

Bohême.
poème [3].

blasphème, *s. et v.*
Polyphème, *myth.*

suprême.

barème.
birême.
carême.
décarême.
mi-carême.
théorème.
trirème.

parsème, *v.*
resème, *v.*
sème, *v.*
s'aime.

anathème, *s. et a.*
apostème.
baptême.
chrysanthème.
exanthème.
système.
thème.

extrême.

voir AIME et ÈME moyen.

EME moyen.

antépénultième [6].
centième [3].
cinquantième [4].
cinquième [3].
deuxième [3].
dixième [3].
douzième [3].
huitième [3].
millième [3].
millionième [5].
neuvième [3].
onzième [3].
pénultième [4].
quantième [3].
quarantième [4].
quatorzième [4].
quatrième [4].
quinzième [3].
seizième [3].
septième [3].
sixième [3].
soixantième [4].
treizième [3].
trentième [3].
troisième [3].
ultième.
unième [3].
vingtième [3].

voir EME long et EME bref.

EME bref.

parsème, *v.*
ressème, *v.*
sème, *v.*
sursème, *v.*

voir AIME et ÈME moyen.

EMME.

dilemme.
flemme.
gemme.
lemme.
maremme.

voir EME.

EMME.

(prononcez *amme*).

femme.
sage-femme.

voir AME et AMME long.

EMNE.

indemne.

contemne, *v.*

EMPE.

tempe.

détrempe, *s. et v.*
retrempe, *v.*
trempe, *s. et v.*

voir AMPE.

EMPLE.

contemple, *v.*
temple.

exemple.

voir AMPLE.

EMPS.

à temps.
contre-temps.
entre-temps.
longtemps.
passe-temps.
passe-t'en.
printemps.
temps.
quatre-temps.

voir ENS.

EMPT.

exempt, *a. et s.*
voir ANT et ENT.

EMPTE.

exempte, *a. f. et v.*
v. ANTE et ENTE.

EN

(*n* sonore.)

lichen.

Eden.

pollen.

abdomen.
albumen.
amen.
cerumen.
clinamen.
cyclamen.
dictamen.
dolmen.
gramen.
hymen.
Niémen, *g.*
Philopœmen, *n. p.*
spécimen.
Yémen, *g.*

gluten.

Gretchen.

voir le pluriel des mot d'origine anglaise cités à MAN (*gentleman*, *etc.*)

EN

(*n* muette.)

examen (*voir* main).

é-en.

Achéens.
Chaldéen.
cyclopéen.
éburnéen.
élyséen.
Européen.
galiléen.
herculéen.
hyperboréen.
iduméen.
lycéen.
marmoréen.
méditerranéen.
nazaréen.
néméen.
paludéen.
pygméen.
pyrénéen.
transpyrénéen.
vendéen.

i-en.

biscaïen [3].
païen [2].

bien [1].
combien [2].
danubien.
microbien.
nubien.

académicien.
alsacien.
amphiscien.
ancien [2 ou 3].
arithméticien.
batracien.
cartomancien.
chiromancien.
cistercien.
clinicien.
dialecticien.
électricien.
fabricien.
languedocien.
logicien.
Lucien, *n. p*,
magicien.
mathématicien.
mécanicien.
métaphysicien.
métricicien.
milicien.
musicien.
nécromancien.
opticien.
patricien.
péripatéticien.
pharmacien.
Phéacien.
Phénicien.
physicien.
platonicien.
périscien.
politicien.
polytechnicien.
praticien.
pythagoricien.
rhétoricien.
statisticien.
stoïcien.
sulpicien.
tacticien.
théoricien.

autrichien.
basochien.
cabochien.
chien [1].

ange-gardien.
arcadien.
canadien.
Claudien, *n. p.*
comédien.
gardien [2 ou 3].
gordien (nœud).
indien.
lydien.
mastoïdien.
méridien.
proboscidien.
ophydien.
quotidien.
rachidien.
rhodien.
tragédien.

plébéien.

argien.
carolingien.
carlovingien.
chirurgien.
coccygien.
collégien.
Géorgien.
laryngien.
mérovingien.
norvégien.
pélagien.
pélasgien.
pharyngien.
phrygien.
stygien.
théologien.

Aurélien *n. p.*
australien.
brésilien.
chilien.
cornélien.
délien.
éolien.
étolien.
Galien, *n. p.*
italien.
Julien, *n. p.*
lien.
Maximilien, *n. p.*
ouralien.
Quintilien, *n. p.*
régalien.
salien.
sicilien.
thessalien.
tyrolien.
westphalien.
virgilien.

Amiens [2], *g.*
bohémien.
Maximien, *n. p.*
mien [1].
samien.
simien.

alcyonien.
arménien.
athénien.
ausonien.
babylonien.
bourbonien.
byronien.
calédonien.
chronien.
cicéronien.
cranien.
dardanien.
dévonien.
draconien.
essénien.
esthonien.
ionien.
iranien.
Justinien, *n. p.*
lacédémonien.
laconien.
lamartinien.
liburnien.
lithuanien.
livonien.
londonien.
macédonien.
méonien.
messénien.
napoléonien.
newtonien.
plutonien.
poméranien.
pyrrhonien.
racinien.
saint-simonien.
saturnien.
socinien.
touranien.
tritonien.
Valentinien, *n. p.*
vulcanien.

Appien, *n. p.*
éthiopien.
olympien.

delphien.
philadelphien.

aérien.
agrarien.
algérien.
arien.
aryen.
assyrien.
asturien.
césarien.
cimmérien.
dorien.
elzévyrien.
épicurien.
faubourien.
galérien.
grammairien.
grégorien.
hanovrien.
historien.
icarien.
illyrien.
lémurien.
ligurien.
luthérien.
moliérien.
ombrien.
oratorien.
phalanstérien.
presbytérien.
prétorien.
rien.
saharien.
saurien.
shakespearien.
silurien.
sénatorien.
syrien.
terrien.
thermidorien.
transsaharien.
tyrien.
vaurien [2].
vénérien.
voltairien.

parnassien.
paroissien [4 ou 3].
prussien.
sien.

tarsien.

ambrosien.
artésien.
cartésien.
étésien.
milésien.
parisien.
pharisien.
rabelaisien.
savoisien.
silésien.
Vespasien, *n. p.*

antichrétien [4].
bon chrétien.
chrétien [2].
corinthien.
entretien [3].
maintien [2].
néochrétien.
pythien.
soutien [2].
tien [1].

béotien.
capétien.
Dioclétien, *n. p.*
Domitien, *n. p.*
égyptien.
helvétien.
lilliputien.
Titien, *n. p.*
tribunitien.
vénitien.

antédiluvien.
bolivien.
diluvien.
péruvien.
pelvien.
varsovien.
vésuvien.

yen.

citoyen.
concitoyen.
doyen
mitoyen.
moyen.
Troyen, *g.*
voir AIN, EIN et IN, IENS.

EN

(qui se prononce *an*).

en.
voir AN.

ENCE.

cence.

adolescence.
concupiscence.
convalescence.
décence.
dégénérescence.
déhiscence.
déliquescence.
effervescence.
efflorescence.
fluorescence.
incandescence.
indécence.
inflorescence.
innocence.
licence.
magnificence.
munificence.
phosphorescence.
recrudescence.
réminiscence.
résipiscence.
réticence.
réviviscence.
tumescence.
turgescence.
(*voir* sence *dur.*)

dence.

cadence, *s. et v.*
coïncidence.
confidence.
crédence.
décadence.
dissidence.
évidence.
imprudence.
impudence.
incidence.
jurisprudence.
présidence.
providence.
prudence.
résidence.
stridence.
vice-présidence.

gence.

agence, *s. et v.*
contingence.
convergence.
diligence.
divergence.
émergence.
exigence.
indigence.
indulgence.
inintelligence.
intelligence.
mésintelligence.
négligence.
régence.
tangence.
urgence.

i-ence.

audience.
conscience.
expérience.
faïence [3].
impatience.
inconscience.
inexpérience.
obédience.
omniscience.
patience.
prescience.
sapience.
science.
(*voir* yence.)

lence.

corpulence.
équipollence [5].

équivalence.
excellence.
féculence.
indolence.
insolence.
opulence.
pestilence.
précellence.
pulvérulence.
purulence.
somnolence.
silence.
succulence.
truculence.
turbulence.
Valence, *g. et n. p.*
violence.
virulence.

mence.

clémence.
commence, *v.*
démence.
ensemence, *v.*
inclémence.
recommence, *v.*
semence.
véhémence.

ence.

abstinence.
continence.
désinence.
éminence.
immanence.
imminence.
impertinence.
incontinence.
permanence.
prééminence.
proéminence.

quence.

conséquence.
éloquence.
fréquence.
inconséquence.
séquence.

rence.

adhérence.
apparence.
carence.
circonférence.
cohérence.
concurrence.
conférence.
déférence.
déshérence.
différence.
Florence, *g.*
incohérence.
indifférence.
ingérence.
inhérence.
interférence.
irrévérence.
occurrence.
préférence.
récurrence.
référence.
révérence.
Térence, *n. p.*
transparence.

sence *dur.*

absence.
essence.
quintessence [4].
(*voir* cence.)

sence *doux.*

présence.
(*voir* zence.)

tence.

appétence.
coexistence.
compétence.
existence.
impénitence.
impotence.
inappétence.
incompétence.
inexistence.
intermittence.
omnipotence.
pénitence.
potence.
préexistence.
prépotence.
rémittence.
sentence.

u-ence.

affluence.
effluence.
influence, *s. et v.*

vence.

connivence.
jouvence.
Provence, *g.*

xence.

Maxence, *n. p.*

yence.

Mayence, *g.*

(*voir* ience.)

zence.

Mézence, *n. p.*

(*voir* sence *doux.*)

voir ANCE, ANSE et ENSE.

ENCHE.

clenche.
déclenche, *v.*
enclenche, *v.*

penche, *v.*

renche (échelon).

pervenche.

voir ANCHE.

ENCRE.

encre.
voir ANCRE.

END.

condescend, *v.*
descend, *v.*
redescend, *v.*

défend. *v.*
fend, *v.*
pourfend, *v.*
refend, *v. et s.*

append, *v.*
dépend, *v.*
pend, *v.*
suspend, *v.*

apprend, *v.*
comprend, *v.*
déprend, *v.*
désapprend, *v.*
entreprend, *v.*
éprend (s'), *v.*
méprend (se), *v.*
prend, *v.*
reprend, *v.*
surprend, *v.*

différend.
rend, *v.*
révérend.

attend, *v.*
détend, *v.*
distend, *v.*
entend, *v.*
étend, *v.*
prétend, *v.*
retend, *v.*
sous-entend, *v.*
tend, *v.*

revend, *v.*
survend, *v.*
vend, *v.*

voir AND, ANT et ENT.

ENDE.

prébende.

condescende, *v.*
descende, *v.*
redescende, *v.*

dividende.

appréhende, *v.*

défende, *v.*
fende, *v.*
pourfende, *v.*
refende, *v.*

légende.

calendes.

amende, *s.*
amende, *v.*
commende, *s.*
émende, *v.*

appende, *v.*
dépende, *v.*
pende *v.*
suspende, *v.*
vilipende, *v.*

rende, *v.*
révérende, *a. f.*

attende, *v.*
détende, *v.*
distende, *v.*
entende, *v.*
étende, *v.*
prétende, *v.*
retende, *v.*
sous-entende, *v*
tende, *v.*

provende.
revende, *v.*
survende, *v.*
vende, *v.*

voir ANDE et le subjonctif des *v.* en *endre.*

ENDRE.

cendre.
condescendre.
descendre.
redescendre.

défendre.
fendre.
pourfendre.
refendre.

engendre, *v.*
gendre.

dépendre.
pendre.
scolopendre.
suspendre.

apprendre.
comprendre.
déprendre.
désapprendre.
entreprendre.
éprendre (s').
méprendre (se).
prendre.
rapprendre.
reprendre.
surprendre.

rendre.

attendre.
détendre.
distendre.
entendre.

étendre.
prétendre.
retendre.
sous-entendre.
tendre, *a.*
tendre, *v.*
sous-tendre.

mévendre.
revendre.
survendre.
vendre.

voir ANDRE.

ENDS.

voir ENS.

ENE long.

chêne.
Père Duchêne.

frêne.

gêne, *s. et v.*
Gênes, *g.*
sans-gêne.

alêne.
scalène.

arène.
rênes.

Messène.

thrène.

voir AINE, EINE et ENNE long.

ENE bref ou moyen.

bène.

ébène.

brène.

ébrène.
embrène.

cène.

avant-scène.
Cène (la).
éocène.
épicène, *gram.*
Mécène, *n. p.*
miocène.
Mycènes, *g.*
obscène.
pliocène.
scène.
(*voir* sène *dur*).

crène.

hippocrène.

frène.

enchifrène, *v.*
refrène, *v.*
(*voir* freine.)

gène.

aborigènes.
Carthagène, *g.*
cyanogène.
Diogène, *n. p.*
gazogène.
hétérogène.
homogène.
hydrogène.
indigène.
morigène, *v.*
Origène, *n. p.*
oxygène.
Théogène, *n. p.*

grène.

désengrène.
égrène, *v.*
engrène, *v.*
gangrène, *s. et v.*
rengrène, *v.*

i-ène.

aliène, *v.*
hygiène.
(*voir* yène.)

lène.

acétylène.
cantilène.
galène.
Hélène, *n. p.*
Hellène, *g.*
madrilène.
Mitylène, *g.*
phalène.
philhellène.
Silène, *myth.*

mène.

Alcmène, *myth.*
amène, *v. et a.*
catéchumène.
démène (se), *v.*
emmène, *v.*
énergumène.
malmène, *v.*
Melpomène, *myth.*
mène, *v.*
noumène.
Paralipomènes.
phénomène.
prolégomènes.
promène, *v.*
ramène, *v.*
remène, *v.*
surmène, *v.*
Trasimène, *g.*

nène.

Comnène, *n. p.*
(*voir* naine.)

oène.

troène.

pène.

pêne.
scorpène (poisson).
(*voir* peine.)

rène.

carène, *s. et v.*
Cyrène, *g.*
Irène, *n. p.*
murène.
rassérène, *v.*
sirène.
Suresnes, *g.*

sène *dur.*

assène, *v.*

(*voir* cène.)

tène.

Athènes, *g.*
Borysthène, *g.*
patène.
tungstène.

zène.

Trézène, *g.*

yène.

hyène.

(*voir* iène.)

voir AINE, EINE et ENNE.

ENFLE.

désenfle, *v.*
enfle, *v.*
renfle, *v.*

ENG.

hareng.

voir ANC et ANG.

ENGE.

venge, *v.*

voir ANGE.

ENGUE.

voir ANGUE.

ENNE long.

parguenne.

géhenne.

couenne [2] (*prononcé* couanne).

voir AINE, EINE et ENE long.

ENNE bref [1].

benne.

benne, *s.*

cenne.

Vincennes, *g.*

denne.

Ardennes, *g.*

i-enne.

abstienne (s'), *v.* [3].
Adrienne, *n. p.*
arlésienne.
ancienne.
andrienne.
antienne [3].
appartienne, *v.* [4].
appienne (voie).
avienne, *v.* [3].
Caspienne (mer), *g.*
césarienne (opération).
chienne [2].
chrétienne.
contienne, *v.* [3].
contrevienne, *v.* [4].
convienne, *v.* [3].
cracovienne.
détienne, *v.* [3].
devienne, *v.* [3].
disconvienne, *v.* [4].
doyenne.
entretienne, *v.* [4].
harpe éolienne.
Éoliennes (îles), *g.*
Étienne, *n. p.* [3].
faubourienne.
gardienne.
Guienne, *g.*]3].
Icarienne (mer), *g.*
indienne, *a. f. et s.*
intervienne, *v.* [4].
julienne, *a. f. et s.*
magicienne.
maintienne, *v.* [3]
méridienne, *a. f. et s.*
mésavienne, *v.* [4].
mienne.
mordienne [3].
morguienne [3].
obtienne, *v.* [3].
palsanguienne [4].
pardienne [3].
parguienne [3].
paroissienne.
parvienne, *v.* [3].
persienne.
plébéienne.
prévienne, *v.* [3].
provienne, *v.* [3].
prussienne (à la)
redevienne, *v.* [4].
ressouvienne, *v.* [4].
retienne, *v.* [3].
revienne, *v.* [3].
sienne.

---

1) Cf. les féminins des adj. en EN.

sicilienne.
silésienne.
soutienne, *v.* [3].
souvienne(se), *v.*[3].
subvienne, *v.* [3].
survienne, *v.* [3].
tarpéienne (roche).
tienne [2].
tienne, *v.* [2].
tironienne.
tyrolienne, *a. f.et s.*
Valenciennes, *g.*
varsovienne.
vespasienne.
vienne, *v.* [2].
Vienne, *g.* [2].

(*voir* yenne.)

penne.

penne.

prenne.

apprenne, *v.*
comprenne, *v.*
désapprenne, *v.*
entreprenne, *v.*
éprenne (s'), *v.*
méprenne (se), *v.*
prenne, *v.*
rapprenne, *v.*
reprenne, *v.*
surprenne, *v.*

renne.

garenne.
Marennes, *g.*
renne.
Rennes, *g.*
Turenne, *n. p.*
Varenne.

tenne.

antenne.

trenne.

étrenne, *s. et v.*

venne.

Cévennes, *g.*
Ravenne, *g.*

yenne.

Cayenne *g.*
citoyenne.
concitoyenne.
Mayenne *g. et n. p.*
moyenne.

(*voir* ienne.)

voir AINE, EINE et ENE bref.

ENRE.

genre.

ENS

(dont le *s* se prononce).

Rubens, *n. p.*

labadens.

Camoëns, *n. p.* [3].

gens (*hist. rom.*)

Reims.

ENS

(qui se prononce *an* ou *ance*).

cens.
encens.

gens.

Lens, *g.*

démens, *v.*
mens, *v.*

dépens.

guet-apens.
repens, *v.*
suspens (en).

bon sens.
consens.
contresens.
double sens.
non-sens.
pressens, *v.*
ressens, *v.*
sens, *v.*
Sens, *g.*
sens (les).

voir ANS, EMPS, et le pl. des mots en AND, ANT, END et ENT.

ENS(*prononc.* ein)[1].

iens.

abstiens.
appartiens.
contiens.
détiens.
entretiens.
maintiens.
obtiens.
retiens.
soutiens.
tiens.

contreviens.
conviens.
deviens.
disconviens.
interviens.
parviens.
préviens.
proviens.
ressouviens.
reviens.
souviens.
surviens.
viens.

1) Cf. les pluriels des mots en EN.

ENSE.

encense, *v.*
recense, *v.*

condense, *v.*
dense.

défense.
offense, *s. et v.*

immense.
mense.

compense, *v.*
dépense, *s. et v.*
dispense, *s. et v.*
pense, *v.*
récompense, *s. et v.*
repense, *v.*
suspense.

intense.
voir ANCE, ANSE et ENCE.

ENT (*pron.* eint) [1].

avient, *v.*
mésavient, *v.*

ENT (*pron.* ant).

cent.

accent.
adjacent.
adolescent.
arborescent.
concupiscent.
cent.
convalescent.
décent.
déhiscent.
déliquescent.
effervescent.
efflorescent.
évanescent.
flavescent.
incandescent.
indécent.
innocent.
jacent.
phosphorescent.
pubescent.
rubescent.
récent.
sous-jacent.
turgescent.
(*voir* sent *dur.*)

dent.

accident.
antécédent.
ardent.
chiendent [2].
coïncident.
confident.
cure-dent.
décadent.
dent.
dissident.
excédent.
évident.
imprudent.
impudent.
incident.
occident.
précédent.
président.
prudent.
résident.
strident.
trident.
vice-président.

gent.

agent.
argent.
astringent.
constringent.
contingent.
convergent.
détergent.
diligent.
divergent.
émergent.
entregent.
gent.
indigent.
indulgent.
inintelligent.
intelligent.
négligent.
réfringent.
régent.
restringent.
sergent.
tangent.
urgent.
vif-argent.

guent.

onguent.

i-ent.

client.
coefficient.
conscient.
efficient.
émollient.
escient.
expédient.
impatient.
inconscient.
inconvénient.
ingrédient.
omniscient.
orient.
patient.
prescient.
quotient.
récipient.

1) Cf. les 3es pers. du sing. des verbes cités à ENS (prononcé *ein*). — Les troisièmes personnes du pluriel de presque tous les temps des verbes se terminent en ENT seulement pour les yeux (ce groupe ne se prononçant pas) et ne peuvent rimer avec *avient*.

lent.

corpulent.
dolent.
équipollent.
équivalent.
excellent.
féculent.
flatulent.
indolent.
insolent.
lent.
opulent.
pestilent.
pulvérulent.
purulent.
relent.
sanguinolent [4].
somnolent.
succulent.
talent.
truculent.
turbulent.
violent.
virulent.

ment.

dément, *v. et a.*
ment.

abondamment.
antécédemment.
apparemment.
ardemment.
arrogamment.
brillamment.
bruyamment.
calament (plante).
compétemment.
complaisamment.
concurremment.
confidemment.
consciemment.
constamment.
coulamment.
couramment.
décemment.
dépendamment.
déplaisamment.
désobligeammant.
différemment.
diligemment.
dolemment.
élégamment.
éloquemment.
éminemment.
épatamment.
étonnamment.
évidemment.
excellemment.
exorbitamment.
extravagamment.
fervemment.
filament.
firmament.
fréquemment.
galamment.
ignoramment.
impatiemment.
impertinemment.
imprudemment.
impudemment.
incessamment.
incidemment.
incompétemment.
inconsciemment.
inconstamment.
indécemment.
indépendamment.
indifféremment.
indolemment.
indulgemment.
innocemment.
insciemment.
insolemment.
instamment.
insuffisamment.
intelligemment.
irrévéremment.
languissamment.
ligament.
linéament.
méchamment.
médicament.
négligemment.
nonchalamment.
notamment.
nuitamment [3].
obligeamment.
opulemment.
patiemment.
pertinemment.
pesamment.
pétulamment.
plaisamment.
précédemment.
précipitamment.
pressamment.
prudemment.
puissamment [3].
récemment.
révéremment.
savamment.
sciemment.
subséquemment.
suffisamment.
surabondamment.
tempérament.
testament.
transbordement.
turbulemment.
vaillamment.
vigilamment.
violemment.

fragment
segment.

ferment.
sarment.
serment.

abaissement.
abandonnement.
abâtardissement.
abattement.
abominablement.
abonnement.
abornement.
abouchement.
aboutissement.
abruptement.
abrutissement.
abstractivement.

abstraitement.
absurdement.
abusivement.
académiquement.
accablement.
accaparement.
accessoirement.
accidentellement.
acclimatement.
accommodement.
accompagnement.
accomplissement.
accotement.
accouchement.
accouplement.
accourcissement.
accoutrement.
accrochement.
accroissement.
accroupissement.
acculement.
acharnement.
acheminement.
achèvement.
achoppement.
acquiescement [5].
acquittement.
activement.
actuellement.
adjectivement.
admirablement.
adorablement.
adossement.
adoucissement.
adroitement.
adverbialement.
affablement.
affadissement.
affaiblissement.
affaissement.
affectueusement.
affermissement.
affinement.
affirmativement.
affleurement.
affolement.
affouillement.
affranchissement.
affrétement.
affreusement.
affrontement.
affublement.
agacement.
agencement.
agilement.
agrandissement.
agréablement.
aheurtement.
aigrement.
aiguisement [4].
aimablement.
ajournement.
ajustement.
alignement.
allaitement.
allèchement.
allégement.
allégoriquement.
allègrement.
allongement.
alphabétiquement.
alternativement.
altièrement [4].
amaigrissement.
ambitieusement.
amendement.
amèrement.
ameublement.
amiablement.
amicalement.
amollissement.
amoncellement.
amortissement.
amoureusement.
amphibologique-
ment.
amplement.
amusement.
analogiquement.
analytiquement.
anatomiquement.
anciennement [4]
anéantissement.
angéliquement.
annuellement.
anoblissement.
ânonnement.
antérieurement.
apaisement.
aplanissement.
aplatissement.
apostoliquement.
appartement.
appauvrissement.
appesantissement.
applaudissement.
appointement.
appontement.
apprivoisement.
approvisionne-
ment [7].
âprement.
apurement.
arasement.
arbitrairement.
arbitralement.
aristocratique-
ment.
arithmétiquement.
armement.
arrachement.
arrangement.
arrentement.
arrondissement.
arrosement.
artificiellement.
artificieusement.
artistement.
assainissement.
assaisonnement.
asséchement.
assemblement.
asservissement.
assolement.
assombrissement.
assoupissement.
assouvissement.
assujettissement.
astronomique-
ment.
astucieusement.
atrocement.
attachement.
attendrissement.

attentivement.
atterrissement.
attiédissement [5].
attifement.
attouchement.
attroupement.
aucunement.
audacieusement.
augustement.
austèrement.
authentiquement.
autrement.
avancement.
avantageusement.
avènement.
aventureusement.
avertissement.
aveuglement.
avidement.
avilissement.
avitaillement.
avortement.
babillement.
bâillement.
baisement.
balancement.
ballonnement.
ballottement.
banalement.
bannissement.
baraquement.
barbotement.
bassement.
battement.
bêlement.
bellement.
bénévolement.
bénignement.
benoitement.
bercement.
bernement.
bestialement.
bêtement.
beuglement.
biaisement [3 ou 4].
bigrement.
bizarrement.
blanchement.
blèsement.
boisement.
bombardement.
bombement.
bondissement.
bonnement.
bouchonnement.
bouillonnement.
bouleversement.
bourdonnement.
bourgeoisement.
bourgeonnement.
boursouflement.
braillement.
bramement.
branchement.
brandillement.
branlement.
brasillement.
bravement.
bredouillement.
brièvement.
brisement.
brouillement.
bruissement [4].
brûlement.
brusquement.
brutalement.
burlesquement.
cahotement
caillement.
calomnieusement.
cambrement.
campement.
candidement.
canoniquement.
cantonnement.
capitulairement.
capricieusement.
captieusement.
casernement.
cassement.
casuellement.
catégoriquement.
catholiquement.
cauteleusement.
cautionnement.
cavalièrement [5].
cérémonieusement.
certainement.
chaleureusement.
chambardement.
chancellement.
changement.
chantonnement.
chargement.
charitablement.
charnellement.
chastement.
chatouillement.
chaudement.
chavirement.
cheminement.
chèrement.
chétivement.
chevaleresquement.
chevauchement.
chevrotement.
chichement.
chimériquement.
chrétiennement [4].
chuchotement.
cillement.
cinquièmement [4].
circulairement.
civilement.
civiquement.
clairement.
clandestinement.
claquement.
classement.
classiquement.
cléricalement.
clignement.
clignotement.
clochement.
coassement [4].
collectivement.
collusoirement.
colossalement.
comblement.
comiquement.
commandement.
commencement.
comparativement.
complètement.

comportement.
conditionnellement.
conditionnement.
confidentiellement.
confinement.
confortablement.
conjecturalement.
conjointement.
conjugalement.
connaissement.
consciencieuse-
ment.
consécutivement.
consentement.
considérablement.
constitutionnelle-
ment.
consubstantielle-
ment.
consulairement.
contentement.
contentieusement.
continuellement.
contradictoirement.
convenablement.
conventionnelle-
ment.
conventuellement.
convertissement.
convulsivement.
copieusement.
coquettement.
cordialement.
corporellement.
correctement.
couardement.
courageusement.
couronnement.
courtement.
courtoisement.
crachement.
crachotement.
craintivement.
crânement.
craquement.
craquètement.
crédulement.
creusement.
criminellement.
crissement.
croassement [4].
croisement.
croulement.
croustilleusement.
cruellement.
cumulativement.
cupidement.
curieusement.
cyniquement.
damnablement.
dandinement.
dangereusement.
débâclement.
débandement.
débarquement.
débilement.
déboisement.
déboîtement.
débonnairement.
débordement.
débouchement.
débouquement.
déboursement.
débridement.
débrouillement.
débusquement.
décampement.
déchaînement.
déchargement.
déchaussement.
déchiffrement.
déchirement.
décisivement.
déclassement.
décochement.
décollement.
décourageusement.
découronnement.
décrassement.
décréditement.
décrochement.
décroisement.
décroissement.
dédaigneusement.
dédommagement.
dédoublement.
défavorablement.
défectueusement.
déférement.
défilement.
défensivement.
définitivement.
défoncement.
défrichement.
dégagement.
dégonflement.
dégorgement.
dégrèvement.
dégrisement.
dégourdissement.
dégouttement.
déguerpissement.
déguisement [4].
déhanchement.
déharnachement.
délabrement.
délaissement.
délassement.
délicatement.
délicieusement.
délogement.
déloyalement.
démanchement.
démantèlement.
démembrement.
déménagement
démeublement.
démocratiquement.
démonstrative-
ment.
déniaisement.
dénigrement.
dénombrement.
département.
dépassement.
dépavement.
dépècement.
dépérissement.
dépeuplement.
déplacement.
déplorablement.
déportement.
dépotement.
dépouillement.

déracinement.
déraillement.
déraisonnablement.
dérangement.
dérèglement.
dernièrement [4].
dérochement.
déroulement.
désagréablement.
désappointement.
désarmement.
désastreusement.
désavantageusement.
descellement.
désenchantement.
désencombrement.
désensorcellement.
déversement.
déshonnêtement.
désintéressement.
désistement.
désœuvrement.
désossement.
despotiquement.
dessaisissement.
dessalement.
desséchement.
détachement.
détestablement.
détournement.
détraquement.
détroussement.
détrônement.
deuxièmement [4].
dévalement.
développement.
dévoilement.
dévotement.
dévotieusement.
dextrement.
diablement [3].
diaboliquement [5].
diagonalement.
dialectiquement.
diamétralement.
diantrement.
difficilement.
dignement.
directement.
discernement.
discourtoisement.
discrètement.
disertement.
disgracieusement.
dissemblablement.
distinctement.
distraitement.
distributivement.
diversement.
divertissement.
divinement.
dixièmement [4].
docilement.
doctement.
dogmatiquement.
domestiquement.
doublement.
doucement.
doucereusement.
doucettement.
douillettement.
douloureusement.
douteusement.
douzièmement [4].
dramatiquement.
droitement.
drôlement
dubitativement.
durcissement.
durement.
ébahissement.
ébattement.
ébaudissement.
éblouissement.
éboulement.
ébourgeonnement.
ébranchement.
ébranlement.
ébrasement.
ébrèchement.
ébruitement.
écartement.
écarquillement.
écartèlement.
ecclésiastiquement.
échappement.
échauffement.
éclaboussement.
éclaircissement.
éclatement.
écœurement.
économiquement.
écorchement.
écoulement.
écrasement.
écroulement.
effacement.
effarement.
effarouchement.
effectivement.
effeuillement.
efficacement.
effleurement.
effondrement.
effritement.
effroyablement.
également.
égarement.
égorgement.
égoïstement.
égouttement.
élancement.
élargissement.
éloignement.
émargement.
emballement.
embarquement.
embaumement.
embellissement.
embêtement.
emboîtement.
embouquement.
embranchement.
embrasement.
embrassement.
embrigadement.
embrouillement.
émiettement.
emmaillotement.
emmanchement.
emmêlement.
emménagement.
empalement.

empâtement.
empêchement.
emphatiquement.
empiècement.
empierrement.
empiétement [4].
empilement.
emplacement.
empoisonnement.
empoissonnement.
emportement.
empressement.
emprisonnement.
empuantissement.
encadrement.
encaissement.
encaquement.
encastrement.
encavement.
encensement.
enchaînement.
enchantement.
enchérissement.
enchevêtrement.
enchifrènement.
enclavement.
encombrement.
encorbellement.
encouragement.
encrassement.
encroûtement.
endiguement.
endommagement.
endossement.
endurcissement.
énergiquement.
énervement.
enfaîtement.
enfantement.
enfoncement.
enfournement.
engagement.
engloutissement.
engoncement.
engorgement.
engourdissement.
engraissement.
engravement.
énigmatiquement.
enivrement.
enjambement.
enjôlement.
enjolivement.
enlacement.
enlèvement.
enlisement.
ennuyeusement.
enracinement.
enregistrement.
enrichissement.
enrochement.
enrôlement.
enroulement.
ensablement.
enseignement.
ensemencement.
ensevelissement.
ensorcellement.
entablement.
entassement.
entendement.
entérinement.
enterrement.
entêtement.
entichement.
entièrement [4].
entoilement.
entortillement.
entraînement.
entrebâillement.
entrecroisement.
entrelacement.
envahissement.
envasement.
enveloppement.
envolement.
envoûtement.
épaississement.
épamprement.
épanchement.
épanouissement.
éparpillement.
épatement.
épaulement.
épierrement.
épluchement.
épouvantablement.
épouvantement.
épuisement [4].
épurement.
équarrissement.
équipement [4].
équitablement [5].
éraillement.
éreintement.
errements.
escarpement.
espacement.
essentiellement.
essoufflement.
établissement.
étanchement.
éternellement.
étêtement.
étincellement.
étiolement.
étoilement.
étonnement.
étouffement.
étourdissement.
étrangement.
étranglement.
étrécissement.
étroitement.
évangéliquement.
évanouissement.
évasement.
évasivement.
événement.
éventuellement.
évidement.
exactement.
exaucement.
excessivement.
exclusivement.
exécrablement.
exemplairement.
exhaussement.
explicitement.
expressivement.
exquisement.
extérieurement.
externement.
extrajudiciairement

extraordinairement
extrêmement.
fabuleusement.
facétieusement.
fâcheusement.
facilement.
fadement.
faiblement.
fallacieusement.
familièrement.
fanatiquement.
fantasquement.
fastidieusement.
fastueusement.
fatalement.
faussement.
favorablement.
fendillement.
féodalement.
fermement.
ferrement.
fidèlement.
fiduciairement.
fièrement [3].
fiévreusement.
figement.
figurativement.
filialement.
finalement.
finement.
fixement.
flatteusement.
fléchissement.
flegmatiquement.
flottement.
folâtrement.
follement.
foncièrement [4].
fonctionnement.
fondamentalement.
fondement.
forcement.
formellement.
formidablement.
fortement.
fortuitement [5].
fougueusement.
fourmillement.
fournissement.
fractionnement.
fraîchement.
franchement.
frappement.
fraternellement.
frauduleusement.
fredonnement.
frémissement.
frénétiquement.
frètement.
frétillement.
frileusement.
frissonnement.
frivolement.
froidement.
froissement.
frôlement.
froncement.
frottement.
fructueusement.
frugalement.
fugitivement.
funèbrement.
funestement.
furieusement.
furtivement.
fusionnement.
futilement.
gaillardement.
gargouillement.
garnement.
gauchement.
gazonnement.
gazouillement.
gémissement.
généralement.
généreusement.
géométriquement.
gercement.
gisement.
glapissement.
glissement.
glorieusement.
gloussement.
gloutonnement.
gonflement.
gouvernement.
gracieusement.
graduellement.
graillement.
grammaticalement
grandement.
graphiquement.
grassement.
grasseyement.
gratuitement [5].
gravement.
grésillement.
grièvement.
grincement.
grognement.
grondement.
grossièrement [4].
grotesquement.
grouillement.
groupement.
habilement.
habillement.
habituellement.
haineusement.
halètement.
harcèlement.
harmonieusement.
harmoniquement.
harnachement.
harponnement.
harassement.
hasardeusement.
hâtivement.
haussement.
hautainement.
hautement.
hébergement.
hennissement.
héréditairement.
hérissement.
hermétiquement.
hersement.
héroïquement.
heureusement.
heurtement.
hideusement.
hiérarchiquement.
historiquement.
hochement.

honnêtement.
honorablement.
honteusement.
horizontalement.
horriblement.
hospitalièrement.
hostilement.
huitièmement [4].
humainement.
humblement.
humidement.
hurlement.
hygiéniquement.
hyperboliquement.
hypothétiquement.
identiquement.
ignoblement.
ignominieusement.
illégalement.
illégitimement.
illisiblement.
illicitement.
illusoirement.
imbécilement.
immanquablement.
immatériellement.
immédiatement.
immodestement.
immortellement
immuablement.
imparfaitement.
impartialement.
impénétrablement.
impérativement.
imperceptiblement.
impérialement.
impérieusement.
impersonnellement.
imperturbablement
impétueusement.
impitoyablement.
implicitement.
improprement.
impudiquement.
incertainement.
incestueusement.
incivilement.
inclusivement.
incommutable-
ment.
incomparablement.
incompatiblement.
incompréhensible-
ment.
inconsolablement.
inconstitutionnel-
lement.
incontestablement.
incorrectement.
incroyablement.
incurablement.
indévotement.
indignement.
indirectement.
indiscrètement.
indiscutablement.
indispensablement.
indissolublement.
indistinctivement.
individuellement.
indivisiblement.
indocilement.
indubitablement.
industrieusement.
inébranlablement.
ineffaçablement.
inégalement.
ineptement.
inéluctablement.
inévitablement.
inexactement.
inexorablement.
inextricablement.
infailliblement.
infatigablement.
inférieurement.
infernalement.
infidèlement.
inflexiblement.
infructueusement.
ingénieusement.
inhabilement.
inhumainement.
iniquement.
injurieusement.
injustement.
inlassablement.
innombrablement.
inoubliablement.
insatiablement.
insensiblement.
inséparablement.
insidieusement.
insipidement.
insupportablement.
intarissablement.
intégralement.
intègrement.
intelligiblement.
intérieurement.
interminablement.
internement.
intimement.
intrépidement.
intrinsèquement.
intuitivement [6].
inutilement.
invalidement.
invariablement.
investissement.
invinciblement.
inviolablement.
invisiblement.
involontairement.
ironiquement.
irréconciliable-
ment.
irrégulièrement [5].
irréligieusement.
irrémédiablement.
irrémissiblement.
irréparablement.
irréprochablement.
irrésistiblement.
irrévérencieuse-
ment.
irrévocablement.
isolement.
itérativement.
jaillissement.
jalonnement.
jappement.
jésuitiquement.
jonchement.

journellement.
jovialement.
joyeusement.
judaïquement.
judiciairement.
judicieusement.
jugement.
jurement.
juridiquement.
justement.
juvénilement.
laborieusement.
lâchement.
laconiquement.
laidement.
laïquement.
lamentablement.
lancement.
langoureusement.
largement.
lascivement.
latéralement.
lavement.
lèchement.
légalement.
légèrement.
légitimement.
lentement.
lestement.
libéralement.
librement.
licencieusement.
licitement.
lisiblement.
littérairement.
littéralement.
logement.
logiquement.
longitudinalement.
longuement.
lotissement.
louablement.
lourdement.
loyablement.
lubriquement.
lucidement.
lugubrement.
luxurieusement.
luxueusement.
lyriquement.
machiavéliquement
machinalement.
mâchonnement.
magiquement.
magistralement.
magnanimement.
magnifiquement.
maigrement.
majestueusement.
maladivement.
maladroitement.
malencontreusement.
malgracieusement.
malhabilement.
malheureusement.
malhonnêtement.
malicieusement.
malignement.
malproprement.
mandement.
manifestement.
manquement.
manuellement.
maritalement.
massivement.
matériellement.
maternellement.
mathématiquement.
maussadement.
mécaniquement.
mécontentement.
médiatement.
médiocrement.
mélancoliquement.
mélodieusement.
mêmement.
ménagement.
mensongèrement.
mentalement.
mercenairement.
méritoirement.
merveilleusement.
mesquinement.
métaphoriquement.
métaphysiquement.
méthodiquement.
meuglement.
miaulement [4].
mignardement.
mignonnement.
militairement.
ministériellement.
miraculeusement.
miroitement.
misérablement.
miséricordieusement.
modestement.
modiquement.
moëlleusement.
mollement.
monacalement.
monarchiquement.
mondainement.
monotonement.
monstrueusement.
moralement.
morcellement.
mortellement.
mouvement.
moyennement.
mugissement.
mûrement.
musellement.
musicalement.
mutuellement.
mystérieusement.
mystiquement.
naïvement.
nantissement.
narquoisement.
nasalement.
nasillement.
nationalement.
naturellement.
nécessairement.
négativement.
nerveusement.
nettement.
neutralement, *gram.*

neuvièmement [4].
niaisement [4].
nivellement.
noblement.
nolisement.
nominativement.
normalement.
notablement.
notoirement.
nouvellement.
nuisiblement.
nullement.
numériquement.
obliquement.
obrepticement.
obscurcissement.
obséquieusement.
occasionnellement.
occultement.
oculairement.
odieusement.
offensivement.
officiellement.
officieusement.
oisivement.
onctueusement.
onzièmement [4].
oppressivement.
orageusement.
oratoirement.
ordonnancement.
ordinairement.
orgueilleusement.
originairement.
originalement.
originellement.
ornement.
ossements.
ostensiblement.
outrageusement.
ouvertement.
pacifiquement.
paisiblement.
palpablement.
pansement.
paraboliquement.
parachèvement.
pareillement.
parement.
paresseusement.
parfaitement.
parlement.
parlementairement.
partialement.
particulièrement [6].
partiellement.
passablement.
passagèrement.
passement.
passivement.
pastoralement.
paternellement.
pathétiquement.
patriarcalement.
patriotiquement.
pauvrement.
pavement.
pavoisement.
pécuniairement.
pédantesquement.
pédestrement.
penchement.
péniblement.
pensivement.
percement.
péremptoirement.
perfectionnement.
perfidement.
périlleusement.
périodiquement.
pernicieusement.
perpendiculairement.
perpétuellement.
personnellement.
perversement.
pétillement.
petitement.
pétitionnement.
peuplement.
peureusement.
philosophiquement.
physiquement.
piaulement.
picotement.
piétinement.
piètrement.
pieusement.
pissement.
piteusement.
pitoyablement.
pittoresquement.
placement.
placidement.
plaintivement.
plastiquement.
platement.
platoniquement.
plausiblement.
pleinement.
plissement.
poétiquement.
pointement.
politiquement.
pompeusement.
ponctuellement.
pontificalement.
populairement.
portement.
positivement.
postérieurement.
pratiquement.
préalablement.
précairement.
précieusement.
précocement.
préférablement.
prélèvement.
préliminairement.
premièrement [4].
présentement.
présomptueusement.
pressement.
prestement.
primitivement.
primordialement.
principalement.
privativement.
probablement.
problématiquement.

processionnellement.
prochainement.
prodigieusement.
progressivement.
prolixement.
prolongement.
promptement.
prophétiquement.
proportionnellement.
proprement.
prosaïquement.
prosternement.
proverbialement.
provignement.
provincialement.
provisoirement.
publiquement.
pudiquement.
puérilement.
purement.
quatorzièmement [5].
quatrièmement [5].
quellement.
quinzièmement [4].
quotidiennement.
rabaissement.
racinement.
raccommodement.
raccordement.
raccourcissement.
racornissement.
radicalement.
radoucissement.
raffermissement.
raffinement.
rafraîchissement.
rageusement.
raisonnablement.
raisonnement.
rajeunissement.
rajustement.
râlement.
ralentissement.
rallongement.
rampement.
rançonnement.
rangement.
rapidement.
rapiécement.
rapprochement.
rarement.
rasement.
rassemblement.
rationnement.
rattachement.
ravalement.
ravinement.
ravisement.
ravissement.
ravitaillement.
rayonnement.
reboisement.
rebondissement.
rebroussement.
recèlement.
recensement.
rechargement.
réchauffement.
rechignement.
réciproquement.
récolement.
recommencement.
recoupement.
recouvrement.
recrutement.
recueillement.
reculement.
redoublement.
redressement.
réellement.
réfléchissement.
refoulement.
refrognement.
refroidissement.
règlement.
réglementairement.
regonflement.
regorgement.
régulièrement [5].
rehaussement.
rejaillissement.
relâchement.
relativement.
relèvement.
religieusement.
rembarquement.
remboîtement.
rembourrement.
remboursement.
rembrunissement.
remplacement.
renchérissement.
rendement.
renflement.
renfoncement.
renforcement.
rengagement.
rengorgement.
reniflement.
renoncement.
renouvellement.
renseignement.
renversement.
repavement.
repeuplement.
repoussement.
résonnement.
respectivement.
respectueusement.
resplendissement.
resserrement.
rétablissement.
retardement.
retentissement.
retirement.
retranchement.
rétrécissement.
retroussement.
révérencieusement.
rêveusement.
revêtement.
revirement.
révolutionnairement.
ricanement.
richement.
ridiculement.
rigidement.
rigoureusement.
risiblement.

robustement.
romanesquement.
rondement.
ronflement.
rongement.
roucoulement.
roulement.
royalement.
rudement.
rugissement.
ruissellement.
rustiquement.
saccagement.
sacramentalement.
sacramentellement.
sacrement.
sacrilègement.
sagement.
saignement.
sainement.
saintement.
saisissement.
salement.
salubrement.
salutairement.
sapement.
satiriquement.
sautillement.
sauvagement.
savoureusement.
scandaleusement.
scellement.
sceptiquement.
scientifiquement.
scintillement.
scolastiquement.
scrupuleusement.
sèchement.
secondement.
secrètement.
sectionnement.
séculièrement [5].
séditieusement.
seizièmement [4].
semblablement.
sensiblement.
sensuellement.
sententieusement.
sentimentalement.
septièmement [4].
sérieusement.
serrement.
servilement.
seulement.
sévèrement.
sifflement.
signalement.
simplement.
sincèrement.
singulièrement [5].
sinistrement.
sixièmement [4].
sobrement.
socialement.
soigneusement.
solennellement.
solidairement.
solidement.
solitairement.
sommairement.
somptueusement.
sordidement.
sottement.
soubassement.
soudainement.
soulagement.
soulèvement.
soupèsement.
souplement.
sourdement.
sournoisement.
soutènement.
souterrainement.
souverainement.
spacieusement.
spécialement.
spécieusement.
spécifiquement.
sphériquement.
spirituellement.
splendidement.
stationnement.
stérilement.
stoïquement.
strictement.
studieusement.
stupidement.
suavement.
subitement.
sublimement.
subrepticement.
subsidiairement.
substantiellement.
substantivement.
subtilement.
successivement.
succinctement.
sucement.
suintement [3].
superbement.
superficiellement.
supérieurement.
superlativement.
superstitieuse-
ment.
supportablement.
suprêmement.
surbaissement.
sûrement.
surhaussement.
surnaturellement.
symboliquement.
symétriquement.
synthétiquement.
systématiquement.
tacitement.
taquinement.
tardivement.
tarissement.
tassement.
tâtement.
tâtonnement.
tellement.
témérairement.
temporairement.
temporellement.
tenaillement.
tendrement.
ténébreusement.
terrassement.
terriblement.
textuellement.
théâtralement.
théologiquement.

théoriquement.
tièdement [3].
tiercement [3].
timidement.
tintement.
tiraillement.
tolérablement.
tortillement.
tortueusement.
totalement.
tourbillonnement.
tournement.
tracement.
tragiquement.
traitement.
traîtreusement.
tranquillement.
transfèrement.
transitoirement.
transvasement.
transversalement.
travestissement.
trébuchement.
treizièmement [4].
tremblement.
tremblotement.
trémoussement.
trépassement.
trépignement.
tressaillement.
trimbalement.
triomphalement.
triplement.
tristement.
trivialement.
troisièmement [4].
truchement.
tumultuairement.
tumultueusement.
turbulemment.
tyranniquement.
ultérieurement.
ululement.
unanimement.
uniquement.
universellement.
usuellement.
usurairement.

utilement.
vagissement.
vaguement.
vainement.
valablement.
valeureusement.
validement.
vallonnement.
vaniteusement.
véhémentement.
vêlement.
vénalement.
véniellement.
verbalement.
véridiquement.
véritablement.
versement.
vertement.
verticalement.
vertueusement.
vêtement.
vicieusement.
victorieusement.
vieillement.
vieillissement.
vigoureusement.
vilainement.
vilement.
violement.
virement.
virginalement.
virilement.
virtuellement.
visiblement.
vitement.
vivement.
voltigement.
volontairement.
voluptueusement.
vomissement.
vraisemblablement.
vulgairement.

agrément.
aisément.
assurément.
aveuglément.

bégaîment [3], *et*
bégaiement *ou*
bégayement [4].
braiement.
carrément.
cément.
censément.
clément.
commodément.
communément.
complément.
conformément.
confusément.
crément, *gram.*
déblaiement.
décidément.
dégréement.
délibérément.
dément, *v. et a.*
démesurément.
déréglément.
désagrément.
désespérément.
désordonnément.
déterminément.
diffusément.
effrontément.
égaiement.
élément.
énormément.
excrément.
expressément.
figurément.
forcément.
gaiement.
gréement.
immensément.
immodérément.
impunément.
inclément.
incommodément.
inconsidérément.
indéterminément.
indivisément.
inespérément.
inopinément.
instantanément.
isolément.

malaisément.
modérément.
momentanément.
nommément.
obscurément.
obstinément.
opiniâtrément.
outrement.
paîment [2] *et mieux* payement [3].
passionnément [5].
posément.
précisément.
prématurément.
profondément.
profusément.
proportionnément.
réglément.
sensément.
séparément.
serrément.
simultanément.
spontanément.
subordonnément.
supplément.
uniformément.
véhément.
vraiment.
zézaiement.

augment.
fragment.
pigment.
segment.

ferment.
sarment.
serment.

aliment.
apparîment.
assentiment.
assortiment.
balbutiement.
bâtiment.
blanchiment.
boniment.
châtiment.
ciment.
compartiment.
compliment.
condiment.
crucifîment.
délîment.
détriment.
dissentiment.
étourdiment.
fourniment.
gentiment.
hardiment.
indéfiniment.
infiniment.
joliment.
licenciement.
liniment.
maniement.
orpiment.
pépiement.
piment.
plîment.
poliment, *s.*
poliment, *adv.*
pressentiment.
quasiment.
ralliement.
rapatriement.
rassasiement.
rassortiment.
réassortiment.
régiment.
remaniement.
remercîment.
renîment.
replîment.
résilîment.
ressentiment.
rudiment.
sédiment.
sentiment.
uniment.

comment.
froment.
moment.

aboiement.
apitoiement.
atermoiement.
broiement.
coudoiement.
déploiement.
dévoiement.
dévouement.
festoiement.
foudroiement.
fourvoiement.
larmoiement.
nettoiement.
ondoiement.
poudroiement.
reploiement.
rougeoiement.
rudoiement.
tournoiement.
tutoiement.

dénoûment *et* dénouement.
dévouement.
ébrouement.
échouement.
engouement.
enjouement.
enrouement.
secoûment *et* secouement.

tourment.

absolument.
ambigument.
argument.
assidûment.
congrûment.
continûment.
crûment.
dénûment.
dissolument.
document.
dûment.
émolument.
éperdument.
éternûment.
fichument.

goulûment.
incongrûment.
indûment.
ingénument.
instrument.
irrésolument.
jument.
monument.
nûment.
remûment.
résolument.
tégument.

nent.

abstinent.
continent, *s.*
continent, *a.*
déponent.
éminent.
immanent.
imminent.
impertinent.
incontinent, *a.*
incontinent, *adv.*
permanent.
pertinent.
ponent.
prééminent.
proéminent.
suréminent.

pent.

arpent.
repent (se), *v.*
serpent.

quent.

conséquent.
éloquent.
fréquent.
inconséquent.
par conséquent.
subséquent.

rent.

adhérent.
afférent.
apparent.
cohérent.
concurrent.
déférent.
différent.
incohérent.
indifférent.
inhérent.
irrévérent.
occurrent.
parent.
récurrent.
révérent.
torrent.
transparent.

sent *dur.*

absent.
consent, *v.*
pressent, *v.*
ressent, *v.*
sent, *v.*
(*voir* cent.)

sent *doux.*

présent, *s.*
présent, *a. et s.*

tent.

compétent.
content.
impénitent.
impotent.
incompétent.
intermittent.
mécontent.
latent.
malcontent.
omnipotent.
patent.
pénitent.
rémittent.
ventripotent.

u-ent.

affluent.
confluent.
congruent.
influent.

vent.

abat-vent.
auvent.
avent.
Bénévent, *g.*
contrevent.
convent.
couvent.
engoulevent.
évent.
évent (tête à l').
fervent.
paravent.
souvent.
vent.
vol-au-vent.

xent.

exempt.

voir AND, ANT et END.

ENTE [1].

ente, *s. et v.*

cente.

descente.
innocente, *v.*
(*voir* sente *dur.*)

dente.

chapelle ardente.
confidente.
édente, *v.*
endente.
incidente, *v,*
présidente.

fente.

fente.

1) Cf. les féminins des adj. en ENT.

gente.

Agrigente, *g.*
argente, *v.*
cotangente.
désargente.
diligente, *v.*
réargente.
régente, *v.*
sous-tangente.
tangente.

i-ente.

cliente
désoriente, *v.*
fiente, *s. et v.*
impatiente, *v.*
oriente.
patiente, *v.*

lente.

lente (de pou).
Salente, *g.*
violente, *v.*

mente.

agrémente, *v.*
alimente, *v.*
argumente, *v.*
assermente, *v.*
augmente, *v.*
cémente, *v.*
cimente, *v.*
commente, *v.*
complimente.
démente, *v.*
documente, *v.*
enrégimente, *v.*
expérimente, *v.*
fermente, *v.*
fomente, *v.*
fragmente, *v.*
instrumente, *v.*
lamente, *v.*
médicamente, *v.*
mente, *v.*
menthe.
mouvemente, *v.*
ornemente, *v.*
parlemente, *v.*
passemente, *v.*
pimente, *v.*
réglemente, *v.*
tourmente, *v. et s.*

pente.

arpente, *v.*
charpente, *s. et v.*
contre-pente.
pente.
repente (qu'il se), *v.*
serpente, *v.*
soupente.

quente.

fréquente, *v. et a. f.*

rente.

apparente, *v.*
arrente, *v.*
Charente, *g.*
parente.
rente.
Tarente, *g.*

sente *dur.*

absente (s'), *v.*
consente, *v.*
pressente, *v.*
ressente, *v.*
sente, *v. et s.*

(*voir* cente.)

sente *doux.*

exempte, *v.*
présente, *v.*
représente, *v.*

tente.

attente, *s.*
attente, *v.*
contente, *v.*
détente.
entente.
intente, *v.*
mécontente, *v.*
patente,
pénitente.
sustente, *v.*
tente, *s.*
tente, *v.*

trente.

trente, *adj.*
Trente, *g.*

vente.

évente, *v.*
invente, *v.*
mévente.
revente.
sirvente.
survente.
vente, *s.*
vente, *v.*

voir ANTE.

ENTRE.

entre, *prép.*
entre, *v.*

centre.
concentre, *v.*
décentre, *v.*

rentre, *v.*

bas-ventre.
éventre, *v.*
ventre.

voir ANTRE.

EP.

cep.

Alep, *g.*
julep.
salep.

sep.

EPE long.

cèpe.

crêpe, *s.*
crêpe, *v.*

guêpe.

EPE bref.

recèpe, *v.* (*viticult*).

EPH.

Joseph, *n. p.*
voir EF.

EPHE.

voir EFFE.

EPHTE.

clephte.

EPPE.

Dieppe [3], *g.*
steppe, *s.*

EPRE long.

Vêpre *ou* Vêpres.

EPRE bref.

lèpre.

EPS.

biceps.
forceps.
princeps (édition).
reps.

EPT.

sept (*p* muet).
concept (*pt* sonores).
transept (*idem.*)
voir ET.

EPTE.

accepte, *v.*
excepte, *v.*
intercepte, *v.*
précepte.

adepte.

inepte.

EPTRE.

sceptre.

EQUE long.

archevêque.
évêque.

EQUE bref.

chèque.
plum-cake.
rebèque (se), *v.*
tchèque.

grecque, *a. f.*

La Mecque, *g.*

Sénèque, *n. p.*

pecque.

sapèque.

extrinsèque.
dissèque, *v.*
intrinsèque.
keepsake.
obsèques.
resèque, *v.*

bibliothèque.
glyptothèque.
hypothèque, *s. et v.*
métèque.
pastèque.
pinacothèque.

ER

(dont le *r* se prononce).

Auer (bec).
Boër.

ber.

Kléber, *n. p.*
liber.

cer.

cancer.
placer (d'or).
spencer.

cher.

cher.

der.

belvéder.
leader.
Oder, *g.*
outsider.
polder.
stathouder.
tender.

fer.

enfer.
fer.
Lucifer.
mâche-fer.

ger.

manager.
Niger, *g.*
Scaliger, *n. p.*

ier.

avant-hier [3 ou 4].
fier [1].
hier [2].

ker.

Baedeker
bookmaker.
docker.
Locmariaquer.
Necker.
poker.
quaker.
speaker.

ler.

Schiller.
thaler.

ller *mouillé.*

cuiller.

mer.

amer.
mer.
outremer.
steamer.

ner.

Gessner, *n. p.*
partner.

ter.

Antipater, *n. p.*
auster.
bitter.
chester.
cutter.
Esther, *n. p.*
éther.
frater.
Jupiter, *myth.*
Lavater, *n. p.*
Luther, *n. p.*
magister.
Munster, *g. et s.*
pater.
reporter.
sphincter.
starter.
Ulster, *g.*

ver.

hiver.
interviewer.
revolver.
ver.

zer.

Kreutzer.

voir AIR, ERF, ERS, ERT.

ER

(dont le *r* ne se prononce point).

ber.

gaber.
syllaber.

enjamber.
flamber.

barber.
ébarber.

engerber.
enherber.
ésherber.
gerber.
herber.

exhiber.
imbiber.
inhiber.
prohiber.

regimber.

dauber.
dérober.
endauber.
englober.
enrober.
gober.

bomber.
déplomber.
plomber.
retomber.
incomber.
succomber.
surplomber.
tomber.

absorber.
résorber.

adouber.
radouber.

courber.
débourber.
désembourber.
embourber.
fourber.
recourber.

cuber.
entuber.
tituber.
tuber.

bler.

accabler.
attabler (s').
câbler.
désensabler.
désabler.
endiabler [3].
ensabler.
établer.
hâbler.
jabler.
sabler.
tabler.

ambler.
assembler.
désassembler.
rassembler.
ressembler.
sembler.
trembler.

démeubler.

meubler.
remeubler.

cribler.

combler.

dédoubler.
doubler.
redoubler.
rendoubler.
troubler.

affubler.

brer.

cabrer (se).
délabrer.
palabrer.
sabrer.

ambrer.
cambrer.
chambrer.
démembrer.

marbrer.

célébrer.
enténébrer.
zébrer.

calibrer.
équilibrer.
vibrer.

timbrer.

décombrer.
dénombrer.
désencombrer.
encombrer.
nombrer.
obombrer.
ombrer.
sombrer.

élucubrer.

cer.

agacer.
délacer.
déplacer:
effacer.
enlacer.
entrelacer.
espacer.
glacer.
grimacer.
lacer.
menacer.
placer.
remplacer.
replacer.
retracer.
tracer.

agencer.
avancer.
balancer.
cadencer.
commencer.
contre-balancer.
décontenancer.
devancer.
distancer.
élancer.
ensemencer.
fiancer.
financer.
forlancer.
garancer.
influencer.
lancer.
manigancer.
mordancer.
nuancer.
ordonnancer.
quittancer.
recommencer.
relancer.
tancer.

dépecer.

acquiescer [4].
dépiécer [3].

rapiécer [3]

bercer.
commercer.
entre-percer (s').
exercer.
gercer.
percer.
tiercer [2].
transpercer.

épicer.
policer.

coincer.
émincer.
évincer.
grincer.
pincer.
repincer.
rincer.

immiscer (s').

exaucer.
nocer.
saucer.

annoncer.
défoncer.
défroncer.
dénoncer.
enfoncer.
engoncer.
énoncer.
foncer.
froncer.
pioncer.
poncer.
prononcer.
renfoncer.
renoncer.
semoncer.

amorcer.
divorcer
écorcer.
efforcer (s').

forcer.
renforcer.

courroucer.

épucer.
sucer.
(*voir* ser *dur et* xer).

cher.

amouracher (s').
arracher.
attacher.
bâcher.
cacher.
cracher.
cravacher.
débâcher.
défâcher (se).
déharnacher.
détacher.
écacher.
empanacher.
enharnacher.
ensacher.
entacher.
fâcher.
gâcher.
hacher.
harnacher.
lâcher.
mâcher.
panacher.
rabâcher.
rattacher.
recracher.
relâcher.
remâcher.
soutacher.
tacher.
tâcher.
vacher.

brancher.
déclencher.
déhancher.
démancher.
ébrancher.
embrancher.
emmancher.
endimancher (s').
épancher.
étancher.
flancher.
pencher.
plancher.
rancher, *s.*
remmancher.
retrancher.
revancher (se).
trancher.

archer.
franc-archer.
marcher, *v. et s.*

allécher.
assécher.
bêcher.
dépêcher.
dessécher.
ébrécher.
émécher.
empêcher.
lécher.
maraîcher.
mécher.
pécher.
pêcher, *v*
pêcher, *s.*
pourlicher (se).
prêcher.
repêcher.
sécher.

chercher.
percher.
rechercher.

afficher.
aguicher.
clicher.
défricher.
dénicher.
enticher.
ficher.
licher.
nicher.
pasticher.
pleurnicher.
tricher.

accrocher.
approcher.
bambocher.
bavocher.
brocher.
chevaucher.
clocher, *s.*
clocher, *v.*
cocher, *s.*
côcher, *v.*
crocher.
débaucher.
débrocher.
décocher.
décrocher.
dérocher.
ébaucher.
effilocher.
embaucher.
embrocher.
empocher.
encocher.
enrocher.
épinocher.
faucher.
flânocher.
gaucher, *a. et s.*
guillocher.
hocher.
locher.
pignocher.
piocher [2].
pocher.
rabibocher.
raccrocher.
rapprocher.
rempocher.
reprocher.
ricocher.
rocher.
talocher.

broncher.
joncher.

écorcher.
porcher.
torcher.

aboucher.
accoucher.
boucher, *v.*
boucher, *s.*
coucher, *v.* et *s.*
déboucher.
découcher.
doucher.
effaroucher.
emboucher.
émoucher.
escarmoucher.
essoucher.
loucher.
moucher.
reboucher.
recoucher.
retoucher.
toucher, *v. et s.*

affourcher.
enfourcher.
fourcher.

bûcher, *s. et v.*
débucher, *v. et s.*
déjucher.
embucher (s').
éplucher.
hucher.
jucher.
pelucher.
rembucher (se).
rucher.
trébucher.
trucher.

luncher.
lyncher.

cler.

bâcler.
débâcler.
racler.
renâcler.

sarcler.

cercler.
décercler.
encercler.
recercler.

gicler.

boucler.
déboucler.
reboucler.

crer.

consacrer.
massacrer.
nacrer.
sacrer.

ancrer.
désancrer.
échancrer.
encrer.

exécrer.

sucrer.

der.

balader.
barricader.
cascader.
cavalcader.
dégrader.
dissuader [4].
embrigader.
escalader.
estafilader.
estocader.
estrapader.
évader (s').

extrader.
gambader.
palissader.
panader (se).
parader.
persuader [4].
pétarader.
pommader.
rader.
rétrograder.
saccader.
taillader.

achalander.
affriander.
amender.
appréhender.
bander.
brelander.
brigander.
commander.
contremander.
débander.
décommander.
dégingander (se).
demander.
désachalander.
émender.
enguirlander.
faisander (se).
gourmander.
mander.
marchander.
quémander.
rebander.
recommander.
redemander.
réprimander.
scander.
truander.
viander.
vilipender.

acagnarder (s').
attarder (s').
barder.
bavarder.
bazarder.

billarder.
bocarder.
bombarder.
brocarder.
cacarder.
cagnarder.
canarder.
carder.
chambarder.
chaparder.
darder.
débarder.
délarder.
embarder.
entrelarder.
escobarder.
farder.
garder.
goguenarder.
harder.
hasarder.
jobarder.
larder.
lézarder.
liarder [2].
mignarder.
moucharder.
musarder.
nasarder.
paillarder.
pétarder.
placarder.
poignarder.
regarder.
renarder.
retarder.
sauvegarder.
tarder.
vieillarder.

abcéder.
accéder.
aider.
céder.
concéder.
décéder.
déposséder.
dépréder.
entr'aider (s').
excéder.
exhéréder.
intercéder.
obséder.
plaider.
posséder.
précéder.
prédécéder.
procéder.
recéder.
rétrocéder.
succéder.

brider.
coïncider.
consolider.
débrider.
décider.
dérider.
désoxyder.
dévider.
dilapider.
élider.
élucider.
évider.
guider.
intimider.
invalider.
lapider.
liquider.
oxyder.
présider.
pyramider.
rebrider.
résider.
rider.
suicider.
survider.
valider.
vider.

blinder.
guinder.
rescinder.
scinder.

accommoder.
badauder.
baguenauder.
bretauder.
broder.
clabauder.
corroder.
courtauder.
démoder (se).
échafauder.
échauder.
éroder.
frauder.
galvauder.
goder.
incommoder.
inféoder.
marauder.
marivauder.
minauder.
nigauder.
raccommoder.
ravauder.
rebroder.
rôder.
tarauder.

solder.

abonder.
bonder.
débonder.
dévergonder (se).
émonder.
féconder.
fonder.
fronder.
gronder.
inonder.
monder.
onder.
rédonder.
surabonder.
seconder.
sonder.
vagabonder.

aborder.

accorder.
border.
concorder.
corder.
déborder.
décorder.
désaccorder.
discorder.
raccorder.
reborder.
recorder.
saborder.
transborder.

bouder.
couder.
dessouder.
ressouder.
souder.

bourder.
hourder.

colluder.
dénuder.
éluder.
exsuder.
préluder.

drer.

cadrer.
encadrer.

calandrer.
engendrer.

cylindrer.

effondrer.

dépoudrer.
poudrer.
saupoudrer.

é-er.

béer.

créer.
procréer.
recréer.
récréer.

agréer.
dégréer.
désagréer.
gréer.
maugréer.
ragréer.

réer.

suppléer.

guéer.

fer.

agrafer.
dégrafer.
gaffer.
parafer.
piaffer [2].
ragrafer.

fieffer.

greffer.

agriffer (s').
attifer.
biffer.
brifer.
débiffer.
ébouriffer.
griffer.
rebiffer (se).
tarifer.

chauffer.
échauffer.
étoffer.
lofer.
réchauffer.
surchauffer.

assoifer.
coiffer.
décoiffer.
recoiffer.

bouffer.
épouffer (s').
étouffer.
pouffer.

esbroufer.

bluffer.

truffer.

ensuifer.
suifer.
(*voir* pher.)

fler.

érafler.
rafler.

désenfler.
enfler.
renfler.

écornifler.
gifler.
persifler.
renifler.
rifler.
siffler.

dégonfler.
gonfler.
regonfler.
ronfler.

boursoufler.
camoufler.
démaroufler.
emmitoufler.
essouffler.
maroufler.
souffler.

insuffler.

frer.

bâfrer.
balafrer.

camphrer.

chiffrer.
déchiffrer.
empiffrer.

coffrer.
encoffrer.
gaufrer.

goinfrer.

engouffrer (s').
soufrer.

ger.

aménager.
apanager.
avantager.
bocager.
décourager.
dédommager.
dégager.
déménager.
départager.
dérager.
désavantager.
dévisager.
emménager.
encager.
encourager.
endommager.
engager.
enrager.
envisager.
étager.
fourrager.
fromager.
gager.
grillager.
herbager.
hommager.
imager.
lignager.
ménager, *v. et a.*
messager.
nager.
ombrager.
outrager.
ouvrager.
pacager.
partager.
passager, *a. et s.*
péager.
potager.
présager.
propager.
rager.
ramager.
ravager.
rengager.
saccager.
soulager.
surnager.
usager.
verbiager.
viager, *a. et s.*
voyager.

Alger, *g.*

arranger.
blanc-manger.
boulanger.
changer.
danger.
démanger.
déranger.
échanger.
effranger.
engranger.
entre-manger (s').
étranger, *a. et s.*
franger, *v. et s.*
garde-manger.
louanger.
manger, *s. et v.*
mélanger.
oranger.
ranger.
rechanger.
vendanger.
venger.
vidanger.

charger.
décharger.
émarger.
encharger.
marger.
recharger.
surcharger.

abréger.
agréger.
alléger.
arpéger.
assiéger [3].
chevau-léger.
désagréger.
léger.
neiger.
passéger.
pleiger.
protéger.
rengréger.
siéger [2].

absterger.
asperger.
berger.
converger.
déterger.
diverger.
émerger.
enverger.
goberger (se).
héberger.
immerger.
submerger.
verger.

affliger.
colliger.
corriger.
désobliger.
diriger.
ériger.
exiger.

défiger.
figer.
fumiger.
fustiger.
infliger.
mitiger.
négliger.
obliger.
piger.
recorriger.
rédiger.
transiger.
voltiger.

linger.
singer.

abroger.
arroger (s').
bauger (se).
déloger.
déroger.
horloger.
interroger.
jauger.
limoger.
loger.
patauger.
proroger.
subroger.

allonger.
élonger.
éponger.
longer.
mensonger.
plonger.
prolonger.
rallonger.
replonger.
ronger.
songer.

dégorger.
égorger.
engorger.
entr'égorger (s').
forger.
gorger.
reforger.
regorger.
rengorger (se).

bouger.

adjuger.
déjuger (se).
égruger.
gruger.
juger.
préjuger.

insurger (s').
purger.

gler.

dessangler.
étrangler.
sangler.

aveugler.
beugler.
désaveugler.
meugler.

dérégler.
régler.

bigler.

cingler.
épingler.
tringler.

jongler.

gner.

accompagner.
gagner.
regagner.

baigner.
châtaigner.
daigner.
dédaigner.
dépeigner.
engeigner.
enseigner.
imprégner.
peigner.
régner.
renseigner.
repeigner.
ressaigner.
saigner.

aligner.
assigner.
barguigner.
cligner.
consigner.
contresigner.
désigner.
égraffigner.
égratigner.
enligner.
esbigner (s').
forligner.
graffigner.
guigner.
harpigner.
indigner.
interligner.
provigner.
réassigner.
rechigner.
résigner.
signer.
souligner.
trépigner.

besogner.
cogner.
grogner.
ivrogner.
recogner.
refrogner (se).
rencogner.
renfrogner (se).
rogner.

éloigner.
empoigner.
soigner.
témoigner.

épargner.

éborgner.
lorgner.

impugner.
répugner.

grer.

intégrer.
réintégrer.
vinaigrer.

dénigrer.
émigrer.
immigrer.

hongrer.

guer.

baguer.
blaguer.
daguer.
draguer.
divaguer.
élaguer.
extravaguer.
raguer.
vaguer.
zigzaguer.

haranguer.
tanguer.

alarguer.
carguer.
larguer.
narguer.
targuer (se)

alléguer.
déléguer.
léguer.
préléguer.
reléguer.
subdéléguer.

désenverguer.
enverguer.

briguer.
fatiguer.
instiguer.
intriguer.
irriguer.
liguer.
naviguer.
prodiguer.

bastinguer.
distinguer.
élinguer.
fringuer.
ralinguer.
seringuer.
zinguer.

dialoguer.
droguer.
épiloguer.
homologuer.
voguer.

diphtonguer.

morguer.

conjuguer.
subjuguer.

divulguer.
promulguer.

ier (monosyllabe).

cahier.
copaïer.

aubier.
barbier.
bourbier.
caroubier.
colombier.
écubier.
gabier.
gibier.
herbier.
jambier.
jujubier.
plombier.
sorbier.

acier.
artificier.
audiencier.
balancier.
bénéficier.
besacier.
chevecier.
conférencier.
créancier.
crédencier.
Dacier, *n. p.*
devancier.
épicier.
faïencier.
fatracier.
financier.
foncier.
glacier.
grimacier.
justicier.
lancier.
mercier.
nourricier.
obédiencier.
officier.
outrancier.
pénitencier.
placier.
policier.
poncier.
populacier.
primicier.
princier.
pucier.
redevancier.
romancier.
sorcier.
sourcier.
sous-officier.
survivancier.
tenancier.

cartouchier.

pistachier.

amandier.
baguenaudier.
billardier.
bombardier.
boulevardier.
boyaudier.
brancardier.
brelandier.
brigadier.
buandier.
cocardier.
contrebandier.
cordier.
faisandier.
fardier.
grenadier.
hallebardier.
landier.
lavandier.
limonadier.
minaudier.
moutardier.
muscadier.
paludier.
pétardier.
prébendier.
radier.
renardier.
saladier.
taillandier.
verdier.
vivandier.

cafier (*ou* caféier).
planchéier.

escoffier.
estafier.
greffier.
Montgolfier.
trufier, *a*.
tufier, *a*.

albergier.

châtaignier.
guignier.

Régnier, *n. p.*

baguier.
droguier.
figuier.
languier.
manguier.
Séguier.
viguier.

allier.
animalier.
atelier.
azerolier.
bachelier.
bandoulier.
batelier.
boisselier.
boulier.
bourrelier.
bélier.
bricolier.
cannelier.
cavalier.
chamelier.
chancelier.
chandelier.
chapelier.
chevalier.
cellier.
cigalier.
collier.
cordelier.
coutelier.
croulier.
cymbalier.
échalier.
écolier.
épistolier.
escalier.
espalier.
étalier.
familier.
fourmilier.
fusilier.
geôlier.
gondolier.
hallier.
hospitalier.

hôtelier.
huilier [2].
immobilier.
inhospitalier.
irrégulier.
journalier.
millier.
madrigalier.
magnolier.
micocoulier.
mobilier.
Montpellier, *g*.
oiselier.
palier.
parolier.
particulier.
pilier.
poêlier [2].
prunellier.
râtelier.
régulier.
roulier.
sandalier.
séculier.
sellier.
singulier.
sommelier.
soulier.
sourcilier.
Tellier (Le), *n. p.*
timbalier.
toilier.
tôlier.
tonnelier.
tuilier [2].
vaissellier.
vermicellier.
violier.
voilier.

aiguillier.
boutillier.
coquillier.
écaillier.
groseillier.
joaillier.
mancenillier.
marguillier [3].

médaillier.
millier.
paillier.
quillier.
quincaillier.
sapotillier.
vanillier.

balsamier.
baumier.
cimier.
cormier.
costumier.
coutumier.
crémier.
damier.
fermier.
formier.
fumier.
gommier.
heaumier.
infirmier.
larmier.
légumier.
limier.
palmier.
paumier.
plumier.
pommier.
premier.
ramier.
sommier.

alênier.
amidonnier.
ânier.
aumônier.
avant-dernier.
avelinier.
baleinier.
ballonnier.
bananier.
bâtonnier.
boucanier.
bouchonnier.
boutonnier.
braconnier.
brelandinier.
buissonnier [3].
cancanier.
canonnier.
cantinier.
cantonnier.
carabinier.
caravanier.
cartonnier.
casanier.
centenier.
chansonnier.
charbonnier.
charnier.
chaudronnier.
chaufournier.
Chénier, *n. p.*
chicanier.
chiffonnier.
citronnier.
cordonnier.
cornier.
cotonnier.
crinier.
cuisinier [3].
denier.
dernier.
dindonnier.
dizenier.
douanier [3].
ébénier.
éperonnier.
étaminier.
façonnier.
farinier.
fauconnier.
faux-ébénier.
ferronnier.
fontainier.
fontenier.
fournier.
gagne-denier.
gainier.
galonnier.
garennier.
gonfalonnier.
grainier.
grenier.
hunier.
jardinier.
lainier.
lanternier.
latanier.
limonier.
linier.
magasinier.
magnanier.
mandarinier.
marinier.
maroquinier.
marronnier.
matinier.
meunier.
minier.
moulinier.
moutonnier.
nautonier.
palefrenier.
palonnier.
panier.
parcheminier.
pigeonnier.
pionnier.
poissonnier.
pontonnier.
porcelainier.
pot-de-vinier.
printanier.
prisonnier.
prunier.
quartinier *ou* quantenier.
rancunier.
routinier.
rubanier.
rudânier.
sablonnier.
salinier.
salonnier.
saunier.
saunier (faux).
savonnier.
semainier.
tavernier.
timonier.

tisonnier.
tontinier.
usinier.
vannier.
vernier.

chapier.
clapier.
coupe-papier.
croupier.
drapier.
étapier.
fripier.
guêpier.
gâte-papier.
gratte-papier.
papier.
polypier.
pompier.
pourpier.
presse-papier.
taupier.
tripier.
troupier.
tulipier.

banquier.
boutiquier.
créquier.
échiquier.
perruquier.
piquier.
reverquier.
sérasquier.

armurier.
avant-courrier.
aventurier.
beurrier.
camérier.
carrier.
cellérier.
ceinturier.
charrier.
cirier.
confiturier.
courrier.
couturier.
couverturier.
fourrier.
fox-terrier.
gabarier.
guerrier.
hauturier.
ivoirier.
laurier.
manufacturier.
mûrier.
ordurier.
pierrier [2].
poirier.
procédurier.
roturier.
serrurier.
teinturier.
terrier.
trésorier.
usurier.
verdurier.
verrier.
voiturier.

avocassier.
baissier.
boursier.
brossier.
caissier.
calebassier.
carnassier.
carrossier.
cassier.
censier.
cognassier.
coulissier.
coursier.
cuirassier.
dépensier.
dossier.
échassier.
écrivassier.
fatrassier.
fessier.
filassier.
finassier.
grossier.
haussier.
huissier [2].
massier.
matelassier.
mégissier.
messier.
mulassier.
paperassier.
pâtissier.
peaussier.
plumassier.
poussier.
pressier.
putassier.
quassier.
tapissier.
terrassier.
tracassier.
traversier.

arbousier.
ardoisier.
arquebusier.
balisier.
brasier.
braisier.
cambusier.
casier.
cerisier.
chemisier.
éclusier.
fraisier.
framboisier.
gésier.
gosier.
Grandgousier. *n. p.*
menuisier [3].
merisier.
obusier.
osier.
phrasier.
remisier.
rosier.
sottisier.
tamisier.

abricotier.
aérostier.
aiguilletier [4].

allumettier.
altier.
anecdotier.
arêtier.
argentier.
avocatier.
bahutier.
banqueroutier.
bâtier.
bénitier.
bergamotier.
bigarreautier.
bijoutier.
bimbelotier.
blatier.
boîtier.
bonnetier.
bottier.
bouquetier.
boursicotier.
briquetier.
buvetier.
cabaretier.
cabotier.
cacaotier.
cachotier.
cactier.
cafetier.
canotier.
carottier.
cartier.
chaînetier.
chantier.
charcutier.
charpentier.
charretier.
chaussetier.
chipotier.
chocolatier.
cloutier.
cocotier.
coffretier.
cohéritier.
compotier.
contrehâtier.
coquetier.
corsetier.
côtier.
courtier.
croûtier.
culottier.
dattier.
demi-setier.
dentier.
devantier.
doigtier.
dominotier.
droitier.
échotier.
églantier.
égoutier.
émeutier.
entier.
étier.
faîtier.
ferblantier.
flibustier.
forestier.
franc-quartier.
fruitier [2].
gantier.
gargotier.
gâte-métier.
gazetier.
gravatier.
giletier.
grènetier.
griotier.
guichetier.
guttier.
haquetier.
hâtier.
héritier.
indigotier.
laitier.
layetier.
lotier.
louvetier.
lunetier.
luthier.
malletier.
maltôtier.
métier.
minotier.
miroitier.
mortier.
moutier.
muletier.
nattier.
noisetier.
panetier.
papetier.
Parmentier, *n. p.*
passementier.
pelletier.
portier.
postier.
potier.
prime-sautier.
psautier.
puisatier.
quartier.
ratier.
regrattier.
rentier.
routier.
sabotier.
sagoutier.
sapotier.
savetier.
sentier.
setier.
tabletier.
tripotier.
usufruitier [4].
vergetier.

bouvier.
clavier.
cuvier.
davier.
épervier.
évier.
gravier.
janvier.
levier.
loup-cervier.
olivier.
palétuvier.
pluvier.
ravier.
terre-neuvier.
vivier.

alizier.
bronzier.
gazier.

i-er (dissyllabe).

chasublier.
fablier.
oublier.
publier.
sablier.
tablier.

chambrier.
marbrier.

apprécier.
associer.
asphyxier.
bénéficier.
circonstancier.
déprécier.
différencier.
disgracier.
dissocier.
gracier.
initier.
justicier.
licencier.
négocier.
officier.
préjudicier.
quintessencier.
razzier.
remercier.
scier.
soucier (se).
supplicier.
vicier.

bouclier.

crier.
décrier.
encrier.
écrier (s').
récrier (se).

sucrier.

amodier.
congédier.
dédier.
étudier.
expédier.
incendier.
irradier.
mendier.
parodier.
psalmodier.
radier.
réexpédier.
remédier.
répudier.
stipendier.

baudrier.
calendrier.
cendrier.
coudrier.
madrier.
poudrier.
scaphandrier.

acidifier.
amplifier.
aurifier.
barbifier.
béatifier.
bêtifier.
bonifier.
certifier.
clarifier.
classifier.
cocufier.
codifier.
confier.
crucifier.
défier.
défier (se).
déifier.
disqualifier.
diversifier.
dulcifier.
édifier.

falsifier.
fier (se).
fortifier.
fructifier.
gazéifier.
glorifier.
gratifier.
identifier.
justifier.
lénifier.
liquéfier.
lubréfier.
madéfier.
magnifier.
méfier (se).
modifier.
mollifier.
momifier.
mortifier.
mystifier.
nitrifier.
notifier.
ossifier.
pacifier.
panifier.
personnifier.
pétrifier.
purifier.
putréfier.
qualifier.
ramifier (se).
raréfier.
ratifier.
rectifier.
réédifier.
revivifier.
rubéfier.
sacrifier.
sanctifier.
saponifier.
scarifier.
signifier.
simplifier.
solfier.
solidifier.
spécifier.
statifier.
stupéfier.

télégraphier.
terrifier.
tonifier.
torréfier.
tuméfier.
unifier.
vérifier.
versifier.
vitrifier.
vivifier.

giroflier.
muflier.
néflier.

camphrier.

gaufrier.

effigier.
privilégier.
réfugier (se).

épinglier.
manglier.
sanglier.

négrier.
vinaigrier.

affilier.
allier.
concilier.
délier.
domicilier (se).
enlier.
exfolier (s').
humilier.
interfolier.
joaillier.
lier.
marguillier.
mésallier (se).
pallier.
quincaillier.
rallier.
réconcilier.
relier.
résilier.
spolier.

anémier.
émier.

calomnier.
communier.
dénier.
excommunier.
harmonier (s').
ingénier (s').
manier.
nier.
remanier.
renier.

copier.
épier.
estropier.
expier.
recopier.

atrophier.
autographier.
calligraphier.
lithographier.
orthographier.
phonographier.
photographier.
radiographier.
sténographier.
télégraphier.

déplier.
multiplier.
peuplier.
plier.
remplier.
replier.
supplier.
templier.

approprier.
câprier.
déprier.
désapproprier (se).
exproprier.
prier.
pourprier.
rapproprier.

apparier.
armorier.
avarier (s').
carier.
charrier.
colorier.
contrarier.
démarier.
déparier.
désapparier.
excorier.
gabarier.
historier.
injurier.
inventorier.
marier.
parier.
pilorier.
rapparier.
remarier.
salarier.
sérier.
varier.

anesthésier.
apostasier.
extasier (s').
rassasier.

amnistier.

châtier.

balbutier.

initier.

arbalétrier.
chartrier.
cloîtrier.
destrier.
étrier.
expatrier.
huîtrier.
ménétrier.
meurtrier.
plâtrier.
rapatrier.

salpêtrier.
semestrier.
trier.
vitrier.

convier.
dévier.
envier.
obvier.
renvier.

chanvrier.
chevrier.
février.
genévrier.
levrier.
manœuvrier.
manouvrier.
ouvrier.
poivrier.

ler.

affaler (s').
aller, *v. et s.*
avaler.
baller.
brimbaler.
cabaler.
caler.
cavaller (se).
daller.
déballer.
décaler.
dédaler.
déhâler.
désemballer.
dessaler.
détaler.
dévaler.
écaler.
égaler.
emballer.
empaler.
escaler.
étaler.
exhaler.
haler.
hâler.
inhaler.
installer.
intercaler.
pédaler.
râler.
ravaler.
recaler.
régaler.
réinstaller.
remballer.
ressaler.
saler.
signaler.
taler.
taller.
trimbaler.

branler.
ébranler.

déparler.
franc-parler.
parler, *s. et v.*
pourparler.
reparler.

agneler.
amonceler.
anneler.
appeler.
atteler.
bateler.
bosseler.
botteler.
bourreler.
bretteler.
cadeler.
canneler.
capeler.
carreler.
celer.
chanceler.
chapeler.
ciseler.
congeler.
cordeler.
craqueler.
créneler.
cuveler.
débosseler.
décarreler.
déceler.
décheveler.
déficeler.
dégeler.
dégraveler.
démanteler.
démuseler.
déniveler.
denteler.
dépuceler.
désensorceler.
dételer.
écarteler.
écheveler.
emmuseler.
encasteler (s').
engrumeler.
enjaveler.
ensorceler.
entr'appeler (s').
épanneler.
épeler.
étinceler.
ficeler.
gabeler.
geler.
griveler.
grommeler.
grumeler (se).
gueuler.
harceler.
javeler.
jumeler.
marteler.
modeler.
morceler.
museler.
nickeler.
niveler.
oiseler.
panteler.
peler.

pommeler (se).
rappeler.
râteler.
réatteler.
renouveler.
ressemeler.
ruisseler (3).
sauteler.
taveler.
tonneler.

bêler.
consteller.
coupeller.
dégueuler.
démêler.
desceller.
desseller.
égueuler.
emmêler.
emmieller [3].
enfieller.
engueuler.
entremêler.
entre-quereller (s').
exceller.
fêler.
flageller.
grêler.
gueuler.
héler.
interpeller.
libeller.
mêler.
nieller.
parceller.
quereller.
rebeller (se).
recéler.
remêler.
révéler.
sceller.
seller.
vêler.
vieller [3].

déferler.
emperler.
perler.

affiler.
annihiler.
assimiler.
compiler.
défiler.
dépiler (se).
désopiler.
distiller.
effiler.
empiler.
enfiler.
épiler.
exiler.
faufiler.
filer.
instiller.
jubiler.
horripiler.
mutiler.
obnubiler.
osciller.
parfiler.
piler.
profiler.
renfiler.
rutiler.
scintiller.
styler.
titiller.
tréfiler.
vaciller.
ventiler.

accoler.
affoler.
affrioler.
assoler.
barioler.
batifoler.
bricoler.
cabrioler.
cajoler.
cambrioler.
caracoler.
caramboler.
chauler.
coller.
consoler.
contrôler.
convoler.
décoller.
dégringoler.
désoler.
dessoler.
déviroler.
doler.
encoller.
enjôler.
enrôler.
entôler.
envoler (s').
épauler.
équipoler.
étioler (s').
fignoler.
flageoler.
frôler.
gauler.
gnoler.
gondoler.
grisoller.
immoler.
interpoler.
isoler.
miauler [3].
pétroler.
piauler [3].
racoler.
rafistoler.
raffoler.
récoler.
recoller.
revoler.
rigoler.
rissoler.
rôler.
rossignoler.
somnoler.
trôler.
viroler.
vitrioler.
violer [2 *ou* 3].
voler.

dévoiler.
entoiler.
étoiler (s').
rentoiler.
voiler.

abouler.
blackbouler.
bouler.
couler.
crouler.
débagouler.
débouler.
découler.
démouler.
dérouler.
dessoûler.
ébouler (s').
écouler.
écrouler (s').
engouler.
enrouler.
fouler.
mouler.
refouler.
roucouler.
rouler.
sabouler.
surmouler.
soûler.
vermouler (se).

camoufler.

ourler.

acculer.
accumuler.
aciduler.
aduler.
annuler.
articuler.
basculer.
bousculer.
brûler.
calculer.
canuler.
capituler.
circuler.
coaguler.
confabuler.
congratuler.
crapuler.
cumuler.
déambuler.
démantibuler.
désarticuler.
dissimuler.
éculer.
éjaculer.
émasculer.
encelluler.
formuler.
gesticuler.
granuler.
immatriculer.
infibuler.
inoculer.
intituler.
juguler.
maculer.
manipuler.
moduler.
onduler.
postuler.
pulluler.
récapituler.
reculer.
simuler.
spéculer.
stimuler.
stipuler.
tintinnabuler.
ululer.

huiler [2].
tuiler.

hurler.

puddler.

ller *mouillé*

avitailler.
bailler (donner).
bâiller.
batailler.
brailler.
brétailler.
cailler.
carcailler.
chamailler.
cisailler.
courailler.
courcailler.
crailler.
criailler.
débrailler (se).
démailler.
dépailler.
dérailler.
détailler.
disputailler.
écailler, *v.*
écailler, *s.*
écrivailler.
émailler.
empailler.
encanailler.
enfutailler.
entailler.
entre-bâiller.
érailler.
ferrailler.
fouailler [2].
godailler.
gouailler.
grailler.
grenailler.
grisailler.
gueusailler.
harpailler (se).
hourailler.
intrigailler.
mailler.
mitrailler.
murailler.
pailler.
piailler [3].
poulailler.
railler.
ravitailler.

remmailler.
rempailler.
répétailler.
retailler.
rimailler.
routailler.
sonnailler.
tailler.
tenailler.
tirailler.
tournailler.
toussailler.
trainailler.
travailler.
tripotailler.

défeuiller.
effeuiller.
endeuiller.
enfeuiller (s').
feuiller.

appareiller.
bouteiller.
conseiller, *v. et s.*
déconseiller.
dépareiller.
désappareiller.
embouteiller.
émerveiller.
ensoleiller.
éveiller.
oreiller.
rappareiller.
réveiller.
sommeiller.
surveiller.
teiller.
veiller.

accastiller.
aiguiller.
apostiller.
babiller.
béquiller.
biller.
boursiller.
bousiller.
brandiller.
brasiller.
brésiller.
briller.
cheviller.
ciller.
cocheniller.
coquiller.
croustiller.
décaniller.
déciller.
dégobiller.
dégueniller (se).
déshabiller.
dessiller.
détortiller.
écarquiller.
écheniller.
égosiller.
embariller.
embastiller.
émoustiller.
entortiller.
éparpiller.
épontiller.
essoriller.
estampiller.
étoupiller.
étriller.
fondiller.
fourmiller.
frétiller.
fusiller.
gambiller.
gaspiller.
godiller.
grapiller.
grésiller.
griller.
habiller.
houspiller.
maquiller.
mordiller.
nasiller.
outiller.
pendiller.
pétiller.
piller.
pointiller.
quadriller.
quiller.
recoquiller.
recroqueviller (se).
rhabiller.
roupiller.
sautiller.
scintiller.
sémiller.
siller.
smiller.
sourciller.
tiller.
tortiller.
torpiller.
toupiller.
tourniller.
triller.
vaciller.
vermiller.
vétiller.
vriller.

affouiller.
agenouiller (s').
andouiller.
bafouiller.
barbouiller.
bredouiller.
bouiller.
brouiller.
charbouiller.
chatouiller.
cornouiller.
débarbouiller.
débrouiller.
dégrouiller (se).
dépouiller.
dérouiller.
déverrouiller.
écrabouiller.
embarbouiller.
embrouiller.
enrouiller.
épouiller.
escarbouiller.
farfouiller.

fouiller.
gargouiller.
gazouiller.
grenouiller.
gribouiller.
grouiller.
houiller.
mouiller.
ouiller.
patrouiller.
pouiller (se).
refouiller.
rouiller.
souiller.
touiller.
trifouiller.
tripatouiller.
vadrouiller.
ventrouiller (se).
verrouiller.

mer.

acclamer.
affamer.
amalgamer.
blâmer.
bramer.
clamer.
damer.
déclamer.
dédamer.
diffamer.
enflammer.
entamer.
étamer.
exclamer (s').
pâmer.
proclamer.
ramer.
réclamer.
rétamer.
tramer.

calmer.
palmer.
spalmer.

alarmer.
armer.
charmer.
désarmer.
gendarmer (se).

enthousiasmer.

parsemer.
ressemer.
semer.
sursemer.

aimer.
blasphémer.
crémer.
écrémer.
entr'aimer (s').
essaimer.

affermer.
enfermer.
fermer.
germer.
refermer.
renfermer.

abîmer.
animer.
arrimer.
brimer.
comprimer.
décimer.
déprimer.
désarrimer.
désenvenimer.
dîmer.
élimer (s').
envenimer.
escrimer.
estimer.
exprimer.
grimer.
imprimer.
intimer.
légitimer.
limer.
mésestimer.
mimer.
opprimer.
périmer.
primer.
ranimer.
rédimer (se).
réimprimer.
réprimer.
rimer.
sublimer.
supprimer.
trimer.
victimer.
vidimer.

affirmer.
confirmer.
infirmer.

assommer.
chaumer.
chômer.
consommer.
déchaumer.
dégommer.
dénommer.
embaumer.
empaumer.
gommer.
nommer.
paumer.
pommer.
renommer.
sommer.
surnommer.

chloroformer.
conformer.
déformer.
former.
informer.
reformer.
réformer.
transformer.

gourmer.

accoutumer.
allumer.

bitumer.
consumer.
costumer.
déplumer.
désaccoutumer.
désenrhumer.
écumer.
embrumer.
emplumer.
enfumer.
enrhumer.
exhumer.
fumer.
humer.
inhumer.
parfumer.
plumer.
présumer.
raccoutumer (se).
rallumer.
remplumer.
résumer.
transhumer.

ner.

ahaner.
banner.
basaner.
boucaner.
cancaner.
caner.
canner.
charlataner.
chicaner.
condamner.
crâner.
damner.
dédouaner.
effaner.
émaner.
empanner.
enrubanner.
faner.
filigraner.
glaner.
paner.
pavaner (se).
planer.
profaner.
ricaner.
safraner.
tanner.
trépaner.
vanner.

acharner.
décharner.
écharner.
incarner (s').
marner.

amener.
contemner.
déjeuner, *v. et s.*
démener (se).
désengrener.
égrener.
emmener.
enchifrener.
engrener.
gangrener (se).
grener.
halener.
jeûner.
malmener.
mener.
promener.
ramener.
remener.
remmener.
rengrener.
surmener.
vener.

aliéner.
asséner.
caréner.
chaîner.
chanfreiner.
chienner.
créner.
déchaîner.
dégainer.
désenchaîner.
désoxygéner.
drainer.
ébéner.
empenner.
enchaîner.
engainer.
entraîner.
étrenner.
gêner.
lainer.
morigéner.
moyenner.
peiner.
oxygéner.
rasséréner.
réfréner.
rengainer.
traîner.
veiner.

alterner.
baliverner.
berner.
caserner.
cerner.
concerner.
consterner.
décerner.
discerner.
externer.
gouverner.
hiberner.
hiverner.
interner.
lanterner.
prosterner (se).

abominer.
acheminer.
acoquiner.
affiner.
agglutiner.
aleviner.
amariner.
assassiner.
aviner.
avoisiner.
babouiner.
badiner.
baragouiner [4].

bassiner.
biner.
bobiner.
boudiner.
bouliner.
bouquiner.
bruiner [3].
buriner.
butiner.
cabotiner.
calciner.
câliner.
carabiner.
chagriner.
cheminer.
chiner.
chopiner.
clopiner.
combiner.
confiner.
conglutiner.
contaminer.
contre-miner.
cousiner.
coussiner.
cuisiner.
culminer.
damasquiner.
dandiner (se).
débiner.
débiner (se).
décliner.
dégouliner.
déraciner.
dessiner.
destiner.
déterminer.
deviner.
dîner, *v. et s.*
discipliner.
disséminer.
dodeliner.
dodiner (se).
dominer.
ébousiner.
échiner.
efféminer.
éliminer.
embabouiner [4].
embéguiner.
embobeliner.
embobiner.
emmagasiner.
endoctriner.
enfariner.
enluminer.
enraciner.
entériner.
examiner.
exterminer.
fasciner.
festiner.
fouiner.
fuchsiner.
fulminer.
gaminer.
gratiner.
grimeliner.
guillotiner.
halluciner.
houssiner.
illuminer.
imaginer.
incliner.
incriminer.
jardiner.
lambiner.
laminer.
lésiner.
libertiner.
limousiner.
lutiner.
machiner.
magasiner.
mannequiner.
marginer.
mariner.
maroquiner.
mâtiner.
médeciner.
miner.
mouliner.
mutiner (se).
obstiner (s').
opiner.
organsiner.
pateliner.
patiner.
patrociner.
piétiner [3].
poitriner.
potiner.
pouliner.
praliner.
prédestiner.
prédéterminer.
prédominer.
préopiner.
raciner.
raffiner.
rapiner.
ratatiner (se).
ratiner.
ratiociner.
raviner.
récriminer.
rondiner.
ruginer.
ruiner [3].
ruminer.
satiner.
suriner.
tambouriner.
taquiner.
tartiner.
terminer.
trottiner.
turbiner.
uriner.
vacciner.
vaticiner.
viner.
voisiner.

abandonner.
abonner.
actionner.
additionner.
adonner (s').
affectionner.
aiguillonner.
amidonner.
ânonner.
auner.

approvisionner.
arraisonner.
assaisonner.
badigeonner.
bâillonner.
ballonner.
barytonner.
bâtonner.
bétonner.
billonner.
bichonner.
blasonner.
bondonner.
bouchonner.
bouffonner.
bougonner.
bouillonner.
boulonner.
bourdonner.
bourgeonner.
boutonner.
braconner.
brandonner.
brouillonner.
camionner.
canonner.
cantonner.
caparaçonner.
capitonner.
caponner.
carillonner.
cartonner.
cautionner.
chansonner.
chaperonner.
chaponner.
charbonner.
chiffonner.
cloisonner.
cochonner.
collationner.
collectionner.
commissionner.
conditionner.
confectionner.
congestionner.
coordonner.
cordonner.
cotillonner.
cotonner.
couronner.
cramponner (se).
crayonner.
débondonner.
déboulonner.
déboutonner.
déchaperonner.
découronner.
dépelotonner.
déraisonner.
désaffectionner.
désabonner.
désarçonner.
désordonner.
dessaisonner.
désullisionner.
détoner.
détonner.
détrôner.
dindonner.
dissonner.
donner.
drageonner.
ébourgeonner.
échantillonner.
échardonner.
échelonner.
écouvillonner.
écussonner.
égravillonner.
embâtonner.
empoisonner.
empoissonner.
emprisonner.
émulsionner.
encapuchonner.
enchaperonner.
enguignonner.
enjuponner.
entonner.
entre-donner (s').
environner.
éperonner.
époumonner.
escadronner.
espadonner.
espionner.
estramaçonner.
étalonner.
étançonner.
étonner.
étrésillonner.
étronçonner.
façonner.
fanfaronner.
festonner.
fleuronner.
foisonner.
folichonner.
fonctionner.
fourgonner.
fractionner.
fredonner.
frictionner.
friponner.
frissonner.
fusionner.
gabionner.
galonner.
garçonner.
gasconner.
gazonner.
godronner.
goudronner.
graillonner.
griffonner.
grisonner.
grognonner.
guerdonner.
gueuletonner.
harponner.
hérissonner.
houblonner.
illusionner.
impressionner.
jalonner.
jargonner.
lardonner.
liaisonner.
lotionner.
lantiponner.
mâchonner.
maçonner.
maquignonner.

marmonner.
marronner.
maroquiner.
mentionner.
mitonner.
mixtionner.
moissonner.
moutonner.
nasillonner.
occasionner.
ordonner.
papillonner.
parangonner.
pardonner.
passionner.
patronner.
pelotonner.
pensionner.
perfectionner.
perquisitionner.
pétitionner.
pilonner.
pionner.
plafonner.
plastronner.
poinçonner.
polissonner.
pomponner.
pouponner.
précautionner.
prôner.
proportionner.
quarderonner.
questionner.
raisonner.
ramonner.
rançonner.
rationner.
rayonner.
redonner.
regazonner.
réordonner.
résonner.
réveillonner.
révolutionner.
rognonner.
ronchonner.
ronronner.

sablonner.
sanctionner.
sauner.
savonner.
sectionner.
sélectionner.
sermonner.
sillonner.
sonner.
soumissionner.
soupçonner.
stationner.
subordonner.
subventionner.
talonner.
tamponner.
tatillonner.
tatonner.
téléphoner.
testonner.
tisonner.
tonner.
torchonner.
tourbillonner.
trognonner.
tronçonner.
trôner.
vagabonner.
vallonner.
vermillonner.

aborner.
adorner.
borner.
corner.
décorner.
écorner.
encorner.
flagorner.
orner.
suborner.

ajourner.
atourner.
bistourner.
chantourner.
contourner.
défourner.
détourner.
enfourner.
réajourner.
retourner.
séjourner.
tourner.

aluner.
faluner.
importuner.
pétuner.

ou-er.

houer.
interviewer, *s.*

embouer.

ébrouer (s').
rabrouer.

accouer.
coucouer.
écouer.
rocouer.
secouer.

déchouer.
déséchouer.
échouer.

clouer.
déclouer.
désenclouer.
enclouer.
reclouer.

écrouer.

amadouer.
douer.

bafouer.

flouer.

renflouer.

frouer.

engouer.

déjouer.
jouer.
rejouer.

allouer.
louer.
relouer.
sous-louer.

dénouer.
nouer.
renouer.

désenrouer.
enrouer.
rouer.

tatouer.
touer.

trouer.

avouer.
désavouer.
dévouer.
interviewer, *v.*
vouer.

per.

attraper.
clapper.
décaper.
dérâper.
draper.
échapper.
écharper.
égrapper.
entre-frapper (s').
étraper.
frapper.
gouaper.
handicaper.
happer.
japper.
laper.
râper.
rattraper.
réchapper.
refrapper.
retaper.
saper.
taper.

palper.
scalper.

camper.
décamper.
détremper.
escamper.
estamper.
étamper.
lamper.
ramper.
retremper.
tremper.

écharper.
escarper.
harper.

jasper.

crêper.
receper.
stepper.

agripper.
anticiper.
chiper.
constiper.
défriper.
dissiper.
émanciper.
équiper.
étriper.
exciper.
friper.
gripper.
nipper.
participer.
piper.
riper.
stéréotyper.

grimper.
guimper.
regrimper.

extirper.

crisper.

achopper.
chopper.
développer.
échopper.
écloper.
écoper.
envelopper.
galoper.
radioscoper.
stopper.
syncoper.
télescoper.
toper.

détromper.
estomper.
pomper.
tromper.

attrouper.
couper.
découper.
entrecouper.
étouper.
grouper.
houper.
houpper.
louper.
recouper.
regrouper.
souper, *s. et v.*
surcouper.

duper.
occuper.
préoccuper.
réoccuper.

disculper.
inculper.

usurper.

pher.

parapher.

apostropher.
philosopher.

triompher.

paranympher.
(*voir* fer.)

pler.

contempler.

dépeupler.
peupler.
repeupler.

tripler.

accoupler.
coupler.
découpler.
désaccoupler.

centupler.
décupler.
quadrupler.
quintupler.
septupler.
sextupler.

prer.

diaprer.

épamprer.
empourprer.

quer.

attaquer.
baraquer.
bivaquer *ou* bivouaquer [3].
braquer.
caquer.
claquer.
craquer.
détraquer.
flaquer.
encaquer.
estomaquer.
laquer.
plaquer.
saquer.
taquer.
traquer.
vaquer.

calquer.
décalquer.
défalquer.

débanquer.
efflanquer.
flanquer.
manquer.

arquer.
débarquer.
démarquer.
déparquer.
désembarquer.
embarquer.
marquer.
parquer.
remarquer.
rembarquer.

casquer.
démasquer.
masquer.

abéquer *ou* abecquer.

déféquer.
disséquer.
hypothéquer.
rebéquer (se).
réséquer.

abdiquer.
alambiquer.
appliquer.
astiquer.
authentiquer.
chiquer.
communiquer.
compliquer.
critiquer.
décortiquer.
démastiquer.
dépiquer.
diagnostiquer.
domestiquer.
encaustiquer.
étriquer.
expliquer.
fabriquer.
forniquer.
impliquer.
indiquer.
intoxiquer.
mastiquer.
métaphysiquer.
musiquer.
obliquer.
piquer.
polémiquer.
politiquer.
pratiquer.
prévariquer.
pronostiquer.
rappliquer.
repiquer.
répliquer.
revendiquer.
rustiquer.
sophistiquer.
syndiquer.
tiquer.
trafiquer.

requinquer (se).
trinquer.

bisquer.
confisquer.
risquer.

bloquer.
choquer.
colloquer.
convoquer.
croquer.
débloquer.
défroquer.
disloquer.
effiloquer.
emberlucoquer (s').
enfroquer.
entre-choquer (s').
équivoquer.
escroquer.
évoquer.
interloquer.
invoquer.
moquer (se).
ploquer.
provoquer.
retoquer.
révoquer.
roquer.
stoquer.
suffoquer.
toquer.
troquer.

tronquer.

polker.

détorquer.
extorquer.
remorquer.
rétorquer.

bouquer.
débouquer.
embouquer.
souquer.

éduquer.
reluquer.
stuquer.
truquer.

conculquer.
inculquer.

bifurquer.

brusquer.
busquer.
débusquer.
embusquer.
musquer.
offusquer.

rer.

arrher.
accaparer.
amarrer.
barrer.
bigarrer.
carrer (se).
chamarrer.
comparer.
contrecarrer.
débarrer.
déclarer.
démarrer.
déparer.
désemparer.
effarer.
égarer.
emparer (s').
fanfarer.
garer.
narrer.
parer.
préparer.
rembarrer.
remparer (se).
réparer.
séparer.
tarer.
tintamarrer.

affleurer.
beurrer.
demeurer.
désheurer.
écœurer.
effleurer.
fleurer.
leurrer.
pleurer.

accélérer.
acérer.
aciérer.
adhérer.
adultérer.
aérer.
agglomérer.
airer.
altérer.
arriérer.
atterrer.
avérer.
commérer.
confédérer.
conférer.
conglomérer.
considérer.
coopérer.
déblatérer.
décolérer.
déconsidérer.
déférer.
déferrer.
dégénérer.
délibérer.
désaciérer.
désaltérer.
désespérer.
desserrer.
déterrer.
différer.
digérer.
dilacérer.
éclairer.
empierrer.
enferrer.
enserrer.
enterrer.
énumérer.

épierrer.
errer.
espérer.
exagérer,
exaspérer.
exonérer.
exubérer.
exulcérer.
fédérer.
ferrer.
flairer.
gérer.
incamérer.
incarcérer.
incinérer.
indifférer.
inférer.
ingérer (s').
insérer.
invétérer (s').
jachérer.
lacérer.
légiférer.
libérer.
macérer.
maniérer.
modérer.
obérer.
oblitérer.
obtempérer.
opérer.
persévérer.
pondérer.
préférer.
proférer.
prospérer.
récupérer.
référer.
referrer.
réfrigérer.
régénérer.
réitérer.
rémunérer.
repérer.
resserrer.
réverbérer.
révérer.
serrer.

suggérer.
tempérer.
terrer (se).
tolérer.
transférer.
ulcérer.
vénérer.
vitupérer.
vociférer.

admirer.
aspirer.
attirer.
chavirer.
cirer.
conspirer.
déchirer.
décirer.
délirer.
désirer.
détirer.
dévirer.
empirer.
entre-déchirer (s').
étirer.
expirer.
inspirer.
mirer.
respirer.
retirer.
revirer.
soupirer.
soutirer.
tirer.
tournevirer.
transpirer.
virer.

abhorrer.
accorer.
adorer.
améliorer.
arborer.
collaborer.
colorer.
commémorer.
corroborer.
décolorer.

décorer.
dédorer.
déflorer.
déplorer.
déshonorer.
désincorporer.
détériorer.
dévorer.
dorer.
édulcorer.
élaborer.
entre-dévorer (s').
essorer.
évaporer.
expectorer.
explorer.
forer.
honorer.
ignorer.
implorer.
incorporer.
instaurer.
majorer.
odorer.
perforer.
pérorer.
picorer.
redorer.
réincorporer.
remémorer.
restaurer.
saurer.
subodorer.
surdorer.

foirer.
moirer.

ajourer.
bourrer.
débourrer.
défourrer.
embourrer.
énamourer (s').
entourer.
fourrer.
gourer.
labourer.

lourer.
rembourrer.
savourer.

abjurer.
adjurer.
amurer.
apurer.
assurer.
augurer.
aventurer.
azurer.
bouturer.
capturer.
caricaturer.
ceinturer.
censurer.
claquemurer.
clôturer.
configurer.
conjecturer.
conjurer.
contremurer.
courbaturer.
curer.
défigurer.
démurer.
dénaturer.
dépurer.
durer.
écurer.
embordurer.
emmurer.
endurer.
épurer.
facturer.
figurer.
fracturer.
inaugurer.
indurer (s').
jurer.
mâchurer.
manufacturer.
mesurer.
murer.
murmurer.
obturer.
parjurer (se).
pâturer.
peinturer.
peinturlurer.
pressurer.
procurer.
rassurer.
raturer.
récurer.
saturer.
suppurer.
sursaturer.
susurrer.
suturer.
tonsurer.
torturer.
transfigurer.
triturer.
voiturer.

ser *dur.*

amasser.
avocasser.
brasser.
brouillasser.
brumasser.
cadenasser.
casser.
chasser.
classer.
coasser [3].
compasser.
concasser.
crasser.
crevasser.
croasser [3].
cuirasser.
damasser.
débarrasser.
décarcasser (se).
décrasser.
déchasser.
déclasser.
délasser.
dépasser.
échalasser.
embarrasser.
embrasser.
enchâsser.
encrasser.
encuirasser (s').
entasser.
estrapasser.
finasser.
fracasser.
fricasser.
harasser.
jacasser.
laisser-passer.
lasser.
masser.
matelasser.
outre-passer.
paperasser.
passer.
potasser.
pourchasser.
prélasser (se).
putasser.
ramasser.
rapetasser.
recasser.
rechasser.
reclasser.
repasser.
ressasser.
rêvasser.
rimasser.
sasser.
surpasser.
tasser.
terrasser.
tirasser.
tracasser.
traînasser.
trépasser.

voir oisser.

valser.

ramser.

compenser.
condenser.
danser.
dépenser.
dispenser.

encenser.
ganser.
offenser.
panser.
penser, *v. et s.*
recenser.
récompenser.
repenser.

abaisser.
adresser.
affaisser.
baisser.
blesser.
caresser.
cesser.
confesser.
décaisser.
dégraisser.
délaisser.
désintéresser.
détresser.
dresser.
empresser (s').
encaisser.
engraisser.
fesser.
graisser.
intéresser.
laisser.
oppresser.
paresser.
presser.
professer.
progresser.
rabaisser.
rebaisser.
redresser.
rencaisser.
rengraisser.
transgresser.
tresser.
vesser.

bouleverser.
controverser.
converser.
déverser.
disperser.
herser.
malverser.
renverser.
reverser.
tergiverser.
traverser.
verser.

apetisser.
bisser.
clisser.
compisser.
coulisser.
crisser.
délisser.
dépalisser.
déplisser.
détisser.
dévisser.
éclisser.
écuisser.
épisser.
esquisser.
glisser.
hérisser.
hisser.
lambrisser.
lisser.
mégisser.
palisser.
pâtisser.
pisser.
plisser.
rapetisser.
ratisser.
tapisser.
tisser.
treillisser.
trisser.
vernisser.
visser.

éclipser.

adosser.
bosser.
brosser.
cabosser.
chausser.
cosser.
crosser.
déchausser.
défausser (se).
désosser.
écosser.
embosser.
enchausser.
endosser.
engrosser.
exhausser.
fausser.
gausser (se).
hausser.
rechausser.
rehausser.
rosser.
surhausser.

angoisser.
empoisser.
froisser.
poisser.

voir asser.

corser.

détrousser.
éclabousser.
émousser.
glousser.
housser.
mousser.
pousser.
rebrousser.
repousser.
retrousser.
tousser.
trémousser (se).
trousser.

débourser.
embourser.
rembourser.

laïusser.
musser.

compulser.
expulser.
(*voir* cer *et* xer.)

ser *doux.*

araser.
baser.
blaser.
braser.
caser.
ébraser.
écraser.
embraser.
envaser (s').
évaser.
extravaser.
jaser.
paraphraser.
périphraser.
phraser.
raser.
transvaser.

creuser.
désempeser.
empeser.
gracieuser.
gueuser.
peser.
soupeser.

aléser.
apaiser.
baiser, *v. et s.*
biaiser [2 *ou* 3].
bléser.
braiser.

déniaiser [4].
diéser.
emmortaiser.
entre-baiser (s').
forpayser.
fraiser.
glaiser.
léser.
mortaiser.
niaiser [3].

achromatiser.
actualiser.
adoniser.
agoniser.
alcaliser.
alcooliser.
allégoriser.
amenuiser.
analyser.
anathématiser.
anatomiser.
animaliser.
aniser.
aristocratiser.
aromatiser.
attiser.
autoriser.
aviser.
baliser.
baptiser.
bémoliser.
biser.
botaniser.
briser.
brutaliser.
canaliser.
canoniser.
capitaliser.
caractériser.
caraméliser.
carboniser.
catéchiser.
catholiciser.
cautériser.
centraliser.
champaniser.
chloroformiser.
christianiser.
cicatriser.
civiliser.
claveliser.
coaliser (se).
coloniser.
cotiser (se).
courtiser.
crétiniser.
criminaliser.
cristalliser.
débaptiser.
décatholiciser.
décentraliser.
déchristianiser.
défriser.
dégriser.
déguiser.
démocratiser.
démonétiser.
démoraliser.
dénaturaliser.
dépayser [4].
dépopulariser.
dépriser.
désolidariser.
désorganiser.
dévaliser.
deviser.
diviniser.
diviser.
dogmatiser.
dramatiser.
économiser.
égaliser.
égoïser.
égriser.
électriser.
émétiser.
emmarquiser.
enliser.
éterniser.
éthériser.
évangéliser.
exciser.
exorciser.
expertiser.
familiariser.
fanatiser.
favoriser.
fédéraliser.
féminiser, *gram.*
fertiliser.
fleurdeliser.
formaliser (se).
franciser.
fraterniser.

friser.
galantiser.
galvaniser.
gargariser.
généraliser.
germaniser.
gréciser.
griser.
harmoniser.
hébraïser.
herboriser.
hospitaliser.
humaniser.
hypnotiser.
idéaliser.
immobiliser.
immortaliser.
impatroniser (s').
improviser.
inciser.
indemniser.
insensibiliser.
introniser.
iriser.
italianiser.
judaïser [4].
laïciser.
latiniser.
légaliser.
localiser.
macadamiser.
magnétiser.
maîtriser.
martyriser.
matérialiser.
mécaniser.
médiatiser.
menuiser.
mépriser.
métalliser.
militariser.
minéraliser.
miser.
mobiliser.
moderniser.
monopoliser.
monseigneuriser.
moraliser.
nasaliser.
nationaliser.
naturaliser.
neutraliser.
noliser.
opaliser.
organiser.
orientaliser.
pactiser.
paganiser.
paralyser.
particulariser.
pasteuriser.
pédantiser.
phlébotomiser.
pindariser.
platoniser.
poétiser.
polariser.
populariser.
porphyriser.
préciser.
préconiser.
priser.
prosaïser.
prophétiser.
pulvériser.
raviser (se).
réaliser.
rebaptiser.
régulariser.
remiser.
réorganiser.
repriser.
républicaniser.
réviser.
ridiculiser.
rivaliser.
satiriser.
scandaliser.
séculariser.
sensibiliser.
sinapiser.
singulariser.
slaviser.
socialiser.
solenniser.
solidariser.
spécialiser.
spiritualiser.
stériliser.
stigmatiser.
subdiviser.
subtiliser.
symboliser.
symétriser.
sympathiser.
synthétiser.
systématiser.
tabiser.
tamiser.
temporiser.
thésauriser.
totaliser.
tranquilliser.
trivialiser.
tympaniser.
tyranniser.
uniformiser.
universaliser.
utiliser.
verbaliser.
viser.
vocaliser.
volatiliser.
vulcaniser.
vulgariser.

anastomoser.
ankyloser.
apposer.
arroser.
causer.
composer.
couperoser.
décomposer.
déposer.
disposer.
doser.
ecchymoser.
entreposer.
exploser.
exposer.
gloser.
imposer.
indisposer.

interposer.
juxtaposer.
métamorphoser.
nécroser.
opposer.
oser.
pauser.
poser.
prédisposer.
préposer.
présupposer.
proposer.
proser.
réapposer.
recomposer.
réimposer.
reposer.
roser.
superposer.
supposer.
surimposer.
transposer.

apprivoiser.
ardoiser.
boiser.
chamoiser.
croiser.
déboiser.
débourgeoiser.
décroiser.
dégoiser.
embourgeoiser.
entrecroiser.
framboiser.
moiser.
patoiser.
pavoiser.
reboiser.
toiser.
voiser.

blouser (se).
épouser.
jalouser.
ventouser.

abuser.
accuser.
amuser.
arquebuser.
décruser.
désabuser.
diffuser.
écluser.
entr'accuser (s').
excuser.
fuser.
infuser.
méduser.
mésuser.
muser.
récuser.
refuser.
ruser.
transfuser.
user.

aiguiser.
amenuiser.
déguiser.
épuiser.
puiser.

(*voir* zer.)

ter.

acclimater.
antidater.
appâter.
baratter.
bâter.
calfater.
casemater.
chatter.
colmater.
constater.
cravater.
dater.
débâter.
délatter.
démâter.
dénatter.

dérater.
dilater.
éclater.
embâter.
empâter.
épater.
érater.
flatter.
frelater.
gâter.
gratter.
hâter.
latter.
mandater.
mater.
mâter.
natter.
ouater [2].
pirater.
postdater.
rater.
regratter.
relater.
retâter.
sulfater.
tâter.
translater.

contracter.
détracter.
réfracter.
rétracter.

exalter.

absenter (s').
adenter.
aimanter.
agrémenter.
alimenter.
apparenter.
argenter.
argumenter.
arpenter.
arrenter.
assermenter.
attenter.

augmenter.
brillanter.
brocanter.
chanter.
charpenter.
cimenter.
commenter.
complimenter.
contenter.
décanter.
déchanter.
déganter.
denter.
déplanter.
désaimanter.
désargenter.
désenchanter.
désorienter.
diamanter.
diligenter.
documenter.
ébouillanter.
édenter.
enchanter.
endenter.
enfanter.
enrégimenter.
ensanglanter.
enter.
épouvanter.
éventer.
exempter.
expérimenter.
fainéanter.
fermenter.
fienter.
fomenter.
fragmenter.
fréquenter.
ganter.
hanter.
impatienter.
implanter.
incidenter.
innocenter.
instrumenter.
intenter.
inventer.

lamenter (se).
mécontenter.
médicamenter.
mouvementer.
orienter.
ornementer.
parlementer.
passementer.
patenter.
patienter.
pédanter.
pimenter.
plaisanter.
planter.
présenter.
réargenter.
régenter.
réglementer.
réinventer.
renter.
replanter.
représenter.
serpenter.
soixanter.
supplanter.
sustenter.
tenter.
tourmenter.
transplanter.
vanter.
venter.
violenter.

adapter.
capter.

écarter.
encarter.
essarter.
quarter.

contraster.
dévaster.

acheter.
aiguilleter.
ameuter.
banqueter.
béqueter.

billeter.
bonneter.
breveter.
briqueter.
cacheter.
cailleter.
caqueter.
claqueter.
cliqueter.
colleter.
coqueter.
coupleter.
craqueter.
crocheter.
cureter.
décacheter.
déchiqueter.
décolleter.
déjeter.
démoucheter.
dépaqueter.
empaqueter.
épousseter.
étiqueter.
feuilleter.
fileter.
forjeter.
fureter.
gileter.
gobeter.
guillemeter.
haleter.
interjeter.
jarreter.
jeter.
louveter.
marqueter.
moucheter.
mugueter.
paqueter.
parqueter.
piqueter.
pocheter.
projeter.
racheter.
recacheter.
rejeter.
saveter.

souffleter.
surjeter.
tacheter.
trompeter.
valeter.
vergeter.
voleter.

aheurter (s').
heurter.

affaiter.
affaîter.
affréter.
allaiter.
appéter.
apprêter.
arrêter.
brouetter.
compéter.
compléter.
décompléter.
décréter.
désentêter.
embêter.
écrêter.
émietter [3].
empiéter [3].
endetter.
enfaîter.
enquêter.
entêter.
étêter.
facetter.
fêter.
fouetter [2].
fréter.
fretter.
guetter.
hébéter.
inquiéter.
interpréter.
maltraiter.
péter.
piéter.
pirouetter [4].
prêter.

quêter.
refléter.
regretter.
répéter.
retraiter.
sécréter.
souhaiter.
tempêter.
téter.
traiter.
végéter.

affecter.
délecter.
désaffecter.
désinfecter.
humecter.
infecter.
injecter.
inspecter.
objecter.
respecter.
suspecter.

accepter.
excepter.
intercepter.

concerter.
déconcerter.
déserter.
disserter.
fauberter.
flirter.

admonester.
attester.
contester.
délester.
détester.
empester.
ester.
infester.
lester.
manifester.
molester.
pester.

protester.
rester.
tester.
zester.

ameuter.
bleuter.
queuter.

prétexter.

abriter.
accréditer.
acquitter.
agiter.
aliter.
citer.
cohabiter.
commanditer.
créditer.
crépiter.
débiliter.
débiter.
décapiter.
décréditer.
délimiter.
déliter.
démériter.
dépiter.
déshériter.
désinviter.
discréditer.
dynamiter.
ébruiter.
éditer.
effriter (s').
effruiter.
éviter.
exciter.
faciliter.
féliciter.
gîter.
graniter.
graviter.
habiliter.
habiter.
hériter.

hésiter.
imiter.
inciter.
ingurgiter.
inviter.
irriter.
liciter.
limiter.
méditer.
mériter.
militer.
nécessiter.
palpiter.
péricliter.
précipiter.
préméditer.
profiter.
quitter.
racquitter (se).
réciter.
rééditer.
réhabiliter.
réinviter.
ressusciter.
solliciter.
surexciter.
susciter.
transiter.
visiter.

dicter.
édicter.

absinther (s').
chuinter.
esquinter.
éreinter.
pinter.
suinter.
tinter.

assister.
attrister.
coexister.
consister.
contrister.
dépister.
désattrister.

désister (se).
enkyster (s').
exister.
insister.
persister.
préexister.
résister.
subsister.
whister.

accoter.
agioter.
annoter.
argoter.
assotter.
asticoter.
baisoter.
ballotter.
barboter.
bécoter.
bibeloter.
biseauter.
botter.
boulotter.
boursicoter.
buvoter.
caboter.
cahoter.
calotter.
cameloter.
canoter.
carotter.
chapeauter.
chènevotter.
chevroter.
chicoter.
chipoter.
chuchoter.
clapoter.
clignoter.
comploter.
coter.
crachoter.
crotter.
culotter.
débotter, *v. et s.*
décalotter.
décrotter.

déculotter.
dégoter.
démailloter.
dénoter.
dépiauter.
dépoter.
dorloter.
doter.
emberlificoter.
emmailloter.
emmenotter.
émotter.
empoter.
ergoter.
escamoter.
fagoter.
folioter.
flotter.
fricoter.
frisotter.
frotter.
gargoter.
garrotter.
gigoter.
gobelotter.
grelotter.
grignoter.
gringotter.
jaboter.
ligoter.
marcotter.
marmotter.
mignoter.
mijoter.
motter.
noter.
numéroter.
ôter.
panneauter.
papoter.
papilloter.
peloter.
pianoter.
picoter.
piloter.
pinçoter.
pissoter.
pivoter.

poireauter.
rabioter.
raboter.
radoter.
ravigoter.
remmailloter.
rempoter.
ressauter.
riboter.
rioter.
roter.
saboter.
sangloter.
sauter.
siffloter.
siroter.
suçoter.
sursauter.
tapoter.
tarabiscoter.
toussoter.
trembloter.
tressauter.
tricoter.
tripoter.
trotter.
tuyauter.
vivoter.
voter.

boiter.
convoiter.
déboîter.
doigter, *v. et s.*
emboîter.
exploiter.
miroiter.
remboîter.

accointer (s').
ajointer.
appointer.
contre-pointer.
désappointer.
épointer.
pointer.

récolter.
révolter.
volter.

affronter.
compter.
confronter.
conter.
décompter.
démonter.
dompter.
escompter.
mécompter (se).
monter.
ponter.
précompter.
raconter.
recompter.
remonter.
surmonter.

adopter.
coopter.
opter.

apporter.
avorter.
colporter.
comporter.
conforter.
déconforter.
déporter.
emporter.
escorter.
exhorter.
exporter.
importer.
porter.
rapporter.
réconforter.
réexporter.
réimporter.
remporter.
reporter.
supporter.
transporter.

accoster.
aposter.
déposter.
poster.
riposter.
toster (*ou* toaster)

abouter.
ajouter.
aoûter.
arc-bouter.
bouter.
brouter.
caillouter.
caoutchouter.
clouter.
contre-bouter.
coûter.
débouter.
dégoûter.
dégoutter.
dérouter.
douter.
écouter.
écroûter.
égoutter.
encroûter.
envoûter.
filouter.
froufrouter.
glouglouter.
goûter, *v. et s.*
goutter.
jouter.
ragoûter.
rajouter.
rebouter.
redouter.
surajouter.
velouter.
voûter.

écourter.

affûter.
amputer.
bluter.
buter.
chahuter.
charcuter.

chuter.
computer.
culbuter.
débuter.
déluter.
députer.
discuter.
disputer.
exécuter.
flûter.
hutter (se).
imputer.
juter.
luter.
lutter.
minuter.
percuter.
permuter.
persécuter.
rebuter.
rechuter.
recruter.
réfuter.
répercuter.
réputer.
scruter.
supputer.
taluter.
verjuter.

anuiter (s') [3].
ébruiter [3].

consulter.
insulter.
résulter.
sculpter.

emprunter.

ajuster.
déguster.
désajuster.
flibuster.
incruster.
rajuster.
réajuster.
tarabuster.

trer.

châtrer.
emplâtrer.
flâtrer.
folâtrer.
idolâtrer.
opiniâtrer (s').
plâtrer.
replâtrer.

cadastrer.
encastrer.

centrer.
concentrer.
décentrer.
entrer.
éventrer.
rentrer.

calfeutrer.
feutrer.

chronométrer.
dépêtrer.
enchevêtrer.
empêtrer.
guêtrer.
impétrer.
kilométrer.
métrer.
pénétrer.
perpétrer.
salpêtrer.

orchestrer.
réorchestrer.
séquestrer.

arbitrer.
attitrer.
chapitrer.
fortitrer.
mitrer.
récalcitrer.
titrer.
vitrer.

filtrer.
infiltrer (s').

cintrer.
décintrer.

administrer.
bistrer.
enregistrer.
registrer.

vautrer (se).

cloîtrer.
décloîtrer.

démontrer.
montrer.
remontrer.
rencontrer.

accoutrer.
outrer.
raccoutrer.

balustrer.
délustrer.
frustrer.
illustrer.
lustrer.

u-er.

huer.

attribuer.
contribuer.
distribuer.
écobuer.
rétribuer.

évacuer.

graduer.

affluer.
fluer.
influer.
refluer.

arguer.

dégluer.
diluer.
engluer.
évaluer.
évoluer.
gluer.
polluer.
saluer.

commuer.
muer.
remuer.
transmuer.

atténuer.
continuer.
dénuer.
diminuer.
discontinuer.
éternuer.
exténuer.
insinuer.
nuer.

conspuer.
puer.

ruer.

bossuer.
ressuer.
suer.

accentuer.
constituer.
déshabituer.
désinfatuer.
destituer.
effectuer.
évertuer (s').
habituer.
infatuer.
instituer.
perpétuer.
ponctuer.
prostituer.
reconstituer.
réhabituer.
restituer.
situer.
statuer.
substituer.
tortuer.
tuer.

désobstruer.
obstruer.

ver.

aggraver.
baver.
braver.
caver.
décaver.
délaver.
dépaver.
dépraver.
désentraver.
emblaver.
encaver.
enclaver.
engraver.
entraver.
excaver.
gaver.
graver.
laver.
paver.
relaver.
remblaver.
repaver.

abreuver.
achever.
champlever.
crever.
dégrever.
élever.
enlever.
grever.
lever.
parachever.
prélever.
rachever.
relever.
soulever.
surélever.

endêver.
rêver.

conserver.
énerver.
innerver.
nerver.
observer.
préserver.
réserver.

activer.
arriver.
aviver.
captiver.
cliver.
conniver.
cultiver.
dériver.
enjoliver.
enjuiver (s').
esquiver.
estiver.
invectiver.
lessiver.
mésarriver.
motiver.
objectiver.
priver.
raviver.
récidiver.
river.
saliver.
subjectiver.

innover.
lover (se).
sauver.

morver.

approuver.
controuver.
couver.

désapprouver.
éprouver.
improuver.
interviewer.
louver.
mouver.
prouver.
reprouver.
réprouver.
retrouver.
trouver.

cuver.
décuver.
encuver.
étuver.

vrer.

navrer.

désœuvrer.
enfiévrer.
manœuvrer.
sevrer.

cuivrer.
délivrer.
désenivrer.
enivrer.
givrer.
livrer.

poivrer.

ouvrer.
recouvrer.

xer.

désaxer.
détaxer.
malaxer.
relaxer.
retaxer.
surtaxer.
taxer.

annexer.
vexer.

fixer.

boxer.

luxer.
(*v.* cer *et* ser *dur.*)

yer.

aigayer.
balayer.
barbeyer.
bayer.
bégayer.
bordeyer.
brayer.
cartayer.
déblayer.
débrayer.
défrayer.
délayer.
dérayer.
désenrayer.
effrayer.
égayer.
embrayer.
enrayer.
essayer.
étayer.
frayer.
grasseyer.
langueyer.
layer.
métayer.
monnayer.
pagayer.
papayer.
payer.
rayer.
relayer.
remblayer.
surpayer.
zézayer.

aboyer.
apitoyer.
atermoyer.
avoyer.
bornoyer.
broyer.
cacaoyer.
caloyer.
charroyer.
chatoyer.
choyer.
convoyer.
corroyer.
côtoyer.
coudoyer.
déployer.
dévoyer.
employer.
envoyer.
festoyer.
flamboyer.
fossoyer.
foudroyer.
fourvoyer.
foyer.
giboyer.
grossoyer.
guerroyer.
jointoyer.
larmoyer.
louvoyer.
loyer.
nettoyer.
noyer, *v.*
noyer, *s.*
octroyer.
ondoyer.
plaidoyer.
ployer.
poudroyer.
rejointoyer.
remployer.
renvoyer.
reployer.
rocouyer.
rougeoyer.
rudoyer.
soudoyer.
tournoyer.
tutoyer.
verdoyer.
voyer (agent).

appuyer.
désennuyer.
écuyer.
ennuyer.
essuyer.
gruyer, *s. et a.*
moruyer.
ressuyer.
(*voir* ier).

zer.

gazer.

bronzer.

(*voir* ser *doux.*)

ERBE.

enherbe.
ésherbe.
herbe.

imberbe.

acerbe.

gerbe.
engerbe, *v.*

Malherbe, *n. p*

superbe, *a. et s.*

adverbe.
proverbe.
verbe.

ERC.

clerc.
maître-clerc.
premier-clerc.

ERCE.

berce, *v.*

gerce, *v.*

tierce, *s. et v.* [2].

commerce, *s. et v.*

perce, *s. et v.*
en perce.
entre-perce (s')
Properce, *n. p.*
reperce, *v.*
transperce, *v.*

sesterce,

Artaxerce, *s.*
exerce, *v.*
voir ERSE.

ERCHE.

cherche, *v.*
recherche, *s. et v.*

perche, *s.*
Perche (le), *g.*

ERCLE.

cercle, *s. et v.*

couvercle.

décercle, *v.*
demi-cercle.
encercle, *v.*
recercle, *v.*

ERD.

perd, *v.*
reperd.

verd (*ou* vert).
voir ERT.

ERDE.

perde, *v.*
reperde, *v.*

ERDRE.

Erdre (rivière).
perdre.
reperdre.

ÈRE.

ère.
hère.

a-ère.

aère, *v.*

bère.

Cerbère, *myth. et g.*
délibère, *v.*
Ibère, *g.*
impubère.
libère, *v.*
obère, *v.*
pubère.
réverbère, *s. et v.*
Tibère, *n. p.*

cère.

acère, *v.*
dilacère.
incarcère, *v.*
insère.
lacère, *v.*
macère, *v.*
sincère.
ulcère, *s. et v.*
viscère.
(*voir* sère *dur*).

chère.

bouchère.
chère, *s.*
chère, *a. f.*
cochère, *a. f.*
enchère.
folle enchère.
gauchère, *a. et s.*
jachère.
maraîchère.
porchère.
surenchère.
torchère.
vachère.

dère.

adhère, *v.*

bayadère.
belvédère.
confédère (se) *v.*
considère, *v.*
débarcadère.
déconsidère, *v.*
embarcadère.
fédère, *v.*
Madère, *g.*
modère, *v.*
pondère.

fère.

calorifère.
carbonifère.
confère, *v.*
conifère.
défère, *v.*
diffère, *v.*
infère, *v.*
lanifère.
légifère, *v.*
léthifère.
mammifère.
mellifère.
mortifère.
ombellifère.
préfère, *v.*
profère, *v.*
réfère, *v.*
séminifère.
somnifère.
soporifère.
stannifère.
transfère, *v.*
vocifère, *v.*
(*voir* phère.)

frère.

beau-frère.
confrère.
faux-frère.
frère.

gère.

bergère.
bocagère, *a. f.*
boulangère.
digère, *v.*
étagère.
étrangère, *a. et s.*
exagère, *v.*
fougère.
fourragère.
fromagère.
gère, *v.*
harengère.
horlogère.
imagère.
ingère (s'), *v.*
lanigère.
légère, *a. f.*
lingère.
à la légère.
Mégère, *myth.*
ménagère.
mensongère, *a. f.*
messagère.
orangère.
passagère.
potagère.
réfrigère, *v.*
suggère.
viagère, *a. f.*

guère,

guère *ou* guères.
naguère.

ière (monosyllabe).

bière.
Cannebière, *g.*
gerbière.
herbière.
jambière.
plombière.
Plombières, *g.*
tourbière.

acière, *v.*
créancière.
désacière, *v.*
épicière.
faïencière.
foncière, *a. f.*
gibecière.
glacière.
grimacière, *a. f.*
mercière.
nourricière, *a. f.*
pénitencière.
princière, *a. f.*
saucière.
sorcière.
souricière.

cartouchière.

bandière.
boulevardière.
brelandière.
buandière.
canardière.
chaudière.
cocardière.
contrebandière.
crapaudière.
filandière.
grenadière.
lavandière.
limonadière.
minaudière, *a. f.*
pétaudière.
renardière.
vivandière.

caféière.
théière.

fière, *a. f.*
montgolfière.
truffière.

aiguière.

bachelière.
bandoulière.
batelière.
bélière.
cavalière, *a. f. et s.*
chancelière.
chapelière.
chevalière.
cordelière.
coutelière.
dentellière.

Deshoulières, *n. p.*
écolière.
épistolière.
familière, *a. f.*
filière.
fourmilière, *a. f.*
geôlière.
gondolière.
hospitalière, *a. f.*
hôtelière.
immobilière.
inhospitalière, *a. f.*
irrégulière, *a. f.*
journalière, *a. f.*
lavallière.
mâchelière, *a. f. et s.*
meulière.
mobilière, *a. f.*
Molière, *n. p.*
muselière.
particulière, *a. f.*
perlière.
régulière, *a. f.*
salière.
séculière, *a. f.*
singulière, *a. f.*
sommelière.
sourcilière.
toilière.
Vallière (la), *n. p.*
volière.

Cordillières (les), *g.*
joaillière.

chaumière.
costumière.
coutumière, *a. f.*
crémière.
fermière.
gentilhommière.
heaumière, *s.*
infirmière.
larmières.
lumière.
première, *a. f. et s.*
trémière (rose).

alunière.
ânière.
aumônière.
avant-dernière, *a.f.*
baleinière.
bannière.
bonbonnière.
boudinière.
boutonnière.
buissonnière, *a. f.*
cancanière.
canonnière.
cantinière.
cantonnière.
caponière.
capucinière.
casanière.
champignonnière.
chansonnière.
chaponnière.
charbonnière.
charnière.
chaudronnière.
chicanière, *a. f.*
chiffonnière.
cordonnière.
cordière.
cornière.
cotonnière.
cousinière.
cressonnière.
crinière.
cuisinière [4].
dernière, *a. f.*
dindonnière.
douanière.
épinière, *a. f.*
façonnière, *a. f.*
fauconnière.
ferronnière.
garçonnière.
héronnière.
houblonnière.
jardinière.
lanière.
limonière.
linière.
luzernière.

manière.
marinière.
marnière.
matinière, *a. f.*
melonnière.
mentonnière.
meunière.
minière.
moutonnière, *a. f.*
ornière.
pépinière.
plénière, *a. f.*
poissonnière.
potinière.
poulinière.
poussinière.
printanière, *a. f.*
prisonnière.
rancunière, *a. f.*
routinière.
rubanière.
rudânière.
sablonnière.
salonnière.
sapinière.
saunière.
talonnière.
tanière.
taupinière.
tavernière.
tétonnière.
tontinière.

croupière.
fripière.
paupière.
prière.
rapière.
soupière.
taupière.
tripière.

acquière, *v.*
boutiquière.
conquière, *v.*
enquière (s'), *v.*
perruquière.
quière, *v.*

reconquière, *v.*
requière, *v.*

arrière.
avant-courrière.
aventurière.
barrière.
beurrière.
carrière.
cellérière.
cigarière.
clairière.
confiturière.
courrière.
couturière.
derrière.
douairière.
ferrière.
fourrière.
guerrière, *a. f.*
manufacturière.
ordurière, *a. f.*
procédurière.
roturière, *a. f.*
tarière.
teinturière.
tourière.
trésorière.
usurière.
verrière.

boursière.
brassières.
cache-poussière.
caissière.
carnassière, *a. f.*
carnassière, *s.*
conférencière.
coursière.
créancière.
cuissière.
dépensière, *a. f. et s.*
devancière.
dossière.
écrivassière.
épicière.
garancière.
glissière
grossière, *a. f.*
haussière.
matelassière.
pâtissière.
plumassière.
poussière.
redevancière.
romancière.
saucière.
tapissière.
tenancière.
tracassière, *s. et a. f.*
traversière, *a. f.*

voir féminins d'adj. en SIER ou CIER.

ardoisière.
braisière.
chemisière.
croisière.
glaisière.
Lariboisière, *n. p.*
lisière.
Mézières, *g.*
rizière.
rosière.
visière.

altière, *a. f.*
banqueroutière.
barbotière.
bijoutière.
bouquetière.
cabaretière.
cacaotière.
cafetière.
canotière.
carottière.
charcutière.
charretière (porte).
chatière.
chipotière.
chocolatière.
cimetière.
cohéritière.
condottière.
corsetière.
côtière, *s. et a. f.*
courtière.
culottière.
devantière.
entière, *a. f.*
faîtière.
forestière, *a. f.*
frontière.
fruitière [3].
gantière.
gargotière.
giletière.
gouttière.
grènetière.
héritière.
jarretière.
jésuitière.
laitière.
lingotière.
litière.
matière.
panetière.
papetière.
parmentière.
passementière.
pelletière.
pissotière.
portière.
ratière.
regrattière.
rentière.
routière (carte).
sabotière.
sorbetière.
tabatière.
têtière.
tourtière.
tripotière.
turbotière.
usufruitière [5].

meurtrière.

voir féminins d'adj. en TIER.

Bavière, *g.*
bouvière.
chènevière.
civière.

étrivière.
ravière.
rivière.

rizière.

(*voir* sière.)

i-ère (dissyllabe).

Hières, *g.*

sablière.

chambrière.
marbrière.

sucrière.

fondrière.
poudrière.

soufrière.

épinglière.

prière.

huitrière.
meurtrière.
nitrière.
plâtrière.
salpêtrière.
sous-ventrière.
ventrière.
vitrière.

ouvrière.
poivrière.

(*voir* yère.)

lère.

accélère, *v.*
colère.
décolère, *v.*
galère.
tolère, *v.*
Valère, *n. p.*

llère *mouillé.*

conseillère.
crémaillère.
cuillère.
écaillère.
genouillère.
grenouillère.
houillère.
joaillière.
œillère.
rabouillère.
serpillière.
tortillère.

mère.

agglomère.
amère, *a. f.*
belle-mère.
chimère.
commère.
conglomère, *v.*
douce-amère.
dure-mère.
énumère, *v.*
éphémère.
grand'mère.
Homère, *n. p.*
isomère.
mère.
pie-mère.

nère.

congénère.
dégénère, *v.*
exonère, *v.*
incinère, *v.*
régénère, *v.*
rémunère, *v.*
vénère, *v.*

père.

Ampère, *n. p. et s.*
beau-père.
compère.
coopère, *v.*
désespère, *v.*
espère, *v.*
exaspère, *v.*
grand-père.
obtempère, *v.*
opère, *v.*
père.
prospère, *v. et a.*
récupère, *v.*
repère, *v.*
Saint-Père.
tempère, *v.*
point de repère.
vipère.
vitupère, *v.*

phère.

atmosphère.
hémisphère.
photosphère.
planisphère.
sphère.

(*voir* fère *et* faire.)

quère.

mouquère.
(*voir* quaire.)

rère.

(*voir* raire.)

sère *dur.*

insère, *v.*

(*voir* cère.)

sère *doux.*

cache-misère.
Isère, *g.*
misère.

tère.

acrotère.
adultère, *v., s. et a.*
altère, *v.*
anthère.
artère.
austère.
baptistère.
caractère.
cautère.
clystère.
cratère.

critère.
Cythère, *myth.*
déblatère, *v.*
délétère.
désaltère.
équilatère [5].
Finistère, *g.*
haltère.
hélictère,
invétère (s').
ictère.
magistère.
mégathère.
mésentère.
ministère.
monastère.
mystère.
oblitère, *v.*
patère.
panthère.
phalanstère.
phylactère.
presbytère.
quadrilatère.
réitère, *v.*
statère.
stère, et composés.
trachée-artère.
uretère.

aptère.
coléoptère.
diptère.
hélicoptère.
hyménoptère.
hémiptère.
monoptère.
périptère.
phénicoptère.

vère.

avère, *v.*
avère (s').
persévère, *v.*
primevère.
révère, *v.*
sévère.
trouvère.

yère.

clayère.
crayère.
Hyères, *g.*
métayère.
rayère.

cacaoyère.
caloyère.
cloyère.

bruyère.
écuyère.
gruyère (*prononcé* gru-yère *ou* gru-ère).
La Bruyère, *n. p.*
thuyère.

(*voir* ière.)

v. AIRE et ERRE.

ERF.

cerf.

nerf.

serf.

ERG.

Fustemberg.
Gutenberg.
Heidelberg.
iceberg.
Spitzberg.
Wurtemberg.

ERGE.

alberge.
auberge.
berge.
flamberge.
goberge (se), *v.*
héberge, *v.*

cierge [2].
concierge [3].
vierge [2].

émerge, *v.*
immerge, *v.*
submerge, *v.*

asperge, *s.*
asperge, *v.*

serge.

déterge, *v.*

converge, *v.*
diverge, *v.*
enverge, *v.*
porte-verge.
verge.

ERGNE.

Auvergne, *g.*
vergne.

ERGUE.

désenvergue.
envergue, *v.*
exergue.
Rouergue, *g.*
vergue.

ERLE.

berle (plante).

déferle, *v.*
ferle, *v.*

merle.

emperle, *v.*
pairle (blason).
perle, *v. et s.*
gris-perle.

ERME.

berme.

derme.

échinoderme.
épiderme.
pachyderme.

afferme, *v.*
enferme, *v.*
ferme, *v.*
ferme, *s.*
ferme, *a.*
referme, *v.*
renferme, *v.*
terre-ferme.

germe, *s. et v.*

angiosperme.
gymnosperme.
sperme.

Palerme, *g.*

isotherme.
terme.
thermes.

ERNE.

Berne (ville).
berne, *v.*
en berne.
giberne.
hiberne, *v.*

cerne, *v.*
concerne, *v.*
décerne, *v.*
discerne, *v.*

baderne.
moderne.

Falerne, *g.*
hydre de Lerne, *g.*

Holopherne, *n. p.*

caserne, *s. et v.*
luzerne.

alterne, *a. et v.*
citerne.
consterne, *v.*
externe.
interne, *a. et v.*
lanterne, *s.*
lanterne, *v.*
lectisterne.
paterne.
poterne.
prosterne (se), *v.*
quaterne.
sauternes (vin).
Sterne, *n. p.*
subalterne.
terne, *a.*
terne, *s.*

Averne, *myth.*
baliverne, *s. et v.*
caverne.
gouverne, *v.*
hiverne, *v.*
taverne.
verne.

ERPE.

serpe.

Euterpe, *myth.*

ERQUE.

Albuquerque, *n. p.*
Dunkerque, *g.*

ERRE.

erre, *s.*
erre, *v.*

déferre, *v.*
enferre, *v.*
ferre, *v.*
referre, *v.*

Daguerre.

guerre.

chasse-pierre.
épierre, *v.* [3].
empierre.
lance-pierre.
lierre [2].
pierre, *s.*
Pierre, *n. p.* [2].
Robespierre, *n. p.* [4].

paratonnerre.
tonnerre.

équerre.

desserre, *v. et s.*
enserre, *v.*
resserre, *v.*
serre, *s.*
serre, *v.*

Angleterre, *g.*
atterre, *v.*
cimeterre.
déterre, *v.*
enterre, *v.*
fumeterre.
parterre.
pied à terre.
terre.
verre.

voir AIRE et ÈRE.

ERS [1]

(dont le *r* ne se prononce point).

Poitiers, *g.*
volontiers.

ERS [2]

(dont le *r* se prononce).

acquiers, *v.* [2].

---

1) Cf. les pluriels des mots en ER muet.
2) Cf. les pl. des mots en ER sonores, en AIR et en ERT.

conquiers, *v.* [2].
enquiers (t'), *v.* [2].
reconquiers, *v.* [2].
requiers, *v.* [2].
tiers [1].

perds.
pers.
reperds.

dessers, *v.*
sers, *v.*

Anvers, *g.*
convers.
devers.
divers.
envers.
pervers.
revers.
travers.
univers.
vers, *s.*
vers, *prép.*

ERSE [1].

erse.
herse.

disperse, *v.*
Perse, *g. et s.*

adverse.
averse.
bouleverse, *v.*
controverse.
converse.
déverse, *v.*
diverse.
inverse.
malverse, *v.*
perverse.
renverse, *v.*
renverse (à la).
reverse, *v.*
tergiverse, *v.*
transverse.
traverse, *s. et v.*
verse, *v.*
verse (à).
voir ERCE.

ERT.

camembert.
Childebert, *n. p.*
Colbert, *n. p.*
Dagobert, *n. p.*
faubert.
Gilbert, *n. p.*
haubert.
Hubert, *n. p.*

concert.

offert.
souffert.
transfert.

acquiert, *v.* [2].
conquiert, *v.* [2].
enquiert (s'), *v.* [2].
reconquiert, *v.* [3].
requiert, *v.* [2].

appert (il), *v.*
expert, *a. et s.*
inexpert.

dessert, *s.*
dessert, *v.*
ressert.
sert, *v.*

couvert, *a.*
couvert, *s.*
découvert.
entr'ouvert.
ouvert.
pivert.
recouvert.
vauvert (au diable).
vert.

désert, *a. et s.*
disert.

voir ERD.

ERTE [2].

Laërte, *n. p.*

certe *ou* certes.
concerte, *v.*
déconcerte, *v.*
Mélicerte, *n. p.*

alerte.

inerte.

perte.

desserte.
disserte, *v.*

déserte, *v.*

couverte.
découverte.

ERTRE.

tertre.

ERVE.

énerve, *v.*
innerve.
Minerve, *myth.*
nerve.

conferve (algue).

conserve, *v.*

1) Cf. les féminins des adj. en ERS.
2) Cf. les féminins des adj. en ERT.

conserve, *s.*
desserve, *v.*
observe, *v.*
serve, *v.*
serve, *a. f.*

préserve, *v.*
réserve, *s. et v.*

verve.

ÈS

(dont le *s* ne se prononce point).

es (tu), *v.*

abcès.
accès.
ces.
décès.
excès.
insuccès.
prédécès.
procès.
ses.
succès.

des.
dès.

profès.

agrès.
congrès.
grès.
progrès.

legs.
les.
mes.

après.
auprès.
cyprès.
exprès.
près.

tes.

très.

voir AIX *et* EZ.

ÈS

(dont le *s* se prononce).

faciès.

Damoclès, *n. p.*
Périclès, *n. p.*

londrès.

aspergès.

Agnès, *n. p.*

Palès, *myth.*
Thalès, *n. p.*

Hermès, *myth.*
kermès *ou* chermès.
mess.

Ximénès, *n. p.*
gneiss.

aloès.
cacatoès.

express.

Cérès, *myth.*
florès (faire).
honores (ad).
juniores.
palmarès.
seniores.
Verrès, *n. p.*
Xérès, *g.*

Teutatès, *myth.*

patres (ad).

Xerxès, *n. p.*

voir EZ.

ESCE.

acquiesce, *v.* [4]
est-ce ?
vesce.

voir ÈCE et ESSE.

ESDE.

Dresde, *g.*

ÈSE.

blèse.
obèse.

diocèse.

exégèse.

dièse.

lèse, *v.*
Pergolèse, *n. p.*

tmèse.

Chersonèse, *g.*
Genèse (la).
manganèse.
Péloponèse, *g.*

désempèse, *v.*
empèse, *v.*
pèse, *v. et s.* (argot).
repèse, *v.*
soupèse, *v.*

catachrèse.
diérèse.
synérèse.

antithèse.
diathèse.
hypothèse.
métathèse.
parenthèse.
prothèse.

synthèse.
thèse.

voir AISE, EIZE et EZE.

ESME.

voir EME long.

ESQUE.

arabesque.

tudesque.

simiesque.

fresque.

michelangesque.

burlesque.
carnavalesque.
funambulesque.
sardanapalesque.
vaudevillesque.

prud'hommesque.

aristophanesque.
charlatanesque.
courtisanesque.
donjuanesque.
hoffmanesque.
paysannesque.
rembrannesque.
romanesque.
titanesque.

presque.

barbaresque.
chevaleresque.
molièresque.
moresque *et* mauresque.
picaresque.
pittoresque.
tintamarresque.

dantesque.
gigantesque.
grotesque.
pédantesque.
soldatesque.

livresque.

ESSE.

est-ce ?

besse.

abbesse.

blesse.

blesse, *v.*
diablesse [3].
faiblesse.
noblesse.

cesse.

cesse, *s.*
cesse, *v.*
princesse.
(*voir* sesse).

chesse.

archiduchesse.
duchesse.
richesse.

desse.

druidesse.
grandesse.
morbidesse.
rudesse.

dresse.

adresse, *s.*
adresse, *v.*
dresse, *v.*
ladresse.
maladresse.
redresse, *v.*
tendresse.

é-esse.

déesse.

fesse.

confesse, *v.*
confesse (à).
fesse, *s. et v.*
professe, *v.*
professe, *a. f.*

gesse.

gesse.
largesse.
sagesse.
sauvagesse.

gnesse.

borgnesse.
ivrognesse.

gresse.

allégresse.
négresse.
ogresse.
tigresse.
transgresse, *v.*

i-esse.

hardiesse.
joliesse.
liesse.

lesse.

drôlesse.
mollesse.
lesse.

llesse *mouillé.*

gentillesse.
vieillesse.

messe.

grand'messe.
kermesse.
messe.
Permesse, *myth.*
promesse.

nesse.

aînesse.
ânesse.

chanoinesse.
diaconesse [4].
finesse.
jeunesse.
larronnesse.
moinesse.
papesse.
patronnesse.
vanesse.

ou-esse.

prouesse.

plesse.

simplesse.
souplesse.

presse.

compresse.
empresse (s'), *v.*
expresse.
oppresse, *v.*
presse, *v. et s.*

resse.

bailleresse.
caresse, *s. et v.*
charmeresse.
chasseresse.
défenderesse.
demanderesse.
désintéresse, *v.*
devineresse.
doctoresse.
dogaresse.
enchanteresse.
forteresse.
intéresse, *v.*
mairesse.
pairesse.
paresse.
pécheresse.
quakeresse.
sécheresse.
singeresse.
venderesse.
vengeresse.

sesse *dur.*

bassesse.
grossesse.
Suissesse [3].
(*voir* cesse).

tesse.

altesse.
comtesse.
délicatesse.
était-ce ?
étroitesse.
hautesse.
hôtesse.
impolitesse.
indélicatesse.
justesse.
petitesse.
poétesse.
politesse.
prestesse.
prophétesse.
robustesse.
scélératesse.
sveltesse.
tristesse.
vicomtesse.
vitesse.

tresse.

détresse, *s. et v.*
maîtresse.
ministresse.
mulâtresse.
prêtresse.
sous-maîtresse.
traîtresse.
tresse, *s. et v.*

vresse.

ivresse.
pauvresse.

voir AISSE, ESCE et ÈCE.

EST (*prononcé* è).

est, *v.*
voir ET long et AIT long.

EST
(où le *st* se prononce).

est.

Brest, *g.*

lest.

Ernest, *n. p.*

ouest.

Budapest, *g.*

Bucharest, *g.*

test.

entre le zist et le zest.

ESTE.

ceste.

Alceste, *n. p.*
ceste.
inceste, *s. et a.*
palimpseste.

deste.

immodeste.
modeste.

feste.

infeste, *v.*
manifeste, *a., s. et v.*

geste.

digeste.
geste.
indigeste.

greste.

agreste.

i-este.

sieste [2].
Trieste, *g.*
(*voir* yeste.)

leste.

céleste.
les Célestes.
déleste, *v.*
leste, *a.*
leste, *v.*
moleste, *v.*

neste.

admoneste.
funeste.

peste.

anapeste.
empeste, *v.*
malepeste.
peste, *s. et v.*
peste ! *excl*

preste.

bupreste (insecte).
preste.

reste.

reste, *s. et v.*
au reste
du reste.
Oreste, *n. p.*

teste.

atteste, *v.*
conteste, *s. et v.*
déteste, *v.*
proteste, *v.*
teste, *v.*

veste.

soubreveste.
veste.

zeste.

zeste.

yeste.

Thyeste, *n. p.*
(*voir* ieste.)

ESTRE.

pédestre.

palestre.

bourgmestre.
bourguemestre.
semestre.
trimestre.
vaguemestre.

Clytemnestre, *n. p.*
Hypermnestre, *my.*

alpestre.
rupestre.

équestre.
orchestre, *v. et s.*
réorchestre, *v.*
séquestre, *s. et v.*

terrestre.

sylvestre.

ET long [1].

benêt.
genêt.

apprêt.
prêt, *a.*
prêt, *s.*

acquêt.

arrêt.
forêt.
intérêt.
saisie-arrêt.

protêt.
têt.

voir AIT long et EST.

ET

(*t* sonore).

cricket (jeu).
c'est un fait.
Macbeth, *n. p.*
Nazareth, *g.*
net.
pick-pocket.
sept.
water-closet.

ET bref [2].

est, *v.*
et.

bet.

alphabet.
barbet.
débet.
galoubet.
gibet.
quolibet.
sorbet.
tacet.
Thibet (le), *g.*

blet.

blet.
doublet.

1) ET long et ET bref peuvent rimer ensemble à la rigueur.
2) Pour le pluriel des mots de cette série, cf. ETS.

cet.

c'est.
Condorcet, *n. p.*
doucet.
lacet.
placet.
tercet.

(*voir* set *dur.*)

chet.

archet.
bichet.
bréchet.
brochet.
cachet.
cochet.
colifichet.
crochet.
déchet.
échet.
fauchet.
émouchet.
fichet.
guichet.
hochet.
jonchet.
louchet.
nichet.
pichet.
ricochet.
rochet.
sachet.
souchet.
tranchet.
trébuchet.
trochet.
tronchet.

clet.

Paraclet.

cret.

concret.
décret.
discret.
indiscret.
secret, *a. et s.*

det.

baudet.
bidet.
cadet.
farfadet.
godet.
muscadet.
verdet.

fet.

attifet.
buffet.
défets (typogr.).
effet.
préfet.
Raffet, *n. p.*
(*voir* phet.)

flet.

camouflet.
reflet.
sifflet.
soufflet.
(*voir* phlet.)

fret.

coffret.
fret.

get.

auget.
budget.
rouget.
(*voir* jet.)

glet.

anglet.
onglet.
réglet.

gnet.

beignet.
poignet.
signet.

gret.

aigret.
maigret.
regret (à).
regret.

guet.

daguet.
droguet.
ginguet.
guet.
longuet.
muguet.

i-et.

inquiet [3].
joliet.
quiet.
vilayet.

jet.

jet.
objet.
projet.
rejet.
sujet, *a. et s.*
surjet.
trajet.
(*voir* get.)

let.

agnelet.
aigrelet.
annelet.
ballet.
batelet.
bavolet.
boulet.
bourlet *ou* bourrelet.
bracelet.
cabriolet.
cacolet.
carrelet.
cassoulet.
cervelet.
chalet.
chapelet.
châtelet.

chevalet.
ciselet.
collet.
contre-filet.
corselet.
entre-filet.
faux-filet.
feu-follet.
filet.
flageolet.
follet.
galet.
gantelet.
gibelet.
gilet.
gobelet.
goulet.
grandelet.
gringalet.
guignolet.
jalet.
Jodelet, *n. p.*
maigrelet.
mantelet.
marjolet.
martelet.
miquelet.
mollet, *s.*
mollet, *a.*
Monselet, *n. p.*
mulet.
oiselet.
orgelet.
osselet.
ourlet.
palet.
piolet.
pipelet.
pistolet.
porcelet.
potelet.
poulet.
prestolet.
roitelet.
rôlet.
rondelet.
rossignolet.
rousselet.
ruisselet.
serpolet.
seulet.
sterlet.
stylet.
surmulet.
tiercelet [3].
tonnelet.
triolet.
valet.
varlet.
verdelet.
versiculet.
violet [3].
volet.

llet *mouillé.*

baillet.
barillet.
billet.
douillet.
feuillet.
gentillet.
grassouillet.
juillet.
maillet.
millet.
œillet.
paillet.
Rambouillet, *g.*
sillet.

met.

Achmet, *n. p.*
admet, *v.*
armet.
Calmet, *n. p.*
calumet.
commet, *v.*
compromet, *v.*
démet, *v.*
entremet (s'), *v.*
fumet.
gourmet.
guillemet.
Mahomet, *n. p.*
met, *v.*
omet, *v.*
permet, *v.*
plumet.
promet, *v.*
remet, *v.*
sommet.
soumet, *v.*
transmet, *v.*

net.

Anet, *g.*
aneth.
baronnet.
bassinet.
bâtonnet.
binet.
blondinet.
bonnet.
bourdonnet.
brunet.
cabinet.
carnet.
chenet.
cochonnet.
cordonnet.
cornet.
coussinet.
cramponnet.
estaminet.
finet.
garçonnet.
genet (cheval).
jardinet.
jaunet.
jeunet.
lansquenet.
martinet.
mentonnet.
minet.
moulinet.
oignonet.
patron-minet.
patronnet.
robinet.
sansonnet.
sonnet.
tantinet (un).
wagonnet.

ou-et.

brouet.
fouet [1].
jouet.
rouet.

pet.

Capet, *n. p.*
clapet.
Japet, *myth.*
parapet.
pet.
toupet.

(*voir* pect.)

phet.

Japhet, *n. p.*

(*voir* fet.)

phlet.

pamphlet.

(*voir* flet.)

plet.

complet.
couplet.
incomplet.
replet.
simplet.

pret.

propret.

quet.

acquêt.
affiquet.
banquet.
baquet.
béquet.
bilboquet.
bistoquet.
biquet.
bosquet.
bouquet.
bourriquet.
briquet.
caquet.
chiquet.
chouquet.
claquet.
cliquet.
coquet.
cricket.
criquet.
croquet.
Fouquet, *n. p.*
foutriquet.
freluquet.
friquet.
frisquet.
haquet.
hoquet.
jacquet.
loquet.
mastroquet.
mousquet.
paltoquet.
paquet.
parquet.
perroquet.
pick-pocket.
piquet.
quinquet.
roquet.
saupiquet.
sobriquet.
taquet.
ticket.
toquet.
tourniquet.
traquet.

ret.

banneret.
béret.
cabaret.
caret.
chardonneret.
clairet.
coqueret.
coupe-jarret.
couperet.
dameret.
duret.
ferret.
fleuret.
foret.
furet.
goret.
gorgeret.
guéret.
guilleret.
houret.
imaret.
jarret.
lazaret.
mascaret.
minaret.
Nazareth, *g.*
sauret.
savouret.
suret.
tabouret.
taret.
tiret.
touret.

set *dur*.

basset.
corset.
fausset.
gousset.
grasset.
Gresset, *n. p.*
sept.
verset.

(*voir* cet.)

set *doux*.

beset.
biset.
creuset.
griset.
liset.
marmouset.

(*voir* zet.)

tet.

motet.

tantet.

tret.

cotret.
sotret.

u-et.

bluet.
Bossuet, *n. p.*
désuet.
fluet.
menuet.
muet.

vet.

bouvet.
brevet.
cavet.
chevet.
civet.
couvet.
duvet.
louvet.
navet.
nivet.
olivet.
orvet.
ravet.
rivet.

vret.

livret.
pauvret.

zet.

Bajazet, *n. p.*

(*voir* set *doux.*)

voir AIT bref.

ETE long.

circaète.
gypaète.

êtes, *v.*

bête.
diabète.
embête, *v.*
hébète, *v.*
malebête.

crête.
écrête, *v.*

fête, *s. et v.*
prophète.
trouble-fête.

exégète.

arbalète.

déshonnête.
honnête.
malhonnête.

tempête, *s.*
tempête, *v.*

apprête, *v.*
prête, *a. f.*
prête, *v.*

conquête.
enquête.
enquête (s'), *v.*
quête, *s. et v.*
requête.

arête.
arrête, *v.*

casse-tête.
coupe-tête.
désentête, *v.*
entête, *v.*
étête, *v.*
serre-tête.
tête.
tête-à-tête.
tue-tête (à).

désuète, *a. f.*

dévête (se), *v.*
revête, *v.*
vête, *v.*

voir AITE long.

ETE bref [1].

achète, *v.*
cachète, *v.*
catéchète.
crochète, *v.*
décachète, *v.*
gâchette.
mouchète, *v.*
rachète, *v.*
recachète, *v.*
tachète, *v.*

concrète.
Crète, *g.*
décrète, *v.*
discrète.
indiscrète.
secrète, *a. f. et s.*
secrète, *v.*

préfète.
suffète.

reflète, *v.*
soufflète, *v.*

affrète, *v.*
frète, *v.*

indigète.
végète, *v.*
vergète, *v.*

diète [3].
empiète, *v.* [3].
inquiète, *v. et a. f.* [4].
piète, *v.*
quiète, *a. f.*

---

1) Voir aussi à *ette;* les deux formes verbales en *ète* et *ette* sont usitées l'une et l'autre dans beaucoup de verbes en *eter*.

athlète.
décollète, *v.*
filète.
halète.
valète, *v.*
volète, *v.*

Admète, *myth.*
comète.

planète.
proxénète.

poète.

appète, *v.*
centripète.
compète, *v.*
perpète (à).
pète, *v.*
répète, *v.*
rouspète, *v.*
trompète, *v.*

prophète.

complète, *v. et a. f.*
décomplète.
replète, *a. f.*

interprète, *s. et v.*

banquète, *v.*
béquète, *v.*
briquète, *v.*
caquète, *v.*
cliquète, *v.*
coquète, *v.*
craquète, *v.*
déchiquète, *v.*
empaquète, *v.*
étiquète, *v.*
marquète, *v.*
parquète, *v.*
piquète, *v.*

anachorète.
furète, *v.*

ascète.
époussète, *v.*

Épictète, *n. p.*
épithète.

brevète, *v.*
olivète.

voir AITE bref et ETTE.

ETH.

voir ET.

ETRE long.

être, *v. et s.*
êtres (les) d'une maison.
hêtre.
non-être.

ancêtre.
Bicêtre, *g.*

guêtre.

fenêtre.
bien-être.
pénètre, *v.*
peut-être.
porte-fenêtre.

champêtre.
dépêtre, *v.*
empêtre, *v.*
garde champêtre.
salpêtre.

archiprêtre.
grand-prêtre.
prêtre.

reître.

enchevêtre, *v.*

voir AITRE.

ETRE href.

piètre [2].

aéromètre.
anémomètre.
baromètre.
chronomètre.
curvimètre.
décamètre.
décimètre.
diamètre.
gazomètre.
géomètre.
hexamètre.
hydromètre.
hygromètre.
kilomètre.
manomètre.
mètre.
myriamètre.
pentamètre.
périmètre.
pluviomètre.
podomètre.
pyromètre.
taximètre.
thermomètre.

pénètre, *v.*

impètre, *v.*
perpètre, *v.*

pyrèthre.
urètre.

chevêtre.
enchevêtre (s'), *v.*

voir ETTRE.

ETS[1].

aguets.

entremets.
mets.

rets.

voir AIS.

ETTE[2].

bette.

barbette.
bette.
courbette.
herbette.
jambette.

blette.

ablette.
blette. *a. f.*
doublette.
gimblette.
tablette.

brette.

brette.
chambrette.
soubrette.

cette.

bourcette.
cette.
doucette.
facette.
garcette.
lancette.
piécette.
pincette.
poucettes.
recette.

(*voir* sette *dur.*)

chette.

bichette.
blanchette.
branchette.
brochette.
bûchette.
cachette.
clochette.
crochette.
couchette.
démouchette.
émouchette.
fauchette.
fourchette.
gâchette.
hachette.
manchette.
mouchettes.
planchette.
pochette.

clette.

bicyclette.
bouclette.
motocyclette.
raclette.

dette.

cadette.
dette.
endette, *v.*
Sudètes (monts).
vedette.

drette.

coudrette.
poudrette.

fette.

bouffette.
estafette.
mofette.

frette.

frette.
gaufrette.

gette

logette.
rougette.
suffragette.
targette.
tigette.
vergettes.

(*voir* jette.)

glette.

aiglette.
aveuglette (à l').
épinglette.
reginglette.
réglette.
tringlette.

gnette.

castagnette.
lorgnette.
vignette.

grette.

aigrette.
regrette, *v.*
vinaigrette.

guette.

baguette.
braguette.
échauguette.
goguette.
guette, *v.*
guinguette.
languette.
longuette.
muguette.

i-ette.

ariette.
assiette (3).
émiette, *v.* (3).

1) Cf. les pluriels des mots en ET et AIT.
2) Cf. les féminins des adj. en ET et AIT.

gloriette.
historiette.
joliette.
mauviette.
miette [2].
oubliettes.
pique-assiette.
sarriette.
serviette [3].
(*voir* yette).

jette.

déjette, *v.*
interjette, *v.*
jette, *v.*
projette, *v.*
rejette, *v.*

lette.

amulette.
bachelette.
bandelette.
belette.
boulette.
cassolette.
chevillette.
ciboulette.
cordelette.
côtelette.
croûtelette.
échelette.
épaulette.
escarpolette.
espagnolette.
femmelette.
galette.
gargoulette.
gigolette.
goëlette.
gouttelette.
houlette.
margoulette.
merlette.
molette.
odelette.
omelette.
palette.
paulette.
pétrolette.
poulette.
psallette.
rondelette.
roulette.
sellette.
squelette.
tartelette.
toilette.
villette.
violette.
voilette.
voir les féminins des adj. en LET.

llette *mouillé.*

aiguillette.
andouillette.
caillette.
chevillette.
cueillette.
douillette.
fenouillette.
feuillette, *s. et v.*
fillette.
gentillette.
grassouillette.
grenouillette.
mouillette.
œillette.
oreillette.
paillette.
quenouillette.
rillette.

mette.

admette, *v.*
allumette,
commette, *v.*
compromette, *v.*
démette, *v.*
émette, *v.*
entremette (s'), *v.*
flammette.
gourmette.
guillemette, *v.*
Guillemette, *n. p.*
mette, *v.*
omette, *v.*
palmette.
permette, *v.*
pommette.
porte-allumettes.
promette, *v.*
ramette.
remette, *v.*
soumette, *v.*
transmette, *v.*

nette.

Annette, *n. p.*
bannette.
baïonnette.
barcelonnette.
Barcelonnette, *g.*
bercelonnette.
bergeronnette.
binette.
blondinette.
bobinette.
bonnette.
brunette.
cadenette.
canette.
cannette.
chaînette.
chansonnette.
chardonnette ou cardonnette.
clarinette.
colonnette.
cornette.
crépinette.
devinette.
dînette.
dunette.
épine-vinette.
épinette.
finette.
genette.
genette (à la).
grenette.
jaunette.
Jeannette, *n. p.*
jeannette (chaîne d'or).

jeunette.
lunette.
Madelonnettes.
maisonnette.
manette.
mannette.
marionnette.
midinette.
mignonnette.
nette.
nonnette.
pichenette.
ponette (poney).
rainette *ou* reinette.
satinette.
savonnette.
saynette.
serinette.
snobinette.
sonnette.
sornette.
tinette.
tournette.
vannette.
venette.

ou-ette.

alouette.
brouette, *s. et v.*
chouette.
fouette, *v.* [2].
girouette.
mouette.
pied d'alouette.
pirouette, *s. et v.*
silhouette.

pette.

carpette.
escampette, *pop.*
escopette.
houpette.
pipette.
serpette.
tapette.
trempette.
tripette.
trompette.

plette.

emplette.
quadruplette.
simplette.

prette.

proprette.

quette.

banquette.
barquette.
biquette.
blanquette.
bloquette.
briquette.
broquette.
casquette.
chiquette.
claquette.
cliquette.
coquette.
croquette.
étiquette.
franquette (à la bonne).
jaquette.
maquette.
marquette.
moquette.
musiquette.
piquette.
plaquette.
raquette.
roquette.
rouflaquette.
torquette.
trinquette.

rette.

amourette.
barrette.
bergerette.
burette.
charrette.
chauffrette.
cigarette.
clairette.
collerette.
courette.
curette.
fleurette.
gorgerette.
guillerette.
Lamourette (baiser).
lorette.
lurette.
il y a belle lurette.
opérette.
pâquerette.
Perrette, *n. p.*
Pierrette [3].
porte-cigarette.
sœurette.
surette.
tirette.
turlurette.
voiturette.

sette *dur.*

ansette.
assette.
bassette.
bossette.
cassette.
chaussette.
crossette.
époussette.
essette.
fossette.
massette.
poussette.
roussette.
tassette.
(*voir* cette.)

sette *doux.*

amusette.
anisette.
bisette.
casse-noisette.
causette.
cerisette.
chemisette.
cousette.
croisette.

disette.
épuisette.
fraisette.
frisette.
grisette.
Lisette, *n. p.*
mosette.
musette.
noisette.
risette.
Rosette.

(*voir* zette.)

strette.

strette.
soustraite.

tette.

quintette.
tette, *v.*

u-ette.

bluette.
fluette.
huette.
luette.
muette.
sourde-muette.
statuette.
suette.

vette.

avette.
bavette.
buvette.
civette.
clavette.
corvette.
crevette.
cuvette.
divette.
éprouvette.
fauvette.
ivette.
lavette.
navette.
olivettes.

vrette.

chevrette.
levrette.
pauvrette.
poivrette.

yette.

brayette.
La Fayette, *n. p.*
layette.

(*voir* iette.)

zette.

gazette.
mazette.
sizette.
Suzette, *n. p.*

(*voir* sette *doux.*)

voir AITE et ETE bref.

ETTRE.

admettre.
belles-lettres.
contre-lettre.
commettre.
compromettre.
démettre.
émettre.
entremettre (s').
gendelettre.
gens de lettres.
homme de lettres.
lettre.
mettre.
omettre.
permettre.
promettre.
remettre.
soumettre.
transmettre.

voir ÈTRE

EU [1].

bas-bleu.
bleu.
corbleu !
cordon-bleu.
maugrebleu.
morbleu !
palsembleu !
parbleu !
têtebleu !
ventrebleu !
vertubleu !

hébreu.

boute-feu.
couvre-feu.
feu, *a.*
feu, *s.*
garde-feu.
pot-au-feu.

adieu [2].
caïeu.
camaïeu.
Chaulieu, *n. p.* [2].
chef-lieu [2].
courlieu.
demi-dieu [3].
denier-adieu.
Dieu [1].
épieu [2].
essieu [2].
fesse-mathieu [4].
lieu.
messieurs.
milieu [2].
monsieur.
mordieu.
non-lieu.
pardieu.
pieu [1].
prie-dieu.
Richelieu, *n. p.* [3].
tudieu !

1) Pour le pluriel cf. les rimes en EUX.

enjeu.
jeu.

à la queue leu leu.
alleu (franc).

peu.

pneu.

arrière-neveu.
aveu.
cheveu.
désaveu.
neveu.
vœu.

moyeu.

EUBLE.

démeuble, *v.*
esteuble.
garde-meuble.
immeuble.
meuble, *s. et v.*
meuble, *a.*
remeuble, *v.*

EUD.

nœud.

voir EUT.

EUE.

Barbe-bleue.
bleue, *a. f.*

banlieue [3].
feue.
lieue [2].

hochequeue.
porte-queue.
queue.
trousse-queue.

EUF.

œuf.

Babeuf, *n. p.*
bœuf.
Brebeuf, *n. p.*
Elbeuf, *g.*
œil de bœuf.

bluff.

neuf, *a.*
neuf, *nom de nombre*
Pont-Neuf.

éteuf.
teuf-teuf.

veuf.

EUGLE.

beugle, *v.*

meugle, *v.*

aveugle, *a., s. et v.*
désaveugle, *v.*

EUIL.

breuil.

accueil.
Arcueil, *g.*
cercueil.
écueil.
recueil.

clin d'œil.
deuil.

cerfeuil.

orgueil.

œil.
trompe-l'œil.

écureuil.

seuil.

Auteuil, *g.*
fauteuil.

treuil.

bouvreuil.
chevreuil.

EUILLE.

accueille, *v.*
cueille, *v.*
recueille, *v.*

endeuille.

chèvrefeuille.
défeuille, *v.*
effeuille, *v.*
enfeuille (s').
feuille.
mille-feuille.
perce-feuille.
portefeuille.

veuille, *v.*

EUL.

linceul (*prononcé* seul).

Saint Acheul, *g.*

épagneul.
ligneul.

aïeul.
bisaïeul.
glaïeul.
trisaïeul.

filleul.
tilleul.

seul.

EULE [1].

aïeule.
épagneule.

bégueule.
brûle-gueule.
dégueule, *v.*
engueule, *v.*
gueule, *s. et v.*
gueules (blason).

filleule.

meule.

seule.

éteule.

veule.

EUN.

jeun (à).
voir UN.

EUNE.

déjeune, *v.*
jeune, *a.*
jeûne, *s. et v.*

EUPLE.

dépeuple, *v.*
peuple, *s. et v.*
repeuple, *v.*

EUQUE.

phaleuque.

Pentateuque.

EUR [2].

beur.

daubeur.
gobeur.
labeur.
plombeur.
radoubeur.

bleur.

ambleur.
assembleur.
cribleur.
doubleur.
hâbleur.
trembleur.

breur.

marbreur.
sabreur.
timbreur.

ceur.

amorceur.
dépeceur.
douceur.
enfonceur.
farceur.
lanceur.
minceur.
noceur.
noirceur.
placeur.
recommenceur.
suceur.
traceur.
(*voir* seur *dur et* xeur.)

cheur.

accoucheur.
afficheur.
aguicheur.
arracheur.
bambocheur.
bêcheur.
blancheur.
brocheur.
chercheur.
coucheur.
cracheur.
débaucheur.
dénicheur.
défricheur.
doucheur.
écorcheur.
embaucheur.
emmancheur.
émoucheur.
empêcheur.
éplucheur.
faucheur.
fraîcheur.
gâcheur.
lâcheur.
lécheur.
licheur.
mâcheur.
marcheur.
martin-pêcheur.
moucheur.
nicheur.
pécheur.
pêcheur.
piocheur.
percheur.
pignocheur.
pleurnicheur.
prêcheur.
rabâcheur.
raccrocheur.
toucheur.
tricheur.

cleur.

racleur.
sarcleur.

creur.

massacreur.

1) Cf. les féminins des adj. en EUL.
2) Pour le pluriel cf. EURS.

deur.

abordeur.
ardeur.
accordeur.
ambassadeur.
bardeur.
blondeur.
boudeur.
brodeur.
caimandeur.
candeur.
cardeur.
cascadeur.
chapardeur.
clabaudeur.
commandeur
débardeur.
décideur.
défendeur.
demandeur.
dévideur.
émondeur.
entendeur.
étendeur.
fadeur.
fendeur.
fondeur.
fraudeur.
froideur.
frondeur.
gambadeur.
gardeur.
grandeur.
grondeur.
hideur.
impudeur.
laideur.
liardeur.
lourdeur.
maraudeur.
marchandeur.
mordeur.
odeur.
pendeur.
plaideur.
pondeur.
pourfendeur.
pudeur.
profondeur.
quémandeur.
raccommodeur.
raideur.
ravaudeur.
regardeur.
revendeur.
rôdeur.
roideur.
rondeur.
sondeur.
splendeur.
strideur.
tendeur.
tiédeur [2].
tondeur.
vendeur.
verdeur.

é-eur.

agréeur.
gréeur.

feur.

bluffeur.
briffeur.
chauffeur.
coiffeur.
esbroufeur.
gaffeur.
greffeur.
piaffeur [2].
touffeur.

fleur.

chou-fleur.
écornifleur.
fleur.
gifleur.
persifleur.
renifleur.
ronfleur.
siffleur.
souffleur.

freur.

bâfreur.
chiffreur.
déchiffreur.
gaufreur.

geur.

arrangeur.
bridgeur.
changeur.
chargeur.
déchargeur.
déménageur.
égorgeur.
forgeur.
fourrageur.
gageur.
grugeur.
jaugeur.
jugeur.
largeur.
logeur.
louangeur.
mangeur.
nageur.
partageur.
pataugeur.
plongeur.
rageur.
ravageur.
rongeur.
saccageur.
singeur.
songeur.
tapageur.
treillageur.
vendangeur.
vengeur.
verbiageur.
vidangeur.
voltigeur.
voyageur.
(*voir* jeur.)

gleur.

étrangleur.
jongleur.
régleur.

gneur.

baigneur.

barguigneur [3].
égratigneur.
éteigneur.
gagneur.
grogneur.
lorgneur.
monseigneur.
peigneur.
rogneur.
saigneur.
seigneur.

greur.

aigreur.
maigreur.

gueur.

blagueur.
brigueur.
dialogueur.
dragueur.
drogueur.
élagueur.
épilogueur.
harangueur.
langueur.
ligueur.
longueur.
rigueur.
tangueur.
vigueur.
vogueur.
zingueur.

heur.

bonheur.
heur.
malheur.
porte-bonheur.
porte-malheur.

i-eur.

antérieur.
citérieur.
crieur.
épieur.
extérieur.
inférieur.
ingénieur.
intérieur.
lieur.
manieur.
marieur.
monsieur.
oublieur.
parieur.
plieur.
postérieur.
prieur.
relieur.
renieur.
rieur.
scieur.
sieur [1].
supérieur.
trieur.
ultérieur.
(*voir* yeur.)

jeur.

majeur.
(*voir* geur.)

leur.

affileur.
avaleur.
bateleur.
batifoleur.
botteleur.
bricoleur.
brûleur.
cabaleur.
cabrioleur.
cambrioleur.
cajoleur.
carreleur.
chaleur.
Chandeleur (la).
ciseleur.
colleur.
contrôleur.
couleur.
douleur.
effileur.
emballeur.
émouleur.
enfileur.
enjôleur.
enrôleur.
ensorceleur.
épileur.
fileur.
fouleur.
franc-fileur.
frôleur.
gabeleur.
griveleur.
haleur.
haut-parleur.
hurleur.
javeleur.
leur.
marteleur.
miauleur.
modeleur.
monopoleur.
mouleur.
non-valeur.
nielleur.
niveleur.
oiseleur.
pâleur.
parleur.
pédaleur.
pétroleur.
pileur.
querelleur.
racoleur.
râteleur.
recéleur.
remouleur.
roucouleur.
rouleur.
saleur.
scelleur.
souffre-douleur.
souleur.
tonneleur.
tréfileur.
valeur.
Vaucouleurs, *g.*
vielleur [3].
violeur.
voleur.

lleur ***mouillé.***

aiguilleur.

appareilleur.
artilleur.
bailleur.
bâilleur.
barbouilleur.
batailleur.
bouilleur.
bousilleur.
brailleur.
bredouilleur.
bretailleur.
conseilleur.
corailleur.
criailleur.
cueilleur.
débrouilleur.
détailleur.
disputailleur.
échenilleur.
écrivailleur.
émailleur.
empailleur.
farfouilleur.
ferrailleur.
fouilleur.
gaspilleur.
godailleur.
gouailleur.
grapilleur.
gribouilleur.
habilleur.
houilleur.
intrigailleur.
médailleur.
meilleur.
mitrailleur.
nasilleur.
orpailleur.
pailleur.
piailleur [3].
pilleur.
railleur.
rempailleur.
rimailleur.
rocailleur.
roupilleur.
tailleur.
tirailleur.
torpilleur.
travailleur.
veilleur.
vétilleur.

meur.

allumeur.
arrimeur.
assommeur.
charmeur.
clameur.
dîmeur.
dormeur.
écumeur.
embaumeur.
endormeur.
escrimeur.
étameur.
fumeur.
humeur.
imprimeur.
limeur.
parfumeur.
primeur.
rameur.
rétameur.
rimeur.
rumeur.
semeur.
steamer.
tumeur.

neur.

affineur.
approvisionneur.
badigeonneur.
balladeur.
baragouineur [4].
berneur.
blasonneur.
bouquineur.
bourdonneur.
camionneur.
carillonneur.
chicaneur.
chineur.
chourineur.
collectionneur.
coltineur.
confectionneur.
corneur.
crayonneur.
damasquineur.
débineur.
dégaineur.
déshonneur.
devineur.
dîneur.
donneur.
empoissonneur.
endoctrineur.
enlumineur.
entraîneur.
entrepreneur.
étalonneur.
faneur.
flâneur.
flagorneur.
gêneur.
glaneur.
gouverneur.
goudronneur.
grand-veneur.
griffonneur.
harponneur.
honneur.
jalonneur.
jargonneur.
jeûneur.
lamineur.
lésineur.
meneur.
mineur, *a. et s.*
moissonneur.
patelineur.
patineur
plafonneur
planeur.
potineur.
preneur.
promeneur.
prôneur.
questionneur [4].
raffineur.
raisonneur.
ramoneur.

rançonneur.
ricaneur.
satineur.
sermonneur.
sonneur.
suborneur.
tambourineur.
tamponneur.
tanneur.
tâtonneur.
teneur.
tisonneur.
tourneur.
traîneur.
vanneur.
veneur.

ou-eur.

amadoueur.
boueur.
floueur.
joueur.
loueur.
tatoueur.
toueur.

peur.

attrapeur.
chipeur.
coupeur.
découpeur.
dupeur.
enveloppeur.
estampeur.
frappeur.
galopeur.
gouapeur.
grimpeur.
japeur.
peur.
pipeur.
sapeur.
soupeur.
stoppeur.
stupeur.
tapeur.
torpeur.
trappeur.
trompeur.
vapeur.

pleur.

ampleur.

queur.

accroche-cœur.
chœur.
cœur.
chroniqueur.
claqueur.
contre-cœur (à).
craqueur.
crève-cœur.
critiqueur.
croqueur.
disséqueur.
enfant de chœur.
escroqueur.
liqueur.
marqueur.
moqueur.
piqueur.
plaqueur.
politiqueur.
polkeur.
pronostiqueur.
rancœur.
remorqueur.
sophistiqueur.
stoqueur.
tiqueur.
trafiqueur.
traqueur.
trinqueur.
troqueur.
truqueur.
vainqueur.

reur.

accapareur.
acquéreur.
assureur.
avant-coureur.
cireur.
coureur.
cureur.
dénigreur.
dévoreur.
discoureur.
doreur.
éclaireur.
écureur.
empereur.
encadreur.
enterreur.
erreur.
ferreur.
flaireur.
fourreur.
franc-tireur.
fureur.
goureur.
horreur.
jureur.
laboureur.
mesureur.
pâtureur.
peintureur.
péroreur.
picoreur.
pleureur.
procureur.
terreur.
tireur.

seur ***dur.***

abaisseur.
abrutisseur.
affranchisseur.
agresseur.
amasseur.
applaudisseur.
ascenseur.
assesseur.
avertisseur.
avilisseur.
bâtisseur.
belle-sœur.
bénisseur.
blanchisseur.
brasseur.
brosseur.
brunisseur.
casseur.
censeur.

chasseur.
compresseur.
concasseur.
condenseur.
confesseur.
connaisseur.
consœur.
convertisseur.
curseur.
damasseur.
danseur.
défenseur.
dégraisseur.
démolisseur.
détrousseur.
dresseur.
écosseur.
embrasseur.
encaisseur.
encenseur.
enchérisseur.
endosseur.
enfouisseur.
engraisseur.
engrosseur.
entasseur.
envahisseur.
épaisseur.
équarrisseur.
extenseur.
fesseur.
fidéjusseur.
finasseur.
finisseur.
fléchisseur.
fouisseur.
fourbisseur.
fournisseur.
fricasseur.
gausseur.
glisseur.
graisseur.
grosseur.
guérisseur.
herseur.
hydro-glisseur.
intercesseur.
jouisseur.

libre-penseur.
lisseur.
lotisseur.
masseur.
noircisseur.
nourrisseur.
obsesseur.
offenseur.
oppresseur.
ourdisseur.
passeur.
penseur.
pervertisseur.
pétrisseur.
pisseur.
polisseur.
possesseur.
précurseur.
prédécesseur.
professeur.
propulseur.
punisseur.
ramasseur.
rapetasseur.
ravisseur.
recenseur.
redresseur.
régisseur.
repasseur.
ressasseur.
rêvasseur.
rôtisseur.
rousseur.
sertisseur.
sœur.
successeur.
suspenseur.
tisseur.
tousseur.
transgresseur.
tresseur.
vasseur.
vavasseur.
vernisseur.
verseur.

(*voir* ceur *et* xeur.)

seur *doux.*

abuseur.
aiguiseur.
allégoriseur.
amuseur.
analyseur.
apprivoiseur.
arroseur.
attiseur.
baiseur.
biaiseur.
briseur.
causeur.
chamoiseur.
confiseur.
contrefaiseur.
croiseur.
dévaliseur.
diseur.
diviseur.
dogmatiseur.
écraseur.
entreposeur.
épouseur.
exorciseur.
faiseur.
friseur.
gloseur.
herboriseur.
jaseur.
latiniseur.
liseur.
magnétiseur.
moraliseur.
occiseur.
oseur.
paraphraseur.
peseur.
phraseur.
pindariseur.
poseur.
prédiseur.
priseur.
proviseur.
raseur.
reviseur.
septembriseur.

temporiseur.
thésauriseur.
toiseur.

teur.

abatteur.
abréviateur.
accélérateur.
acclamateur.
accompagnateur.
accumulateur.
accusateur.
administrateur.
admirateur.
adorateur.
adulateur.
agitateur.
amateur.
amplificateur.
annotateur.
appréciateur.
approbateur.
argumentateur.
armateur.
aspirateur.
assimilateur.
augmentateur.
aviateur.
batteur.
blasphémateur.
calculateur.
calomniateur.
captateur.
centralisateur.
certificateur.
circulateur.
citateur.
civilisateur.
classeur.
classificateur.
collaborateur.
collateur.
colonisateur.
commentateur.
commutateur.
compensateur.
compilateur.
conciliateur.
condensateur.
conformateur.
congélateur.
conjurateur.
consécrateur.
conservateur.
consignateur.
consolateur.
consommateur.
conspirateur.
contemplateur.
continuateur.
coopérateur.
créateur.
cultivateur.
curateur.
décimateur.
déclamateur.
décolorateur.
décorateur.
dégustateur.
délateur.
démonstrateur.
démoralisateur.
dénégateur.
dénominateur.
dénonciateur.
dépravateur.
dépréciateur.
déprédateur.
désapprobateur.
désolateur.
désorganisateur.
dessinateur.
dévastateur.
dévorateur.
dictateur.
diffamateur.
dilapidateur.
dispensateur.
dissertateur.
dissimulateur.
dissipateur.
distillateur.
divinateur.
divulgateur.
dominateur.
donateur.
édificateur.
éditeur.
éducateur.
éjaculateur.
élévateur.
émulateur.
empâteur.
énumérateur.
équateur.
estimateur.
évocateur.
exagérateur.
examinateur.
excavateur.
excitateur.
expérimentateur.
expiateur.
expirateur.
explorateur.
exportateur.
exterminateur.
extirpateur.
fabricateur.
falsificateur.
fascinateur.
filateur.
fixateur.
flatteur.
fomentateur.
fondateur.
formateur.
frelateur.
gâteur.
généralisateur.
générateur.
gesticulateur.
gladiateur.
glossateur.
gratteur.
herborisateur.
illuminateur.
illustrateur.
imitateur.
immolateur.
importateur.
improbateur.
improvisateur.
indicateur.

initiateur.
innovateur.
inoculateur.
inspirateur.
instigateur.
interpellateur.
interpolateur.
interprétateur.
interrogateur.
intimidateur.
investigateur.
irrigateur.
isolateur.
justificateur.
législateur.
libérateur.
liquidateur.
littérateur.
machinateur.
manipulateur.
médiateur.
migrateur.
minéralisateur.
modérateur.
modificateur.
modulateur.
moralisateur.
multiplicateur.
mystificateur.
narrateur.
navigateur.
négateur.
négociateur.
nomenclateur.
nominateur.
novateur.
numérateur.
objurgateur.
observateur.
obturateur.
opérateur.
orateur.
ordonnateur.
organisateur.
ostentateur.
pacificateur.
perforateur.
perturbateur.

pondérateur.
prédicateur.
préparateur.
présentateur.
préservateur.
prestidigitateur.
prévaricateur.
proclamateur.
procréateur.
procurateur.
profanateur.
propagateur.
propitiateur.
prosateur.
provocateur.
pulvérisateur.
qualificateur.
rabatteur.
récitateur.
réclamateur.
réconciliateur.
réformateur.
régénérateur.
régulateur.
rémunérateur.
rénovateur.
réparateur.
réprobateur.
résonateur.
restaurateur.
révélateur.
rotateur.
sacrificateur.
scrutateur.
sécateur.
sectateur.
sénateur.
sensibilisateur.
simulateur.
spectateur.
spéculateur.
spoliateur.
supinateur.
tâteur.
taxateur.
temporisateur.
tentateur.
testateur.

translateur.
transmutateur.
triomphateur.
usurpateur.
vaporisateur.
ventilateur.
vérificateur.
versificateur.
violateur.
vocalisateur.
vulgarisateur.
zélateur.

abstracteur.
acteur.
contrefacteur.
détracteur.
exacteur.
facteur.
infracteur.
rédacteur.
tracteur.

argenteur.
arpenteur.
brocanteur.
chanteur.
complimenteur.
détenteur.
enchanteur.
inventeur.
lenteur.
menteur.
pesanteur.
planteur.
puanteur.
senteur.
vanteur.

Pasteur, *n. p.*
pasteur.

contempteur.
rédempteur.

acheteur.
affréteur.
apprêteur.

banquetteur.
bienfaiteur [3].
bonneteur.
bretteur.
brouetteur [3].
caqueteur.
crocheteur.
déchiqueteur.
enquêteur.
entremetteur.
excréteur.
fouetteur [2].
fréteur.
fureteur.
guetteur.
malfaiteur.
marqueteur.
metteur.
parqueteur.
péteur.
préteur.
prêteur.
prometteur.
propréteur.
quêteur.
rhéteur.
sauveteur.
secréteur.
traiteur.
transmetteur.

collecteur.
correcteur.
directeur.
électeur.
érecteur.
injecteur.
inspecteur.
lecteur.
prosecteur.
prospecteur.
protecteur.
recteur.
réflecteur.
secteur.
vecteur.
vivisecteur.

accepteur.
percepteur.
précepteur.
récepteur.

déserteur.

questeur [2].

appariteur.
auditeur.
citeur.
compartiteur.
compétiteur.
compositeur.
créditeur.
débiteur.
éditeur.
expéditeur.
inquisiteur.
moniteur.
provéditeur.
répartiteur.
répétiteur.
serviteur.
solliciteur.
transpositeur.
visiteur.

constricteur.
contradicteur.
licteur.

conscripteur.
inscripteur.
proscripteur.
scripteur.
souscripteur.
transcripteur.

flirteur.

agioteur.
automoteur.
auteur.
bachoteur.
barboteur.
caboteur.
carotteur.
chipoteur.
chuchoteur.
coauteur.
comploteur.
décrotteur.
ergoteur.
escamoteur.
fagoteur.
fauteur.
flotteur.
fricoteur.
frotteur.
hauteur.
globe-trotteur.
gobeloteur.
jaboteur.
locomoteur.
marmoteur.
moteur.
noteur.
numéroteur.
peloteur.
promoteur.
raboteur.
radoteur.
riboteur.
rioteur.
sauteur.
siroteur.
tricoteur.
tripoteur.
trotteur.

docteur.

exploiteur.
moiteur.

affronteur.
compteur.
conteur.
dompteur.
escompteur.
monteur.
raconteur.

appointeur.
éreinteur.
pointeur.

douteur.
écouteur.
jouteur.
rebouteur.

colporteur.
porteur.
rapporteur.

composteur.
imposteur.

coadjuteur.
cotuteur.
discuteur.
disputeur.
distributeur.
exécuteur.
flûteur.
instituteur.
interlocuteur.
lutteur.
percuteur.
persécuteur.
recruteur.
tuteur.

abducteur.
adducteur.
conducteur.
constructeur.
destructeur.
inducteur.
instructeur.
introducteur.
producteur.
réducteur.
reproducteur.
séducteur.
traducteur.

agriculteur.
apiculteur.
consulteur.
horticulteur.
insulteur.
sculpteur.
sériciculteur.
sylviculteur.
viticulteur.

emprunteur.

corrupteur.
interrupteur.

ajusteur.

treur.

enregistreur.

métreur.

montreur.

remontreur.

u-eur.

lueur.
remueur.
rueur.
sueur.
tueur.

veur.

baveur.
buveur.
défaveur.
éleveur.
encaveur.
enjoliveur.
faveur.
ferveur.
graveur.
laveur.
lessiveur.
leveur.
paveur.
receveur.
releveur.
rêveur.
sauveur.
saveur.
serveur.
trousseur.
viveur.

vreur.

couvreur.
délivreur.
livreur.
ouvreur.

xeur.

boxeur.
(*voir* ceur *et* seur *dur.*)

yeur.

aboyeur.
balayeur.
bayeur.
broyeur.
charroyeur.
convoyeur.
corroyeur.
employeur.
envoyeur.
essayeur.
fossoyeur.
frayeur.
giboyeur.
grasseyeur.
guerroyeur.
langueyeur.
larmoyeur.
layeur.
mareyeur.
monnayeur.
pagayeur.
payeur.
pourvoyeur.
tutoyeur.
(*voir* ieur.)

EURE.

demi-heure.
écœure.
heure.

désheure, *v.*
male heure (à la).
quart d'heure.

effleure, *v.*
fleure, *v.*

antérieure, *a. f.*
citérieure, *a. f.*
extérieure, *a. f.*
inférieure, *a. f.*
intérieure, *a. f.*
postérieure, *a. f.*
prieure.
supérieure, *a. f. et s.*
ultérieure, *a. f.*

majeure, *a. f.*

meilleure, *a. f.*

demeure, *s. et v.*
meure, *v.*

mineure, *a. f.*

chantepleure.
pleure, *v.*

voir EURRE.

EURE (*prononcé* ure).

gageure.

voir URE.

EURRE.

babeurre.
beurre.

leurre; *s. et v.*

voir EURE.

EURS [1].

plusieurs [2].

ailleurs *et* d'ailleurs.

meurs, *v.*
mœurs.

pleurs.

EURT.

heurt.

meurt. *v.*

EURTE.

aheurte (s'), *v.*
heurte, *v.*

EURTRE.

meurtre.

EUSE [2].

ceuse.

berceuse.
chanceuse.
farceuse.
noceuse.
suceuse.
(*voir* seuse *dur.*)

cheuse.

accoucheuse.
arracheuse.
brocheuse.
chercheuse.
éplucheuse.
fâcheuse.
faucheuse.
gâcheuse.
grincheuse.
marcheuse.
pêcheuse.
pelucheuse.
pleurnicheuse.
prêcheuse.
rabâcheuse.
raccrocheuse.
rocheuse.
tricheuse.

creuse.

Creuse, *g.*
creuse, *a. f. et v.*
macreuse.

deuse.

boudeuse.
brodeuse.
cardeuse.
cascadeuse.
dévideuse.
frondeuse.
galvaudeuse.
gardeuse.
grondeuse.
hasardeuse.
hideuse.
maraudeuse.
plaideuse.
pondeuse.
quémandeuse.
raccommodeuse.
ravaudeuse.
revendeuse.
rôdeuse.
tondeuse.
vendeuse.

feuse.

chauffeuse.
coiffeuse.
esbrouffeuse.
gaffeuse.

geuse.

louangeuse.

1) Cf. les pluriels des mots en EUR.
2) Cf. les féminins des adjectifs en EUR et en EUX.

logeuse.
mangeuse.
nageuse.
partageuse.
plongeuse.
rongeuse.
songeuse.
vendangeuse.
voyageuse.

gneuse.

baigneuse.
hargneuse.
peigneuse.

gueuse.

blagueuse.
épilogueuse.
gueuse, *a. f. et v.*
gueuse, *s.*
ligueuse.

i-euse.

crieuse.
marieuse.
parieuse.
plieuse.
précieuse.
rieuse.
scabieuse.
trieuse.

(*voir* yeuse.)

leuse.

avaleuse.
cabaleuse.
cajoleuse.
écaleuse.
enjôleuse.
ensorceleuse.
fileuse.
frôleuse.
jongleuse.
nébuleuse.
parleuse.
pédaleuse.
pétroleuse.
querelleuse.
racoleuse.
recéleuse.
rouleuse.
trembleuse.
vielleuse.
voleuse.

lleuse *mouillé.*

barbouilleuse.
batailleuse.
fouilleuse.
gaspilleuse.
gouailleuse.
habilleuse.
mitrailleuse.
railleuse.
rempailleuse.
tailleuse.
travailleuse.
veilleuse.

meuse.

allumeuse.
charmeuse.
crémeuse.
dormeuse.
endormeuse.
escrimeuse.
fumeuse.
gommeuse.
parfumeuse.
semeuse.
squameuse.

neuse.

chicaneuse.
collectionneuse.
couenneuse.
dîneuse.
empoisonneuse.
entraîneuse.
entrepreneuse.
faneuse.
flagorneuse.
flâneuse.
gêneuse.
glaneuse.
légumineuse.
meneuse.
moissonneuse.
patineuse.
preneuse.
promeneuse.
questionneuse.
raisonneuse.
ricaneuse.
sermonneuse.
suborneuse.
traîneuse.

ou-euse.

joueuse.
loueuse.

peuse.

adipeuse.
coupeuse.
enveloppeuse.
galopeuse.
pompeuse.
pulpeuse.
sirupeuse.
soupeuse.
stoppeuse.
trompeuse.

preuse.

preuse.

queuse.

aqueuse.
belliqueuse.
croqueuse.
escroqueuse.
moqueuse.
muqueuse.
piqueuse.
politiqueuse.
polkeuse.
remorqueuse.
visqueuse.

reuse.

accapareuse.
avant-coureuse.
coureuse.

dévoreuse.
discoureuse.
heureuse.
péroreuse.
picoreuse.
pierreuse.
pleureuse.
procureuse.
tireuse.
tubéreuse.
vareuse.

seuse *dur.*

applaudisseuse.
bâtisseuse.
bénisseuse.
blanchisseuse.
brasseuse.
brunisseuse.
casseuse.
connaisseuse.
convertisseuse.
danseuse.
définisseuse.
dégraisseuse.
écosseuse.
embrasseuse.
envahisseuse.
finisseuse.
fournisseuse.
guérisseuse.
jouisseuse.
masseuse.
passeuse.
penseuse (libre-).
polisseuse.
ramasseuse.
rapetasseuse.
redresseuse.
remplisseuse.
repasseuse.
verseuse.

(*voir* ceuse.)

seuse *doux.*

amuseuse.
causeuse.
confiseuse.
coupeuse.
diseuse.
empeseuse.
faiseuse.
friseuse.
liseuse.
poseuse.
repriseuse.
vaseuse.

teuse.

acheteuse.
affronteuse.
ajusteuse.
aphteuse.
arpenteuse.
batteuse.
brocanteuse.
chanteuse.
clapoteuse.
colporteuse.
complimenteuse.
compteuse.
conteuse.
discuteuse.
disputeuse.
dompteuse.
écouteuse.
emprunteuse.
entremetteuse.
escamoteuse.
exploiteuse.
flirteuse.
fureteuse.
insulteuse.
lutteuse.
menteuse.
porteuse.
quêteuse.
raconteuse.
radoteuse.
rapporteuse.
sauteuse.
solliciteuse.
tripoteuse.
visiteuse.

treuse.

chartreuse.
montreuse.
théâtreuse.

ueuse.

tueuse.

veuse.

baveuse.
buveuse.
couveuse.
laveuse.
lessiveuse.
morveuse.
nerveuse.
receveuse.
rêveuse.
serveuse.
verveuse.
viveuse.

vreuse.

ouvreuse.
sevreuse.

yeuse.

aboyeuse.
balayeuse.
employeuse.
essayeuse.
larmoyeuse.
pourvoyeuse.
yeuse [3].

(*voir* ieuse.)

EUT.

émeut, *v.*
meut, *v.*

peut, *v.*
sauve-qui-peut.

pleut, *v.*

veut, *v.*

voir EUD.

EUT (*prononcé* ut).

eut, *v.*

voir UT.

EUTE.

ameute, *v.*
émeute.
Gœthe, *n. p.*
meute.

thérapeute.

queute, *v.*

choreute.

EUTRE.

calfeutre, *v.*
feutre.

neutre.

pleutre.

EUVE.

Sainte-Beuve, *n. p.*

abreuve, *v.*

fleuve.

émeuve, *v.*
meuve, *v.*

neuve, *a. f.*
Terre-Neuve, *g. et s.*

pleuve, *v.*

contre-épreuve.
épreuve.
preuve.
veuve.

EUVRE.

chef-d'œuvre.
couleuvre.
désœuvre.
hors-d'œuvre.
main-d'œuvre.
manœuvre, *s. et v.*
œuvre.
pied d'œuvre (à).
pieuvre.

EUX [1].

eux, *pron.*
œufs.

beux.

bœufs.
bourbeux.
bulbeux.
gibbeux.
herbeux.
tourbeux.
verbeux.

bleux.

sableux.

breux.

fibreux.
Hébreux (les).
nombreux.
ombreux.
scabreux.
ténébreux.

ceux.

ceux, *pron.*
chanceux.
glaceux.
iceux, *pron.*
(*voir* seux *dur.*)

cheux.

fâcheux.
faucheux.
gâcheux.
grincheux.
pelucheux.
rocheux.

cleux et **creux.**

cercleux.
creux.
songe-creux.

deux,

d'eux.
deux.
entre-deux.
galvaudeux.
hasardeux.
hideux.

dreux.

cendreux.
chancreux.
filandreux.
ocreux.
poudreux.

freux.

affreux.

geux.

avantageux.
courageux.
désavantageux.
fangeux.
liégeux.
marécageux.
moyenageux.
neigeux.

1) Cf. les pluriels des mots en EU.

nuageux.
ombrageux.
orageux.
outrageux.
partageux.
(*voir* jeu.)

gneux.

besogneux.
cagneux.
dédaigneux.
grogneux.
hargneux.
ligneux.
montagneux.
rogneux.
saigneux.
soigneux.
teigneux.
vergogneux.

gueux.

fougueux.
gueux.
Périgueux, *g.*
rugueux.

i-eux.

acrimonieux.
aïeux [2].
ambitieux.
antireligieux.
anxieux.
arsénieux.
artificieux.
astucieux.
audacieux.
avaricieux.
bilieux.
bisaïeux.
calomnieux.
capricieux.
captieux.
cérémonieux.
chassieux.
cieux [1].
compendieux.
consciencieux.
contagieux.
contentieux.
copieux.
curieux.
délicieux.
dévotieux.
disgracieux.
dispendieux.
élogieux.
envieux.
facétieux.
factieux.
fallacieux.
fastidieux.
fieux.
furieux.
glorieux.
gracieux.
harmonieux.
ignominieux.
impérieux.
industrieux.
infectieux.
ingénieux.
inglorieux.
injurieux.
inofficieux.
insidieux.
insoucieux.
irréligieux.
irrévérencieux.
judicieux.
laborieux.
licencieux.
litigieux.
luxurieux.
malgracieux.
malicieux.
mélodieux.
mieux [1].
minutieux.
miséricordieux.
mystérieux.
obséquieux.
odieux.
officieux.
oublieux.
parcimonieux.
pécunieux.
pernicieux.
pieux.
pluvieux.
précieux.
prestigieux.
prétentieux.
prodigieux.
radieux.
religieux.
révérencieux.
sanieux.
scabieux.
séditieux.
sentencieux.
sérieux.
silencieux.
soucieux.
spacieux.
spécieux.
spongieux.
studieux.
superstitieux.
tant mieux.
trisaïeux.
vicieux.
victorieux.
vieux [1].
(*voir* yeux.)

leux.

anguleux.
argileux.
calleux.
cauteleux.
celluleux.
crapuleux.
fabuleux.
fistuleux.
flosculeux.
frauduleux.
frileux.
furonculeux.
galeux.
glanduleux.
globuleux.
granuleux.
graveleux.

grumeleux.
houleux.
huileux [2].
lamelleux.
méticuleux.
mielleux [2].
miraculeux.
moelleux.
musculeux.
nébuleux.
onduleux.
pileux.
populeux.
pustuleux.
scandaleux.
scrofuleux.
scrupuleux.
tuberculeux.
tubéreux.
tubuleux.
varioleux.

lleux ***mouillé.***

chatouilleux.
croustilleux.
écailleux.
houilleux.
lentilleux.
merveilleux.
orgueilleux.
pailleux.
périlleux.
pointilleux.
pouilleux.
rocailleux.
rouilleux.
saut périlleux.
sourcilleux.
vétilleux.

meux.

brumeux.
crémeux.
écumeux.
fameux.
fumeux.
gommeux.
rameux.
spumeux.
squameux.
vénimeux.

neux.

albumineux.
alumineux.
angineux.
bitumineux.
boutonneux.
breneux.
buissonneux [3]
cartilagineux.
caverneux.
cérumineux.
charbonneux.
cotonneux.
crayonneux.
épineux.
érugineux.
farineux.
ferrugineux.
floconneux.
fuligineux.
gangréneux.
gazonneux.
gélatineux.
glutineux.
haineux.
laineux.
lamineux.
lanugineux.
légumineux.
libidineux.
limoneux.
lumineux.
marneux.
matineux.
membraneux.
moutonneux.
mucilagineux.
oléagineux.
pharamineux.
phlegmoneux.
poissonneux.
rancuneux.
résineux.
ruineux [3].
sablonneux.
savonneux.
soupçonneux.
tendineux.
veineux.
vénéneux.
vertigineux.
vineux.
volumineux.

ou-eux.

boueux.
noueux.

peux.

adipeux.
loupeux.
peux, *v.*
polypeux.
pompeux.
pulpeux.
sirupeux.

preux.

lépreux.
preux.

queux.

aqueux.
belliqueux.
maître queux.
muqueux.
queux.
siliqueux.
variqueux.
verruqueux.
visqueux.

reux.

amoureux.
aventureux.
bienheureux [3].
cadavéreux.
cancéreux.
catarrheux.
chaleureux.
dangereux.
désireux.

doucereux.
douloureux.
ferreux.
foireux.
généreux.
glaireux.
heureux.
langoureux.
liquoreux.
macareux.
malheureux.
miséreux.
onéreux.
peureux.
phosphoreux.
pierreux [2].
plantureux.
pleureux.
poreux.
poussiéreux.
rigoureux.
savoureux.
séreux.
soporeux.
sulfureux.
tartareux.
terreux.
ulcéreux.
valeureux.
vaporeux.
véreux.
vigoureux.

seux *dur.*

crasseux.
graisseux.
mousseux.
osseux.
paresseux.
poisseux.
(*voir* **ceux.**)

seux *doux.*

boiseux.
glaiseux.
oiseux.
vaseux.
(*voir* **zeux.**)

teux.

acéteux.
alimenteux.
argenteux.
azoteux.
boiteux.
caillouteux.
calamiteux.
capiteux.
comateux.
convoiteux.
coûteux.
douteux.
duveteux.
eczémateux.
exanthémateux.
filamenteux.
gâteux.
goutteux.
grisouteux.
honteux.
juteux.
laiteux.
loqueteux.
ligamenteux.
médicamenteux.
marmiteux.
miteux.
nécessiteux.
œdémateux.
pâteux.
péteux.
piteux.
pituiteux [4].
quinteux.
raboteux.
rebouteux.
sarmenteux.
schisteux.
souffreteux.
tourmenteux.
vaniteux.
venteux.

treux.

Chartreux.
dartreux.
désastreux.
goîtreux.
malencontreux.
nitreux.
plâtreux.
salpêtreux.
tartreux.
vitreux.

u-eux.

affectueux.
anfractueux.
défectueux.
délictueux.
difficultueux.
fastueux.
flatueux.
fluctueux.
fructueux.
impétueux.
incestueux.
infructueux.
irrespectueux.
majestueux.
monstrueux.
montueux.
onctueux.
présomptueux.
respectueux.
sinueux.
somptueux.
spiritueux.
talentueux.
tempêtueux.
torrentueux.
tortueux.
tumultueux.
vertueux.
voluptueux.

veux.

baveux.
morveux.
nerveux.
verveux.
veux, *v.*

vreux.

cuivreux.
fiévreux [2].

yeux.

crayeux.
ennuyeux.
giboyeux.
joyeux.
soyeux.
yeux.

(*voir* ieux.)

zeux.

gazeux.

(*voir* seux *doux*.)

ÈVE.

Ève, *n. p.*

brève, *a. f.*

achève, *v.*
parachève, *v.*

crève, *v.*

endève, *v.*

fève.

dégrève, *v.*
grève, *s.*
grève, *v.*
place de Grève.

briève, *a. f.*
Geneviève, *n. p.*
griève, *a. f.*

élève, *v. et s.*
enlève, *v.*
lève, *v.*
prélève, *v.*
relève, *v.*
soulève, *v.*
surélève, *v.*

Genève, *g.*
Geneviève, *n. p.*

rêve, *s. et v.*

sève.

trêve.

voir AIVE.

ÈVRE.

chèvre.

orfèvre.

Bièvre [2], *g.*
bec-de-lièvre.
enfièvre, *v.*
fièvre [2].
genièvre [3].
lièvre [2].
mièvre [2].

lèvre.
plèvre.
sèvre, *v.*
Sèvres, *g.*

EX.

Codex.
index.

culex.
silex.

murex.

latex.
narthex.
vertex.

voir AIX.

EXE.

circonflexe.
réflexe.

annexe, *s. et v.*
connexe.

complexe.
implexe.
incomplexe.
perplexe.

sexe.

biconvexe.
convexe.
vexe, *v.*

EXTE.

bissexte.
sexte.

contexte.
prétexte, *s. et v.*
texte.

EXTRE.

ambidextre.
dextre.

EY.

bey.

dey.

Bugey, *g.*

jockey.
tokay.

trolley.

attorney.
Ferney, *g.*

poney.

voir AI et AY monosyllabes.

EYE.

asseye, *v.*
grasseye, *v.*
rasseye, *v.*
seye, *v.*

voir AYE.

EZ[1].

(dont le *z* ne se prononce point.)

ez.

chez.

offrez.
souffrez.

lez.

assaillez.
baillez.
défaillez.
tressaillez.

accueillez.
veuillez.

moulez.
valez.
voulez.

cache-nez.
nez.
pince-nez.
prenez.
tenez.
venez.

sonnez.
tonnez.

acquérez.
acquerrez.
courez.
mourez.
mourrez.

cousez.
taisez.

assez.
bruissez.
connaissez.
croissez.
finissez.

battez.
mentez.
partez.
repentez.
sentez.
sortez.

absolvez.
buvez.
écrivez.
servez.

couvrez.
ouvrez.

asseyez.
croyez.
fuyez.
rasseyez.
voyez.

voir ÈS.

iez.

biez (1) (=bief).

sembliez.
sombriez.

renâcliez.

massacriez.
vaincriez.

prendriez.
tiendriez.
viendriez.
voudriez.

souffriez.

valiez.
vouliez.

aimiez.
dormiez.

preniez.
teniez.
veniez.

rompiez.

vainquiez.

couriez.
mouriez.
mourriez.
queriez.
riez.
souriez.

cousiez.
lisiez.
taisiez.

bruissiez.
croissiez.
finissiez.
naissiez.
paissiez.
paraissiez.

battiez.
châtiez.
châtiiez.

1) Cf. les 2es pers. du plur. de tous les temps des verbes.

étiez.	**EZ** (dont le *z* se prononce).	**ÈZE.**
buviez. serviez.	fez, *s.* Fez, *g.*	Bèze (De), *n. p.*
voyiez.	Natchez (les), *g.* Retz (De), *n. p.*	alèze. mélèze.
voir rimes en ÉS, AIS.	Suez, *g.* *voir* ÈS.	trapèze. *voir* ÈSE et AISE.

I

I [1].

a-i.

Adonaï, *n. p.*
Aï, *g.*
Esaï, *n. p.*
haï.
Sinaï, *g.*
samouraï.

bi.

alibi.
arbi.
biribi.
ébaubi.
estourbi.
fourbi.
gourbi.
rabbi.
subi.
vrombi.

bli.

anobli.
établi.
oubli.

bri.

abri.
assombri.
cabri.
colibri.

ci.

adouci.
ceci.
celle-ci.
celui-ci.
ceux-ci.
ci.
couci-couci.
durci.
endurci.
farci.
ici.
merci.
raccourci.
radouci.
rétréci.
revoici.
sans-souci.
souci.
voici.

(*voir* si *dur.*)

chi.

affranchi.
avachi.
chichi.
défraîchi.
enrichi.
fléchi.
gauchi.
irréfléchi.
malblanchi.
mamamouchi.
réfléchi.

cri.

cri.
cric (*prononcé* cri).
cricri.
décri.

di.

après-midi.

---

1) Il faut ajouter à cette série le part. passé masculin de tous les verbes terminés en IR, et, au pluriel, cf. IS dont l'*s* ne se prononce point. On n'a indiqué, parmi les participes en I, que ceux qui sont employés comme substantifs ou comme adjectifs. Il faut observer qu'on a pu faire rimer avec les mots en I la première pers. du sing. du présent de l'indicatif et du passé défini des verbes en IR, en supprimant l'*s*.

bigoudi.
cadi.
candi.
décadi.
dégourdi.
duodi.
effendi.
engourdi.
étourdi.
Gassendi, *n. p.*
Gondi, *n. p.*
hardi.
jeudi.
Lodi, *g.*
lundi.
mahdi.
mardi.
mercredi.
midi.
modus vivendi.
pardi !
primidi.
nonidi.
octidi.
organdi.
quartidi.
quintidi.
rebondi.
samedi.
septidi.
sextidi.
sidi.
tridi.
vendredi.
youdi.

dri.

attendri.

éi.

désobéi.
obéi.

eui.

bleui.

fi.

bouffi.
défi.
fi !
fifi.

(*voir* phi.)

gi.

bostangi.
ci-gît.

gri.

aigri.
engri.
mistigri.
rabougri.

gui.

alangui.
gui.
langui.
sloughi.
yoghi.

hi.

ahi !
ébahi.
envahi.
hi ! hi ! hi !
trahi.
spahi.

ki.

kaki.
maki.
ski.

li.

ailloli.
alcali.
Ali, *n. p.*
apâli.
avili.
bâli *ou* pâli.
Bengali.
brocoli.
casus belli.
Chili, *g.*
hallali.
impoli.
joli.
lapis-lazuli.
Lulli, *n. p.*
paroli.
pali.
patchouli.
poli, *a. et s.*
ravioli.
Rivoli, *g.*
simili.
Tivoli, *g.*
tripoli, *s.*
Tripoli, *g.*

lli *mouillé.*

bailli.
bouilli.
failli.
vice-bailli.

mi.

à demi.
ami.
demi.
emmi.
endormi.
ennemi.
fourmi.
lapsus calami.
mi, *musique.*
mimi.
parmi.
roumi.

ni.

agoni.
aplani.
Albéroni, *n. p.*
banni.
béni.
boni.
brouillamini.
bruni.

catimini (en).
Cellini, *n. p.*
ciceroni.
Concini, *n. p.*
défini.
dégarni.
déni.
embrouillamini.
fini.
fourni.
Franconi, *n. p.*
garni.
honni.
impuni.
indéfini.
infini.
jarni.
lazaroni.
macaroni.
nenni.
ni.
raccorni.
Rimini, *g*
romani.
Rossini, *n. p.*
soprani.
uni.
un i (droit comme un i).

ou-i.

boui-boui.
ébloui.
enfoui.
épanoui.
évanoui.
inouï.
joui.
ouï.
oui [1].
réjoui.
roui.

pi.

api.
champi.
crépi.
déguerpi.
échampi.
épi.
flapi.
glapi.
Mississipi, *g.*
pipi.
réchampi.
tapi.

phi.

Sophi.
(*voir* fi.)

pli.

accompli.
pli.
rempli.
repli.

qui.

Créqui, *g.*
qui.

ri.

aguerri.
ahuri.
amphigouri.
béribéri.
Berri, *g.*
bistouri.
canari.
carbonari.
cari.
céleri.
charivari.
chéri.
condottieri.
défleuri.
émeri.
endolori.
équarri.
favori.
fleuri.
fortiori (à).
Guilleri.
harakiri.
Henri, *n. p.*
houri.
hourvari.
kimri.
mari.
marri.
méhari.
nourri.
pari.
péri.
pifferari.
pilori.
pot pourri.
pourri.
posteriori (à).
priori (à).
renchéri.
Uri, *g.*
Zingari.

si *dur.*

ainsi.
aussi.
réussi.
reversi.
roussi.
transi.
si, *conj.*
si, *mus.*
(*voir* ci.)

si *doux.*

choisi.
cramoisi.
dessaisi.
moisi.
points sur les i.
quasi.
ressaisi.
saisi.
(*voir* zi.)

ti.

abrouti.
abruti.
agouti.
apprenti.
asti.
averti.

bâti.
cati.
concetti.
confetti.
Conti, *n. p.*
converti.
cristi !
décati.
démenti.
dénanti.
fioretti.
frichti.
Frascati, *g.*
garanti.
graffiti.
Haïti, *g.*
lacryma-Christi.
locati.
loti.
malbâti.
mercanti.
mi-parti.
muphti.
nanti.
ouistiti.
palma-Christi.
parti.
et patati.
pizzicati.
pristi !
rôti.
sacristi !
sapristi !
scaferlati.
Taïti, *g.*
travesti.
titi.
tutti.
tutti quanti.

tri.

flétri.
pétri.
tri.

ui, ***monosyllabe.***

appui.
aujourd'hui.
autrui.
celui.
ennui.
essui.
étui.
icelui.
lui.
ressui.

vi.

assouvi.
bravi.
couvi.
envi (à l').
inassouvi.
Lévi, *n. p.*
nervi.
peccavi.
pehlvi.
poursuivi.
ravi.
renvi.
suivi.

vri.

orfévri.

xi.

taxi.

zi.

lazzi.
revenez-y.
scherzi.
(*voir* si *doux.*)

voir Y *et* IL (*l* muet).

IBE.

Caraïbe, *g.*

imbibe, *v.*

bribe.

scribe.

prohibe, *v.*

Antibes, *g.*

diatribe.

exhibe, *v.*

IBLE.

bible.

Bible.

cible.

cible.
coercible.
incoercible.
indicible.
invincible.

(*voir* scible, sible *dur et* xible.)

crible.

crible. *s. et v.*

gible.

corrigible.
éligible.
exigible.
fongible.
incorrigible.
inéligible.
inexigible.
infrangible.
inintelligible.
intangible.
intelligible.
rééligible.
réfrangible.
tangible.

guible.

inextinguible.

llible, ***mouillé.***

faillible.
infaillible.

nible.

disponible.
indisponible.
pénible.

rible.

horrible.
terrible.

sible *dur et* **scible.**

accessible.
admissible.
cessible.
compréhensible.
compressible.
concupiscible.
expansible.
extensible.
fermentescible.
immarcescible.
impassible.
impossible.
imputrescible.
inaccessible.
inadmissible.
inamissible.
incessible.
incompréhensible.
incompressible.
inextensible.
insensible.
insubmersible.
intransmissible.
irascible.
irrémissible.
irrépréhensible.
irrépressible.
irréversible.
ostensible.
passible.
possible.
putrescible.
rémissible.
répréhensible.
répressible.
réversible.
sensible.
submersible.
suprasensible.
successible.
transmissible.

(*voir* cible *et* xible.)

sible *doux.*

divisible.
explosible.
fusible.
illisible.
indivisible.
inexplosible.
infusible.
intraduisible [5].
invisible.
lisible.
loisible.
nuisible [3].
paisible.
plausible.
risible.
traduisible [4].
visible.

tible.

combustible.
comestible.
compatible.
conductible.
convertible.
corruptible.
digestible.
imperceptible.
imperfectible.
imprescriptible.
incombustible.
incompatible.
inconvertible.
incorruptible.
indéfectible.
indescriptible.
indestructible.
irréductible.
irrésistible.
perceptible.
perfectible.
prescriptible.
réductible.
réproductible.
susceptible.

vible.

amovible.
inamovible.

xible.

flexible.
inflexible.
réflexible.

(*voir* cible *et* sible *dur.*)

IBRE.

fibre.

calibre.
équilibre, *s. et v.*
félibre.
libre.

Tibre, *g.*

vibre, *v.*

IC.

haïck *ou* haïc.
laïc.

alambic.

public.

déclic.

brick.
lombric.

hic.

cric.

chic.
chic (de).
moujik.

syndic.

fic.
trafic.

flic.

basilic.
beylik.
kayserlik.
ombilic.
pachalik.
selamlik.

arsenic.
Copernic, *n. p.*
Metternich, *n. p.*
Munich, *g.*
schnik.

couic !

à pic.
aspic.
pic.
porc-épic.
repic.

agaric.
Alaric, *n. p.*
carrick.
Frédéric, *n. p.*
ric à ric.
Zurich, *g.*

Leipsick, *g.*
sic.

astic.
diagnostic.
loustic.
mastic.
pronostic.
stick.
tic.

trick.

Ludovic, *n. p.*

ICE.

cice.

exercice.

dice.

appendice.
blandices.
Eurydice, *n. p.*
immondice.
indice.
préjudice.

drice.

ambassadrice.

fice.

artifice.
bénéfice.
édifice.
maléfice.
office.
orifice.
sacrifice.
Saint-Office.
vénéfice.

frice.

dentifrice.

lice.

basse-lice.
calice.
cardinalice.
cilice.
délices.
Gallice, *g.*
haute-lice.
hélice.
lice.
malice.
milice.
police, *s. et v.*
silice.
songe-malice.

mice.

comices.
immisce (s').
prémices.

nice.

Bérénice, *n. p.*
Nice, *g.*
nice, *a.* (sot).
Polynice, *n. p.*

pice.

aruspice.
auspice.
épice, *s. et v.*
frontispice.
hospice.
pain d'épice.
précipice.
propice.
Sulpice, *n. p.*

plice.

complice.
quadruplice.
supplice.
triplice.

price.

caprice.

rice.

avarice.
nourrice.
varice.

tice.

adventice.
armistice.
factice.
injustice.
interstice.
justice.
notice.
obreptice.
solstice.
subreptice.

trice.

accompagnatrice.
accusatrice.
actrice.

admiratrice.
adulatrice.
approbatrice.
auditrice.
automotrice.
bienfaitrice [4].
bissectrice.
calomniatrice.
cantatrice.
cicatrice.
coadjutrice.
compositrice.
conciliatrice.
conductrice.
conservatrice.
consolatrice.
contemplatrice.
coopératrice.
correctrice.
corruptrice.
créatrice.
curatrice.
débitrice.
délatrice.
désapprobatrice.
destructrice.
détentrice.
dévastatrice.
directrice.
dispensatrice.
dissipatrice.
distributrice.
dominatrice.
électrice.
exécutrice.
expéditrice.
factrice.
fautrice.
fondatrice.
génératrice.
imitatrice.
impératrice.
improbatrice.
improvisatrice.
indicatrice.
inspectrice.
inspiratrice.
instigatrice.
institutrice.
interlocutrice.
introductrice.
inventrice.
lectrice.
législatrice.
libératrice.
locomotrice.
matrice.
médiatrice.
médicatrice.
monitrice.
motrice.
négociatrice.
observatrice.
patrice.
persécutrice.
perturbatrice.
présentatrice.
productrice.
profanatrice.
promotrice.
protectrice.
réconciliatrice.
rédactrice.
rédemptrice.
réformatrice.
régénératrice.
répétitrice.
révélatrice.
séductrice.
spectatrice.
spéculatrice.
spoliatrice.
tentatrice.
testatrice.
traductrice.
tutrice.
violatrice.
zélatrice.

vice.

novice.
service.
sévices.
vice.

voir ISSE.

ICH.

english.
Greenwich, *g.*
haschich.
sandwich.
scottisch.
speech.
tsarevi(t)ch.

voir IC.

ICHE.

barbiche.
pied-de-biche.
biche.

chiche.
pois-chiche.

cliche, *v.*

godiche.

affiche, *s. et v.*
contrefiche.
fiche, *s.*
fiche, *v.*
fiche (je m'en), *v.*

défriche, *v.*
friche.

liche, *v.*
pouliche.
pourliche, *v.*

miche.

caniche.
corniche.
déniche, *v.*
niche, *s. et v.*
péniche.
pleurniche.

bourriche.
riche.

acrostiche.
entiche, *v.*
fétiche.
hémistiche.
pastiche, *s. et v.*
postiche.
ouiche !
potiche.

Autriche, *g.*
triche, *v.*

derviche.

ICK.

voir IC.

ICLE.

gicle.

manicle.
sanicle.

véricle.

besicles.
sicle.

article.
voir YCLE.

ICT.

verdict.

amict.

district.
Maëstricht, *g.*
strict.

convict.

ICTE.

dicte, *v.*
édicte, *v.*
vindicte.
Picte, *g.*

stricte, *a. f.*

ID

ont le *d* se prononce).

caïd.

Cid (le), *n. p.*
Haroun-al-Raschid.

Siegfried.

Valladolid, *g.*

celluloïd.

David, *n. p.*
voir YD.

ID

(dont le *d* ne se prononce point).

Madrid, *g.*

nid.

muid.
voir IT.

IDE.

Ides (les).

a-ïde.

Danaïdes, *myth.*
Thébaïde (la), *g.*

bide.

morbide.
tabide.

bride.

bride, *s. et v*
débride, *v.*
hybride.
nébride.
rebride, *v.*
tournebride.

cide.

acide.
Alcide, *myth.*
coïncide, *v.*
coricide.
décide, *v.*
déicide.
élucide.
extralucide.
fratricide.
homicide.
infanticide.
insecticide.
Labdacide, *n. p.*
liberticide.
lucide.
microbicide.
parricide.
Phocide, *g.*
placide.
proboscide.
régicide.
suicide [4].
translucide.
tyrannicide.
(*voir* side *dur.*)

chide.

arachide.
Colchide, *g.*

clide.

Euclide, *n. p.*
Héraclide, *n. p*

dide.

candide.
sordide.
splendide.
Thucydide, *n. p.*

é-ide.

Énéide.
Néréides, *myth.*

ophicléide.
séide.

fide.

bifide.
perfide.
trifide.

(*voir* phide.)

gide.

algide.
égide.
Lagides, *n. p.*
rigide.
turgide.

gnide.

Gnide, *g.*

guide.

guide, *v. et s.*
languide.

lide.

annélide.
Argolide, *g.*
Aulide, *g.*
bolide.
chrysalide.
consolide, *v.*
élide, *v.*
Elide, *g.*
invalide, *a. et s.*
invalide, *v.*
solide.
valide, *a. et v.*

mide.

amide.
Armide, *n. p.*
cnémide.
gnomide.
humide.
intimide, *v.*
Numide, *g.*
pyramide.
timide.

nide.

amphyctionide.
arachnides.
Epiménide, *n. p.*
Euménide, *myth.*
Océanide.
Parménide, *n. p.*
Simonide, *n. p.*
titanide.

o-ïde.

alcaloïde.
androïde.
anéroïde.
anthropoïde.
conoïde.
cycloïde.
ellipsoïde.
hélicoïde.
hémorroïdes.
héroïde.
métalloïde.
ovoïde.
rhomboïde.
spermatozoïde.
sphéroïde.
typhoïde.

pide.

cupide.
dilapide, *v.*
Euripide, *n. p.*
hispide.
insipide.
intrépide.
lapide, *v.*
Lépide, *n. p.*
limpide.
rapide.
sapide.
stupide.
torpide.
tricuspide.
turpide.

phide.

sylphide.
(*voir* fide.)

quide.

liquide, *a. et s.*
liquide, *v.*

ride.

aride.
ascaride.
cantharide.
déride, *v.*
Doride, *g.*
éphémérides.
Floride, *g.*
Hespérides, *myth.*
léporide.
ride, *s. et v.*
torride.

side *dur.*

Abassides, *n. p.*
abside.
apside.
subside.
(*voir* cide.)

side *doux.*

Les Ides, *antiq.*
préside, *v.*
présides, *s.*
réside, *v.*

tide.

Aristide, *n. p.*
Atlantide, *g.*
bastide.
cariatide.
carotide.
fétide.
hiérophantide.
Palus-Méotides, *g.*
parotide.
Propontide, *g.*
sans-culottides.

tride.

Atride, *n. p.*
putride.

u-ïde.

druide.
fluide.

vide.

avide.
dévide, *v.*
évide, *v.*
livide.
Ovide, *n. p.*
survide, *v.*
vide, *a.*, *s.* *et* *v.*
voir YDE.

IDGE.

bridge.
Cambridge, *g.*
Coleridge, *n. p.*

IDRE.

cidre.
voir Ydre.

IE [1].

a-ie.

Achaïe, *g.*
aïe ! [2]
Isaïe, *n. p.*

bie.

agoraphobie.
amphibie.
Arabie, *g.*
anglophobie.
ébaubie, *a. f.*
estourbie.
fourbie.
gallophobie.
hydrophobie.
Lesbie, *n. p.*
lubie.
nababie.
Nubie, *g.*
phobie.
photophobie.
Tobie, *n. p.*
Zénobie, *n. p.*

blie.

connétablie.
oublie, *s.*
oublie, *v.*
publie, *v.*

brie.

Brie, *g.*
Ombrie, *g.*

cie.

alopécie.
apprécie, *v.*
Aricie, *myth.*
associe, *v.*
bénéficie, *v.*
cartomancie.
chiromancie.
Cilicie, *g.*
circonstancie, *v.*
déprécie, *v.*
différencie, *v.*
disgracie, *v.*
dissocie, *v.*
éclaircie.
esquinancie.
farcie.
Galicie, *g.*
gracie, *v.*
justicie, *v.*
licencie, *v.*
Lycie, *g.*
malacie.
nécromancie.
négocie, *v.*
officie, *v.*
oniromancie.
ornithomancie.
pharmacie.
Phénicie, *g.*
préjudicie, *v.*
quintessencie, *v.*
rabdomancie.
rancie.
remercie, *v.*
scie, *s. et v.*
sentencie, *v.*
soucie (se), *v.*
superficie.
supplicie, *v.*
turcie.
vicie, *v.*
(*voir* sie *dur*, tie *doux et* xie.)

chie.

affranchie.
anarchie.
batrachomyomachie.
branchies.
chie.
conchie.
entéléchie.
gigantomachie.
heptarchie.
hiérarchie.
irréfléchie.
logomachie.
monarchie.
naumachie.
oligarchie.
tauromachie.
réfléchie.
tétrarchie.
Valachie, *g.*

crie.

crie, *v.*
décrie, *v.*
écrie (s'), *v.*
récrie (se), *v.*

die.

amodie, *v.*

1) Cf. les féminins des substantifs et adjectifs en I, ainsi que les féminins des participes passés des verbes en IR.

Arcadie, *g.*
callipédie.
Candie, *g.*
Canidie, *n. p.*
comédie.
congédie, *v.*
Cyropédie.
dédie, *v.*
dipodie.
dégourdie.
encyclopédie.
engourdie.
étourdie (à l').
étudie, *v.*
expédie, *v.*
gymnopédie.
hardie.
incendie, *s. et v.*
irradie, *v.*
ladies.
Lombardie, *g.*
Lydie, *g.*
maladie.
Médie, *g.*
mélodie.
mendie, *v.*
monodie.
Normandie, *g.*
Numidie, *g.*
orthopédie.
palinodie.
parodie, *s. et v.*
perfidie.
Picardie, *g.*
polysynodie.
prosodie.
psalmodie, *s. et v.*
radie, *v.*
rapsodie.
rebondie.
remédie, *v.*
répudie, *v.*
stipendie, *v.*
tragédie.
tragi-comédie.

drie.

Alexandrie, *g.*
hypocondrie.
monandrie.
polyandrie.

fie.

amplifie, *v.*
barbifie, *v.*
béatifie, *v.*
bonifie, *v.*
bouffie.
certifie, *v.*
clarifie, *v.*
confie, *v.*
crucifie, *v.*
défie, *v.*
défie (se), *v.*
déifie, *v.*
diversifie, *v.*
dulcifie, *v.*
édifie, *v.*
falsifie, *v.*
fie, *v.*
fortifie, *v.*
fructifie, *v.*
glorifie, *v.*
gratifie, *v.*
identifie, *v.*
justifie, *v.*
lénifie, *v.*
liquéfie, *v.*
lubrifie, *v.*
méfie (se), *v.*
modifie, *v.*
mortifie, *v.*
mystifie, *v.*
notifie, *v.*
ossifie, *v.*
pacifie, *v.*
personnifie, *v.*
pétrifie, *v.*
purifie, *v.*
putréfie, *v.*
qualifie, *v.*
ramifie (se), *v.*
raréfie, *v.*
ratifie, *v.*
rectifie, *v.*
réédifie, *v.*
revivifie, *v.*
sacrifie, *v.*
sanctifie, *v.*
scarifie, *v.*
signifie, *v.*
simplifie, *v.*
solfie, *v.*
solidifie, *v.*
spécifie, *v.*
stupéfie, *v.*
terrifie, *v.*
torréfie, *v.*
tuméfie, *v.*
vérifie, *v.*
versifie, *v.*
vitrifie, *v.*
vivifie, *v.*

(*voir* phie.)

gie.

amphibologie.
anagogie.
analogie.
anthologie.
anthropologie.
anthropophagie.
antilogie.
apologie.
archéologie.
assagie.
astrologie.
battologie.
biologie.
bougie.
cacologie.
cardialgie.
céphalalgie.
chirologie.
chirurgie.
chorégie.
chronologie.
clergie.
cosmologie.
coxalgie.
créophagie.
démagogie.
doxologie.
dramaturgie.

effigie, *s. et v.*
élégie.
énergie.
ethnologie.
ethologie.
étiologie.
étymologie.
eulogies.
gastralgie.
gabegie.
généalogie.
géologie.
Géorgie, *g.*
hagiologie.
hémiplégie.
hémorragie.
histologie.
hyalurgie.
hystérologie.
hippophagie.
ichtyophagie.
ichthyologie.
idéologie.
iconologie
léthargie.
lexicologie.
liturgie.
magie.
mégie.
métallurgie.
météorologie.
métrologie.
minéralogie.
mystagogie.
mythologie.
nécrologie.
néologie.
névralgie.
névrologie.
nosologie.
nostalgie.
odontalgie.
œnologie.
ontolgie.
orgie.
Orgies, *myth.*
ornithologie.
ostéologie.
otalgie.
pathologie.
paléontologie.
patrologie.
pédagogie.
péri sologie.
philologie.
phraséologie.
phrénologie.
Phrygie, *g.*
physiologie.
plagie, *v.*
privilégie, *v.*
psychagogie.
psychologie.
réfugie (se), *v.*
régie.
scatologie.
sidérurgie.
syzygie.
sociologie.
stratégie.
tabagie.
tautologie.
technologie.
tétralogie.
tératologie.
thaumaturgie.
théologie.
théurgie.
toxicologie.
trilogie.
vigie.
zoologie.

gnie.

compagnie.

grie.

Hongrie, *g.*
rabougrie.

hie.

hie (outil de paveur).

lie.

affilie, *v.*
alalie.
algalie.
allie, *v.*
ancolie.
anomalie.
aphélie.
Apulie, *g.*
Athalie, *n. p.*
Béthulie, *g.*
chère-lie.
Clélie, *n. p.*
concilie, *v.*
coolie.
délie, *v.*
didascalie.
domicilie (se), *v.*
dulie.
Élie, *n, p.*
embellie.
embolie.
Éolie, *g.*
Étolie, *g.*
eutrapélie.
exfolie (s'), *v*
folie.
Gétulie, *g.*
homélie.
humilie, *v.*
hyperdulie.
Idalie, *g.*
impolie.
Italie, *g.*
jolie.
lie, *s.*
lie, *v.*
lie, *a.*
mélancolie.
mésallie (se), *v.*
pallie, *v.*
palie (langue).
parhélie.
polie.
périhélie.
poulie.
rallie, *v.*
réconcilie, *v.*
relie, *v.*
résilie, *v.*

scolie.
spolie, *v.*
Thalie, *myth.*
Thessalie, *g.*
Westphalie, *g.*

llie *mouillé.*

bouillie.
saillie.

mie.

académie.
adynamie.
affermie.
agamie.
agronomie.
alchimie.
amie.
anatomie.
anémie.
antinomie.
astronomie.
autonomie.
bigamie.
blémie.
bonhomie.
boulimie.
cacochymie.
chimie.
craniotomie.
cryptogamie.
demie.
dénie, *v.*
dolomie.
dynamie.
économie.
émie, *v.*
endormie.
endémie.
ennemie.
épidémie.
eurythmie.
gastronomie.
homonymie.
infamie.
Jérémie, *n. p.*
lamie.
laparotomie.
latomie.
lithotomie.
loxodromie.
mamie.
Mésopotamie, *g.*
métonymie.
mie.
momie.
monogamie.
opthalmie.
orthodromie.
ovariotomie.
palindromie.
phanérogamie.
phlébotomie.
physiognomonie.
physionomie.
polygamie.
polychromie.
prud'homie.
pseudonymie.
raffermie.
revomie.
sodomie.
stéréotomie.
synonymie.
thermochimie.
trachéotomie.
trémie.
vidamie.
vomie.

nie.

Abyssinie, *g.*
acrimonie.
actinie.
Albanie, *g.*
agonie.
amphyctionie.
anglomanie.
anthropogénie.
aphonie.
Arménie, *g.*
asthénie.
atonie.
Ausonie, *g.*
avanie.
baronnie.
bénie.
bibliomanie.
Bithynie, *g.*
cacophonie.
Calédonie, *g.*
Californie, *g.*
calomnie, *s. et v.*
Campanie, *g.*
capitanie.
Céphalonie, *g.*
cérémonie.
chanoinie.
chapellenie.
châtellenie.
colonie.
communie, *v.*
cosmogonie.
décalcomanie.
démonomanie.
dénie, *v.*
dipsomanie.
embryogénie.
enharmonie.
Épiphanie.
Érynnie.
érotomanie.
Esclavonie, *g.*
euphonie.
excommunie, *v.*
finie.
félonie.
gémonies.
génie.
Germanie, *g.*
harmonie.
hégémonie.
hernie.
homophonie.
Hyrcanie, *g.*
impunie.
ignominie.
indéfinie.
infinie.
ingénie (s'), *v.*
insomnie.
Ionie, *g.*
Iphigénie, *n. p.*
ironie.

kleptomanie.
Laconie, *g.*
Laponie, *g.*
Lettonie.
litanie.
lithophanie.
Lithuanie, *g.*
Livonie, *g.*
Lusitanie, *g.*
manie, *s.*
manie, *v.*
Mauritanie, *g.*
mélomanie.
Messénie, *g.*
métromanie.
mnémotechnie.
monomanie.
monotonie.
nénies.
néoménie.
neurasthénie.
nymphomanie.
nie, *v.*
Océanie, *g.*
Pannonie, *g.*
Paphlagonie, *g.*
parcimonie.
physiognomonie.
pneumonie.
Polymnie, *myth.*
polyphonie.
Poméranie, *g.*
pulmonie.
pyrotechnie.
quérimonie.
remanie, *v.*
renie, *v.*
sanie,
simonie.
symphonie.
téléphonie.
théogonie.
théophanie.
Transylvanie, *g.*
tyrannie.
unie.
tout unie.
Uranie, *myth.*
vésanie.
vilenie.
Virginie, *n. p.*
Virginie (la), *g.*
zizanie.

ou-ie.

épanouie.
évanouie.
inouïe.
ouïe, *s.*
ouïe, *part. f.*

pie.

charpie.
chipie.
copie, *s. et v.*
cranioscopie.
diplopie.
électrothérapie.
électrotypie.
épie, *v.*
estropie, *v.*
Éthiopie, *g.*
expie, *v.*
Harpie.
héliothérapie.
hydrosopie.
hydrothérapie.
impie.
lycanthropie.
misanthropie.
myopie.
nyctalopie.
Olympie, *g.*
pépie.
pie, *s.*
pie, *a.*
philanthropie.
phototypie.
recopie, *v.*
roupie.
satrapie.
sérothérapie.
spectroscopie.
stéréotypie.
toupie.
utopie.
utopie.

phie.

atrophie.
autobiographie.
autographie, *s. et v.*
bibliographie.
biographie.
cacographie.
calligraphie, *s. et v.*
chalcographie.
chorégraphie.
chromolithographie.
cosmographie.
cryptographie.
dactylographie, *s. et v.*
démographie.
épigraphie.
ethnographie.
géographie.
hagiographie.
héliographie.
hydrographie.
hypertrophie.
iconographie.
indéographie.
lexicographie.
lithographie, *s. et v.*
micrographie.
monographie.
océanographie.
orographie.
orthographie, *v.*
paléographie.
Philadelphie, *g.*
philosophie.
photographie, *s. et v.*
physiographie.
pornographie.
radiographie, *s. et v.*
soulographie.
Sophie (faire sa).
stéganographie.
sténographie, *s. et v.*
tachygraphie.
télégraphie.
topographie.

typographie, *s. et v.*
xylographie.
(*voir* fie.)

plie.

complies.
déplie, *v.*
multiplie, *v.*
panoplie.
plie, *v.*
plie, *s.*
remplie, *v.*
replie, *v.*
supplie, *v.*

prie.

approprie, *v.*
déprie, *v.*
désapproprie (se), *v.*
exproprie, *v.*
prie, *v.*

quie.

Tchéco-Slovaquie.
Turquie.
ventriloquie.

rie.

apparie, *v.*
avarie, *s.* s'avarie, *v.*
bain-marie.
barbarie, *s.*
Barbarie, *g.*
Bulgarie, *g.*
Canaries, *g.*
carie, *s. et v.*
Carie, *g.*
charrie, *v.*
contrarie, *v.*
démarie, *v.*
déparie, *v.*
désapparie, *v.*
équarrie.
marie, *v.*
Marie, *n. p.*
marrie, *a. f.*
otarie.
parie, *v.*
remarie, *v.*
rie, *v.*
salarie, *v.*
Samarie, *g.*
surestaries.
tarie.
Tartarie, *g.*
varie, *v.*

afféterie.
affinerie.
affronterie.
agacerie.
ânerie.
apothicairerie.
argenterie.
armurerie.
arquebuserie.
artillerie.
aumônerie.
autourserie.
avocasserie.
badauderie.
badinerie.
baraterie.
batellerie.
batterie.
bavarderie.
bégueulerie.
bergerie.
bigoterie.
bijouterie.
bimbeloterie.
bizarrerie.
blanchisserie.
bluterie.
boiserie.
boissellerie.
bonneterie.
boiterie.
bondieuserie.
boucherie.
bouderie.
bouffonnerie.
boulangerie.
bouquinerie.
bourrellerie.
boutonnerie.
bouverie.
boyauderie.
brasserie.
braverie.
briqueterie.
broderie.
brosserie.
brouillerie.
brûlerie.
brusquerie.
buanderie.
buffleterie.
cachotterie.
cafarderie.
cagoterie.
cajolerie.
camaraderie.
canaillerie.
capitainerie.
caqueterie.
carrosserie.
cartonnerie.
cartoucherie.
causerie.
cavalerie.
chamoiserie.
chancellerie.
chantrerie.
charbonnerie.
chapellerie.
charcuterie.
charlatanerie.
charpenterie.
chasublerie.
chatterie.
chaudronnerie.
chaufferie.
chefferie.
chemiserie.
chevalerie.
chicanerie.
chinoiserie.
chouannerie.
chuchoterie.
clabauderie.
closerie.
clouterie.

clownerie.
coadjutorerie.
cochonnerie.
coïonnerie.
commanderie.
conciergerie [5].
confiserie.
confiturerie.
coquerie.
coquetterie.
coquinerie.
corderie.
cordonnerie.
coterie.
coucherie.
courtisanerie.
consinerie.
coutellerie.
crânerie.
craquerie.
crémerie.
criaillerie.
crierie [3].
cristallerie.
damasquinerie.
daterie.
diablerie [4].
dinanderie.
distillerie.
doctorerie.
dominoterie.
draperie.
droguerie.
drôlerie.
duperie.
dysenterie.
ébénisterie.
écorcherie.
écorniflerie.
effronterie.
émaillerie.
épicerie.
ergoterie.
escobarderie.
escroquerie.
espièglerie.
étourderie.
fâcherie.
factorerie.
faïencerie.
faisanderie.
fanfaronnerie.
faquinerie.
fauconnerie.
féculerie.
fenderie.
ferblanterie.
ferronnerie.
figuerie.
filerie.
filouterie.
finasserie.
flagornerie.
flânerie.
flatterie.
flibusterie.
folâtrerie.
fonderie.
forcerie.
forfanterie.
foulerie.
fourberie.
franc-maçonnerie.
frelaterie.
friperie.
friponnerie.
fripouillerie.
fromagerie.
fruiterie [4].
fumisterie.
gainerie.
galanterie.
galerie.
gaminerie.
ganterie.
garderie.
gâterie.
gaucherie.
gauloiserie.
gausserie.
gendarmerie.
gentilhommerie.
gloutonnerie.
goguenarderie.
goinfrerie.
gouaillerie.
gredinerie.
grèneterie.
grimacerie.
griserie.
grivèlerie.
grivoiserie.
grognerie.
gronderie.
grosserie.
gueulerie.
gueuserie.
hâblerie.
herboristerie.
horlogerie.
hôtellerie.
huilerie.
huisserie [4].
imagerie.
imprimerie.
indigoterie.
infanterie.
infirmerie.
ivrognerie.
jacasserie.
jacquerie.
jaserie.
joaillerie.
jobarderie.
jonglerie.
juiverie [4].
ladrerie.
lainerie.
laiterie.
laminerie.
lampisterie.
lanternerie.
léproserie.
lésinerie.
lienterie.
lingerie.
literie.
lorgnerie.
loterie.
loucherie.
lourderie.
louveterie.
lutherie.
machinerie.

maçonnerie.
magnagnerie.
maladrerie.
mangerie.
marbrerie.
maréchalerie.
marguillerie [5].
maroquinerie [6].
marqueterie.
marbrerie.
matoiserie.
maussaderie.
mégisserie.
ménagerie.
menterie.
menuiserie [5].
mercerie.
mesquinerie.
messagerie.
meunerie.
mièvrerie.
minauderie.
minoterie.
miroiterie.
moinerie.
mômerie.
moquerie.
mousqueterie.
moutonnerie.
musarderie.
mutinerie.
négrerie.
niaiserie [5].
nigauderie.
oisellerie.
orangerie.
orfèvrerie.
paneterie.
papeterie.
parcheminerie.
parfumerie.
parlerie.
parqueterie.
passementerie.
pâtisserie.
paysannerie [6].
peausserie.
pêcherie.
pédanterie.
pelleterie.
penderie.
pénitencerie.
piaillerie [5].
picoterie.
pierrerie.
piétrerie.
pillerie.
pingrerie.
piperie.
piraterie.
pitrerie.
plaiderie.
plaisanterie.
plâtrerie.
plomberie.
pleurnicherie.
plumasserie.
pointillerie.
poissonnerie.
polissonnerie.
poltronnerie.
porcherie.
poterie.
poudrerie.
pouillerie.
provisorerie.
pruderie.
quincaillerie.
rabâcherie.
radoterie.
raffinerie.
raillerie.
ravauderie.
regratterie.
rêvasserie.
reniflerie.
rêverie.
ribauderie.
ricanerie.
rizerie.
rhumerie.
rosserie.
rôtisserie.
rouennerie.
rubanerie.
saloperie.
salpêtrerie.
rustauderie.
saunerie.
sauterie.
sauvagerie.
savonnerie.
sécherie.
secrétairerie.
seigneurie.
sellerie.
sénatorerie.
sensiblerie.
serrurerie.
singerie.
sommellerie.
songerie.
sonnerie.
sorcellerie.
soufflerie.
soûlerie.
sparterie.
sucrerie.
supercherie.
tabletterie.
taillanderie.
taillerie.
tannerie.
tapisserie.
taquinerie.
tartuferie.
teinturerie.
tenderie.
timonerie.
tiraillerie.
tissanderie.
toilerie.
tôlerie.
tonnellerie.
tousserie.
tracasserie.
traînerie.
tréfilerie.
tremperie.
trésorerie.
tricherie.
trigauderie.
triperie.
tromperie.

truanderie.
turquerie.
tuilerie [4].
vacherie.
vannerie.
vanterie.
vénerie.
verrerie.
veulerie.
verroterie.
vieillerie [4].
viguerie.
vinaigrerie.
vitrerie.
voilerie.
volerie.
zinguerie.

aciérie [5] .
Algérie, *g.*
archiconfrérie.
astérie.
bactérie.
confrérie.
diphtérie.
Égérie, *myth.*
féerie [3].
férie.
frairie.
hespérie.
hystérie.
Ibérie, *g.*
intempérie.
librairie.
mairie.
métairie.
pairie.
duché-pairie.
périphérie.
prairie.
renchérie (faire la).
série.
Sibérie, *g.*
Vespérie.
vicairie.

défleurie.
fleurie.
Pâques-fleuries.
refleurie.
seigneurie.

Assyrie, *g.*
crierie.
giries (faire des).
Illyrie, *g.*
scierie, [3].
Styrie, *g.*
Syrie, *g.*
walkyries.

allégorie.
armorie, *v.*
calorie.
catégorie.
colorie, *v.*
endolorie.
excorie, *v.*
fantasmagorie.
historie, *v.*
inventorie, *v.*
pilorie, *v.*
scorie.
théorie.

armoiries.
corroirie.
hoirie.
plaidoirie.
soierie [3].
voirie [3].

flouerie.
Mandchourie.
nourrie.
pourrie.
rouerie [3].
sourie, *v.*
tourie.

ahurie.
albuminurie.
Asturies, *g.*
centurie.
curie.
décurie.
écurie.
Étrurie, *g.*
furie.
hématurie.
incurie.
injurie, *v.*
Ligurie, *g.*
mûrie.
pénurie.
surie.
tuerie [3].

sie *dur.*

antisepsie.
apepsie.
asepsie.
autopsie.
bradypepsie.
cassie.
catalepsie.
chassie.
Circassie, *g.*
dyspepsie.
éclampsie.
épilepsie.
gipsies.
Messie.
parnassie.
parsie (langue).
Russie, *g.*
vessie.

(*voir* cie, tie *doux* *et* xie.)

sie *doux.*

ambroisie.
amnésie.
analgésie.
Andalousie, *g.*
anesthésie.
aphasie.
apostasie, *s. et v.*
Asie, *g.*
Aspasie, *n. p.*
Austrasie, *g.*
bourgeoisie.

choisie.
courtoisie.
cramoisie.
déssaisie.
discourtoisie.
docimasie.
Dyonisies.
étisie.
eucrasie.
extasie (s'), *v.*
fantaisie.
frénésie.
géodésie.
hectisie.
géognosie.
hémoptysie.
hérésie.
hydropisie.
hyperesthésie.
hyprocrisie.
idiosyncrasie.
jalousie.
lithiasie.
magnésie.
Malvoisie, *g.*
moisie.
palingénésie.
paralysie.
paronomasie.
phtisie.
pleurésie.
poésie.
Polynésie, *g.*
punaisie.
rassasie, *v.*
razzie, *v.*
ressaisie.
saisie.
Silésie, *g.*
Sosie, *n. p.*
xénélasie.
xérasie.

tie *dur.*

allopathie.
amnistie.
antipathie.
apathie.
apprentie.
autoplastie.
Carinthie, *g.*
charte-partie.
châtie, *v.*
chrestomathie.
contre-partie.
Côte-Rôtie, *g.*
départie.
dynastie.
Émathie, *g.*
épizootie.
eucharistie.
galvanoplastie.
garantie.
homœopathie.
hostie.
immodestie.
mi-partie.
modestie.
ortie.
partie.
polymathie.
Pythie, *myth.*
repartie.
repentie.
rhinoplastie.
rôtie.
sacristie.
scotie.
Scythie, *g.*
sortie.
sotie.
sympathie.
tutie.

tie (*prononcé* cie.)

acrobatie.
argutie.
aristocratie.
autocratie.
balbutie, *v.*
Béotie, *g.*
bureaucratie.
calvitie.
chrestomathie.
Dalmatie, *g.*
démocratie.
diplomatie.
facétie.
gérontocratie.
goétie.
gynécocratie.
Helvétie, *g.*
idiotie.
impéritie.
ineptie.
inertie.
initie, *v.*
lithotritie.
médiocratie.
minutie.
Nigritie, *g.*
ochlocratie.
onirocritie.
péripétie.
physiocratie.
ploutocratie.
polycratie.
presbytie.
primatie.
prophétie.
stratocratie.
suprématie.
théocratie.
voyoucratie.

(*voir* cie, sie *dur et* xie.)

trie.

aérométrie.
anthropométrie.
asymétrie.
calorimétrie.
chimiatrie.
démonolâtrie.
dyssymétrie.
expatrie, *v.*
géométrie.
hugolâtrie.
hippiatrie.
hydrométrie.
hygrométrie.
hypsométrie.
idolâtrie.

industrie.
Istrie, *g.*
lâtrie.
Neustrie, *g.*
patrie.
planimétrie.
psychiatrie.
rapatrie, *v.*
stéréométrie.
stries.
symétrie.
thermométrie.
trie, *v.*
trigonométrie.
zoolâtrie.

uie (2).

appuie, *v.*
désennuie, *v.*
enfuie (s'), *v.*
ennuie, *v.*
essuie, *v.*
fuie, *v.*
parapluie.
pluie.
ressuie, *v.*
suie.
Turquie, *g.*
truie.

vie.

asservie.
assouvie.
Batavie, *g.*
convie, *v.*
Cracovie, *g.*
desservie.
dévie, *v.*
eau-de-vie.
envie.
gravie.
inassouvie.
Livie, *n. p.*
Moravie.
Moscovie, *g.*
obvie, *v.*
Pavie, *g.*
poursuivie.
ravie.
renvie, *v.*
Scandinavie, *g.*
Servie, *g.*
suivie.
survie.
Sylvie, *n. p.*
synovie.
Varsovie, *g.*
vie.
Yougo-Slavie.

xie.

apoplexie.
asphyxie.
ataraxie.
ataxie.
cachexie.
galaxie.
hétérodoxie.
orthodoxie.
prophylaxie.

(*voir* cie, sie *dur et* tie *prononcé* cie.)

voir YE.

IÉ, IED, etc.

voir É, ED, etc.

IF.

if.

a-if.

naïf.

bif.

rosbif.

cif.

lascif.
nocif.
poncif.
récif.

(*voir* sif *dur*).

dif.

Cardiff.
château d'If.
gérondif.
maladif.
tardif.

kif.

kif-kif.

lif.

gélif.

nif.

canif.

pif.

pif ! paf ! pif !
pif (nez).

quif.

Esquif.

rif.

chérif.
shérif.
tarif.
Ténérif, *g.*

sif *dur.*

abstersif.
agressif.
appréhensif.
compréhensif.
compressif.
convulsif.
cursif.
défensif.
détersif.
discursif.
émissif.
émulsif.
excessif.
expensif.
expressif.
impulsif.
inexpressif.

inoffensif.
intensif.
massif, *a. et s.*
offensif.
oppressif.
passif, *a. et s.*
pensif.
possessif.
poussif.
processif.
progressif.
régressif.
répercussif.
répressif.
répulsif.
responsif.
révulsif.
subversif.
successif.
suspensif.
(*voir* cif.)

sif *doux.*

abusif.
adhésif.
conclusif.
corrosif.
décisif.
dissuasif.
dolosif.
évasif.
exclusif.
explosif.
incisif.
oisif.
persuasif.

tif.

ablatif.
abréviatif.
accusatif.
adjudicatif.
administratif.
admiratif.
adversatif.
affirmatif.
agglutinatif.
alternatif.
ampliatif.
appellatif.
appréciatif.
approbatif.
approximatif.
augmentatif.
carminatif.
causatif.
collatif.
commémoratif.
communicatif.
commutatif.
comparatif, *a. et s.*
confédératif.
confirmatif.
confortatif.
consultatif.
contemplatif.
coopératif.
copulatif.
corrélatif.
corroboratif.
cumulatif.
curatif.
datif.
déclaratif.
décoratif.
délibératif.
démonstratif.
dénominatif.
dépilatif.
dépuratif.
dérivatif.
désignatif.
dessiccatif.
déterminatif.
dubitatif.
énonciatif.
énumératif.
estimatif.
exagératif.
excitatif.
exclamatif.
expectatif.
explicatif.
facultatif.
fédératif.
figuratif.
fixatif.
fréquentatif.
génératif.
germinatif.
gustatif.
hâtif.
illuminatif.
imaginatif.
imitatif.
impératif, *a. et s.*
inchoatif.
indicatif, *a. et s.*
infirmatif.
interprétatif.
interrogatif.
itératif.
justificatif.
laudatif.
laxatif.
législatif.
limitatif.
locatif.
lucratif.
maturatif.
méditatif.
mémoratif.
minoratif.
modificatif.
narratif.
natif.
négatif.
nominatif, *a. et s.*
numératif.
nuncupatif.
optatif.
opilatif.
palliatif.
péjoratif.
pénétratif.
pignoratif.
portatif.
préparatif.
préservatif.
privatif.
prorogatif.
pulsatif.
purgatif.
putatif.

qualificatif.
qualitatif.
quantitatif.
rébarbatif.
récapitulatif.
rectificatif.
récitatif.
récréatif.
réduplicatif.
réfrigératif.
relatif.
remémoratif.
représentatif.
roboratif.
sédatif.
séparatif.
siccatif.
significatif.
soporatif.
spéculatif.
sternutatif.
superlatif, *a. et s.*
suppuratif.
translatif.
végétatif.
vindicatif.
vocatif.

abstractif.
actif.
attractif.
coactif.
extractif.
inactif.
olfactif.
putréfactif.
raréfactif.
réactif.
réfractif.
rétractif.
rétroactif.

captif.

attentif.
inattentif.
inventif.
pendentif.
préventif.
substantif.

chétif.
complétif.
explétif.
rétif.
supplétif.

adjectif.
affectif.
collectif.
correctif.
défectif.
directif.
effectif, *s. et a.*
électif.
intellectif.
objectif.
perspectif.
respectif.
rétrospectif.
subjectif.

conceptif.
perceptif.

digestif.
intempestif.
suggestif.

apéritif.
auditif.
coërcitif.
définitif.
dispositif.
dormitif.
expéditif.
factitif.
fugitif.
génitif.
infinitif.
intransitif.
intuitif.
lénitif.
nutritif.
partitif.
plumitif.
positif, *a. et s.*
prépositif.
primitif.
prohibitif.
recognitif.
résolutif.
révolutif.
sensitif.
transitif.
transpositif.
vomitif.

afflictif.
fictif.
restrictif.

craintif.
plaintif.

distinctif.
instinctif.

descriptif.

fautif.
motif.
votif.

consomptif.
présomptif.

conjonctif.
disjonctif.
subjonctif.

adoptif.

abortif.
fortifs (les).
sportif.

attributif.
consécutif.
constitutif.
contributif.
diminutif.
distributif.
exécutif.

involutif.
résolutif.

déductif.
destructif.
improductif.
inductif.
instructif.
introductif.
obstructif.
productif.
réductif.
reproductif.

intuitif [4].

furtif.

uif.

juif [1].
suif [1].

vif.

vif.

IFE.

biffe, *v.*
débiffe, *v.*
rebiffe (se).

brife.

chiffe.

escogriffe.
griffe, *s. et v.*
hippogriffe.

calife.
généralife.
high life.
struggle for life.

ébouriffe, *v.*
tarife, *v.*

attife, *v.*
pontife.

suife, *v.*
v. IPHE et YPHE.

IFLE.

écornifle, *v.*
gifle.
mornifle, *pop.*
renifle, *v.*
rifle, *s. et v.*

persifle, *v.*
siffle, *v.*

IFRE.

chiffre, *s. et v.*
déchiffre, *v.*

fifre.

empiffre, *v.*
piffre, *pop.*

IG.

Liebig.
whig.
bon zig.

IGE [1].

désoblige, *v.*
oblige, *v.*

félibrige.

Adige, *g.*

dis-je.
prodige.
rédige, *v.*

quadrige.

fige, *v.*
fis-je.

afflige, *v.*
inflige, *v.*

néglige, *v.*

calige.
lige.
recollige (se), *v.*
volige.

fumige, *v.*
rémige.

pige, *s. et v.*

aurige.
corrige, *v.*
dirige, *v.*
érige, *v.*
recorrige, *v.*

transige, *v.*

strige.

fustige, *v.*
litige.
mitige, *v.*
prestige.
tige.
vertige.
vestige.
voltige, *v.*

exige, *v.*

1) Cf. les premières personnes du sing. du présent de l'indicatif et du passé défini des verbes en IR, et de quelques autres verbes irréguliers, employés d'une manière interrogative, etc. : *Que fis-je, dis-je,* etc.

IGLE.

bigle.
sigle.

IGME.

paradigme.

énigme.

borborygme.

voir YGME.

IGNE.

bigne.
esbigne (s').

rechigne, *v.*

cligne, *v.*

condigne.
digne.
indigne, *a.* *et* *v.*

graffigne, *v.*

barguigne, *v.*
guigne, *s.*
guigne, *v.*

aligne, *v.*
curviligne.
forligne, *v.*
interligne, *s.* *et* *v.*
ligne.
maligne, *a.* *f.*
rectiligne.
souligne, *v.*
tire-ligne.

bénigne, *a.* *f.*

trépigne, *v.*

assigne, *c.*
consigne, *s.* *et* *v.*
contresigne, *v.*
insigne, *a.* *et* *s.*
réassigne, *v.*
signe, *s.*
signe, *v.*

désigne, *v.*
résigne, *v.*

égratigne, *v.*

provigne, *v.*
vigne.

voir YGNE.

IGRE.

bigre.
d'Aligre, *n.* *p.*
émigre, *v.*
immigre.

dénigre, *v.*

tigre, *s.* *et* *v.*
chat-tigre.
Tigre, *g.*

IGUE.

bigue.
brigue, *s.* *et* *v.*

bordigue.
digue.
endigue.
prodigue, *a.* *et* *v.*

Rodrigue, *n.* *p.*

bec-figue.
figue.

gigue.

ligue, *s.* *et* *v.*

garigue.
irrigue.
sarigue.

bésigue.

fatigue, *s.* *et* *v.*

intrigue, *s.* *et* *v.*

navigue, *v.*

bon zigue.

IK

voir IC.

IL

(dont le *l* se prononce).

il, *pron.*
babil.
bill.

cil.

mandrill.

nombril.

compte-fil.
faufil.
fil.
morfil.
profil.

grémil.
mil, *s.*
mil, *a.*

anil.
conil.
fenil.
ménil.
Nil, *g.*
pénil.

oïl (langue d').

béril.
gril.

péril.
puéril.
viril.
toril.

Brésil, *g*.
grésil.
sil.

dit-il.
ainsi soit-il.
est-il.
bissextil.
myrtil.
pistil.
sextil.
subtil.
tortil.
volatil.

civil.
incivil.
vil.

avril.

exil.

alguazil.

IL

(dont le *l* ne se prononce point).

nombril.

sourcil.

chenil.
fournil.

baril.
courbaril.

persil.

fraisil.

fusil.

coutil.
courtil.
gentil.
les Gentils.
outil.

voir I.

ILDE.

Brunehilde, *n. p.*
Clotilde, *n. p.*
guilde.
Mathilde, *n. p.*
tilde.

ILE et ILLE

non mouillé.

île.

bile.

atrabile.
automobile.
bile.
débile.
habile.
immobile.
indélébile.
inhabile.
jubile, *v.*
labile.
locomobile.
malhabile.
mobile.
nubile.
sébille.
Sibylle.

brile.

fébrile.
fibrille.

cile.

ancile.
bacile.
bacille.
Cécile, *n. p.*
codicille.
concile.
difficile.
docile.
domicile.
facile.
gracile.
imbécile.
indocile.
oscille, *v.*
pœcile.
Sicile, *g.*
vacille, *v.*
verticille.
(*voir* sile *dur.*)

chile.

Achille, *n. p.*

dile.

crocodile.
édile.
idylle.

file.

affile, *v.*
chef de file.
compte-fil.
coupe-fil.
défile, *v.*
désenfile, *v.*
éfaufile, *v.*
effile, *v.*
enfile, *v.*
faufile, *v.*
file, *v.*
file, *s.*
parfile, *v.*
profile, *v.*
renfile, *v.*
serre-file.
surfile, *v.*
tranchefile.
tréfile, *v.*
(*voir* phile.)

gile.

agile.
argile.

évangile.
fragile.
Gille, *n. p.*
strigile.
vigile.
Virgile, *n. p.*

i-ile.

annihile, *v.*

lile.

Lille, *g.*

mile.

Amyle.
assimile, *v.*
Dix-mille (les).
Émile, *n. p.*
mille.
Paul-Émile, *n. p.*

nile.

campanile *ou* campanille.
juvénile.
sénile.

o-ile.

Zoïle, *n. p.*

pile.

compile, *v.*
dépile (se), *v.*
désopile, *v.*
empile, *v.*
épile, *v.*
horripile, *v.*
papille.
pile, *s.*
pile, *v.*
primipile.
pupille.

phile.

anglophile.
bibliophile.
francophile.
germanophile.
négrophile.
(*voir* file *et* phylle.)

quile.

presqu'île.
tranquille.

rile.

puérile, *a. f.*
virile, *a. f.*
scurrile.
stérile.

sile *dur*

fissile.
fossile.
scille.
scissile.
sessile.
sille.
ustensile.
(*voir* cile.)

sile *doux.*

asile.
Basile, *n. p.*
(*voir* xile.)

tile.

aquatile.
contractile.
bissextile.
distille, *v.*
ductile.
érectile.
fertile.
fluviatile.
futile.
hostile.
infantile.
infertile.
instille, *v.*
intactile.
inutile.
mercantile.
mutile, *v.*
myrtille.
nautile.
plicatile.
pluviatile.
projectile.
reptile.
rétractile.
rutile, *v.*
saxatile.
scintille, *v.*
subtile, *a. f.*
tactile.
textile.
titille, *v.*
utile.
ventile, *v.*
versatile.
vibratile.
volatile.

uile.

huile, *s. et v.* [2].
tuile [2].

vile.

calville.
civile, *a. f.*
hôtel de ville.
incivile, *a. f.*
sergent de ville.
servile, *a. f.*
Séville, *g.*
vaudeville.
ville, *a. f.*
ville.

xile.

exile, *v.*
(*voir* sile *doux.*)

voir YLE.

ILLE mouillé.

bille.

bille.
babille, *v.*
bisbille.
brusquembille.
Crainquebille, *n. p.*
déshabille, *v.*
escarbille.
gambille, *v.*

habille, *v.*
houspille, *v.*
rhabille, *v.*

brille.

brille, *v.*

cille.

cille, *v.*
décille, *v.*
faucille.
sourcille, *v.*

(*voir* sille *dur.*)

dille.

armadille.
brandille, *v.*
brindille.
cédille.
fendille (se), *v.*
godille.
grenadille.
mandille.
mordille, *v.*
peccadille.
pendille, *v.*
séguedille.
spadille.

drille.

drille.
effondrilles.
escadrille.
espadrille.
quadrille.
soudrille.

fille.

belle-fille.
fille.
petite-fille.

grille.

grille, *s.*
grille, *v.*

guille.

aiguille.
anguille.
porte-aiguille.

mille.

armille.
Camille.
camomille.
charmille.
famille.
fourmille, *v.*
ormille.
ramille.
smille.

nille.

campanille *ou* campanile.
chenille.
cochenille.
coronille.
déguenille, *v.*
échenille, *v.*
guenille.
Manille, *g.*
souquenille.
vanille, *s. et v.*

pille.

éparpille, *v.*
épontille.
estampille, *s. et v.*
étoupille.
gaspille, *v.*
goupille.
grappille, *v.*
houspille, *v.*
pille, *v.*
roupille, *v.*
torpille, *s. et v.*

quille.

béquille.
coquille.
écarquille, *v.*
esquille.
jonquille.
maquille.
quille.
roquille.

rille.

essorille, *v.*
gorille.
Mascarille, *n. p.*
morille.

sille *dur.*

boursille, *v.*
dessille, *v.*
(*voir* cille.)

sille *doux.*

bousille, *v.*
brésille, *v.*
égosille (s'), *v.*
fusille, *v.*
grésille, *v.*
nasille, *v.*
résille.

tille.

Antilles, *g.*
apostille, *s. et v.*
bastille.
béatilles.
broutilles.
cannetille.
cantatille.
Castille, *g.*
castille, *s.*
Courtille (la).
croustille, *s. et v.*
détortille, *v.*
écoutille.
émoustille, *v.*
entortille, *v.*
flottille.
frétille, *v.*
gentille, *a. f.*
lentille.
mantille.
mercantille.
outille, *v.*
pacotille.
pastille.

pétille, *v.*
pille, *v.*
pointille, *v.*
sapotille.
sautille, *v.*
scintille, *v.*
tille.
tormentille.
tortille.
vétille, *s. et v.*
volatille.

trille.

étrille, *s. et v.*
trille.

ville.

cheville, *s. et v.*
recroqueville (se), *v.*

vrille.

vrille.

ILS

(*l* sonore, *s* muet sauf en liaison).

Ils, *pron.*

ILS

(*l* muet, *s* sonore).

fils.
voir IS.

ILTRE.

filtre, *s. et v.*
philtre.
infiltre, *v.*

IM.

(*m* sonore.)

kéroubim.

Elohim.
Ephraïm, *n. p.*
Ibrahim, *n. p.*
zaïm.

olim.
Selim.

intérim.
Périm.

gulf-stream.

passim.

IMBE.

regimbe, *v.*

limbe.
Limbes (les).

nimbe.
voir YMBE.

IMBRE.

Cimbre, *g.*
Coïmbre.

sisymbre.

timbre, *s. et v.*

IME [1].

bime.

abîme, *s. et v.*

blime.

sublime.

brime.

brime.

cime.

cime.
décime, *s.*
décime, *v.*
écime, *v.*
(*voir* sime *dur et* xime.)

crime.

crime.
escrime, *s. et v.*

dime.

dîme, *s. et v.*
rédime (se), *v.*

fime.

infime.

frime.

frime.

gime.

régime.

grime.

grime.
grime (se), *v.*

lme.

élime (s').
lime, *s. et v.*
millime.

mime.

mime.
pantomime.

nime.

anime, *v.*
désenvenime, *v*
envenime, *v.*
longanime.
magnanime
minime.
pusillanime.
ranime, *v.*
unanime.

---

1) Cf. au pluriel la première pers. du plur. du passé défini des verbes en IR et en IRE, et de certains verbes autres qu'en ER : *fîmes, rendîmes, sortîmes, vîmes,* etc.

pime.

opimes (dépouilles).

prime.

comprime, *v.*
déprime, *v.*
exprime, *v.*
imprime, *v.*
opprime, *v.*
prime, *s.*
prime, *v.*
réimprime, *v.*
réprime, *v.*
supprime, *v.*

rime.

arrime, *v.*
désarrime, *v.*
monorime.
périme, *v.*
rime, *s. et v.*

sime *dur.*

amiralissime.
amplissime.
bellissime.
clarissime.
éminentissime.
excellentissime.
fourbissime.
généralissime.
grandissime.
ignorantissime.
illustrissime.
nobilissime.
pédantissime (Voltaire).
rarissime.
révérendissime.
richissime.
savantissime.
sérénissime.

(*v.* cime *et* xime.)

sime *doux.*

millésime.
nonagésime.
quadragésime.
quinquagésime.
septuagésime.
sexagésime.

time.

centime.
estime, *s. et v.*
illégitime.
intime, *a.*
intime, *v.*
légitime, *a. et v.*
maritime.
mésestime, *v.*
ultime.
victime.

trime.

trime, *v.*

xime.

maxime.

(*voir* cime *et* sime *dur.*)

voir YME.

IMES.

fîmes.
finîmes, *v.*
nourrîmes.
prîmes.
rîmes.
vîmes.

IMNE.

médimne.

voir YMNE.

IMPE.

grimpe, *v.*
regrimpe, *v.*

guimpe.

voir YMPE.

IMPLE.

simple.

IN (*n* sonore).

amin.
Darwin.
djinn.
gin.
Gretna-Green.
khamsin.
Lohengrin.
muezzin.
spleen.

IN [1] (son nasal).

a-in.

Caïn, *n. p.*

bin.

aubin.
bambin.
bec de corbin.
carabin.
chérubin.
colombin.
corbin.
gobin.
jacobin.
lambin.
larbin.
Lubin, *n. p.*
maugrabin.
rabbin.
robin.

---

1) Cf. au pluriel la première et la deuxième pers. du sing. du passé défini des verbes en ENIR.

Sabin, *g.*

blin.

Dublin, *g.*

brin.

brin.
un brin.
colubrin.

cin.

buccin.
capucin.
cinq (devant consonne).
clavecin.
farcin.
larcin.
médecin
pumicin.
ricin.
succin.
vaccin.
(*voir* sin *dur et* xin.)

chin.

crachin.
Joachim, *n. p.*
machin.
Tronchin, *n. p.*

clin.

architriclin.
clin.
déclin.
Duguesclin, *n. p.*
enclin.
Franklin, *n. p.*

crin.

crin.
crincrin.
écrin.
sucrin.

din.

Aladin, *n. p.*
anodin.
badin.
baladin.
blondin.
Bernardin.
boudin.
citadin.
comtadin.
Dandin.
gandin.
girondin.
gourdin.
gradin.
gredin.
grenadin.
grondin.
incarnadin.
jardin.
muscadin.
Odin, *myth.*
ondin.
paladin.
Périgourdin, *g.*
Robert Houdin.
rondin.
Saladin, *n. p.*
Smaragdin.
vertugadin.

drin.

alexandrin.
flandrin.
malandrin.
Mandrin, *n. p. et s.*
Sanhédrin.

fin.

afin.
aigrefin.
bec fin.
biffin.
coffin.
confins.
enfin.
fin, *a. et s.*
superfin.
surfin.
(*voir* phin).

gin.

engin.
frangin.
Longin, *n. p.*
sauvagin.
vagin.

grin.

boulingrin.
chagrin, *s. et a.*

guin.

béguin.
consanguin.
doguin.
Enghien.
sanguin.

kin.

Nankin, *g. et s.*
Pékin, *g.*

(*voir* quin.)

lin.

alcalin.
aquilin (3).
archipatelin.
Berlin, *g.*
boulin.
câlin.
capitolin.
carlin.
carolin.
chevalin.
cipolin.
Colin, *n. p.*
crancelin.
corallin.
craquelin.
cristallin.
drelin drelin.
escalin.
esterlin.
félin.
fifrelin.
filin.
francolin.

gobelin.
Gobelins (les).
grelin.
grimelin.
gris de lin.
hyalin.
kaolin.
Kremlin, *g.*
malin.
masculin.
merlin, *s.*
Merlin, *n. p.*
moulin.
masculin.
opalin.
orphelin.
pangolin.
papalin.
patelin.
Poquelin, *n. p.*
ravelin.
revolin.
ripolin.
Rollin, *n. p.*
salin.
sérancolin.
sibyllin.
sterling.
solin.
staphylin.
trivelin.
vélin.
Zinzolin.

min.

avant-chemin.
Benjamin, *n. p.*
bramin.
carmin.
chemin.
cumin.
gamin.
jasmin.
ormin.
parchemin.

nin.

Antonin, *n. p.*
Apennins, *g.*
bénin.
canin.
féminin.
franc-funin.
funin.
léonin.
menin.
saturnin.
sultanin.
tannin.
venin.

pin.

alpin.
aubépin.
auverpin.
calepin.
canepin.
cisalpin.
clampin.
Crépin, *n. p.*
Crispin, *n. p.*
escarpin.
galopin.
grappin.
Jupin, *myth.*
lapin.
lopin.
lupin.
orpin.
Papin, *n. p.*
pépin.
perlinpinpin.
pin.
pitchpin.
poupin.
rampin.
rapin.
rupin.
Saint-Crépin.
sapin.
Scapin, *n. p.*
supin.
tapin.
taupin.
transalpin, *g.*
turlupin.
youpin.

phin.

dauphin.
séraphin.
(*voir* fin.)

plin.

tremplin.

prin.

cyprin.
pourprin.

quin.

arlequin.
baldaquin.
Berquin, *n. p.*
bouquin.
brodequin.
casaquin.
Charles-Quint.
coquin.
cornet à bouquin.
cranequin.
faquin.
frusquin (saint).
lambrequin.
mannequin.
marasquin.
maroquin.
mesquin.
palanquin.
pasquin.
ramequin.
requin.
rouquin.
sequin.
taquin.
Tarquin, *n. p.*
troussequin.
trusquin.
turquin.
ver-coquin.
vilebrequin.
(*voir* kin.)

rin.

adultérin.
azurin.
burin.
chien marin.
florin.
galurin.
gorgerin.
ivoirin.
loup marin.
mandarin.
marin, *a. et s.*
mathurin.
Mazarin, *n. p.*
orin.
pèlerin.
pulvérin.
purin.
purpurin.
Rhin, *g.*
romarin.
saccharin.
savarin.
serin.
Séverin, *n. p.*
sous-marin.
surin.
Tabarin, *n. p.*
tamarin.
tambourin.
Tartarin, *n. p.*
tarin.
transtéverin.
Turin, *g.*
utérin.
vipérin.
vérin.

sin *dur.*

Abyssin, *g.*
agassin.
assassin.
bassin.
boucassin.
brassin.
coussin.
crapoussin.
dessin.
fantassin.
marcassin.
matassin.
messin.
mocassin.
organsin.
oursin.
poussin.
roussin.
spadassin.
tocsin.
traversin.
(*voir* cin *et* xin.)

sin *doux.*

armoisin.
argousin.
basin.
bousin.
chasse-cousin.
circonvoisin.
cousin.
Limousin, *g.*
magasin.
muezzin.
raisin.
sarrasin.
voisin, *a. et s.*

tin.

adamantin.
Arétin, *n. p.*
argentin.
Augustin.
Aventin (mont), *g.*
avertin.
ballotin.
Bénédictin.
biscotin.
bouquetin.
brigantin.
buffletin.
bulletin.
buratin.
butin.
byzantin.
cabotin.
calotin.
cadratin *ou* quadratin.
cassetin.
catin.
chambertin.
chevrotin.
chicotin.
clandestin.
claquepatin.
Constantin, *n. p.*
crétin.
crottin.
culotin.
destin.
diablotin [3].
enfantin.
fagotin.
festin.
Florentin, *g.*
fortin.
fretin.
Frontin, *n. p.*
galantin.
gazetin.
gratin.
hutin.
ignorantin.
intestin, *s. et a.*
Justin, *n. p.*
lamentin.
latin.
libertin.
lutin.
Marais-Pontins, *g.*
margotin.
Martin, *n. p.*
matin.
mâtin.
mutin.
observantin.
palatin.
pantin.
patin.
picotin.
pilotin.
potin.
purotin.
Quimper-Corentin.

réveille-matin.
Romorantin, *g.*
roquentin.
rotin.
satin.
scrutin.
serpentin.
strapontin.
tableautin.
tétin.
Théatin.
tin-tin.
tourmentin.
travertin.
trotin.
turbotin.

trin.

citrin.
lutrin.
pétrin.

uin.

Alcuin, *n. p.* [2].
juin [1].

vin.

alevin.
alvin.
angevin.
brandevin.
Calvin, *n. p.*
chauvin.
devin.
divin.
échevin.
éparvin.
nervin.
octavin.
Poitevin, *g.*
pot de vin.
provin.
Provins, *g.*
ravin.
sac à vin.
vin.

xin.

Pont-Euxin, *g.*
(*voir* cin *et* sin *dur.*)
v. AIN, AIM, EIN, EN, YM et INCT.

INC et INQ.

cinq.

zinc.

INCE.

grince, *v.*

mince.
émince, *v.*

pince, *s. et v.*
repince.

prince.
Port-au-Prince.

rince, *v.*

évince, *v.*
province.
voir INSSE.

INCHE.

grinche.
guinche.

INCT.

succinct.
distinct.
indistinct.
instinct.

INCTE.

succincte, *a. f.*

distincte, *a. f.*

indistincte, *a. f.*

INDE.

Inde, *g.*

blinde.

brindes (dans les).

cochon d'Inde.
coq-d'Inde.
dinde.

guinde, *v.*

Pinde (le), *g.*

Clorinde, *n. p.*

rescinde, *v.*
scinde, *v.*

INDRE.

Indre, *g.*

Cylindre.
voir EINDRE et AINDRE, OINDRE.

INE [1].

cocaïne.

bine.

babine.
bambine.
bine, *v.*
bobine, *s. et v.*
cabine.
carabine.
Colombine, *n. p.*
combine, *v.*
concubine.
débine, *s. et v.*
embobine.

1) Cf. les féminins des adj. en IN.

jacobine.
lambine, *s. et v.*
maugrabine.
rabobine.
Sabine, *n. p.*
turbine, *s. et v.*

brine.

ambrine.
colubrine.
fibrine.

cine.

aruspicine.
balancine.
buccine.
calcine, *v.*
capucine.
déracine, *v.*
doucine.
enracine, *v.*
fascine, *s.*
fascine, *v.*
hallucine.
Lucine, *myth.*
médecine, *s. et v.*
officine.
patrocine, *v.*
porcine (race).
piscine.
racine, *s.*
Racine, *n. p.*
ratiocine.
semencine.
vaccine, *s. et v.*
vaticine.
(*voir* sine *dur.*)

chine.

archine.
Chine, *g.*
Cochinchine, *g.*
échine, *s. et v.*
Indo-Chine.
machine, *s. et v.*

cline.

décline, *v.*
incline, *v.*

dine.

anodine.
badine, *s.*
badine, *a. f. et v.*
baladine.
blondine.
brigandine.
burgaudine.
Caudines (Fourches).
citadine.
Claudine, *n. p.*
comtadine.
crapaudine.
dandine (se), *v.*
dîne, *v.*
dodine (se), *v.*
girondine.
gourgandine.
grenadine.
incarnadine.
jardine, *v.*
Médine, *g.*
muscadine.
nundines.
ondine.
pardine !
Périgourdine, *g.*
rondine, *v.*
sardine.
smaragdine.
sourdine.
visitandine.

drine.

Alexandrine.
flandrine.

éine.

caféine.
caséine.
codéine.
oléine.
ostéine.

fine.

affine, *v.*
confine, *v.*
génovéfine.
parraffine.
raffine, *v.*
superfine.
surfine.
(*voir* phine.)

gine.

angine.
aubergine.
imagine, *v.*
origine.
plombagine.
sauvagine.

grine.

chagrine, *v. et a. f.*
Monténégrine.

guine.

béguine.
consanguine.
embéguine, *v.*
sanguine.

line.

agneline.
armeline.
aniline.
aveline.
bengaline.
berline.
bouline, *s. et v.*
câline, *v. et a. f.*
cameline.
carmeline.
capeline.
Caroline, *g.*
colline.
coraline.
crinoline.
cornaline.
dégouline.
digitaline.
dodeline.
embobeline.

encline.
figuline.
géline.
gosseline.
grimeline, *v.*
javeline.
maline.
Malines, *g.*
mandoline.
Messaline, *n. p.*
mouline, *v.*
morgeline.
mousseline.
naphtaline.
orpheline.
pateline, *v. et a. f.*
percaline.
popeline.
pouline, *v.*
praline.
ptyaline.
saline.
santoline.
taupeline.
tourmaline.
ursuline.
végétaline.
zibeline.

mine.

abomine, *v.*
achemine, *v.*
albumine.
alumine.
balsamine.
Benjamine.
Bramine *ou* Brahmine.
calamine.
cardamine.
chaumine.
chemine, *v.*
contamine, *v.*
contre-mine, *s. et v.*
culmine, *v.*
détermine, *s. et v.*
dissémine, *v.*
domine, *v.*
efféminе, *v.*
élimine, *v.*
enlumine, *v.*
étamine.
examine, *v.*
extermine, *v.*
famine.
flamine.
fulmine, *v.*
gamine, *s. et v.*
hémine.
hermine.
illumine, *v.*
incrimine, *v.*
lamine, *v.*
mine, *s. et v.*
plaquemine.
prédétermine, *v.*
prédomine, *v.*
récrimine, *v.*
rumine, *v.*
Salamine, *g.*
termine, *v.*
vermine.
vitamine.

nine.

canine (dent).
canine, *a. f.*
féminine.
léonine.
quinine.
santonine.
saturnine.
strychnine.

o-ine.

héroïne.

ouine.

babouine.
baragouine, *v.*
bédouine.
chafouine.
embouine.
gouine.
sagouine.

pine.

Agrippine, *n. p.*
alépine.
alpine.
atropine.
aubépine.
campine.
chopine, *s. et v.*
cisalpine.
clampine.
clopine, *v.*
crépine.
épine.
galopine.
lapine.
opine, *v.*
Philippines, *g.*
poupine.
préopine, *v.*
Proserpine, *myth.*
rapine, *s. et v.*
sapine.
terpine.
transalpine.
turlupine, *v.*

phine.

dauphine.
morphine.

(*voir* fine.)

pline.

discipline, *s. et v.*
indiscipline.
Pline, *n. p.*

prine.

caprine (race).

quine.

acoquine, *v.*
arlequine.
basquine.
bouquine, *v.*
coquine.
damasquine, *v.*
mesquine.

moleskine.
taquine, *v.*
quine.
rouquine.
taquine, *v.*
trichine.

rine.

aigue-marine.
alizarine.
amarine, *v.*
antipyrine.
aventurine.
barine.
ballerine.
burine, *v.*
butyrine.
castorine.
cholérine.
clarine.
czarine.
Dorine, *n. p.*
enfarine, *v.*
entérine, *v.*
farine.
figurine.
glycérine.
mandarine.
margarine.
marine, *s. et a. f.*
marine, *v.*
Mazarine (*biblioth.*).
narine.
nitro-glycérine.
pèlerine.
purpurine.
saphirine.
serine, *v. et s.*
stéarine.
surine, *v.*
tambourine, *v.*
terrine.
tsarine.
urine.
vérine.
verrine.
vipérine.

sine *dur.*

abyssine.
alsine.
assassine, *v.*
bassine, *s. et v.*
bécassine.
coussine.
crapoussine.
cassine.
dessine.
fuchsine.
houssine.
Messine, *g.*
moissine.
oursine.
pepsine.

(*voir* cine.)

sine *doux.*

asine.
avoisine, *v.*
circonvoisine.
benzine.
cousine.
cuisine, *s. et v.*[3].
emmagasine, *v.*
gésine.
lésine, *s. et v.*
limousine.
magazine.
Mélusine, *n. p.*
résine.
saisine.
sarrasine.
usine.
voisine, *v.*

tine.

agglutine, *v.*
argentine.
barbotine.
bénédictine.
bottine.
brigantine.
brillantine.
buratine.
butine, *v.*
cabotine.
cantine.
carbatine.
castine.
cavatine.
chevrotine.
Christine, *n. p.*
chryséléphantine.
conglutine, *v.*
Constantine, *g.*
courtine.
destine, *v.*
diétine [4].
églantine.
éléphantine.
festine, *v.*
feuillantine.
galantine.
gélatine.
guillotine, *s. et v.*
levantine.
libertine, *v.*
lutine, *v.*
matines.
mutine (se), *v.*
mutine, *a. f.*
narcotine.
nicotine.
obstine (s'), *v.*
palatine.
Palestine, *g.*
patine, *v. et s.*
pectine.
piétine, *v.* [3].
philistine.
platine.
prédestine, *v.*
ratatine (se), *v.*
ratine.
rétine.
routine.
sabbatine.
sacristine.
satine, *v.*
scarlatine.

sentine.
serpentine.
sonatine.
tartine.
térébenthine.
tétine.
tine.
tontine.
trappistine.
trottine, *v.*

trine.

citrine.
dextrine.
doctrine.
endoctrine, *v.*
latrines.
lettrine.
lustrine.
Palestrine, *g.*
poitrine.
vitrine.

u-ine.

bruine, *s. et v.*
ruine, *s. et v.*

ouine.

embabouine, *v.* [4].
fouine.

vine.

alevine.
angevine.
avine, *v.*
bovine.
chauvine.
devine, *v.*
divine.
ovine (race).
poitevine.
ravine.
vine, *v.*

vrine.

couleuvrine.

xine.

fu sine.
toxine.

voir YNE.

ING.

plum-pudding.
dumping.
pouding.

schocking.
smoking.

sterling.

shampooing.

camping.
sleeping.

ring.

betting.
footing.
lasting.
meeting.
sherting.
skating.
yachting.
voir EING.

INGE.

linge.

Comminges.
Phorminge.

méninge.

sphinge.

singe, *s. et v.*

syringe.

Thuringe, *g.*

tins-je.

vins-je.

INGLE.

single, *v.*

épingle.

tringle.

Zwingle, *n. p.*

INGRE.

Ingres, *n. p.*

malingre.

pingre.

INGT.

voir INT.

INGUE.

bringue.
fringue, *v.*

dingue.
poudingue.

bilingue.
camerlingue.
élingue.
étalingue.
carlingue.
détalingue.
ralingue, *s. et v.*
talingue.
trilingue.

ramingue.
Saint-Domingue, *g.*

Huningue, *g.*

meringue.
seringue, *s. et v.*

bastingue.
distingue, ***v.***
métingue (meeting).

bastringue.

brindezingue.

mannezingue.

ÎNMES.

tînmes.
vînmes.

INQ.

voir INC.

INQUE.

pinque.

requinque (se), ***v.***

scinque.

trinque, ***v.***

voir AINQUE et YNQUE.

INSSE [1].

voir INCE.

INT [2].

quint.
Charles-Quint, ***n. p.***
Sixte-Quint, ***n. p.***

suint.

vingt.
quatre-vingts.
quinze-vingts.
six-vingts.

voir AINT et EINT.

INTE.

terébinthe.

Hyacinthe, ***n. p.***
jacinthe.

Philinte, ***n. p.***

helminthe.
Philaminthe, ***n. p.***

pinte, ***s. et v.***

plinthe.

quinte.
coloquinte.

Corinthe, ***g.***
Labyrinthe.
Tyrinthe, ***g.***

absinthe.

chuinte.

suinte, ***v.***

aquatinte.
tinte, ***v.***

voir AINTE et EINTE.

ÎNTES.

tîntes.
vîntes.

INTRE.

cintre, ***s. et v.***
décintre, ***v.***
plein cintre.

voir EINTRE.

INX.

phorminx.

sphinx.

syrinx.

voir YNX.

INZE.

quinze.

IPE.

anticipe, ***v.***
cippe.
émancipe, ***v.***
excipe, ***v.***
municipe.
participe, ***s. et v.***
principe.
chipe, ***v.***

Œdipe, ***n. p.***

défripe.
fripe, ***v.***

agrippe, ***v.***

---

1) Cf. les deux premières personnes du sing. de l'imparfait du subjonctif des verbes *tenir, venir,* et de leurs composés : *que je vinsse, que tu retinsses,* etc.

2) Cf. les troisièmes pers. du sing. du passé défini et de l'imparfait du subjonctif des verbes *tenir, venir,* et de leurs composés : *il vint, qu'il contînt,* etc.

grippe, *v.*
grippe, *s.*

lippe.
Pausilippe, *g.*
tulipe.

guenipe.
nippe, *s. et v.*

pipe, *s.*
pipe, *v.*

équipe, *v. et s.*

Euripe, *g.*
ripe, *s. et v.*

dissipe, *v.*

constipe, *v.*
stipe.
Xantippe, *n. p.*

étripe, *v.*
tripe.
voir YPE.

IPHE.

Caïphe.

logogriphe.
voir IFE et YPHE.

IPLE.

condisciple.
disciple.

périple.

multiple.
sous-multiple.

steeple.

triple, *a. et v.*
détriple, *v.*

IPSE.

éclipse.

ellipse.
paralipse.
voir YPSE.

IQUE.

a-ïque.

alcaïque.
altaïque.
archaïque.
benzoaïque.
caïque.
chaldaïque.
choraïque.
Cyrénaïque, *g.*
dioaïque.
euboaïque.
hébraïque.
Jamaïque (la), *g.*
judaïque.
laïque.
mosaïque.
monoaïque.
oléaïque.
pharisaïque.
prosaïque.
protéaïque.
romaïque.
saïque.
spondaïque.
trochaïque.
voltaïque.

bique.

antirabique.
arabique.
alambique, *v.*
bique.
cubique.
dithyrambique.
dissyllabique.
iambique [4].
imparisyllabique.
libyque.
monosyllabique.
Mozambique, *g.*
mozarabique.
parisyllabique.
rabique.
syllabique.

blique.

biblique.
oblique, *a. et v.*
publique, *a. f.*
républiqe.

brique.

algébrique.
brique.
cimbrique.
fabrique, *s. et v.*
imbrique.
lubrique.
rubrique.

cique.

cacique.
(*voir* sique *dur et* xique.)

chique.

anarchique.
bachique.
béchique.
bronchique.
chique, *s. et v.*
colchyque.
hiérarchique.
logomachique.
monarchique.
naumachique.
oligarchique.
stomachique.
tauromachique.
thoracique.

clique.

clique.
cyclique.
encyclique.

crique.

crique.
picrique (acide).

dique.

abdique, *v.*
antispasmodique.
bardique.
bouddhique.
druidique.
encyclopédique.
épisodique.
fatidique.
héraldique.
impudique.
indique, *v.*
iodique.
juridique.
médique.
mélodique.
méthodique.
modique.
numidique.
orthopédique.
périodique.
prosodique.
pudique.
revendique, *v.*
sadique.
spasmodique.
sporadique.
syndique, *v.*
synodique.
talmudique.
védique.
vélocipédique.
véridique.

drique.

chlorhydrique.
cyanhydrique.
cylindrique.
polyédrique.

fique.

aurifique.
béatifique.
calorifique.
couffique.
déifique.
frigorifique.
honorifique.
horrifique.
magnifique.
maléfique.
mirifique.
morbifique.
pacifique.
prolifique.
scientifique.
soporifique.
spécifique.
substantifique.
sudorifique.
trafique, *v.*
vivifique.

(*voir* phique.)

frique.

Afrique, *g.*

gique.

amphibologique.
anagogique.
analogique.
antalgique.
apologique.
astrologique.
Belgique, *g.*
chirurgique.
chronologique.
cosmologique.
démagogique.
dialogique.
énergique.
etymologique.
généalogique.
géologique.
géorgique.
hémiplégique.
hémorragique.
hippophagique.
illogique.
léthargique.
liturgique.
logique.
magique.
métallurgique.
minéralogique.
météorologique.
mythologique.
nécrologique.
néologique.
névralgique.
nostalgique.
odontalgique.
pathologique.
paragogique.
pédagogique.
pathologique.
pélagique.
pélasgique.
philologique.
physiologique.
psychagogique.
psychologique.
stratégique.
tautologique.
technologique.
thaumaturgique.
théologique.
théurgique.
tragique.
tropologique.

voir les mots en LOGIE.

lique.

alcoolique.
amylique.
angélique, *a. et s.*
apostolique.
aristotélique.
aulique.
basilique.
bucolique.
catholique.
céphalique.
colique.
cyrillique.
dactylique.
diabolique [4].
encéphalique.
éolique.
évangélique.

famélique.
gaélique.
gallique.
hydraulique.
hyperbolique.
italique.
ityphallique.
idyllique.
machiavélique.
majolique.
malique.
mélancolique.
méphistophélique.
métallique.
méthylique.
mongolique.
oxalique.
pantagruélique.
parabolique.
phallique.
pyrogallique.
pentélique.
raphaélique.
relique.
salicylique.
salique.
silique.
somnambulique.
symbolique.
variolique.
vitriolique.
vocalique.

mique.

académique.
agronomique.
alchimique.
anatomique.
anémique.
antinomique.
astronomique.
atomique.
balsamique.
bromique.
céramique.
chimique.
chromique.
comique.
cosmique.
dermique.
dynamique.
économique.
endémique.
épidémique.
épidermique.
euphémique.
eurythmique.
formique.
gastronomique.
gnomique.
héroï-comique.
hydrodynamique.
islamique.
isthmique.
logarithmique.
loxodromique.
médianimique.
mimique.
ophtalmique.
pandémique.
panoramique.
patronymique.
polémique.
rhytmique.
sismique.
synonymique.
thermique.
tragi-comique.
vehmique.
vomique.

nique.

adonique.
architectonique.
amphyctionique.
balkanique.
bernique !
botanique, *a. et s.*
brahmanique.
britannique.
canonique.
carbonique.
chronique.
clinique.
communique, *v.*
conique.
coranique.
cosmogonique.
cynique.
diatonique.
Dominique, *n. p.*
enharmonique.
ethnique.
euphonique.
fornique, *v.*
fulminique.
galvanique.
germanique.
glyconique.
gnomonique.
gymnique.
harmonique.
hellénique.
hispanique.
hygiénique.
inique.
inorganique.
ionique.
ironique.
laconique.
macaronique.
maçonnique.
manique.
Martinique (la), *g.*
mécanique.
messianique.
mnémonique.
mnémotechnique.
Monique, *n. p.*
nique.
océanique.
œcuménique.
olympionique.
organique.
orphéonique.
ossianique.
panique.
pharaonique.
philharmonique.
phénique.
phonique.
photogénique.
physiognomonique.

pique-nique.
platonique.
plutonique.
pneumonique.
polyphonique.
polytechnique.
pulmonique.
punique.
pyrotechnique.
rabbinique.
runique.
Salonique, *g*.
sardonique.
sarracénique.
satanique.
scénique.
sorbonique.
symphonique.
synchronique.
talismanique.
technique, *a. et s.*
téléphonique.
tétanique.
teutonique.
Thessalonique, *g*.
titanique.
tonique.
tunique.
tyrannique.
unique.
Véronique, *n. p.*
volcanique.
zénonique.

o-ïque.

héroïque.
stoïque.

pique.

dépique, *v.*
épique.
Ethiopique, *g*.
hippique.
hydrothérapique.
hydropique.
microscopique.
misanthropique.
olympique.
philanthropique.
philippique.
pique, *s. et v.*
repique, *v.*
stéréoscopique.
télescopique.
topique.
tropique.
typique.

phique.

anthropomorphique.
atrophique.
bibliographique.
biographique.
calligraphique.
chorégraphique.
cosmographique.
delphique.
ethnographique.
géographique.
graphique.
hydrographique.
hypertrophique.
hiéroglyphique.
ichnographique.
iconographique.
lithographique.
orphique.
orthographique.
philosophique.
photographique.
physiographique.
saphique.
scénographique.
séraphique.
sténographique.
stéréographique.
télégraphique.
théosophique.
thyphique.
topographique.
typographique.

voir fique *et les mots en* GRAPHIE.

plique.

applique, *v. et s.*
complique, *v.*
duplique.
explique, *v.*
implique, *v.*
plique.
rapplique, *v.*
réplique, *s. et v.*
supplique.

prique.

cuprique.

rique.

allégorique.
Amérique, *g*.
amphigourique.
Armorique, *g*.
atmosphérique.
barrique.
borique.
bourrique.
butyrique.
cadavérique.
calorique.
charivarique.
chimérique.
cholérique.
climatérique.
colérique.
darique.
dorique.
dysentérique.
empirique.
entérique.
ésotérique.
exotérique.
falarique.
fantasmagorique.
féerique.
fluorique.
générique.
hémisphérique.
historique.
homérique.
hystérique.

ictérique.
isomérique.
kymrique.
lientérique.
lyrique.
madréporique.
margarique.
métaphorique.
météorique.
norique, *g.*
numérique.
panégyrique.
périphérique.
phosphorique.
pindarique.
pléthorique.
préhistorique.
prévarique, *v.*
psorique.
pyrrhique.
pythagorique.
rhétorique.
satirique.
sciatérique.
sphérique.
stéarique.
stagirique.
sulfurique.
taurique.
tellurique.
théorique.
urique.

sique *dur.*

classique.
jurassique.
Persique, *g.*
prussique.
(*voir* cique *et* xique.)

sique *doux.*

anesthésique.
antiphysique.
aphasique.
basique.
génésique.
géodésique.
hémophysique.
idiosyncrasique.
métaphysique, *a. et s.*
liasique.
musique.
palingénésique.
phtisique.
physique.
triasique.

tique.

acatalectique.
acataleptique.
acétique.
achérontique.
achromatique.
acoustique.
acrobatique.
Adriatique, *g.*
aéronautique.
aérostatique.
agnostique.
agonistique.
aloétique.
allopathique.
alphabétique.
anacréontique.
analeptique.
analytique.
anapestique.
anecdotique.
antarctique.
antipathique.
antiphlogistique.
antique.
antiscorbutique.
antiseptique.
antithétique.
apathique.
aphoristique.
apocalyptique.
apodictique.
apologétique.
apoplectique.
aquatique.
arctique.
aristocratique.
arithmétique, *a. et s.*
aromatique.
arrière-boutique.
arthritique.
ascétique.
aseptique.
asiatique.
asthmatique.
astique, *v.*
athlétique.
atomistique.
Atlantique, *g.*
Attique, *g.*
attique, *a. et s.*
authentique.
autocratique.
automatique.
axiomatique.
azotique.
balistique.
Baltique, *g.*
basaltique.
Bétique, *g.*
boutique.
bureaucratique.
cabalistique.
cachectique.
cantique.
caractéristique.
casuistique.
catalectique.
cataleptique.
cathartique.
cathérétique.
caustique.
Celtique, *g.*
cénobitique.
céroplastique.
chaotique.
chlorotique.
chromatique.
cinématique.
cosmétique.
crétique.
critique.
cynégétique.
cystique.

dalmatique.
décortique, *v*.
démastique, *v*.
démocratique.
démotique.
despotique.
diabétique.
diacritique.
diagnostique.
dialectique.
diaphragmatique.
didactique.
diététique.
diplomatique.
distique.
diurétique.
dogmatique.
domestique.
dramatique.
drastique.
drôlatique.
dynastique.
dyspeptique.
ecclésiastique, *a. et s*.
eclectique.
écliptique.
élastique.
éléatique.
elliptique.
emblématique.
émétique.
emphatique.
emphytéotique.
empyreumatique.
encaustique.
enclitique.
énigmatique.
épenthétique.
épigrammatique.
épileptique.
épizootique.
érémitique.
éristique.
érotique.
erratique.
esthétique.
éthique.
étique.
eucharistique.
exégétique.
exotique.
extatique.
fanatique.
fantastique.
fantomatique.
flegmatique.
frénétique.
génétique.
glyptique.
gnostique.
gothique.
granitique.
gymnastique.
gynécocratique.
hellénistique.
hanséatique.
hectique.
helvétique.
hémostatique.
hépathique.
hérétique.
herméneutique.
hermétique.
herpétique.
hiératique.
hippocratique.
homéopathique.
humoristique.
hydrostatique.
hypercatalectique.
hypercritique.
hypnotique.
hypostatique.
hypothétique.
identique.
idiopathique.
impolitique.
jésuitique [5].
journalistique.
lactique.
lévitique.
linguistique [4].
lunatique.
lymphatique.
magnétique.
maïeutique.
marotique.
mastique, *v*.
mathématique, *a. et s*.
mathématiques, *s*.
mégalithique.
mélodramatique.
méphitique.
monastique.
monostique.
morganatique.
moustique.
muriatique.
mystique.
mythique.
narcotique.
nautique.
néphrétique.
numismatique.
onomastique.
oolithique.
optique.
orchestique.
pancréatique.
panthéistique.
paralitique.
parasitique.
parénétique.
pathétique.
patriotique.
patristique.
périphrastique.
péripatétique.
péristaltique.
pharmaceutique.
philomathique.
phlogistique.
phonétique.
plastique.
pléonastique.
pleurétique.
ploutocratique.
pneumatique, *a. et s*.
poétique.
politique, *a., s. et v*.
portique.
pragmatique.
pratique, *a*.

pratique, *s. et v.*
prismatique.
probatique.
problématique.
proclitique.
proleptique.
procéleusmatique.
pronostique, *v.*
prophétique.
prophylactique.
prosthétique.
pythique.
rachitique.
romantique.
rustique.
sabbatique.
sarcastique.
sceptique.
schématique.
schismatique.
sciatique.
sclérotique.
scythique.
scolastique.
scorbutique.
sémantique.
séméiotique.
septique.
signalétique.
sémitique.
socratique.
sophistique, *a.*
sophistique, *v.*
spasmatique.
sphéristique.
splénétique.
statique.
statistique.
styptique.
sybaritique.
syllogistique.
sylvatique.
sympathique.
symptomatique.
synallagmatique.
synoptique.
syntactique.
synthétique.
systématique.
tactique.
thématique.
théocratique.
thérapeutique.
tique, *s.*
tique, *v.*
torentique.
transatlantique.
traumatique.
Utique, *g.*
viatique.
zététique.
zoolithique.
zygomatique.

trique.

asymétrique.
barométrique.
catoptrique.
chronométrique.
citrique, *a.*, *s. et v.*
concentrique.
dioptrique.
dyssymétrique.
électrique.
épigastrique.
étrique, *v.*
excentrique.
gastrique.
géométrique.
géocentrique.
héliocentrique.
hippiatrique.
homocentrique.
hypogastrique.
hypsométrique.
hygrométrique.
idolâtrique.
kilométrique.
métrique.
nitrique.
obstétrique.
palestrique.
symétrique.
tartrique.
thermométrique.
trigonométrique.
trique.

vique.

batavique.
civique.
incivique.
moldavique.

xique.

ataxique.
intoxique, *v.*
lexique.
Mexique, *g.*
syntaxique.
toxique.

(*voir* cique *et* sique *dur.*)

voir YQUE.

IR.

a-ir.

ébahir (s').
entre-haïr (s').
envahir.
haïr.
trahir.

bir.

byrrh (liqueur).
ébaubir.
estourbir.
fourbir.
sabir.
subir.
vrombir.

blir.

affaiblir.
ameublir.
anoblir.
ennoblir.
établir.
faiblir.
préétablir.
rétablir.

brir.

assombrir.

cir.

accourcir.
adoucir.
amincir.
chancir.
durcir.
éclaircir.
endurcir.
enforcir.
étrécir.
farcir.
noircir.
obscurcir.
raccourcir.
radoucir.
rancir.
rendurcir.
renforcir.
rétrécir.
Saint-Cyr.

(*voir* sir *dur et* xir.)

chir.

affranchir.
avachir (s').
blanchir.
défléchir.
défraîchir.
dégauchir.
enrichir.
fléchir.
fraîchir.
franchir.
gauchir.
infléchir (s').
rafraîchir.
reblanchir.
réfléchir.

dir.

abalourdir.
abasourdir.
abâtardir.
affadir.
agrandir.
alourdir.
applaudir.
approfondir.
arrondir.
assourdir.
attiédir [3].
baudir.
blondir.
bondir.
brandir.
candir (se).
dégourdir.
déraidir.
désenlaidir.
déroidir.
désourdir.
ébaudir (s').
engourdir.
enhardir.
enlaidir.
étourdir.
froidir.
gaudir (se).
grandir.
nadir.
ourdir.
ragaillardir.
ragrandir.
raidir.
rebaudir.
rebondir.
refroidir.
resplendir.
reverdir.
roidir.
tiédir [2].
verdir.

drir.

amoindrir.
attendrir.

é-ir.

désobéir.
obéir.

eu-ir.

bleuir.

fir.

bouffir.

(*voir* phir.)

frir.

mésoffrir.
offrir.
souffrir.

gir.

agir.
allégir (*techn.*)
assagir.
dérougir.
élargir.
mégir (*techn.*).
mugir.
réagir.
régir.
rélargir.
rougir.
rugir.
surgir.
vagir.

grir.

aigrir.
amaigrir.
démaigrir.
maigrir.
rabougrir.
ramaigrir.

guir.

alanguir (s').
languir.

kir.

Aboukir, *g.*
fakir.

lir.

abolir.
amollir.
avilir.
démolir.
dépolir.

désensevelir.
embellir.
ensevelir.
Lear (le roi).
mollir.
pâlir.
polir.
ramollir.
ravilir.
repolir.
salir.

llir *mouillé.*

accueillir.
assaillir.
bouillir.
cueillir.
débouillir.
défaillir.
enorgueillir.
envieillir.
faillir.
jaillir.
rebouillir.
recueillir.
rejaillir.
saillir.
tressaillir.
vieillir.

mir.

affermir.
blêmir.
Casimir, *n. p.*
casimir.
Clodomir, *n. p.*
dormir, *v. et s.*
émir.
endormir.
frémir.
gémir.
raffermir.
rendormir.
revomir.
vomir.

nir.

abonnir.
abstenir (s').
advenir.
agonir (*fam.*)
aplanir.
appartenir.
assainir.
avenir, *v.*
avenir, *s.*
bannir.
bénir.
bienvenir.
brunir.
circonvenir.
contenir.
contrevenir.
convenir.
définir.
dégarnir.
démunir.
désunir.
détenir.
devenir.
dévernir.
disconvenir.
embrunir.
entretenir.
finir.
fournir.
garnir.
hennir.
honnir.
intervenir.
jaunir.
maintenir.
menhir.
mésavenir.
munir.
obtenir.
parvenir.
préfinir.
prémunir.
prévenir.
provenir.
punir.
rabonnir.
racornir.
rajeunir.
rebénir.
regarnir.
rembrunir.
ressouvenir, *s.*
ressouvenir (se).
retenir.
réunir.
revenir.
soutenir.
souvenir, *s.*
souvenir (se).
subvenir.
survenir.
tenir.
ternir.
unir.
venir.
vernir.

ou-ir.

brouir.
conjouir (se).
éblouir.
écrouir.
éjouir (s').
enfouir.
épanouir (s').
évanouir (s').
fouir.
jouir.
ouïr.
refouir.
réjouir.
rouir.
serfouir.

pir.

accroupir (s').
assoupir.
charpir.
clapir (se).
crépir.
croupir.
décrépir.
déguerpir.
demi-soupir.
échampir (*techn.*)
glapir.
recrépir.
soupir.

tapir, *s.*
tapir (se).

phir.

saphir.

voir fir.)

plir.

accomplir.
assouplir.
désemplir.
emplir.
remplir.

rir.

accourir.
acquérir.
aguerrir.
ahurir.
atterrir.
barrir.
chérir.
concourir.
conquérir.
courir.
défleurir.
dépérir.
discourir.
enchérir.
encourir.
endolorir.
enquérir
équarrir.
férir.
fleurir.
guérir.
mourir.
mûrir.
nourrir.
parcourir.
périr.
pourrir.
querir.
reconquérir.
recourir.
refleurir.
renchérir.
requérir.
secourir.
surenchérir.
sûrir.
tarir.
terrir.

sir *dur.*

dégrossir.
épaissir.
grossir.
réussir.
roussir.
sir.
transir.

(*voir* cir *et* xir.)

sir *doux.*

choisir.
déplaisir.
désir.
dessaisir (se).
gésir.
loisir.
moisir.
plaisir.
ressaisir.
rosir.
saisir.
visir.

tir.

abêtir.
aboutir.
abrutir.
alentir.
amatir.
amoitir.
amortir.
anéantir.
aplatir.
appesantir.
assortir.
assujettir.
avertir.
bâtir.
blettir.
blottir (se).
catir.
clatir.
compatir.
consentir.
convertir.
cotir, *pop.*
débâtir.
débrutir.
décatir.
démentir.
dénantir (se).
départir.
désabrutir.
désassortir.
désinvestir.
dessertir.
dévêtir.
divertir.
emboutir.
empuantir.
engloutir.
garantir.
impartir.
intervertir.
invertir.
investir.
lotir.
martyr.
matir.
mentir.
nantir.
partir.
pâtir.
pervertir.
pressentir.
rabêtir.
raboutir.
ralentir.
ramoitir.
rebâtir.
repartir.
répartir.
repentir, *s.*
repentir (se).
ressentir.
ressortir.
retentir.

revêtir.
rôtir.
sentir.
sertir.
sortir.
subvertir.
tir.
travestir.
vêtir.

trir.

flétrir.
meurtrir.
pétrir.

uir.

cuir [1].
enfuir (s') [2].
fuir [1].
refuir [2].

vir.

asservir.
assouvir.
centumvir.
chauvir.
décemvir.
desservir.
duumvir.
Elzévir, *n. p.*
gravir.
Guadalquivir, *g.*
havir.
ravir.
resservir.
septemvir.
servir.
sévir.
triumvir.

vrir.

appauvrir.
couvrir.
découvrir.
entr'ouvrir.
ouvrir.
recouvrir.
rouvrir.

xir.

elixir.

(*voir* cir *et* sir *dur.*)

IRE.

ire, *s.* (colère).

a-ire.

hétaïre.
Jaïre.
Lahire, *n. p.*
Zaïre, *n. p.*

bire.

sbire.

cire.

circoncire.
cire, *s. et v.*
cirre.
occire.
poncire.

(*voir* sire *dur.*)

chire.

déchire, *v.*

crire.

circonscrire.
décrire.
écrire.
inscrire.
prescrire.
proscrire.
récrire.
souscrire.
transcrire.

dire.

bien-dire.
c'est-à-dire.
contredire.
dédire.
dire, *v. et s.*
interdire.
maudire.
médire.
ouï-dire.
prédire.
redire.

fire.

confire.
déconfire.
suffire.

frire.

frire.

gire.

Hégire.

lire.

délire, *s. et v.*
élire.
lire.
réélire.
relire.
tirelire.

mire.

admire, *v.*
cachemire.
mire, *v. et s.*
point-de-mire.
Zémire, *n. p.*

nire.

Déjanire, *myth.*

pire.

aspire, *v.*
Bas Empire.
Céleste Empire.
conspire, *v.*
empire, *s.*
empire, *v.*
Epire, *g.*
expire, *v*
inspire, *v.*
pire.

respire, *v.*
Saint-Empire.
Shakespeare, *n. p.*
soupire, *v.*
spire.
transpire, *v.*
vampire.

phire.

zéphire.

quire.

esquire.
squirre.

rire.

Pince-sans-rire.
rire, *s. et v.*
sourire, *s. et v.*

sire *dur.*

messire.
sire.
(*voir* cire.)

sire *doux.*

désire, *v.*

tire.

attire, *v.*
détire, *v.*
étire, *v.*
retire, *v.*
satire,
soutire, *v.*
tire, *s.*
vol à la tire.

uire.

bruire.
conduire.
construire.
cuire.
décuire.
déduire.
détruire.
éconduire.
enduire.
entre-luire.
entre-détruire (s').
entre-nuire (s').
induire.
instruire.
introduire.
luire.
muire.
nuire.
produire.
reconduire.
reconstruire.
recuire.
réduire.
reluire.
reproduire.
séduire.
traduire.

vire.

chavire, *v.*
dévire, *v.*
Elvire.
navire.
revire, *v.*
vau-de-vire.
vire, *v.*
voir YRE.

IRME.

affirme, *v.*
confirme, *v.*
firme.
infirme, *a. et v.*

IRPE.

extirpe, *v.*

IRQUE.

cirque.

IRTE.

flirte.
myrte.
Syrtes, *g.*

IS

(dont le *s* se prononce).

a-is.

Laïs, *n. p.*
maïs.
Naïs, *myth.*
Tanaïs, *g.*

bis.

Anubis, *myth.*
bis, *adv.*
Ibis, *myth.*
pubis.
Rominagrobis *et* Raminagrobis.

cis.

Baucis, *myth.*
cacis.
Médicis, *n. p.*
Philémon et Baucis.
Tircis, *n. p.*
(*voir* sis *dur et* xis.)

chis.

orchis.
rachis.

cris.

criss.
Nitocris, *n. p.*

dis.

Amadis, *n. p.*
cadédis !
de profundis.
jadis.

é-is.

Briséis, *n. p.*
Chryséis, *n. p*

fils.

beau-fils.
fils.
petit-fils.

lis.

Amaryllis, *n. p.*
anagallis.
Eupolis.
fleur-de-lis.
Héliopolis, *g.*
Hiéropolis, *g.*
lis.
Persépolis, *g.*
Phyllis, *n. p.*
volubilis.

mis.

miss (anglaise ; *plur.* misses).
Sémiramis, *n. p.*
Thémis, *myth.*

nis.

Adonis, *myth.*
Daphnis, *n. p.*
tennis.
Tunis, *g.*

o-is.

Simoïs, *g.*

pis.

Apis, *myth.*
lapis.
Sérapis, *myth.*
Thespis, *n. p.*

phis.

Memphis, *g.*

pris.

Cypris, *myth.*

ris.

Busiris, *n. p.*
Chloris, *n. p.*
Eucharis, *myth.*
hespéris.
Iris, *myth.*
iris, *s.*
Osiris, *n. p.*
Pâris, *n. p.*
Phalaris, *n. p.*
tamaris.

sis *dur.*

Anacharsis, *n. p.*
arsis.
cassis.
éléphantiasis.
Némésis.
thésis.
(*voir* cis *et* xis.)

sis *doux.*

Amasis, *n. p.*
Eleusis, *g.*
Isis, *myth.*
Lachésis, *myth.*
oasis.
Parisis.

tis.

Bétis (le), *g.*
gratis.
locatis.
métis.
myosotis.
rachitis.
Thétis, *myth.*

tris.

Sésostris, *n. p.*

vis.

Clovis, *n. p.*
pas-de-vis.
tournevis.
vis.

xis.

Zeuxis, *n. p.*
(*voir* cis *et* sis *dur.*)

voir YS.

IS [1]

(dont le *s* ne se prononce point).

bis.

bis, *a.*
brebis.
rubis.
tabis.

blis.

Chablis, *g.*

bris.

bris.
débris.
lambris.

chis.

arrachis.
gâchis.
guillochis.
hachis.
marchis.
torchis.

cis.

circoncis.

---

1) Ajoutez à cette série le pluriel des mots et des participes en I, et les temps des verbes en IR, IRE, OIR et RE, qui se terminent en *is* : *bénis, dormis, rendis, pris, cousis, revis*, etc. Nous n'indiquons ici que les participes qui s'emploient comme adjectifs ou comme substantifs.

concis.
froncis.
glacis.
incirconcis.
indécis.
lacis.
occis.
précis, *a. et s.*
(*voir* sis *dur.*)

dis.

cadis.
fondis.
maravédis.
paradis.
radis.
salmigondis.
tandis.
taudis.
viandis.

fis.

salsifis.

gis.

gis, *v.*
logis.

gris.

gris.
gris-gris.
petit-gris.
vert-de-gris.

lis.

accumulis.
aillolis.
bariolis.
brûlis.
colis.
coulis.
déferlis.
éboulis.
élis, *v.*
friselis (des vagues).
friselis.
frôlis.
gaulis.
mâchicoulis.
nolis.
Osmanlis, *n. p.*
pâlis, *v.*
réélis, *v.*
relis, *v.*
rossolis.
roulis.
torticolis.

llis ***mouillé.***

cafouillis.
chamaillis.
dégobillis.
fouillis.
gargouillis.
gazouillis.
gribouillis.
houraillis.
margouillis.
paillis.
patrouillis.
taillis.
tortillis.
treillis.

mis.

bien mis.
commis.
compromis.
entremis.
fidéi-commis.
hormis.
insoumis.
mis.
permis.
promis.
salmis.
semis.
soumis.
tamis.
(*voir* les part. des dérivés de *mettre.*)

nis.

Ancenis, *g.*
anis.
Denis, *n. p.*
États-Unis, *g.*
tournis.
vernis.

ouis.

bouibouis.
cambouis [2].
Louis, *n. p. et s.* [2].

pis.

corrompis.
interrompis.
pis, *s.*
pis, *adv.*
rompis.
tapis.

plis.

surplis.

pris.

compris.
incompris.
malappris.
mépris, *v. et s.*
pourpris.
(cf. autres partic. des dérivés de *prendre.*)

quis.

acquis.
conquis.
croquis.
enquis.
exquis.
maquis.
marquis.
pâquis.
naquis.
vainquis.

ris.

cauris.
chauve-souris.
coloris.
panaris.
Paris, *g.*

ris.
souris, *s. m.*
souris, *s. f.*

sis *doux.*

cousis.
parisis.

sis *dur.*

assis.
châssis.
pressis.
ramassis.
rassis.
retroussis.
reversis.
sis, *partic.*
sursis.
troussis.
(*voir* cis.)

tis.

abatis.
abattis, *v.*
appentis.
battis, *v.*
caillebotis.
cailloutis.
chuchotis.
culbutis.
clapotis.
cliquetis.
combattis, *v.*
criquetis.
feuilletis.
les Gentils.
grènetis.
grignotis.
lattis.
locatis.
pâtis.
pilotis.
piquetis.
plumetis.
tortis.

uis (2).

buis.
depuis.
huis.
millepertuis.
muids.
Nuits, *g.*
pertuis.
poursuis.
puis, *v.*
puis, *adv.*
puits.
suis, *v.* (*d'*être *et de* suivre).

vis.

avis.
chènevis.
chervis.
cochevis.
dervis.
devis.
écrivis.
indivis.
lavis.
mauvis.
parvis.
préavis.
pont-levis.
servis.
suivis.
vis, *v.*
vis-à-vis.
voir IL, IX, IZ et YS.

ISC.

fisc.
tamarisc.

ISE [1].

a-ise.

hébraïse, *v.*
judaïse, *v.*
prosaïse, *v.*

bise.

bise, *a. f.*
bise, *s.*
brise-bise.

brise.

brise, *s.*
brise, *v.*

cise.

accise.
catholicise, *v.*
circoncise.
concise.
excise, *v.*
exorcise, *v.*
francise, *v.*
grécise, *v.*
incise, *v.*
incise, *s.*
indécise.
laïcise, *v.*
occise.
précise, *v. et a. f.*
(*voir* sise *dur.*)

chise.

Anchise, *n. p.*
catéchise, *v.*
franchise.

crise.

crise.

dise.

balourdise.
bâtardise.
cafardise.
cagnardise.
chalandise.
contredise, *v.*
couardise.
dédise, *v.*
dise, *v.*

1) Cf. les féminins des adj. et participes en IS.

emparadise.
friandise.
gaillardise.
gourmandise.
interdise, *v.*
marchandise.
médise, *v.*
mignardise.
musardise.
paillardise.
papelardise.
prédise, *v.*
redise, *v.*
ronsardise, *v.*
roublardise.
vantardise.

fise.

confise, *v.*
déconfise, *v.*
suffise, *v.*

(*voir* phise.)

frise.

chevaux de frise.
défrise, *v.*
frise, *s.*
frise, *v.*

gise.

gise.

glise.

église.

grise.

dégrise, *v.*
Éminence grise.
grise, *a. f.*
grise, *v.*

guise.

aiguise, *v.*
déguise, *v.*
guise, *s.*
Guise, *n. p.*

lise.

alise.
animalise (s'), *v.*
balise.
Bélise.
brutalise, *v.*
canalise, *v.*
centralise, *v.*
civilise, *v.*
coalise (se), *v.*
cristallise, *v.*
démoralise, *v.*
dévalise, *v.*
égalise, *v.*
élise, *v.*
enlise, *v.*
évangélise, *v.*
fertilise, *v.*
fleurdelise, *v.*
formalise (se), *v.*
généralise, *v.*
idéalise.
immobilise, *v.*
immortalise, *v.*
légalise, *v.*
Lise, *n. p.*
lise, *v.*
matérialise, *v.*
mobilise, *v.*
moralise, *v.*
naturalise, *v.*
neutralise, *v.*
nolise, *v.*
réalise, *v.*
réélise, *v.*
relise, *v.*
ridiculise, *v.*
rivalise, *v.*
scandalise, *v*
spiritualise, *v.*
stérilise, *v.*
subtilise, *v.*
symbolise, *v.*
tranquillise, *v.*
utilise, *v.*
valise.
verbalise, *v.*
vocalise, *v. et s.*
volatilise, *v.*

mise.

admise.
anatomise, *v.*
Artémise, *n. p.*
chemise.
commise.
compromise.
démise.
économise, *v.*
émise.
entremise.
main-mise.
mise, *partic. f. et s.*
omise.
permise.
promise.
remise.
soumise.
tamise, *v.*
Tamise, *g.*
transmise.

nise.

adonise, *v.*
agonise, *v.*
anise, *v.*
canonise, *v.*
colonise, *v.*
désorganise, *v.*
divinise, *v.*
éternise, *v.*
féminise, *v.*
fraternise, *v.*
harmonise, *v.*
humanise, *v.*
galvanise, *v.*
impatronise (s'), *v.*
indemnise, *v.*
intronise, *v.*
latinise, *v.*
mécanise, *v.*
organise, *v.*
préconise, *v.*
solennise, *v.*
tympanise, *v.*

tyrannise, *v.*
Venise, *g.*

o-ise.

égoïse, *v.*
Héloïse, *n. p.*
Moïse, *n. p.*

pise.

Pise, *g.*

phise.

Céphise, *g.*
(*voir* fise.)

prise.

apprise.
comprise.
déprise, *v.*
désapprise.
emprise, *s.*
entreprise.
éprise.
méprise, *s.*
méprise, *v.*
prise, *s.*
prise, *v.*
rapprise.
reprise.
surprise.

quise.

acquise.
banquise.
conquise.
emmarquise (s').
enquise.
exquise.
marquise.
reconquise.
requise.

rise.

allégorise, *v.*
autorise, *v.*
caractérise, *v.*
cautérise, *v.*
cerise.
dépopularise, *v.*
familiarise, *v.*
favorise, *v.*
gargarise, *v.*
herborise, *v.*
irise.
martyrise, *v.*
merise.
monseigneurise, *v.*
particularise, *v.*
pindarise, *v.*
popularise, *v.*
pulvérise, *v.*
régularise, *v.*
satirise, *v.*
sécularise, *v.*
singularise, *v.*
temporise, *v.*
terrorise, *v.*
thésaurise, *v.*
vaporise, *v.*
vulgarise, *v.*

sise *dur.*

assise.
Cour d'assises.
rassise.
sise (*partic. fém.*)
(*voir* cise).

tise.

accortise.
anathématise, *v.*
aromatise, *v.*
attise, *v.*
baptise, *v.*
bêtise.
contre-expertise.
convoitise.
cotise (se), *v.*
courtise, *v.*
cytise.
débaptise, *v.*
dogmatise, *v.*
dramatise, *v.*
expertise, *v. et s.*
fainéantise.
fanatise, *v.*
feintise, *vi.*
galantise, *v.*
hantise.
hypnotise, *v.*
magnétise, *v.*
mignotise.
pactise, *v.*
pédantise, *v.*
poétise, *v.*
prophétise, *v.*
puantise.
rebaptise, *v.*
sottise.
stigmatise, *v.*
sympathise, *v.*
vaillantise.

trise.

cicatrise, *v.*
électrise, *v.*
maîtrise, *s.*
maîtrise, *v.*
prêtrise.
symétrise, *v.*
traîtrise.

uise.

aiguise, *v.*
amenuise, *v.*
conduise, *v.*
construise, *v.*
cuise, *v.*
déduise, *v.*
déguise, *v.*
détruise, *v.*
éconduise, *v.*
enduise, *v.*
entreluise, *v.*
épuise, *v.*
guise.
induise, *v.*
instruise, *v.*
introduise, *v.*
Kirghise, *g.*
luise, *v.*
menuise, *v.*
nuise, *v.*

produise, *v*.
puise, *v*.
reconduise, *v*.
reconstruise, *v*.
recuise, *v*.
réduise, *v*.
reluise, *v*.
reproduise, *v*.
séduise, *v*.
traduise, *v*.

vise.

avise, *v*.
devise, *s. et v.*
divise, *v*.
improvise, *v*.
indivise.
ravise (se), *v*.
revise, *v*.
slavise, *v*.
subdivise, *v*.
Trévise, *g*.
vise, *v*.

voir IZE et YSE.

ISME.

isthme.

a-isme.

archaïsme.
hébraïsme.
judaïsme.
lamaïsme.
mosaïsme.
pharisaïsme.
prosaïsme.

bisme.

arabisme.
monosyllabisme.
snobisme.
strabisme.
syllabisme.

cisme.

anglicisme.
atticisme.
catholicisme.
criticisme.
exorcisme.
gallicisme.
gnosticisme.
grécisme.
iotacisme.
labdacisme.
mysticisme.
ostracisme.
rhotacisme.
scepticisme.
solécisme.
stoïcisme.

chisme.

catéchisme.
fétichisme.
je m'enfichisme.
monachisme.
monarchisme.
schisme.

disme.

badaudisme.
bouddhisme.
druidisme [4].
hermaphrodisme.
mahdisme.
méthodisme.
monadisme.
paludisme.

é-isme.

athéisme.
déisme.
épicuréisme.
manichéisme.
monothéisme.
panthéisme.
polythéisme.
sabéisme.
saducéisme.
théisme.

gisme.

analogisme.
dialogisme.
magisme.
néologisme.
paralogisme.
syllogisme.

lisme.

alcoolisme.
animalisme.
aristotélisme.
automobilisme.
cannibalisme.
caporalisme.
capitalisme.
cataclysme.
communalisme.
conceptualisme.
cyclisme.
dualisme.
évangélisme.
fatalisme.
fédéralisme.
formalisme.
idéalisme.
impérialisme.
industrialisme.
journalisme.
libéralisme.
loyalisme.
maboulisme.
machiavélisme.
matérialisme.
mercantilisme.
nationalisme.
naturalisme.
nihilisme.
noctambulisme.
nominalisme.
orientalisme.
panmuflisme.
pantagruélisme.
parallélisme.
personnalisme.
probabilisme.
provincialisme.
ptyalisme.
radicalisme.
réalisme.
royalisme.

sensualisme.
sentimentalisme.
socialisme.
somnambulisme.
spiritualisme.
symbolisme.
traditionalisme.
vandalisme.
verbalisme.
vitalisme.
vocalisme.

misme.

animisme.
atomisme.
conformisme.
dynamisme.
euphémisme.
islamisme.
légitimisme.
non-conformisme.
optimisme.
pessimisme.
thomisme.
transformisme.
unanimisme.

nisme.

albinisme.
anachronisme.
anglicanisme.
antagonisme.
arianisme.
baconisme.
brahmanisme.
calvinisme.
cartésianisme.
charlatanisme.
chauvinisme.
christianisme.
communisme.
crétinisme.
cynisme.
daltonisme.
darwinisme.
déterminisme.
donjuanisme.
évolutionnisme.
féminisme.
galénisme.
gallicanisme.
galvanisme.
gasconisme.
germanisme.
hégélianisme.
héllénisme.
hispanisme.
humanisme.
illuminisme.
indianisme.
isochronisme.
italianisme.
jacobinisme.
jansénisme.
japonisme.
laconisme.
latinisme.
luthéranisme.
machinisme.
mahométanisme.
mandarinisme.
mécanisme.
méthachronisme.
modernisme.
molinisme.
monisme.
mormonisme.
napoléonisme.
nestorianisme.
newtonianisme.
opportunisme.
organisme.
ossianisme.
paganisme.
pangermanisme.
panhéllénisme.
parachronisme.
pélagianisme.
philhéllénisme.
platonisme.
presbytéranisme *ou* presbytérianisme.
protectionnisme.
puritanisme.
pyrrhonisme.
rabbinisme.
renanisme.
républicanisme.
romanisme.
saint-simonisme.
satanisme.
socinianisme.
synchronisme.
ultramontanisme
voltairianisme.
vulcanisme.
zénonisme.

o-isme.

égoïsme.
héroïsme.
shintoïsme.
taoïsme.

vichnouisme.

pisme.

papisme.
priapisme.
sinapisme.

phisme.

anthropomorphisme.
orphisme.
polymorphisme.
philosophisme.
sophisme.
théosophisme.

prisme.

prisme.

risme.

aphorisme.
astérisme.
barbarisme.
carbonarisme.
césarisme.
empirisme.
épicurisme.
éphémérisme.
figurisme.
fonctionnarisme.

gargarisme.
gongorisme.
humorisme.
isomérisme.
lyrisme.
maniérisme.
mesmérisme.
météorisme.
militarisme.
naturisme.
parlementarisme.
particularisme.
paupérisme.
pendarisme.
purisme.
pythagorisme.
quakérisme.
rigorisme.
terrorisme.
unitarisme.
utilitarisme.

sisme *doux.*

nervosisme.
spinosisme.

tisme.

absolutisme.
achromatisme.
antisémitisme.
ascétisme.
athlétisme.
automatisme.
banditisme.
béotisme.
bigotisme.
cagotisme.
comtisme.
cosmopolitisme.
despotisme.
dilettantisme.
dogmatisme.
donatisme.
donquichottisme.
éclectisme.
égotisme.
érétisme.
fanatisme.
favoritisme.
huguenotisme.
hypnotisme.
idiotisme.
ignorantisme.
ilotisme
intolérantisme.
jésuitisme [5].
kantisme.
lymphatisme.
magnétisme.
mahométisme.
méphitisme.
modérantisme.
mutisme.
népotisme.
obscurantisme.
parasitisme.
patriotisme.
pédantisme.
péripatétisme.
phonétisme.
piétisme.
presbytisme.
prognathisme.
prosélytisme.
protestantisme.
proxénétisme.
quiétisme.
rachitisme.
rhumatisme.
romantisme.
scottisme.
sémitisme.
spiritisme.
sybaritisme.
syncrétisme.
tarentisme.
tolérantisme.

uisme.

altruisme.
euphuisme.
truisme.

visme.

arrivisme.
atavisme.
babouvisme.
civisme.
collectivisme.
exclusivisme.
incivisme.
panslavisme.
positivisme.
relativisme.

vrisme.

anévrisme.

voir YSME.

ISPE.

crispe, *v.*

ISQUE.

bisque, *v. et s.*

brisque.

francisque.
Francisque, *n. p.*

disque.

confisque.

falisque.
obélisque.
odalisque.

chénisque.
lemnisque
ménisque.

puisque.

risque, *s. et v.*
astérisque.

lentisque.

ISSE [1].

bisse.

bisse, *v.*

brisse.

lambrisse, *v.*

cisse.

abscisse.
cisse.
Narcisse, *n. p.*
saucisse.

clisse.

clisse.
éclisse, *s. et v.*

crisse.

crisse, *v.*
Jocrisse, *n. p.*

disse.

maudisse, *v.*

drisse.

drisse.

fisse.

fisse, *v.*

glisse.

glisse, *v.*
réglisse.

hisse.

hisse, *v.*

lisse.

coulisse, *s. et v.*
délisse, *v.*
dépalisse, *v.*
eau-de-mélisse.
la Palisse.
lisse, *a. et v.*
mélisse.
palisse, *v.*
pelisse.

llisse *mouillé.*

treillisse, *v.*

misse.

misses, *s. f.* (*plur. de* miss).
misse, *v.*
prémisses.

nisse.

génisse.
jaunisse.
Pythonisse, *myth.*
vernisse, *v.*

pisse.

compisse, *v.*
corrompisse, *v.*
épisse, *v.*
interrompisse, *v.*
pisse, *v.*
rompisse, *v.*
tapisse, *v.*

plisse.

déplisse, *v.*
plisse, *v.*

prisse.

prisse, *v.*

quisse.

esquisse, *s. et v.*
naquisse, *v.*
vainquisse, *v.*

risse.

Clarisse, *n. p.*
hérisse, *v.*
Larisse, *g.*

sisse.

cousisse, *v.*
séduisisse, *v.*

tisse.

abatisse, *v.*
aboutisse, *v.*
apetisse, *v.*
bâtisse, *s. et v.*
boutisse.
combattisse, *v.*
détisse, *v.*
emboutisse, *v.*
métisse, *a. et s. f.*
pâtisse, *v.*
rapetisse, *v.*
ratisse, *v.*
tisse, *v.*
tontisse.

trisse.

trisse, *v.*

uisse.

cuisse.
écuisse, *v.*
puisse, *v.*
Suisse, *g.* [2].

visse.

clovisse.
dévisse, *v.*
écrevisse.
écrivisse, *v.*
entrevisse, *v.*
prévisse, *v.*
suivisse, *v.*
visse, *v.*

voir ICE et YSSE.

---

1) Cf. les premières et troisièmes pers. du sing. du présent du subjonctif des verbes en IR, et les premières pers. du sing. de l'imparfait du subjonctif des verbes en IR ou parfois en IRE, OIR et RE : *qu'il finisse, que je craignisse, que j'entendisse, que je visse*, etc.

IST.

Christ.
Antechrist.
whist.
zist (et le zest).

ISTE.

aïste.

dadaïste.
mosaïste.

ayiste.

essayiste.

biste.

cambiste.
clubiste.
cubiste.

briste.

algébriste.
équilibriste.

ciste.

atticiste.
ciste, *s. m.*
ciste, *s. f.*
criticiste.
exorciste.
publiciste.
(*voir* siste *dur*).

chiste.

anarchiste.
catéchiste.
fétichiste.
je m'enfichiste.
micaschiste.
monarchiste.
schiste.

diste.

bollandiste.
bouddhiste.
encyclopédiste.
eudiste.
feudiste.
héraldiste.
lampadiste.
mahdiste.
mélodiste.
méthodiste.
modiste.
orthopédiste.
parodiste.
propagandiste.
rapsodiste.
sudiste.
talmudiste.
vélocipédiste.

é-iste.

déiste.
monothéiste.
panthéiste.
polythéiste.
théiste.

giste.

antiesclavagiste.
apanagiste.
apologiste.
aubergiste.
bandagiste.
chronologiste.
élogiste.
engagiste.
entomologiste.
esclavagiste.
étalagiste.
étymologiste.
gagiste.
garagiste.
idéologiste.
légiste.
libre échangiste.
liturgiste.
logiste.
métallurgiste.
météorologiste.
minéralogiste.
mythologiste.
orangiste.
paléontologiste.
paysagiste [5].
physiologiste.
phrénologiste.
sociologiste.
stratégiste.
zoologiste.

guiste.

droguiste.

kiste.

gluckiste.
lakiste.

liste.

analyste.
annaliste.
aquarelliste.
baliste.
bicycliste.
buraliste.
cabaliste.
capitaliste.
carliste.
communaliste.
criminaliste.
cycliste.
dualiste.
duelliste.
évangéliste.
fabuliste.
fataliste.
fédéraliste.
formaliste.
idéaliste.
impérialiste.
individualiste.
internationaliste.
journaliste.
libelliste.
liste.
loyaliste.
machiavéliste.
matérialiste.
moraliste.
motocycliste.
nationaliste.
naturaliste.

nihiliste.
nominaliste.
nouvelliste.
oculiste.
orientaliste.
pantagruéliste.
pastelliste.
probabiliste.
pugiliste.
rationaliste.
réaliste.
ritualiste.
royaliste.
sansfiliste.
sensualiste.
simpliste.
socialiste.
soliste.
spécialiste.
spiritualiste.
styliste.
symboliste.
syndicaliste.
traditionaliste.
universaliste.
vaudevilliste.
violoncelliste.
vitaliste.
vocabuliste.
vocaliste.

lliste ***mouillé.***

éventailliste.
médailliste.
pointilliste.

miste.

académiste.
adamiste.
alarmiste.
alchimiste.
anatomiste.
animiste.
atomiste.
céramiste.
chimiste.
choupalmiste.
conformiste.
dynamiste.
économiste.
fumiste.
légitimiste.
non-conformiste.
optimiste.
palmiste.
pessimiste.
phlébotomiste.
physionomiste.
polémiste.
psalmiste.
réclamiste.
réformiste.
thomiste.
transformiste.
unanimiste.

niste.

abolitionniste.
abstentionniste.
agoniste.
aliéniste.
antagoniste.
ascensionniste.
bâtonniste.
botaniste.
bouquiniste.
calviniste.
canoniste.
claveciniste.
communiste.
congréganiste.
convulsionniste.
corniste.
darwiniste.
déterministe.
ébéniste.
évolutionniste.
excursionniste.
feuilletonniste.
féministe.
fusionniste.
galéniste.
germaniste.
harmoniste.
helléniste.
humaniste.
hygiéniste.
hymniste.
illusionniste.
impressionniste.
indianiste.
janséniste.
laniste.
latiniste.
machiniste.
martiniste.
moliniste.
opportuniste.
organiste.
orléaniste.
ornemaniste.
orphéoniste.
pianiste [4].
picciniste.
prohibitionniste.
protagoniste.
protectionniste.
rabbiniste.
romaniste.
sorboniste.
symphoniste.
téléphoniste.
unioniste.
violoniste [5].

o-iste.

égoïste.
hautboïste.
oboïste.

piste.

alpiste.
copiste.
dépiste, *v.*
harpiste.
lampiste.
papiste.
piste.
trappiste.
utopiste.

phiste.

gymnosophiste.
sophiste.

quiste.

banquiste.
ubiquiste.

riste.

allégoriste.
aoriste.
Ariste, *n. p.*
armoriste.
calembouriste.
cameriste.
caricaturiste.
choriste.
citariste.
coloriste.
courièriste.
figuriste.
fleuriste.
futuriste.
guitariste.
herboriste.
humoriste.
juriste.
lazariste.
liquoriste.
mariste.
mékhitariste.
miniaturiste [5 *ou* 6].
moliériste.
naturiste.
panégyriste.
particulariste.
pleinairiste.
pépiniériste.
puriste.
rédemptoriste.
rigoriste.
Robespierriste.
satiriste.
séminariste.
sinécuriste.
soiriste.
terroriste.
touriste.

siste *dur.*

assiste, *v.*
bassiste.
congressiste.
consiste, *v.*
contrebassiste.
controversiste.
insiste, *v.*
persiste, *v.*
progressiste.
subsiste, *v.*

siste *doux.*

désiste (se), *v.*
fantaisiste.
résiste, *v.*
spinosiste.

(*voir* xiste.)

tiste.

absolutiste.
anabaptiste.
améthyste.
anagrammatiste.
aquafortiste.
artiste.
baptiste.
batiste.
bonapartiste.
C. G. Tiste.
chartiste.
clarinettiste.
computiste.
concertiste.
contraltiste.
contrapontiste.
dentiste.
dogmatiste.
donatiste.
dramatiste.
duettiste.
égotiste.
épigrammatiste.
flûtiste.
grammatiste.
instrumentiste.
kantiste.
librettiste.
modérantiste.
piétiste [4].
portraitiste.
quiétiste.
sanscritiste.
scottiste.
séparatiste.
sonnettiste.
thérapeutiste.

triste.

attriste, *v.*
contriste, *v.*
les Tristes.
triste.

u-iste.

altruiste.
casuiste.
linguiste [3].
ubiquiste [4].

viste.

archiviste.
Arioviste, *n. p.*
arriviste.
babouviste.
caviste.
collectiviste.
conclaviste.
étuviste.
gréviste.
improviste (à l').
médiéviste.
panslaviste.
positiviste.
récidiviste.
réserviste.

xiste.

coexiste, *v.*
existe, *v.*
préexiste, *v.*
(*voir* siste *doux.*)

voir YSTE.

ISTRE.

bistre.
enregistre, *v.*

registre, *s.* et *v.*

administre, *v.*
ministre, *v.*
sinistre.

cuistre.

cistre.
sistre.

IT

(dont le *t* se prononce).

coït.
introït.

obit.

satisfecit.

déficit.

bardit.
Judith, *n. p.*

aconit.
granit.
zénith.

Pitt, *n. p.*

rit.
prétérit.
prurit.

accessit.

psitt !
transit.

huit.
in-huit.
in-dix-huit.

IT[1]

(dont le *t* ne se prononce point).

bit.

acabit.
débit.
gambit.
habit.
subit.

cit.

circoncit.
occit, *v.*
récit.

crit.

circonscrit.
conscrit.
décrit, *v.*
écrit, *v. et s.*
inscrit, *v.*
manuscrit.
prescrit. *v.*
proscrit, *v. et s.*
récrit, *v.*
rescrit.
sanscrit.
souscrit.
transcrit, *v.*

dit.

bandit.
contredit, *v. et s.*
crédit.
dédit, *s. et v.*
discrédit.
dit, *v. et s.*
édit.
érudit.
inédit.
interdit, *v. et s.*
lendit.
maudit, *v.*
médit, *v.*
prédit. *v.*
redit, *v.*
susdit.

fit.

confit, *v.*
déconfit, *v.*
profit.
suffit, *v.*

flit.

conflit.

frit.

frit, *v.*
offrit.
ouvrit.
souffrit.

git.

ci-gît.

lit.

châlit.
chienlit.
délit.
élit, *v.*
lit, *s.*
lit, *v.*
pissenlit.
quasi-délit.
réélit, *v.*
relit, *v.*

llit (*ll mouillé*).

accueillit.
assaillit.
bouillit.
cueillit.
défaillit.
enorgueillit.
faillit.
feignit.

1) Cf. la troisième pers. du sing. du présent de l'indicatif, du passé défini et de l'imparfait du subjonctif des verbes en IR et d'autres verbes se terminant autrement que par ER.

jaillit.
recueillit.
saillit.
tressaillit.
vieillit.

nit.

bénit, *v.*
granit.

pit.

corrompit.
décrépit.
dépit.
interrompit.
répit.
rompit.

prit.

bel-esprit.
entreprit.
esprit.
prit.
Saint-Esprit.

quit.

acquit.
naquit.
vainquit.

rit.

barrit, *v.*
gabarit.
prurit.
rit.
sourit.

tit.

appétit.
gagne-petit.
petit.

trit.

contrit.

uit [ɪ].

belle-de-nuit.
biscuit.
bruit, *s. et v.*
circuit.
conduit, *v. et s.*
construit.
cuit, *v.*
déduit, *v. et s.*
détruit.
éconduit, *v.*
enduit, *v. et s.*
enfuit (s'), *v.*
fortuit.
fruit.
fuit.
gratuit [3].
huit (devant consonne).
induit, *v. et s.*
instruit, *v. et a.*
introduit, *v.*
luit, *v.*
minuit.
nuit, *s.*
nuit, *v.*
poursuit.
produit, *v. et s.*
reconduit.
reconstruit, *v.*
recuit, *v. et s.*
réduit, *v.*
réduit, *s.*
refuit, *v.*
reluit, *v.*
reproduit, *v.*
sauf-conduit.
séduit, *v.*
suit.
traduit, *v.*
usufruit.

vit.

poursuivit.
ravit.
suivit.

ITE [1].

a-ïte.

caraïte.
sinaïte.

bite.

barnabite.
cénobite.
cohabite, *v.*
cucurbite.
débite, *v.*
habite, *v.*
jacobite.
Moabite, *g.*
orbite.
presbyte.
subite.
phlébite.

brite.

abrite, *v.*

cite.

alucite.
Amalécite, *g.*
anthracite.
appendicite.
cite, *v.*
excite, *v.*
explicite.
félicite, *v.*
illicite.
implicite.
incite, *v.*
lécythe.
licite, *a.*
licite, *v.*
ostracite.
plébiscite.

1) Cf. les féminins des adj. en IT, et, au pluriel, la deuxième pers. pluriel du passé défini des verbes en IR, IRE, et de quelques autres en OIR et en RE : *finites, dites, vites, prites*, etc.

récite, *v.*
ressuscite, *v.*
Scythe, *g.*
sollicite, *v.*
surexcite.
suscite, *v.*
Tacite, *n. p.*
tacite, *a.*

(*voir* site *dur.*)

chite.

bronchite.
malachite.
trachyte.

clite.

Héraclite, *n. p.*
hétéroclite.
périclite, *v.*

crite.

circonscrite.
Démocrite, *n. p.*
écrite.
hypocrite.
inscrite.
prescrite.
proscrite.
sanscrite.
souscrite.
Théocrite, *n. p.*
transcrite.

dite.

accrédite, *v.*
Aphrodite, *myth.*
cardite.
commandite.
contredite.
crédite, *v.*
décrédite, *v.*
discrédite, *v.*
dite.
édite, *v.*
érudite.
hermaphrodite.
inédite.
interdite.
maudite.
médite, *v.*
prédite.
prémédite, *v.*
redite.
réédite, *v.*
smaragdite.
surdite.
troglodyte.

drite.

archimandrite.
dendrite.

é-ite.

ostéite.
trachéite.

fite.

confite.
déconfite.
hyposulfite.
profite, *v.*
Laffite, *n. p.*
soffite.
sgraffite.
sulfite.

(*voir* phite.)

frite.

effrite (s').
frite, *partic. f. et s.*
lèchefrite.
néfrite.

gite.

agite, *v.*
aréopagite.
Brigitte, *n. p.*
gîte, *s. et v.*
ingurgite.
laryngite.
méningite.
phalangite.
pharyngite.
spongite.

i-ite.

chiite.

lite.

acolyte.
aérolithe.
amygdalite.
alite, *v.*
carmélite.
céphalite.
chrysolithe.
coprolithe.
cosmopolite.
débilite, *v.*
délite.
élite.
encéphalite.
hétéroclite.
facilite, *f.*
habilite.
insolite.
israélite.
lazulite.
milite, *v.*
métropolite.
monolithe.
oolithe.
prosélyte.
réhabilite, *v.*
satellite.
schlitte.
stylite.
vélite.
zéolithe.
zoolithe.

llite *mouillé.*

faillite.

mite.

adamite.
Annamite, *g.*
antisémite.
Bernard l'ermite
calamite.
chattemite.
comite.
délimite.

Dolomite, *g.*
dynamite, *v. et s.*
édomite.
élamite.
ermite.
hiéronymite.
fatimite.
imite, *v.*
limite, *s. et v.*
marmite.
mite.
mythe.
palmite.
préadamites.
sémite.
sodomite.
stalagmite.
termite.

nite.

ammonite.
arsénite.
bélemnite.
bénite.
bonite.
caïnite.
eau-bénite.
ébionite.
ébonite.
gabaonite.
granite, *v.*
lignite.
Madianite, *g.*
Maronite, *g.*
mélinite.
péritonite.
sélénite.
sunnite.

pite.

crépite, *v.*
décapite, *v.*
décrépite.
dépite, *v.*
Lapithes, *my*
palpite, *v.*
pépite.
précipite, *v.*

plite.

hoplite.

phite.

anthropomorphite.
graphite.
néophyte.
ophite.
zoophyte.

(*voir* fite.)

quite.

acquitte, *v.*
quitte, *a.*
quitte, *v.*
racquitte (se), *v.*

rite.

blépharite.
Charites, *myth.*
démérite, *s. et s.*
déshérite, *v.*
diorite.
émérite.
entérite.
favorite.
guérite.
hérite, *v.*
himyarite.
irrite, *v.*
marguerite.
mérite, *s. et v.*
nérite.
pyrite.
rite.
quirite.
spirite.
sorite.
sybarite.

site *dur.*

hussite.
marcassite.
nécessite, *v.*
réussite.

site.
Thersite, *n. p.*
(*voir* cite.)

site *doux.*

composite.
contre-visite.
hésite, *v.*
magnésite.
opposite (à l').
parasite.
transite, *v.*
visite, *s. et v.*

tite.

aétite.
cystite.
clématite.
hématite.
hépatite.
hittite, *a.*
otite.
panclastite.
petite.
tripartite.
stalactite.
stéatite.

trite.

Amphitrite, *myth.*
arthrite.
contrite.
Démocrite, *n. p.*
épitrite.
gastrite.
métrite.
nitrite.
Théocrite, *n. p.*

uite (2).

anuite (s'), *v.*
conduite.
construite.
cuite.
déduite.
détruite.
ébruite, *v.*
éconduite.

enduite.
effruite, *v.*
ensuite.
fuite.
inconduite.
induite.
instruite.
introduite.
jésuite [4].
pituite.
poursuite.
produite.
recuite, *partic. f.* *et s.*
réduite.
séduite.
suite.
traduite.
truite.

vite.

conjonctivite.
évite, *v.*
gravite, *v.*
invite, *v.*
gingivite.
lévite.
Moscovite, *g.*
vite, *adv.*
vite, *adj.*

voir YTE.

ITHME.

logarithme.

voir YTHME.

ITRE.

arbitre, *s. et v.*
franc-arbitre.

récalcitre, *v.*

litre, *s. m.* et ses composés.

litre, *s. f. (techn.)*
bélitre.
élytre.

mitre.

nitre.

chapitre, *s.*
chapitre, *v.*
épître.
pitre.
pupitre.

huître [2].

attitre, *v.*
fortitre.
sous-titre.
titre, *s. et v.*

vitre, *s. et v.*

ITS.

pères conscrits.

voir IS.

ITZ.

Austerlitz, *g.*
Biarritz.
Fritz.
Leibnitz.
Sedlitz, *g.*

IV.

leitmotiv.

IVE [1].

ive.

a-ïve.

naïve.

cive.

cive.
gencive.

(*voir* sive *dur.*)

chive.

archives.

clive.

clive, *v.*
déclive.

crive.

décrive, *v.*
écrive, *v.*
inscrive, *v.*
prescrive, *v.*
proscrive, *v.*
récrive, *v.*
souscrive, *v.*
transcrive. *v.*

dive.

dive (bouteille).
endive.
khédive.
maladive.
Maldives, *g.*
récidive, *s. et v.*
tardive.

give.

ogive.

grive.

grive.

live.

enjolive, *v.*
olive.
salive, *s. et v.*
solive.
Tite-Live, *n. p.*

llive *mouillé.*

baillive.

nive.

connive, *v.*
Ninive, *g.*

---

1) Cf. les féminins des adj. en IF.

prive.

prive, *v.*

quive.

esquive, *v.* [3].

rive.

arrive, *v.*
dérive, *v. et s.*
dérive (à la)
mésarrive, *v.*
rive, *s.*
rive, *v.*

sive *dur.*

censive.
coursive.
cursive.
défensive.
incisive.
lessive, *s. et v.*
missive.
offensive.

(*voir* cive.)

tive.

active, *v.*
affirmative.
alternative.
captive, *s. et v.*
conjonctive.
copulative.
cultive, *v.*
définitive (en).
détective.
disjonctive.
estive, *v.*
expectative.
fricative.
imaginative.
initiative.
invective, *s. et v.*
locomotive.
motive, *v.*
négative.
objective, *a. et v.*
perspective.
prérogative.
sensitive.
subjective, *a. et*
tentative.

uive (2).

enjuive (s'), *v.*
ensuive (s'), *v.*
juive, *a. f.*
suive, *v.*
poursuive, *v.*

vive.

avive, *v.*
convive.
qui-vive.
ravive, *v.*
revive, *v.*
survive, *v.*
vive (poisson).
vive, *v. et a. f.*

IVRE.

ivre.

givre.
guivre.

délivre. *v. et s. f.*
demi-livre.
grand-livre.
livre, *s.*
livre, *v.*

désenivre, *v.*
enivre, *v.*

cuivre.
ensuivre (s').
suivre.
poursuivre.

revivre.
savoir-vivre.
survivre.
vivre, *v.*
vivres, *s.*

IX

(dont le *x* se prononce)

Cadix, *g.*

préfix.

Félix, *n. p.*
hélix.

phénix.

larix.
Vercingétorix, *n. p*

Béatrix, *n. p.*

voir IS *et* YX.

IX

(dont le *x* se prononce comme *s* dur ou comme *z* devant voyelle).

Charles VI.
Charles X.

dix.
passe-dix.

six.

voir IS *et* YX.

IX

(dont le *x* ne se prononce point).

Chamonix.

dix (devant consonne).

perdrix.

crucifix.

prix.
six (devant consonne).

voir IS et IZ.

IXE

antéfixe.
fixe, *a. et v.*
préfixe, *a. f.*
suffixe.

prolixe.

rixe.

IXTE.

Callixte, *n. p.*

mixte.

Sixte, *n. p.*

IZ.

Abdul-Aziz, *n. p.*

Hafiz.

Kirghiz, *g.*

riz.

voir IS et IX.

IZE.

Kirghyze, *g.*

alize.

rize.

voir ISE.

O

O.

o !
ho !
oh !

a-o.

Bilbao, *g.*
cacao.
colao.
Macao, *g.*

bo.

bobo.
lavabo.
nelumbo.

co.

apoco.
arbico.
banco.
baraco.
bico.
caraco.
coco.
coquerico, *pop.*
écho.
fiasco.
franco.
illico.
Jéricho, *g.*
jocko.
Monaco, *g.*
qu'ès aco.
shako.
rococo.
siroco.
trabuco.
turco.

(*voir* quo).

cho.

rancho.
Sancho, *n. p.*

do.

aficionado.
calando.
credo.
crescendo.
diminuendo.
do (ré, mi...)
dodo.
eldorado.
grosso-modo.
ido.
mikado.
Prado, *g.*
pseudo-.
quasimodo.
rallentando.
rinforzando.
secundo.
tornado.
scherzando.
smorzando.

é-o.

Bornéo, *g.*
gratis pro Deo.
Roméo, *n. p.*

go.

alter ego.
Argo, *myth.*
Chicago, *g.*
Congo, *g.*
conjungo.
distinguo.
embargo.
ergo.
fandango.
frigo.
go (tout de).
gogo (à).
hidalgo.
Victor Hugo.
indigo.
largo.
lumbago.
Marengo, *g.*
pongo.
prurigo.
Tabasco, *g.*
vertigo.
virago.

gro.

allégro.
Montenegro, *g.*

i-o.

adagio.
agio.
Ajaccio, *g.*
brio.
Chio, *g.*

Clio, *myth.*
daïmio.
folio.
imbroglio.
impresario.
in-folio.
Io, *myth.*
Mincio, *g.*
Ohio, *g.*
Ontario, *g.*
oratorio.
patio.
proprio.
radio.
rio.
tertio.
trio.

lo.

allô.
dactylo.
Fra Diavolo, *n. p.* [4].
gigolo.
halo.
kilo.
Masabiello, *n. p.*
méli-mélo.
mélo.
Vénus de Milo.
Othello, *n. p.*
polo.
populo.
rigolo.
silo.
solo.
tremolo.
Waterloo, *g.* [3].

mo.

chromo.
ecce homo.
fortissimo.
pianissimo.
prestissimo.
primo.
pro domo.

no.

andantino.
a giorno.
Bruno, *n. p.*
casino.
Cyrano, *n. p.*
domino.
duettino.
forte-piano [3].
gitano.
guano.
Ino, *myth.*
kakemono.
kimono.
piano [3
soprano.
sténo.

po.

campo.
da capo.
Limpopo, *g.*
pipo.
Pô, *g.*
Edgard Poe, *n. p.*
a tempo.
topo.
typo.

pho.

Sapho, *n. p.*

quo.

ex aequo.
quiproquo.
statu quo.

(*voir* co).

ro.

allegro.
banderillero.
bolero.
brasero.
buen-retiro.
camaro.
carbonaro.
cicéro.
douro.
faro.
Figaro, *n. p*
guerillero.
haro.
Héro, *myth.*
maëstro.
numéro.
pifferaro.
romancero.
sombrero.
toréro
toro.
Trocadéro, *g.*
vocero.
zéro.

so ***dur.***

Calypso, *myth.*
corso.
curaçao (*pron.* so).
ex-professo.
in-extenso.
lasso.
verso.

so ***doux.***

amoroso.
aviso.
doloroso.
gracioso.
maëstoso.
Toboso, *g.*

to.

ab irato.
agitato.
allegretto.
aristo.
auto.
Benvenuto, *n. p.*
Clotho, *myth.*
concerto.
dito.
Erato, *myth.*
espéranto.
ex-abrupto.
ex-voto.

graffito.
gruppetto.
hecto.
incognito.
in petto.
in-quarto.
ipso facto.
lamento.
larghetto.
largo.
legato.
libretto.
loto.
moderato.
memento.
Méphisto.
patito.
photo.
pizzicato.
Porto, *g.*
presto.
pronunciamento.
quartetto.
quarto.
quintetto.
recto.
san-benito.
Sébasto.
staccato.
subito.
veto.

tro.

bistro.
Cagliostro, *n. p.*
métro.
retro.

u-o.

duo.
triduo.

vo.

ab ovo.
bravo.
in-octavo.

zo.

intermezzo.
mezzo.
scherzo.

voir OT *et* OC.

OB.

cob.
Jacob, *n. p.*

Job, *n. p.*

rob.

snob.

OBE.

Macrobe, *n. p.*
microbe.

gobe, *v.*
gobbe.

englobe, *v.*
globe.

lobe.

gallophobe.
hydrophobe.

probe.

arrobe.
dérobe, *v.*
garde-robe.
robe.

OBLE.

garde-noble.
Grenoble, *g.*
ignoble.
noble.
vignoble.

OBRE.

opprobre.

robre.
sobre.

octobre.

OC

(dont le *c* se prononce).

hoc.

tomahawk.

bloc.

bock.

crêtes-de-coq.
coq.
maître-coq.

choc.

dock.
paddock.
haddock.
Languedoc, *g.*
langue d'oc.
Médoc, *g.*
opodeldoch.

clinfoc.
foc.

froc.

manioc.

de bric et de broc.

five o'clock.

looch [1].
Moloch, *myth.*

plic et ploc.
ploc.

Enoch, *n. p.*

auroch.

Maroc, *g.*
roc.
Roch, *n. p.*

démoc soc.
soc.

alpenstock.
estoc.
mastoc.
stock.
toc.

troc.

OC
(dont le *c* ne se prononce point).

broc.

accroc.
croc.
escroc.
raccroc.
voir OT *et* O.

OCE.

précoce.

Cappadoce, *g.*
sacerdoce.

négoce.

noce.

féroce.

atroce.
voir OSSE.

OCHE.

Foch (Maréchal).
hoche, *v.*
Hoche, *n. p*

Alboche.
bamboche.
Boche.
caboche.
rabiboche, *v.*

broche, *s.*
broche, *v.*
embroche, *v.*
débroche, *v.*
tournebroche.

coche, *s. et v.*
côche, *v.*
décoche.
encoche.
mail-coach.
ricoche, *v.*
sacoche.

cloche, *s.*
cloche, *v.*

accroche, *v.*
anicroche.
bancroche.
croche, *a.*
croche, *s.*
décroche, *v.*
double-croche.
raccroche, *v.*

bidoche.
synecdoche.

Antioche, *g.*
brioche.
mioche.
pioche, *s. et v.* [2].

aristoloche.
effiloche, *v.*
filoche.
floche.
galoche.
loche, *s.*
loche, *v.*
taloche.

guilloche, *v.*
mailloche.

épinoche.
flânoche, *v.*
médianoche.

empoche, *v.*
poche, *s.*
poche, *v.*
rempoche, *v.*
vide-poche.

approche, *v. et s.*
proche.
rapproche, *v.*
reproche, *v. et s.*

arroche.
roche.

basoche.

fantoche.
mackintosch.

bavoche.

gavroche.
voir AUCHE.

OCLE.

Empédocle, *n. p.*

Étéocle, *n. p.*

binocle.
monocle.

Sophocle, *n. p.*

socle.

Thémistocle, *n. p.*

Patrocle, *n. p.*

OCRE.

ocre.

médiocre.

Locres, *g.*

OCTE.

docte.

OD [1].

Nemrod, *n. p.*
Nijni-Novgorod.

ODE.

ode.

brode, *v.*
rebrode, *v.*

code.

inféode, *v.*

gode, *v.*
pagode.

iode.
Hésiode, *n. p.*
période.

accommode, *v.*
commode, *a. et s.*
incommode, *a. et v.*
mode.
raccommode, *v.*

synode.

apode.
antipodes.
épode.
gastéropode.
lycopode.
myriapode.
corrode, *v.*
Hérode, *n. p.*
rôde, *v.*
Rhodes, *g.*

rapsode.

épisode.

custode.
méthode.

électrode.

voïvode.

exode.
voir AUDE.

ŒUD, ŒUR, etc.

v. EUD, EUR, etc.

OF [2].

bischof.

çof.

lof.

sous-off.

OFE.

lofe, *v.*

étoffe, *s. et v.*
voir OPHE.

OFFRE.

offre, *s. et v.*
j'offre, *v.*
Joffre (Maréchal).

coffre, *s. et v.*
encoffre, *v.*

mésoffre, *v.*

OFLE.

girofle.

Christofle, *n. p. et s.*

OG.

bog.

Gog.
Magog.

grog.

Taganrog.

OGE.

abroge, *v.*
Allobroge, *g.*
subroge, *v.*

doge.

déloge, *v.*
éloge.
eucologe.
horloge.
loge, *s. et v.*
martyrologe.
ménologe.
nécrologe.

arroge, *v.*
déroge, *v.*
interroge, *v.*
proroge, *v.*

1) Cette série ne comprend que des noms propres ou des noms de lieu, sauf *palinod* et *pernod* (cf. NOT.)
2) Cf. un certain nombre de noms de lieu et de noms propres russes : *Azof*, *Menzicof*, etc.

abroge.
subroge.

épitoge.
toge.

Vosges, *g.*
voir AUGE.

OGME.

dogme.

OGNE.

hogne, *v.*

cogne, *v.*
Gascogne, *g.*
recogne, *v.*
rencogne, *v.*

Dordogne, *g.*

refrogne (se), *v.*

Bourgogne, *g.*
cigogne.
Gascogne, *g.*
vergogne.
vigogne.

grogne, *v.*

Bologne, *g.*
Boulogne, *g.*
Cologne, *g.*
Pologne, *g.*
Sologne, *g.*

carogne.
charogne.
renfrogne, *v.*
rogne, *v.*
rogne, *v.*

besogne, *s. et v.*

trogne.

ivrogne.

OGRE.

dogre.
ogre.

OGUE.

bogue.

bouledogue.
dogue.

drogue, *s.*
drogue, *v.*

démagogue.
pédagogue.
synagogue.

églogue.

analogue.
apologue.
archéologue.
astrologue.
catalogue.
chrysologue.
Décalogue.
dialogue, *s. et v.*
épilogue, *s. et v.*
géologue.
graphologue.
gynécologue.
homologue, *v. et a.*
idéologue.
monologue.
mystagogue.
mythologue.
néologue.
philologue.
phrénologue.
prologue.
psychologue.
sinologue.
sociologue.

pirogue.
rogue.

vogue, *s.*
vogue, *v.*

OI [1].

aboi.

coi.

Rocroi, *g.*

foi.

beffroi.
effroi.
orfroi.
palefroi.

(*voir* OID.)

Aloi.
Éloi, *n. p.*
loi.

émoi.
moi.
non-moi.

tournoi.

emploi.

---

1) Cf. la première pers. du sing. de l'indicatif présent des verbes en OIR et en OIRE, dont on a pu, par une licence poétique, supprimer l'*s* finale : *je voi, je croi*, etc. ; et, au pluriel, les mots en OIS et OIX.

remploi.

pourquoi ?
quoi ?

arroi.
charroi.
corroi.
désarroi.
interroi.
paroi.
roi.
pied-de-roi.
vice-roi.

soi.

toi.

martroi.
octroi.

convoi.
envoi.
pourvoi.
renvoi.

OID.

poids.

chaufroid.
froid, *s. et a.*
sang-froid.

voir OIS *et* OIT.

OIDE.

froide, *a. f.* cf. es, couade.

roide (rime avec *aide* et *ède*).

OIE.

oie.
petite-oie.
patte-d'oie.

boie

aboie, *v.*
flamboie, *v.*
giboie, *v.*

broie.

broie, *v.*

choie.

choie, *v.*

croie.

croie, *v.*

doie.

coudoie, *v.*
ondoie, *v.*
plaidoie, *v.*
rudoie, *v.*
soudoie, *v.*
verdoie, *v.*

droie.

foudroie, *v.*
poudroie, *v.*

foie.

foie.

joie.

joie.
montjoie.
rabat-joie.
rougeoie, *v.*

moie.

atermoie, *v.*
charmoie.
larmoie, *v.*
ormoie.

noie.

bornoie, *v.*
noie, *v.*
tournoie, *v.*

ploie.

déploie, *v.*
emploie, *v.*
ploie, *v.*
remploie, *v.*
reploie, *v.*

proie.

lamproie.
proie.

roie.

charroie *v.*
corroie *v.*
courroie.
guerroie, *v.*

soie.

assoie, *v.*
fossoie. *v.*
grossoie, *v.*
pou-de-soie.
ver-à-soie.
soie.

toie.

apitoie, *v.*
chatoie, *v.*
côtoie, *v.*
festoie, *v.*
nettoie, *v.*
tutoie, *v.*

troie.

octroie, *v.*
Troie, *g.*

voie.

claire-voie.
convoie, *v.*
dévoie, *v.*
entrevoie, *v.*
envoie, *v.*
fourvoie, *v.*
louvoie, *v.*
pourvoie, *v.*
prévoie, *v.*
renvoie, *v.*
revoie, *v.*

Savoie, *g.*
voie, *s.*
voie, *v.*

OIF.

soif.

OIFFE.

assoiffe, *v.*
coiffe, *s. et v.*
décoiffe, *v.*
recoiffe, *v.*

OIGNE.

oigne, *v.*

adjoigne, *v.*
conjoigne, *v.*
déjoigne, *v.*
disjoigne, *v.*
enjoigne, *v.*
joigne, *v.*
rejoigne, *v.*

éloigne, *v.*

témoigne, *v.*

empoigne, *v.*
poigne.

Théroigne, *n. p.*

soigne, *v.*

voir AGNE.

OIJE.

crois-je ?
dois-je ?
vois-je ?

voir OUAGE.

OIL.

contre-poil (à).
passe-poil.
poil.
rebrousse-poil (à).

OILE.

moelle (*pron.* oile).

poêle *ou* poile.
squale.

Arc de l'Étoile.
entoile, *v.*
entretoile.
étoile.
étoile (s'), *v.*
rentoile, *v.*
toile.

dévoile, *v.*
voile, *s. et v.*

OIN et OUIN [1].

oing.

babouin [2].

coin.
coin-coin.
coing.
recoin.
Tourcoing, *g.*

Bédouin, *g.* **[2].**

abat-fouin.
aubi-foin.
chafouin [2].
foin.
foin !
sainfoin.

baragouin [3].
maringouin.
pingouin [2].
sagouin [2].
groin [1].

benjoin.

loin.

témoin.

poing.

point.
shampooing.
serre-point.
tiers-point.
tire-point.

soin.
marsouin [2].

besoin.

tintouin [2].

OINDRE.

oindre.

adjoindre.
conjoindre.
déjoindre.
disjoindre.
enjoindre.
joindre.
rejoindre.

moindre.

poindre.

OINE.

Chalcédoine, *g.*
chélidoine.
idoine.
Macédoine, *g.*
macédoine, *s.*

1) Cf. au pluriel, les mots en OINS.

sardoine,

aigremoine.
antimoine.
moine.
patrimoine.

chanoine.

Antoine.
bétoine.
cétoine.
péritoine.

avoine.
pivoine.

OINFRE.

goinfre [2].

OING.

voir OIN.

OINS [1].

moins.
néanmoins.

OINT.

oint, *v.*

adjoint, *v. et s.*
ci-joint.
conjoint, *v. et s.*
déjoint, *v.*
disjoint, *v.*
enjoint, *v.*
joint, *v. et s.*
rejoint, *v.*

point, *s.*
point, *adv.*
point, *v.*
à point.
appoint.
à brûle-pourpoint.
contre-point.
embonpoint.
mal-en-point.
pourpoint.
rond-point.
talapoin.

OINTE [2].

accointe (s'), *v.*

appointe, *v.*
chasse-pointe.
contre-pointe, *s. et v.*
courte-pointe.
désappointe, *v.*
épointe, *v.*
jointe.
pointe, *s.*
pointe, *v.*
trépointe.

OIR.

hoir.

boir.

ébarboir.
plomboir.

çoir.

amorçoir.
perçoir.
suçoir.

(*voir* soir *dur.*)

choir.

bouchoir.
choir.
crachoir.
débouchoir.
déchoir.
ébauchoir.
ébranchoir.
échoir.
embauchoir.
embouchoir.
émouchoir.
épluchoir.
gâchoir.
hachoir.
juchoir.
mouchoir.
nichoir.
perchoir.
séchoir.
tranchoir.

cloir.

racloir.
sarcloir.

doir.

accordoir.
accoudoir.
boudoir.
dévidoir.
douar.
échaudoir.
étendoir.
évidoir.
fendoir.
tendoir.

foir.

chauffoir.
étouffoir.
greffoir.
réchauffoir.

geoir.

bougeoir.
dégorgeoir.
drageoir.
égrugeoir.

gnoir.

éteignoir.

---

1) Cf. le pluriel des mots en OIN, OING et OUIN.
2) Cf. le participe passé féminin des verbes en OINDRE.

peignoir.

i-oir.

plioir.

loir.

affiloir.
bouloir.
brûloir.
condouloir (se).
couloir.
démêloir.
équivaloir.
falloir.
fouloir.
gueuloir.
haloir.
Loir, *g.*
nonchaloir.
parloir.
prévaloir.
racloir.
refouloir.
revaloir.
revouloir.
rouloir.
saloir.
souloir, *v.*
valoir.
vouloir, *v. et s.*

lloir *mouillé.*

agenouilloir.
cueilloir.
échenilloir.
mouilloir.
tailloir.

moir.

assommoir.
fermoir.
fumoir.
semoir.

noir.

affinoir.
cabinet-noir.
écussonnoir
entonnoir.
laminoir.
manoir.
noir.
promenoir.
tamanoir.
urinoir.

poir.

coupoir.
découpoir.
désespoir.
espoir.

quoir.

marquoir.
taquoir.

roir.

apparoir.
comparoir.
miroir.
ouvroir.
terroir.
tiroir.

soir *dur.*

aspersoir.
asseoir, *v.*
bonsoir.
bossoir.
brunissoir.
déversoir.
dressoir.
encensoir.
épissoir.
fossoir.
houssoir.
lissoir.
messeoir.
ostensoir.
ourdissoir.
pissoir.
polissoir.
pourrissoir.
poussoir.
pressoir.
rasseoir.
repoussoir.
soir.
seoir.
surseoir.
suspensoir.
versoir.
voussoir.
(*voir* çoir.)

soir *doux.*

arrosoir.
brisoir.
clysoir.
égrisoir.
musoir.
rasoir.
reposoir.

toir.

abattoir.
accotoir.
ajoutoir.
ajustoir.
battoir.
blutoir.
boutoir.
butoir.
comptoir.
coup-de-boutoir.
décrottoir.
dépotoir.
dortoir.
égouttoir.
éventoir.
frottoir.
grattoir.
heurtoir.
montoir.
plantoir.
remontoir.
sautoir.
trottoir.

voir.

abreuvoir.
apercevoir.
assavoir.

avoir, *v. et s.*
concevoir.
décevoir.
dépourvoir.
devoir, *v. et s.*
émouvoir.
entrevoir.
lavoir.
mouvoir.
percevoir.
pleuvoir.
pourvoir.
pouvoir, *v. et s.*
prévoir.
promouvoir.
ramentevoir.
ravoir.
recevoir.
redevoir.
réservoir.
revoir.
savoir, *v. et s.*
venez-y-voir.
voir.

vroir.

ouvroir.

OIRE.

boire.

boire, *v. et s.*
ciboire.
déboire.
emboire (s').
imboire.
pourboire.

çoire.

balançoire.

(*voir* soire).

choire.

mâchoire.

cloire.

racloire.

croire.

accroire.
croire.
décroire.
mécroire.

doire.

la oire.
radoire.

foire.

clifoire.
foire.

geoire.

mangeoire.
nageoire.

gloire.

gloire.

gnoire.

baignoire.

loire.

avaloire.
branloire.
couloire.
doloire.
Loire, *g.*

lloire ***mouillé.***

bouilloire.

moire.

armoire.
écumoire.
grimoire.
mémoire.
moire, *s. et v.*

noire.

bande-noire.
bassinoire.
noire, *a. f.*

poire.

attrapoire.
poire.

soire ***dure.***

accessoire.
commissoire.
compulsoire.
dimissoire.
glissoire.
Issoire, *g.*
passoire.
pâtissoire.
périssoire.
polissoire.
possessoire.
ratissoire.
récursoire.
rôtissoire.
(*voir* çoire.)

soire ***doux.***

amusoire.
collusoire.
décisoire.
dérisoire.
illusoire.
infusoires.
provisoire.
rescisoire.

toire.

aléatoire.
absolutoire.
ambulatoire.
aratoire.
attentatoire.
auditoire.
blasphématoire.
circulatoire.
comminatoire.
compensatoire.
congratulatoire.
conservatoire.
consistoire.
contradictoire.
déclamatoire.
déclaratoire.
déclinatoire.
décrottoire.

dédicatoire.
dépilatoire.
dépuratoire.
dérogatoire.
diffamatoire.
dilatoire.
dînatoire.
directoire.
discrétoire.
distillatoire.
divinatoire.
échappatoire.
écritoire.
élévatoire.
émonctoire.
épilatoire.
évaporatoire.
évocatoire.
exécutoire.
exutoire.
expiatoire.
frustratoire.
fulminatoire.
fumigatoire.
génitoire.
giratoire.
histoire.
impératoire.
inflammatoire.
interlocutoire.
interrogatoire.
invitatoire.
jaculatoire.
juratoire.
laboratoire.
lacrymatoire.
mâchicatoire.
masticatoire.
méritoire.
monitoire.
moratoire.
natatoire.
notoire.
obligatoire.
observatoire.
offertoire.
ondulatoire.
opératoire.
oratoire.
oscillatoire.
ostentatoire.
péremptoire.
pétitoire.
préhistoire.
prémonitoire.
préparatoire.
prétoire.
probatoire.
promontoire.
propitiatoire.
purgatoire.
purificatoire.
récriminatoire.
rédhibitoire.
réfectoire.
rémunératoire.
répertoire.
réquisitoire.
résolutoire.
respiratoire.
révocatoire.
rogatoire.
rotatoire.
sacrificatoire.
secrétoire.
sternutatoire.
subrogatoire.
suppositoire.
surérogatoire.
territoire.
trajectoire.
transitoire.
vésicatoire.
vexatoire.
vibratoire.
victoire.
vomitoire.

voire.

ivoire.
voire.

OIS [1].

bois.

abois (aux).
bois, *s.*
bois, *v.*
hautbois.
sainbois.
sous-bois.

çois.

aperçois, *v.*
conçois, *v.*
déçois, *v.*
François.
perçois. *v.*
reçois, *v.*
(*voir* sois *dur.*)

chois.

anchois.
Cauchois, *g.*
chois, *v.*
déchois, *v.*
échois, *v.*

crois.

accrois, *v.*
crois, *v.*
décrois, *v.*
mécrois, *v.*
recrois, *v.*
surcrois, *v.*

dois.

Badois.
dois, *v.*
redois, *v.*
Suédois, *g.*
Vaudois, *g.*
Vermandois, *g.*

fois.

autrefois.

1) Cf. le pluriel des mots en OI et en OIT, et un certain nombre d'adjectifs d'ordre toponomastique.

fois.
parfois.
quelquefois.
souventefois.
toutefois.

geois.

Albigeois, *g.*
bourgeois.
franc-bourgeois.
grégois.
Strasbourgeois.
villageois.

gois.

guingois.

lois.

Gallois.
Gaulois, *g.*
Lillois.
Valois, *n. p.*

mois.

chamois.
mois.
Rémois.
Siamois, *g.*

nois.

alénois.
Carthagnois, *g.*
Champenois, *g.*
Chinois, *g.*
Danois.
Dunois, *n. p.*
harnois.
minois.
sournois.
tapinois (en).
tournois.

pois.

contre-poids.
empois.
pois.
poids.
surpoids.

quois.

carquois.
Iroquois, *g.*
narquois.
souriquois.
Zurichois, *g.*

rois.

Bavarrois, *g.*
Navarrois, *g.*

sois ***dur.***

assois, *v.*
rassois, *v.*
sois, *v.* (*de* être).
sursois, *v.*
(*voir* çois.)

tois.

Artois, *g.*
cacatois.
courtois.
Crétois, *g.*
discourtois.
Franc-Comtois.
matois.
pantois.
patois.
putois.

trois.

trois.

vois.

entrevois, *v.*
Genevois, *g.*
gravois.
grivois.
Louvois, *n. p.*
pavois.
pourvois, *v.*
prévois, *v.*
revois, *v.*
vois, *v.*

voir OIX.

OISE [1].

Amboise, *g.*
boise, *v.*
déboise, *v.*
emboise, *v.*
framboise.
gerboise.
Oise, *g.*
reboise, *v.*

tricoises.

croise, *v.*
décroise, *v.*
entre-croise (s'), *v.*

ardoise.
vandoise.

dégoise, *v.*

bourgeoise.
villageoise.

armoise.
chamoise, *v.*
moise.
siamoise.

noise.

turquoise.

bavaroise.

entretoise.
patoise, *a. et v.*
Pontoise, *g.*
toise, *s. et v.*

apprivoise, *v.*
cervoise.

1) Cf. le féminin des mots en OIS.

pavoise, *v.*

OISSE.

accroisse, *v.*
croisse, *v.*
décroisse, *v.*
recroisse, *v.*
surcroisse, *v.*

froisse, *v.*

angoisse.

poisse, *v.*
empoisse, *v.*

paroisse.

(*voir* fouace.)

OIT.

boit.

boit, *v.*

çoit.

aperçoit, *v.*
conçoit, *v.*
décoit, *v.*
perçoit, *v.*
reçoit, *v.*

(*voir* soit.)

choit.

choit, *v.*
déchoit, *v.*
échoit, *v.*

croit.

accroît, *v.*
croit, *v.*
croît, *v.*
décroit, *v.*
décroît, *v.*
mécroit, *v*
recroît, *v.*
surcroît, *v. et s.*

doit.

doit (le) et avoir.
doit, *v.*
doigt.
redoit, *v.*

droit.

adroit.
droit, *s.*
droit, *a.*
endroit.
maladroit.
passe-droit.
pied-droit.

noit.

Benoît.

ploit.

exploit.

roit.

noroît.
suroît.

soit.

assoit, *v.*
rassoit, *v.*
soit, *v.*
sursoit, *v.*

(*voir* çoit.)

toit.

avant-toit.
toit.

troit.

étroit.
à l'étroit.
détroit.

voit.

entrevoit, *v.*
pourvoit, *v.*
prévoit, *v.*
revoit, *v.*
voit, *v.*

voir OID.

OITE.

boite, *v.*
boîte.
déboîte, *v.*
emboîte, *v.*

cf. boëtte.
couette.

coite, *a. f.*

doigte, *v.*

adroite, *a. f.*
droite, *a. f. et s.*
maladroite, *a. f.*

moite.

benoîte.

exploite, *v.*

étroite, *a. f.*
miroite, *v.*

convoite, *v.*

OITRE.

cloître, *s. et v.*
décloître, *v.*

accroître.
croître.
décroître.
recroître.
surcroître.

goître.

OIVE.

boive, *v.*

aperçoive, *v.*
conçoive, *v.*
déçoive, *v.*
perçoive, *v.*
reçoive, *v.*

doive, *c.*
redoive, *v.*

OIVRE.

poivre, *s. et v.*
Woëvre, *g.*

OIX [1].

choix.
surchoix.

chemin de croix.
grand-croix.
porte-croix.
croix.
rose-croix.

casse-noix.
noix.

poix.

abat-voix.
porte-voix.
voix.

voir OIS.

OL.

bol.
foot-ball.

capiscol.
caracol (en).
col.
hausse-col.
kohl.
licol.
torcol.

dol.

fol.

Mogol, *g.*

campagnol.
Espagnol, *g.*
guignol.
rossignol.

music-hall.

viol.
vitriol.

bémol.
formol.
mol.

cévenol.
phénol.

alcool.

menthol.
naphtol.

Tyrol, *g.*

entre-sol.
girasol.
parasol.
sol, *s.*
sol, *musique.*
sous-sol.
tournesol.

Bristol, *g. et s.*

convol.
vol.

OLD.

Child-Harold, *n. p.*

kobold.

OLDE.

demi-solde.
Isolde, *n. p.*
solde, *s. et v.*

OLE long.

drôle.

geôle.

enjôle, *v.*

môle.

pôle.

rôle, *s. et v.*
enrôle, *v.*
frôle, *v.*

tôle.

contrôle, *s. et v.*
trôle, *v.*

voir AULE.

OLE bref.

bole.

amphibole.
carambole, *v.*
criobole.
discobole.
faribole.
guibole.
hyperbole.
métabole.
obole.
parabole.
rocambole.
symbole.
taurobole.

1) Cf. le pluriel des mots en OI et en OIT.

cole.

accole, *v.*
agricole.
Arcole, *g.*
barbacole.
bricole, *s.*
bricole, *v.*
caracole, *s. et v.*
christicole.
chrysocolle.
colle, *s. et v.*
cœlicole.
cordicole.
décolle, *v.*
dyscole.
école.
encolle.
ignicole.
morticole.
Nicole.
Picrochole.
protocole.
racole, *v.*
récole, *v.*
recolle, *v.*
régnicole.
séricicole.
sylvicole.
vinicole.
viticole.

dole.

cadole (loquet).
farandole.
girandole.
gondole, *s. et v.*
idole.
Pic de la Mirandole, *n. p.*

é-ole.

alvéole.
aréole.
auréole.
créole.
Éole, *myth.*
faséole.
lauréole.
malléole.
roséole.

folle.

affole, *v.*
archifolle,
batifole, *v.*
folle, *a. f. et s.*
raffole, *v.*

gole.

dégringole, *v.*
espingole.
rigole, *v. et s.*

geole.

cageole.
flageole, *v.*
rougeole.
(*voir* jole.)

gnole.

brignole.
carmagnole.
croquignole.
espagnole, *a. f.*
fignole, *v.*
fignole.
rossignole, *v.*
torgnole.

i-ole.

affriole, *v.*
artériole.
babiole.
bariole, *v.*
bestiole.
cabriole, *s. et v.*
cambriole, *s. et v.*
carriole.
dariole.
étiole (s').
étudiole.
fiole.
foliole.
gaudriole.
gloriole.
gratiole.
Iole, *myth.*
luciole.
pétiole.
scariole.
tavaïolle.
variole.
viole, *s.*
viole, *v.*
vitriole.
(*voir* yole.)

jole.

cajole, *v.*
(*voir* geole.)

mole.

immole, *v.*
molle, *a. f.*
remole.

nole.

cévenole.
somnole, *v.*

pole.

acropole.
bibliopole.
coupole.
décapole.
équipolle, *v.*
interpole, *v.*
métropole.
monopole.
nécropole.
pharmacopole.
pentapole.

role.

azerole.
banderole.
barcarolle.
barquerole.
bouterolle.
casserole.
cicérole.
corolle.
dévirole, *v.*

escarole.
faverole.
féverole.
flammerole.
fumerolle.
girolle.
marolles.
moucherolle.
muserolle.
parole.
pétrole.
scarole.
vérole.
virole.

sole *dur*.

assole, *v.*
boussole.
console, *s.*
console, *v.*
dessole.
rissole, *s. et v.*
sole.

sole *doux*.

camisole.
désole, *v.*
isole, *v.*
Mausole, *n. p.*

tole.

Anatole, *n. p.*
Capitole, *g.*
diastole.
étole.
Pactole, *g.*
péristole.
pistole.
rafistole, *v.*
systole.

tôle.

entôle, *v.*
tôle.
trôle.

vole.

bénévole.
convole, *v.*
dévole, *s. et v.*
envole (s'), *v.*
frivole.
malévole.
revole, *v.*
vole, *s.*
vole, *v.*

yole

yole.
(*voir* iole.)

OLFE et OLPHE.

Adolphe.
golfe.
Rodolphe, *n. p.*

OLTE.

récolte, *s. et v.*

archivolte.
désinvolte.
révolte, *s. et v.*
virevolte.
volte.

OLVE.

absolve, *v.*
dissolve, *v.*

résolve, *v.*

OM (*m* sonore).

hom !
voir UM.

OM et OMB (prononcés *on*).

dom.

Colomb, *n. p.*

nom.
prénom.
prête-nom.
pronom.
renom.
surnom.

aplomb.
aplomb (d').
fil à plomb.
plomb.
surplomb.
voir ON.

OMBE.

bombe, *s.*
bombe, *v.*

catacombes.
combe.
incombe, *v.*
succombe, *v.*

Dombes, *g.*

colombe.
lombes.
palombe.

déplombe.
plombe, *v.*
surplombe, *v.*

rhombe.

hécatombe.
outre-tombe.
retombe, *v.*
tombe, *s.*
tombe, *v.*

trombe.

OMBLE.

comble, *s. et v.*
comble, *a.*
de fond en comble.
omble (poisson).

OMBRE.

hombre.
ombre, *v. et s.*

concombre.
décombres.
désencombre, *v.*
encombre, *s. et v.*
scombre (poisson).

dénombre, *v.*
nombre, *v. et s.*
pénombre.
surnombre.

sombre, *a.*
sombre, *v.*

OME long,

fibrome.

Côme, *n. p.*
sarcome.

chôme, *v.*

chrome.
monochrome.
polychrome.

dôme.
Sodome, *g.*
Vendôme, *g.*

Drôme, *g.*
hippodrome.
palindrome.
prodrome.
vélodrome.

gnome.

at home.
home.

axiome.
idiome.

môme.

binôme.
deutéronome.
monôme.
polynôme.

lipome.

diplôme.

arome.

atome.
Brantôme, *n. p.*
Chrysostome, *n. p.*
dichotome.
épitome.
fantôme.
symptôme.
tome.

rhizome.

ignivome.
voir AUME.

OME bref et
OMME.

Jacques Bonhomme
homme.
Joseph Prud'homme.
prud'homme.

comme.
vidrecome.

surhomme.
majordome.

dégomme, *v.*
gomme, *v. et s.*
rogomme.

gentilhomme.
amome.
bonhomme.
cinnamome.
cardamome.

agronome.
astronome.
autonome.
dénomme, *v.*
économe.
gastronome.
métronome.
nomme, *v.*
renomme, *v.*
surnomme, *v.*

pomme, *s. et v.*

Rome, *g.*

assomme, *v.*
bête de somme.
consomme, *v.*
somme, *s. et v.*
Somme, *g.*
sommes (nous), *v.*

lithotome.

OMNE.

automne.
voir ONE.

OMPE.

pompe, *s. et v.*
clysopompe.
Théopompe, *n. p.*

corrompe, *v.*
interrompe, *v.*
rompe, *v.*

estompe, *v. et s.*

détrompe, *v.*
trompe, *s.*
trompe, *v.*

OMPHE [1].

triomphe, *s. et v.*

gromphe.

romphe.

chrysogomphe.
Gomphe.
gomphe.

OMPRE.

corrompre.
interrompre.
rompre.

OMPS.

corromps, *v.*
interromps, *v.*
romps, *v.*

OMPT.

prompt.

corrompt, *v.*
interrompt, *v.*
rompt, *v.*

voir ONT.

OMTE et OMPTE.

acompte.
comte.
compte, *s. et v.*
décompte, *s. et v.*
escompte, *s. et v.*
mécompte.
précompte, *v.*
recompte, *v.*
vicomte.

dompte, *v.*

prompte, *a. f.*

voir ONTE.

ON [2].

on

a-on.

Pharaon.

aon (*prononcé* an).

voir AN (paon *et* taon).

bon.

ambon.
barbon.
bon, *a. et s.*
bonbon.
Bourbon, *n. p.*
Brabançon.
bubon.
charbon.
Gabon, *g.*
gibbon.
jambon.
revenant-bon.
Sorbon, *n. p.*
Strabon, *n. p.*

blon.

doublon.
houblon.
sablon.
tromblon.

con.

abscons.
accon.
Bacon, *n. p.*
balcon.
basilicon.
boucon.
catholicon.
chicon.
cocon.
Dracon, *n. p.*
faucon.
flacon.
flocon.
Gascon, *g.*
Hélicon, *myth.*
lexicon.
Mâcon, *g.*
Montfaucon, *g.*
Rubicon, *g.*
Tarascon, *g.*

çon.

Alençon, *g.*
arçon.
caleçon.
caparaçon.
charançon.
colimaçon.
contrefaçon.
enfançon.
estramaçon.
étançon.
façon.
franc-maçon.
garçon.
glaçon.
hameçon.
Jurançon, *g.*
leçon.
limaçon.
maçon.

---

1) Les mots autres que *triomphe* donnés sous cette rubrique sont empruntés à un sonnet de M. Philippe Berthelot intitulé *Alexandre à Persépolis*.

2) Cf. la première pers. du plur. de presque tous les temps des verbes.

malfaçon.
palançon.
pinçon.
plançon.
poinçon.
rançon.
sans-façon.
séneçon.
soupçon.
suçon.
tierçon.
tronçon.
(*voir* son *dur et* xon.)

chon.

alluchon.
Arcachon, *g.*
baluchon.
barbichon.
Berrichon, *g.*
bichon.
bouchon.
bourrichon (se monter le).
cabochon.
califourchon (à).
capuchon.
cochon.
coqueluchon.
cornichon.
cruchon.
drôlichon.
Fanchon, *n. p.*
folichon.
fourchon.
godichon.
greluchon.
louchon.
manchon.
maigrichon.
nichon.
patachon.
pochon.
polochon.
ratichon.
tire-bouchon.
torchon.

don.

abandon.
amidon.
Automédon, *myth.*
bedon.
bidon.
bondon.
bourdon.
boustrophédon (écriture).
brandon.
bridon.
cardon.
céladon.
chardon.
cordon.
corindon.
Corydon, *n. p.*
cotylédon.
croque-lardon.
Cupidon, *myth.*
Didon, *n. p.*
dindon.
Dom.
don, *s.*
Don (le), *g.*
dondon.
édredon.
espadon.
faridondon.
faux-bourdon.
fredon.
gardon.
guéridon.
guidon.
iguanodon.
Laomédon, *n. p.*
lardon.
Meudon, *g.*
pardon.
Pradon, *n. p.*
rigodon.
Sidon, *g.*
sindon.
tendon.

dron.

chaudron.
escadron.
godron.
goudron.
rhododendron.
tendron.

é-on.

accordéon.
Actéon, *myth.*
Anacréon, *n. p.*
caméléon.
éons.
Gédéon, *n. p.*
Léon.
Napoléon, *n. p. et s.*
odéon.
orphéon.
Panthéon.
péon.
Siméon, *n. p.*

fon.

bouffon.
Buffon, *n. p.*
carafon.
chiffon.
griffon.
(*voir* phon.).

flon.

flonflon.
mouflon.

gon.

angon.
Aragon, *g.*
ardon.
bougon.
dragon.
estragon.
fourgon.
Harpagon, *n. p.*
jargon.
martagon.
Orgon, *n. p.*
parangon.
Patagons, *g.*
perdrigon.
Saïgon, *g.*

sang-dragon.
wagon.

geon.

badigeon.
bourgeon.
clergeon.
drageon.
escourgeon.
esturgeon.
gorge de pigeon.
haubergeon.
pigeon.
plongeon.
sauvageon.
surgeon.
(*voir* jon.)

glon.

aiglon.

gnon.

Bourguignon, *g.*
brugnon.
champignon.
chignon.
compagnon.
estagnon.
gnon.
grignon.
grognon.
guignon.
lorgnon.
lumignon.
maquignon.
mignon.
moignon.
oignon.
pignon.
pognon.
quignon.
rognon.
salignon.
tignon.
trognon.

i-on.

Albion, *g.*
Bion, *n. p.*
gabion.
ténébrion.
vibrion.

scion.
succion.
suspicion.
Trimalcion, *n. p.*

Clodion, *n. p.*
collodion.
Dion, *n. p.*
ludion.
manichordion.

escoffion.
fion.

contagion.
irréligion.
légion.
région.
religion.

ganglion.

ardélion.
billion.
dent-de-lion.
Deucalion, *myth.*
fourmi-lion.
galion.
gamélion.
ganglion.
Ilion, *g.*
lion.
Lyon.
million.
Pélion, *g.*
Pygmalion, *n. p.*
rébellion.
tabellion.
talion.
trillion.

camion.
Endymion, *myth.*

communion.
désunion.
fanion.
opinion.
post-communion.
réunion.
union.

champion.
croupion.
espion.
lampion.
morpion.
pion.
Scipion, *n. p.*
scorpion.
usucapion.

Amphion, *myth.*

Alérion, *blas.*
Arion, *n. p.*
brimborion.
centurion.
curion.
décurion.
horion.
morion.
Orion, *myth.*
porion.
psaltérion.

abstersion.
accession.
admission.
agression.
animadversion.
appréhension.
ascension.
aspersion.
aversion.
avulsion.
cession.
commission.
compassion.
compréhension.
compression.
compromission.
concession.
concussion.
confession.

contorsion.
conversion.
convulsion.
démission.
dépossession.
dépression.
digression.
dimension.
discursion.
discussion.
dispersion.
dissension.
distension.
distorsion.
diversion.
émersion.
émission.
émulsion.
éversion.
excursion.
expansion.
expression.
expulsion.
extension.
extorsion.
fidéjussion.
immersion.
impression.
impulsion.
insoumission.
incursion.
intercession.
intermission.
interversion.
intromission.
inversion.
jussion.
manumission.
mission.
obsession.
omission.
oppression.
passion.
pension.
percussion.
permission.
perversion.
possession.

précession.
préhension.
pression.
prétermission.
procession.
profession.
progression.
promission.
propension.
propulsion.
recension.
régression.
réimpression.
rémission.
répercussion.
répréhension.
répression.
répulsion.
rétorsion.
rétrocession.
réversion.
révulsion.
scansion.
scission.
sécession.
session.
Sion, *g.*
soumission.
submersion.
subversion.
succession.
suppression.
suspension.
tension.
torsion.
transgression.
transmission.
version.

adhésion.
affusion.
allusion.
circoncision.
cohésion.
collision.
collusion.
concision.
conclusion.

confusion.
contusion.
corrosion.
décision.
dérision.
désillusion.
diffusion.
dissuasion.
division.
éclosion.
effusion.
élision.
érosion.
évasion.
excision.
exclusion.
extravasion.
forclusion.
fusion.
imprécision.
illusion.
incision.
indécision.
indivision.
infusion.
intrusion.
invasion.
lésion.
occasion.
occlusion.
persuasion.
précision.
prévision.
profusion.
provision.
réclusion.
rescision.
révision.
subdivision.
suffusion.
surfusion.
transfusion.
vision.

adustion.
antrustion.
bastion.
combustion.

congestion.
digestion.
gestion.
immixtion.
indigestion.
ingestion.
mixtion.
question.
suggestion.
ustion.

abdication.
aberration.
abjuration.
ablation.
abnégation.
abomination.
abréviation.
abrogation.
accélération.
accentuation.
acceptation.
acclamation.
accommodation.
accumulation.
accusation.
adaptation.
adjudication.
adjuration.
administration.
admiration.
admonestation.
adoration.
adulation.
adultération.
aération.
affabulation.
affectation.
affiliation.
affirmation.
agglomération.
agglutination.
aggravation.
agitation.
agnation.
agrégation.
aimantation.
aliénation.
alimentation.
allégation.
allitération.
allocation.
altération.
altercation.
amélioration.
amodiation.
ampliation.
amplification.
amputation.
animation.
annihilation.
annonciation.
annotation.
annulation.
anticipation.
appellation.
application.
appréciation.
approbation.
appropriation.
approximation.
arbitration.
arborisation.
argumentation.
arrestation.
articulation.
aspiration.
assignation.
assimilation.
association.
atténuation.
attestation.
augmentation.
aurification.
auscultation.
autorisation.
aviation.
béatification.
bifurcation.
bonification.
calcination.
canalisation.
canonisation.
capitalisation.
capitation.
capitulation.
captation.
carbonisation.
carnation.
cassation.
castramétation.
castration.
cautérisation.
célébration.
cémentation.
centralisation.
cessation.
cicatrisation.
cinération.
circonvallation.
circulation.
citation.
civilisation.
clarification.
classification.
claudication.
claustration.
coagulation.
codification.
cognation.
cohabitation.
collaboration.
collation.
collocation.
colonisation.
coloration.
commémoration.
commisération.
communication.
commutation.
compensation.
compilation.
complication.
compulsation.
computation.
concentration.
conciliation.
condamnation.
condensation.
confabulation.
confédération.
configuration.
confirmation.
confiscation.

conflagration.
conformation.
confortation.
confrontation.
congélation.
conglobation.
conglutination.
congratulation.
congrégation.
conjuration.
consécration.
conservation.
considération.
consignation.
consolation.
consolidation.
consommation.
conspiration.
constatation.
constellation.
consternation.
constipation.
consultation.
contamination.
contemplation.
contestation.
continuation.
contrevallation.
contre-indication.
contre-vallation.
conversation.
convocation.
coopération.
cooptation.
copulation.
corporation.
corrélation.
corroboration.
cotisation.
création.
crépitation.
crispation.
cristallisation.
cumulation.
curation.
damnation.
dation.
déambulation.
débilitation.
décantation.
décapitation.
décentralisation.
décimation.
déclamation.
déclaration.
déclination.
décollation.
décoloration.
déconsidération.
décoration.
défalcation.
défénestration.
déflagration.
défloration.
défoliation.
déformation.
dégénération.
dégradation.
dégoûtation.
dégustation.
déification.
délation.
délectation.
délégation.
délibération.
délimitation.
délinéation.
démarcation.
démobilisation.
démonstration.
démoralisation.
dénégation.
dénomination.
dénonciation.
dénudation.
dépilation.
dépopulation.
déportation.
dépravation.
déprécation.
dépréciation.
déprédation.
dépuration.
députation.
dérivation.
dérogation.
désaffectation.
désagrégation.
désapprobation.
desquamation.
désassignation.
désignation.
désoccupation.
désolation.
désorganisation.
dessiccation.
destination.
détérioration.
détermination.
détestation.
détonation.
dévastation.
déviation.
diffamation.
dilacération.
dilapidation.
dilatation.
discontinuation.
disculpation.
dislocation.
dispensation.
dissémination.
dissertation.
dissimulation.
dissipation.
dissociation.
distillation.
divagation.
divination.
divulgation.
documentation.
domestication.
domination.
donation.
dotation.
dubitation.
dulcification.
duplication.
édification.
éducation.
édulcoration.
égalisation.
éjaculation.
élaboration.

électrification.
électrisation.
élévation.
élimination.
élucidation.
élucubration.
émanation.
émancipation.
embarcation.
émigration.
émulation.
énervation.
énonciation.
énucléation.
énuméartion.
épellation.
épilation.
équation.
équitation.
éradication.
éructation.
estimation.
évacuation.
évagation.
évaluation.
évangélisation.
évaporation.
évocation.
exacerbation.
exagération.
exaltation.
exaspération.
excavation.
excitation.
exclamation.
excommunication.
excoriation.
excusation.
exécration.
exhalation.
exhérédation.
exhortation.
exhumation.
exonération.
expatriation.
expectoration.
expérimentation.
expiation.
expiration.
explication.
exploitation.
exploration.
exportation.
expropriation.
exsudation.
exténuation.
extermination.
extirpation.
extravasation.
exulcération.
exultation.
fabrication.
falsification.
farréation.
fascination.
fécondation.
fédération.
félicitation.
fermentation.
fertilisation.
filiation.
filtration.
fixation.
flagellation.
fluctuation.
foliation.
fomentation.
fondation.
formation.
formication.
fornication.
fortification.
francisation.
fragmentation.
fréquentation.
fructification.
fulguration.
fulmination.
fumigation.
fustigation.
gemination.
gemmation.
généralisation.
génération.
germination.
gestation.
gesticulation.
glorification.
gradation.
graduation.
granulation.
gratification.
gravitation.
gustation.
habitation.
hallucination.
herborisation.
hésitation.
hibernation.
homologation.
horripilation.
humectation.
humiliation.
identification.
illumination.
illustration.
imagination.
imitation.
imbrication.
immatriculation.
immodération.
immolation.
immortification.
impétration.
implantation.
implication.
imploration.
importation.
imprecation.
imprégnation.
improbation.
imputation.
inapplication.
inauguration.
incantation.
incarcération.
incarnation.
incinération.
incitation.
inclination.
inconsidération.
incorporation.
incrimination.
incrustation.

incubation.
indétermination.
indication.
indignation.
induration.
infamation.
infatuation.
inféodation.
infestation.
infiltration.
infirmation.
inflammation.
inflation.
information.
ingurgitation.
inahalation.
inhumation.
initiation.
innervation.
innovation.
inobservation.
inoculation.
inondation.
insinuation.
insolation.
inspiration.
installation.
instauration.
instigation.
instillation.
instrumentation.
insubordination.
insufflation.
intégration.
intercalation.
interpellation.
interpolation.
interprétation.
interrogation.
intimation.
intimidation.
intonation.
intoxication.
intronisation.
invalidation.
investigation.
invitation.
invocation.
irration.
irradiation.
irrigation.
irritation.
irroration.
jubilation.
justification.
lacération.
lactation.
laïcisation.
lamentation.
lapidation.
légalisation.
légation.
législation.
légitimation.
libation.
libération.
libration.
licitation.
limitation.
liquation.
liquidation.
localisation.
location.
lustration.
luxation.
macération.
machination.
maculation.
majoration.
malversation.
manducation.
manifestation.
manipulation.
mastication.
maturation.
médiation.
médication.
méditation.
migration.
mobilisation.
modération.
modification.
modulation.
moralisation.
mortification.
multiplication.
mutation.
mutilation.
mystification.
narration.
natation.
nation.
naturalisation.
navigation.
négation.
négociation.
neutralisation.
nomination.
notation.
notification.
novation.
numération.
nutation.
objurgation.
oblation.
obligation.
oblitération.
obnubilation.
obsécration.
observation.
obstination.
occultation.
obturation.
occupation.
offuscation.
ondulation.
opération.
orchestration.
ordination.
organisation.
orientation.
ornementation.
oscillation.
ossification.
ostentation.
ovation.
oxydation.
oxygénation.
pacification.
pagination.
palpitation.
panification.
participation.
passation.

pénétration.
pérégrination.
péréquation.
perforation.
permutation.
perpétration.
perpétuation.
personnification.
perturbation.
pétrification.
plantation.
ponctuation.
pondération.
population.
postulation.
précipitation.
préconisation.
prédestination.
prédétermination.
prédication.
prélation.
préméditation.
préoccupation.
préparation.
présentation.
préservation.
prestidigitation.
prestation.
prévarication.
privation.
probation.
proclamation.
procréation.
procuration.
profanation.
prolongation.
promulgation.
pronation.
prononciation.
propagation.
propitiation.
prorogation.
prosternation.
prostration.
protestation.
provocation.
publication.
pulsation.
pulvériastion.
purgation.
purification.
qualification.
radiation.
ramification.
ratification.
ratiocination.
ration.
réalisation.
réassignation.
récapitulation.
récitation.
réclamation.
recommandation.
réconciliation.
réconfortation.
récréation.
récrimination.
rectification.
récupération.
récusation.
réduplication.
réédification.
réformation.
réfrigération.
réfutation.
régénération.
réglementation.
régularisation.
réhabilitation.
réinstallation.
réintégration.
réitération.
relation.
relaxation.
relégation.
relocation.
rémunération.
renonciation.
rénovation.
réordination.
réorganisation.
repopulation.
réparation.
représentation.
réprobation.
répudiation.
réputation.
réservation.
résignation.
résiliation.
respiration.
restauration.
rètractation.
rétrogradation.
révélation.
revendication.
réverbération.
révocation.
rogations.
rotation.
rumination.
salivation.
saltation.
salutation.
sanctification.
saturation.
scarification.
scintillation.
sécularisation.
ségrégation.
sémination.
sensation.
séparation.
séquestration.
sidération.
signification.
simplification.
simulation.
situation.
solennisation.
sollicitation.
sommation.
sous-location.
spécification.
spéculation.
spoliation.
sputation.
stagnation.
station.
stillation.
stimulation.
stipulation.
strangulation.
stratification.

subdélégation.
sublimation.
subordination.
subornation.
subrogation.
subtilisation.
sudation.
suffocation.
superfétation.
supination.
supplantation.
supplication.
suppuration.
supputation.
surérogation.
surexcitation.
suscitation.
sustentation.
taxation.
temporisation.
tentation.
térébration.
tergiversation.
titillation.
titubation.
transfiguration.
transformation.
translation.
transmigration.
transmutation.
transportation.
transpiration.
transplantation.
transubstantia-
tion.
transsudation.
trépidation.
trépanation.
tribulation.
trituration.
ulcération.
unification.
urtication.
usurpation.
utilisation.
vacation.
vaccination
vacillation.

validation.
vaporation.
vaporisation.
variation.
vaticination.
végétation.
vendication.
vénération.
ventilation.
verbération.
vérification.
versification.
vésication.
vexation.
vibration.
viciation.
vinification.
violation.
visitation.
vitrification.
vivification.
vocalisation.
vocation.
vocifération.
volatilisation.
votation.
vulcanisation.
vulgarisation.

action.
abstraction
attraction.
caléfaction.
coaction.
contraction.
contrefaction.
détraction.
diffraction.
distraction.
effraction.
exaction.
extraction.
faction.
fraction.
inaction.
infraction.
liquéfaction.
maléfaction.

putréfaction.
raréfaction.
réaction.
rédaction.
réfraction.
rétraction.
rétroaction.
satisfaction.
soustraction.
stupéfaction.
taction.
torréfaction.
traction.
transaction.
tuméfaction.

sanction.

abstention.
attention.
circonvention.
contention.
contravention.
convention.
détention.
inattention.
intention.
intervention.
invention.
manutention.
mention.
obtention.
prétention.
prévention.
reconvention.
rétention.
subvention.

ademption.
coemption.
emption.
exemption.
péremption.
préemption.
rédemption.

concrétion.
discrétion.

excrétion.
indiscrétion.
réplétion.
sécrétion.
sujétion.

abjection.
affection.
bissection.
circonspection.
collection.
confection.
désaffection.
correction.
défection.
déjection.
désinfection.
dilection.
direction.
dissection.
éjection.
élection.
érection.
imperfection.
incorrection.
infection.
injection.
inspection.
insurrection.
interjection.
intersection.
jection.
lection.
objection.
perfection.
porrection.
prédilection.
projection.
protection.
réélection.
réfection.
résection.
résurrection.
section.
sélection.
trissection.
vivisection.

acception.
aperception.
conception.
déception.
exception.
interception.
obreption.
perception.
réception.
subreption.
susception.

assertion.
désertion.
insertion.

abolition.
acquisition.
addition.
admonition.
ambition.
apparition.
appétition.
apposition.
attrition.
audition.
coalition.
coercition.
compétition.
composition.
condition.
contrition.
décomposition.
définition.
déglutition.
démolition.
dentition.
déperdition.
déposition.
disparition.
disposition.
disquisition [5].
ébullition.
édition.
érudition.
exhibition.

expédition.
exposition.
extradition.
ignition.
imposition.
inanition.
indisposition.
inhibition.
inquisition.
interposition.
intuition [5].
juxtaposition.
monition.
munition.
nutrition.
opposition.
partition.
parturition.
perdition.
perquisition.
pétition.
position.
prédisposition.
préposition.
présupposition.
prétérition.
prohibition.
proposition.
punition.
réapparition *ou* **reparition.**
recomposition.
reddition.
redhibition.
réédition.
réexpédition.
réimposition.
répartition.
répétition.
réquisition.
sédition.
superposition.
superstition.
supposition.
tradition.
transition.
transposition.
volition.

affliction.
bénédiction.
constriction.
contradiction.
conviction.
diction.
éviction.
fiction.
friction.
indiction.
interdiction.
juridiction.
malédiction.
prédiction.
restriction.

distinction.
extinction.

circonscription.
conscription.
description.
inscription.
prescription.
proscription.
rescription.
scription.
souscription.
suscription.
transcription.

mixtion.

caution.
commotion.
dévotion.
émotion.
indévotion.
locomotion.
invotion.
lotion.
motion.
notion.
potion.
précaution.
prémotion.
prénotion.
promotion.

coction.
concoction.
décoction.

adjonction.
componction.
conjonction.
disjonction.
extrême-onction.
fonction.
injonction.
jonction.
onction.
ponction.

adoption.
option.

assomption.
consomption.
présomption.

absorption.
résorption.

disproportion.
portion.
proportion.

ablution.
absolution.
allocution.
attribution.
circonlocution.
circonvolution.
comparution.
constitution.
contre-révolution.
contribution.
destitution.
dévolution.
dilution.
diminution.
dissolution.
distribution.
élocution.
évolution.
exécution.
inexécution.
institution.
interlocution.
involution.
irrésolution.
locution.
persécution.
pollution.
prostitution.
reconstitution.
résolution.
restitution.
rétribution.
révolution.
solution.
substitution.

abduction.
adduction.
conduction.
construction.
déduction.
désobstruction.
destruction.
duction.
induction.
instruction.
introduction.
obstruction.
production.
reconduction.
reconstruction.
réduction.
reproduction.
séduction.
substruction.
traduction.

intuition.

corruption.
éruption.
interruption.
irruption.
ruption.

histrion.
septentrion.

alluvion.

annexion.
complexion.
connexion.
crucifixion.
désannexion.
fluxion.
génuflexion.
inflexion.
irréflexion.
Ixion, *myth.*
réflexion.

(*voir* yon.)

jon.

ajonc.
Dijon, *g.*
donjon.
goujon.
jonc.

(*voir* geon.)

lon.

Absalon, *n. p.*
aiglon.
Apollon, *myth.*
aquilon.
ballon.
boulon.
colon.
côlon.
diachylon.
doublon.
échelon.
étalon.
félon.
Fénelon, *n. p.*
filon.
flonflon.
foulon.
frelon.
gallon.
galon.
gonfalon.
grêlon.
houblon.
Jagellon, *n. p.*
jalon.
mamelon.
melon.
merlon.
Milon, *n. p.*
moellon [2].
mouflon.
pantalon.
pilon.
poêlon [2].
reculons (à).
riblon.
sablon.
salon.
scabellon.
selon.
Simplon, *g.*
Solon, *n. p.*
talon.
Toulon, *g.*
tromblon.
vallon.
Villon, *n. p.*
violon [3].

llon *mouillé.*

avocaillon.
bâillon.
bataillon.
crémaillon.
écrivaillon.
graillon.
haillon.
maillon.
médaillon.
moraillon.
paillon.
penaillon.
picaillon.
tenaillon.

oreillons.
réveillon.

aiguillon.
ardillon.
barbillon.
barillon.
béquillon.
billon.
boquillon.
botillon.
bourbillon.
bourdillon.
bouvillon.
carillon.
carpillon.
cendrillon.
corbillon.
cotillon.
Crébillon, *n. p.*
Crillon, *n. p.*
croisillon.
durillon.
échantillon.
écouvillon.
émerillon.
étoupillon.
étranguillon.
étrésillon.
faucillon.
goupillon.
grapillon.
grillon.
guenillon.
Massillon, *n. p.*
modillon.
moinillon.
morillon.
négrillon.
oisillon.
orillon.
papillon.
pavillon.
portillon.
postillon.
raidillon.
rillon.
sillon.
tatillon.
taupe-grillon.
tortillon.
toupillon.
tourbillon.
tourillon.
vermillon.

Villon, *n. p.*

bouillon.
brouillon.
court-bouillon.
souillon.

mon.

Ammon, *myth.*
armon.
artimon.
Damon, *n. p.*
démon.
giraumon.
goémon.
gnomon.
ichneumon.
limon.
mon.
Philémon, *myth.*
phlegmon.
poumon.
Salomon, *n. p.*
saumon.
sermon.
Simon, *n. p.*
Télamon, *n. p.*
timon, *s.*
Timon, *n. p.*
voir ONT.

non.

Agamemnon, *n. p.*
alganon.
ânon.
cabanon.
canon.
chaînon.
Conon, *n. p.*
fanon.
gonfanon.
guenon.
Junon, *myth.*
linon.
Maintenon, *n. p.*
Manon, *n. p.*
Memnon, *n. p.*
menon.
minon.
Ninon, *n. p.*
non.
Parthénon.
pennon.
pronom.
sinon.
tenon.
Toinon, *n. p.*
Trianon, *g.*
tympanon.
Voisenon, *n. p.*

o-on.

Laocoon, *n. p.*

pon.

capon.
chapon.
coupon.
crampon.
crépon.
fripon.
harpon.
Japon, *g.*
jupon.
Lapon, *g.*
Nippon, *g.*
pompon.
poupon.
répons.
tampon.
tapon.
tarare-pompon.
(*voir* ond.)

phon.

Bellérophon, *myth.*
siphon.
Typhon, *myth.*
Xénophon, *n. p.*
(*voir* fon.)

plon.

Simplon, *g.*

pron.

capron.

ron.

Aaron, *n. p.*
Achéron, *myth.*
aileron.
aliboron.
aoûteron [3].
aviron.
baron.
biberon.
boujaron.
bourgeron.
bûcheron.
Byron, *n. p.*
ceinturon.
chaperon.
Charon, *myth.*
charron.
Chiron, *myth.*
Cicéron, *n. p.*
ciron.
clairon.
coron.
cuilleron.
culeron.
Cythéron, *g.*
Décaméron.
environ.
éperon.
fanfaron.
fleuron.
forgeron.
fumeron.
giron.
glouteron.
grateron.
héron.
Huron, *g.*
jaseron.
juron.
laideron.
laiteron.
lamperon.
larron.
liseron.
luron.
macaron.
mancheron.
marron, *s.*

marron, *a.*
Mascaron, *n. p.*
moucheron.
mouron.
mousseron.
napperon.
Néron, *n. p.*
paleron.
pâturon.
percheron.
perron.
Piron, *n. p.*
potiron.
puceron.
Pyrrhon, *n. p.*
quarteron.
ronron.
saleron.
Scarron, *n. p.*
tâcheron.
tierceron.
toron.
vairon.
Varron, *n. p.*
vigneron.

son *dur.*

abat-son.
Addison, *n. p.*
Aubusson, *g. et s.*
basson.
besson.
boisson.
boule de son.
bourson.
buisson.
caisson.
canasson.
casson.
chanson.
chausson.
cosson.
courson.
cresson.
cuisson.
échanson.
écusson.
frisson.
Gerson, *n. p.*
Grandson, *g.*
hérisson.
housson.
Huron, *g.*
maudisson.
moisson.
mousson.
nourrisson.
ourson.
paillasson.
paisson.
pinson.
poisson.
polisson.
Robinson, *n. p.*
salisson.
Samson, *n. p.*
Soissons, *g.*
saucisson.
son, *s.*
son, *a. poss.*
taisson.
tenson.
tesson.
unisson.
Vaucanson, *n. p.*

(*voir* çon *et* xon.)

son *doux.*

arrière-saison [5].
artison.
avalaison.
bison.
blason.
calaison.
cargaison.
cervaison.
cloison.
combinaison.
commémoraison.
comparaison.
conjugaison.
contre-poison.
couvaison.
crevaison.
cueillaison.
déclinaison.
défloraison.
décuvaison.
démangeaison.
déraison.
diapason [4].
échauffaison.
effeuillaison.
exhalaison.
fanaison.
fauchaison.
fenaison.
feuillaison.
floraison.
flottaison.
foison.
frondaison.
frison.
garnison.
grison.
guérison.
harangaison.
inclinaison.
Jason, *myth.*
liaison.
Lison, *n. p.*
livraison.
Louison, *n. p.*
lunaison.
maison.
morte-saison.
nuaison.
oison.
olivaison.
oraison.
pamoison.
paraison.
pendaison.
péroraison.
peson.
petites-maisons.
poison.
porchaison.
prison.
raison.
saison.
salaison.
semaison.

sison.
terminaison.
tison.
toison.
tondaison.
tomaison.
trahison.
venaison.
vison.

(*voir* zon.)

ton.

Alecton, *myth.*
avorton.
baralipton.
baryton.
bâton.
béton.
Boston, *g. et s.*
bouton.
Breton, *g.*
brocheton.
caneton.
canton, *s.*
Canton, *g.*
capiton.
carton.
Caton, *n. p.*
centon.
Charenton, *g.*
chaton.
clocheton.
Clothon, *myth.*
corton.
coton.
cretons.
cropetons (à).
croton.
croûton.
Danton, *n. p.*
demi-ton.
dicton.
dit-on.
ducaton.
esponton.
factoton.
fenton.
feston.
feuilleton.
frégaton.
fronton.
fulmicoton.
giton.
glouton.
goton.
gueuleton.
Hamilton, *n. p.*
hanneton.
hoqueton.
jeton.
laiton.
liston.
Marathon, *g.*
marmiton.
martin-bâton.
menton.
Menton, *g.*
Milton, *n. p.*
mirliton.
miroton.
miton.
moineton.
molleton.
mousqueton.
mouton.
Newton, *n. p.*
œilleton.
Othon, *n. p.*
oxyton.
panneton.
paroxyton.
pâton.
peloton.
peton.
Phaéton, *myth.*
Phlégéthon, *myth.*
piéton [2].
piqueton.
piston.
piton.
planton.
Platon, *n. p.*
Pluton, *myth.*
ponton.
Python, *myth.*
qu'en dira-t-on.
raton.
rejeton.
rhyton.
ripaton.
rogaton.
santon.
séton.
singleton.
taon (*pron.* ton.)
tâtons (à).
teston.
teton.
Teuton, *g.*
thon.
tire-bouton.
Tithon, *myth.*
ton, *s.*
ton (*adj. poss.*).
tonton.
toton.
triton.
Triton, *myth.*
veston.
vient-on ?

tron.

citron.
étron.
litron.
mitron.
natron.
patron.
plastron.
poltron.
quercitron.
tronc.

von.

Esclavon, *g.*
savon.

vron.

chevron.
levron.
poivron.

xon.

Saxon, *g.*
(*v.* çon *et* son *dur.*)

y-on.

Alcyon, *n. p.*
amphictyon.
amphitryon.
Amphitryon, *n. p.*
bryon.
clayon [2].
coïon.
crayon [2].
embryon.
Lyon, *g.*
pleyon [2].
rayon [2].
sayon [2].
tayon.
porte-crayon.
trayon [2].

(*voir* ion.)

zon.

Dugazon, *n. p.*
gazon.
horizon.
scazon.
Suzon, *n. p.*
Zonzon, *n. p.*

(*voir* son *doux.*)

voir OM.

ONC

(dont le *c* se prononce).

onc.

adonc.
donc.

ONC

(dont le *c* ne se prononce point).

voir ON (*ajonc*, *jonc*).

ONCE.

once.

quinconce.

défonce, *v.*
enfonce, *v.*
fonce, *v.*
renfonce, *v.*

défronce, *v.*
fronce, *v.*

engonce, *v.*

pionce.

semonce, *s. et v.*

annonce, *s. et v.*
dénonce, *v.*
énonce, *v.*
internonce.
nonce.
prononce, *v.*
renonce, *v. et s.*

pierre-ponce.
ponce, *v. et s.*
raiponce.

ronce.

voir ONSE.

ONCHE.

bronche, *v.*
bronches.

jonche, *v.*

Ponche (*punch*).

tronche (*trivial*).

ONCLE.

oncle.

carboncle.

siponcle.

furoncle.

pétoncle.

OND [1].

bond.

bond.
faux-bond.
furibond.
moribond.
nauséabond.
pudibond.
vagabond.

blond.

blond.

cond.

facond.
fécond.
infécond.
rubicond.

fond.

bas-fond.
bien-fonds.
confond, *v.*
haut-fond.
fond, *s.*
fond, *v.*
fonds.
morfond (se), *v.*
plafond.
profond.

1) Cf. au pluriel, les deux premières pers. du sing. de l'indicatif présent, et la deuxième pers. du sing. de l'impératif des verbes en ONDRE.

refond, *v.*
tire-fond.
tréfonds.

gond.

gond.
second.
Segond, *n. p.*

mond.

Pharamond, *n. p.*

pond.

correspond, *v.*
pond, *v.*
répond, *v.*

rond.

rond.

tond.

retond, *v.*
tond, *v.*

voir ONT.

ONDE [1].

onde.

bonde.

abonde, *v.*
bonde, *s.*
bonde, *v.*
débonde, *v.*
moribonde.
surabonde, *v.*
vagabonde, *v.*

blonde.

blonde.

conde.

faconde.
féconde, *v. et a.*
Golconde, *g.*
inféconde.
Joconde, *n. p.*

donde.

redonde, *v.*

fonde.

confonde, *v.*
fonde, *v.*
morfonde (se), *v.*
refonde, *v.*

fronde.

fronde, *s. et v.*

gonde.

dévergonde (se).
Frédégonde, *n. p.*
seconde, *v. et s.*

gronde.

gronde, *v.*

monde.

demi-monde.
émonde, *v.*
immonde.
intermonde.
mappemonde.
monde, *s.*
monde, *v.*

nonde.

inonde, *v.*

ponde.

corresponde, *v.*
ponde, *v.*
réponde, *v.*

ronde.

à la ronde.
aronde.
Gironde, *g.*
ronde, *s. et a. f.*

sonde *dur.*

sonde, *s. et v.*
Sonde, *g.*

sonde *doux.*

Trébisonde, *g.*

tonde.

retonde, *v.*
rotonde.
tonde, *v.*

ONDRE.

hypocondre.

périchondre.

confondre.
effondre (s').
fondre.
morfondre (se).
parfondre.
refondre.

Londres, *g.*

semondre.

correspondre.
entre-répondre (s').
pondre.
répondre.

retondre.
surtondre.
tondre.

ONE long.

Bone, *g.*

Ancône, *g.*
cône.
icône.

cyclône.

Dodone, *g.*

1) Cf. les féminins des adj. en OND.

Babylone, *g.*
pylône.

aumône.

Hippone, *g.*

prône, *s. et v.*

Rhône, *g.*

Saône, *g.*

détrône, *v.*
trône, *s. et v.*

amazone.
zone.

voir AUNE et ONE bref.

ONE bref et ONNE [1].

bone.

abonne, *v.*
bombonne.
carbone.
charbonne, *v.*
désabonne.
Lisbonne, *g.*
Narbonne, *g.*
Sorbonne.
toute-bonne.
trombone.
vagabonne, *v.*

blone.

houblonne, *v.*

cone.

braconne, *v.*
chaconne.
gasconne, *v. et s.*

çonne.

Brabançonne.
caparaçonne, *v.*
Carcassonne, *g.*
désarçonne, *v.*
étançonne, *v.*
façonne, *v.*
garçonne.
maçonne, *v.*
poinçonne, *v.*
poliçonne, *v. et s.*
rançonne, *v.*
soupçonne, *v.*
tronçonne, *v.*

(*voir* sonne *dur.*)

chone.

Bérichonne.
bichonne.
bouchonne, *v.*
cochonne.
encapuchonne, *v.*
folichonne.
mâchonne, *v.*
maigrichonne.
ronchonne, *v.*
torchonne, *v.*

done.

abandonne, *v.*
adonne (s'), *v.*
amidonne, *v.*
belladone.
Belledonne (montagne).
bondonne, *v.*
bourdonne, *v.*
coordonne, *v.*
débondonne, *v.*
dicotylédone.
donne, *s. et v.*
entre-donne (s'), *v.*
espadonne, *v.*
fredonne, *v.*
madone.
maldonne.
monocotylédone.
ordonne, *v.*
pardonne, *v.*
redonne, *v.*
réordonne, *v.*
subordonne, *v.*

drone.

escadronne, *v.*
goudronne, *v.*

fone.

bouffonne, *v. et s.*
chiffonne, *v.*
griffonne, *v.*
plafonne, *v.*

(*voir* phone.)

gone.

Antigone, *n. p.*
Argonne, *g.*
bougonne, *v.*
dragonne (à la).
dragonne.
épigone.
Erigone, *myth.*
fourgonne, *v.*
Gorgone, *myth.*
hexagone.
jargonne, *v.*
parangonne, *v.*
polygone.

geone.

badigeonne, *v.*
bourgeonne, *v.*
drageonne, *v.*
ébourgeonne, *v.*
pigeonne.
sauvageonne.

gnone.

compagnonne.

---

1) Cf. les féminins des adj. en ON.

Bourguignonne.
enguignonne, *v.*
maquignonne, *v.*
mignonne.
rognonne, *v.*

i-onne.

actionne, *v.*
additionne, *v.*
affectionne, *v.*
ambitionne, *v.*
approvisionne, *v.*
cautionne, *v.*
championne.
collationne, *v.*
conditionne, *v.*
confectionne, *v.*
émulsionne, *v.*
espionne, *v. et s.*
gabionne, *v.*
Hermione, *n. p.*
impressionne, *v.*
lionne.
mentionne, *v.*
mixtionne, *v.*
occasionne, *v.*
passionne, *v.*
pensionne, *v.*
perfectionne, *v.*
pétitionne, *v.*
précautionne, *v.*
proportionne, *v.*
questionne, *v.*
révolutionne, *v.*
sanctionne, *v.*
soumissionne, *v.*

(*voir* yone.)

lone.

aiglonne.
ballonne, *v.*
Barcelone, *g.*
Bellone, *myth.*
boulonne, *v.*
colonne.
déboulonne, *v.*
échelonne, *v.*
entre-colonne.
étalonne, *v.*
félonne.
galonne, *v.*
jalonne, *v.*
pilonne, *v.*
talonne, *v.*
vallonne, *v.*

llonne *mouillé.*

aiguillonne, *v.*
bâillonne, *v.*
bouillonne, *v.*
carillonne, *v.*
nasillonne, *v.*
négrillonne.
papillonne, *v.*
réveillonne, *v.*
sillonne, *v.*
tatillonne, *v. et s.*
tourbillonne, *v.*
vermillonne, *v.*

mone.

anémone.
argémone.
Crémone, *g.*
démone.
époumone, *v.*
Lacédémone, *g.*
marmonne, *v.*
Pomone, *myth.*
ramone, *v.*
sermonne, *v.*

none.

ânonne, *v.*
canonne, *v.*
nones.
nonne.
pet-de-nonne.
Œnone, *n. p.*

ponne.

caponne, *v.*
cramponne (se), *v.*
friponne, *s. et v.*
harponne, *v.*
Laponne, *g.*
pomponne, *v.*
pouponne.
tamponne, *v.*

phone.

aphone.
grammophone.
graphophone.
mégaphone.
mélophone.
microphone.
saxophone.
téléphone, *v. et s.*
Tisiphone, *myth.*
xylophone.

rone.

baronne.
biberonne, *v.*
bûcheronne.
chaperonne, *v.*
cicérone.
couronne, *s. et v.*
découronne, *v.*
environne, *v.*
éperonne, *v.*
escadronne, *v.*
fanfaronne.
fleuronne, *v.*
Garonne, *g.*
isochrone.
larronne.
lazarone.
luronne.
maronne, *v.*
matrone.
quarteronne.
patronne, *v. et s.*
Péronne, *g.*
poltronne.
porte-couronne.
ronronne, *v.*
synchrone.
Vérone, *g.*
vigneronne.

sonne *dur.*

assonne, *v.*
chansonne, *v.*
consonne.
dissonne, *v.*
écussonne, *v.*
empoissonne, *v.*
frissonne, *v.*
hérissonne.
moissonne, *v.*
oursonne.
personne.
polissonne, *v. et s.*
sonne, *v.*

(*voir* çonne.)

sonne *doux.*

arraisonne, *v.*
assaisonne, *v.*
Ausone, *n. p.*
bisonne.
blasonne, *v.*
canzone.
cloisonne, *v.*
déraisonne, *v.*
dessaisonne, *v.*
empoisonne, *v.*
emprisonne, *v.*
foisonne, *v.*
grisonne, *v.*
ozone.
raisonne, *v.*
résonne, *v.*
tisonne, *v.*

(*voir* zone.)

tone.

atone.
autochtone.
automne.
bâtonne, *v.*
bétonne, *v.*
barytonne, *v.*
boutonne, *v.*
bretonne.
cantonne, *v.*
capitonne, *v*
cartonne, *v.*
chantonne, *v.*
cotonne, *v.*
cretone.
Crotone, *g.*
déboutonne, *v.*
détonne, *v.*
entonne, *v.*
étonne, *v.*
festonne, *v.*
gloutonne.
gueuletonne, *v.*
Latone, *myth.*
Livingstone, *n. p.*
mitonne, *v.*
monotone.
moutonne, *v.*
pelotonne, *v.*
piétonne [3].
Suétone, *n. p.*
tâtonne, *v.*
testonne, *v.*
teutonne.
tonne, *v.*
tonne, *s.*

trone.

matrone.
patronne, *v. et s.*
Pétrone, *n. p.*
plastronne, *v.*

vonne.

esclavonne.
savonne, *v.*
slavonne.

xonne.

saxonne.

yonne.

Bayonne, *g.*
crayonne, *v.*
rayonne, *v.*
Yonne, *g.*
(*voir* ione.)

zone.

amazone.
gazonne, *v.*

(*voir* sone *doux.*)

voir ONE long.

ONFLE.

dégonfle. *v.*
gonfle, *v.*
regonfle, *v.*

ronfle, *v.*

ONG (*g* muet).

barlong.
long.
oblong.
scieur de long.
tout du long.

ONG (*g* sonore).

gong.
Haïphong.
Hong-Kong.
Mékong.
Sou-chong.

ONGE.

conge.

allonge, *s. et v.*
élonge, *v.*
forlonge, *v.*
longe, *s.*
longe, *v.*
oronge.
prolonge, *s. et v.*
rallonge, *s. et v.*

Monge, *n. p.*

éponge.

plonge, *v.*
replonge, *v.*

ronge, *v.*

mensonge.
ronge, *s.*
songe, *s. et v.*

Saintonge, *g*

Axonge.

ONGLE.

ongle.

jongle, *v.*
jungle.

ONGRE.

hongre.

congre.

ONGUE.

barlongue, *a. f.*
longue, *a. f.*
oblongue, *a. f.*

diphtongue.
triphtongue.

ONQUE.

onques.

conque.
quelconque.
quiconque.

jonque.

tronque, *v.*

ONS

(dont le *s* se prononce).

Mons, *g.*
mons (*pour* monsieur).

ONS [1]

(dont le *s* ne se prononce oint).

abscons.

répons.

oublions.

dénombrions.

offrions.

valions.
voulions.

dormions.

prenions.

rompions.

vainquions.

mourions.

blâmassions.
connussions.
fassions.
finissions.
paissions.
tinssions.
vinssions.

cousions.
taisions.

battions.
mettions.

servions.
buvions.

asseyons.
croyons.
croyions.
fuyions.

craignons.
geignons.

cueillons.
défaillons.
grillons.

prenons.
venons.

rompons.

acquérons.
aimerons.
courons.
irons.
mourrons.
offrons.
tiendrons.
voudrons.
verrons.

croîtrons.
montrons.

avisons.
taisons.

battons.
mettons.

voir ON.

ONSE.

absconse (s *prononcé* z).
réponse.

Alphonse, *n. p.*

voir ONCE.

ONSTRE.

monstre.

ONT [2].

ont, *v.* (*d'*avoir).

---

1) Cf. la première pers. du pluriel de presque tous les temps des verbes.
2) Cf. la troisième pers. du plur. du futur de tous les verbes.

dont.

font, *v.*
fonts, *s.*

affront.
front.

amont.
Bachaumont, *n. p.*
Grammont, *n. p.*
mont.
Piémont, *g.*
rodomont.

entrepont.
Hellespont, *g.*
Négrepont, *g.*
pont.

sont, *v.*

vont, *v.*

voir OND et OMPT.

ONTE.

honte.

archonte.
conte, *s. et v.*
raconte, *v.*

mastodonte.

fonte.
refonte.

affronte, *v.*
confronte, *v.*

Sagonte, *g.*

junte (*prononcé* jon-te).

démonte, *v.*
monte, *v.*
remonte, *s. et v.*
surmonte, *v.*

ponte, *s. et v.*

Géronte, *n. p.*
Oronte, *g.*

Amathonte, *g.*
retonte.
tonte.

voir OMTE.

ONTRE.

à l'encontre.
basse-contre.
ci-contre.
contre.
encontre.
haute-contre.
malencontre.
rencontre, *s. et v.*

démontre. *v.*
montre, *s. et v.*
remontre, *v.*

ONZE.

onze.

bonze.

bronze, *s. et v.*

OP (*p* muet).

galop.

sirop.

trop.

OP (*p* sonore).

bishop.
hop !
stop !
top !

OPE.

cope,

apocope.
écope.
escope.
hélioscope [5].
horoscope.
hydroscope.
hygroscope.
kaléidoscope.
microscope.
ophtalmoscope.
spectroscope.
stéréoscope.
syncope, *s. et v.*
télescope, *s. et v.*

chope.

achoppe, *v.*
chope, *s.*
choppe, *v.*
échoppe.

clope.

Cyclope, *myth.*

i-ope.

Calliope, *myht.*
(*voir* yope.)

lope.

antilope.
développe, *v.*
enveloppe, *s. et v.*
escalope.
galope, *v.*
interlope.
nyctalope.
Pénélope, *n. p.*
salope.
varlope.

nope.

Canope, *g.*

Parthénope, *g.*
Sinope, *g.*

pope.

pope, *s.*
Pope, *n. p.*

rope.

Europe, *myth. et g.*
Mérope, *n. p.*

sope *doux.*

Ésope, *n. p.*
hysope.

tope.

métope.
tope, *v.*
tope ! *interj.*
stoppe, *v.*

trope.

épitrope.
héliotrope.
lycanthrope.
misanthrope.
philanthrope.
pitékanthrope.
théophilanthrope.
trope.

y-ope.

myope.
(*voir* iope.)
voir AUPE.

OPHE.

philosophe.

anastrophe.
antistrophe.
apostrophe, *s. et v.*
catastrophe.
Cristophe, *n. p.*
limitrophe.
pédotrophe.
théosophe.
strophe.
voir OFE.

OPLE.

Andrinople, *g. et s.*
Constantinople, *g.*
sinople.

OPPE.

voir OPE.

OPRE.

amour-propre.
impropre.
malpropre.
propre.

OPS.

Cécrops, *n. p.*
Ops, *myth.*
Pélops, *n. p.*

OPTE.

coopte, *v.*

opte, *v.*

Copte (*ou* Cophte), *g.*

adopte, *v.*

OQ.

voir OC.

OQUE.

bloque, *v.*
débloque, *v.*

bicoque.
coque.
emberlucoque (s'), *v.*
gonocoque.
streptocoque.

coke.
choque, *v.*

croque, *v.*
escroque, *v.*

synecdoque.

loufoque.
suffoque, *v.*

défroque, *s. et v.*
enfroque, *v.*

baïoque [3].

breloque.
cloque.
colloque, *s.*
colloque, *v.*
disloque, *v.*
effiloque, *v.*
grandiloque.
interloque, *v.*
Locke, *n. p.*
loque.
pendeloque.
soliloque.
ventriloque.

moque (se), *v.*

Orénoque, *g.*

époque.

phoque.

réciproque.

baroque.
roque, *v.*

socque.

toque, *s.*
toque, *v.*

troque, *v.*

convoque, *v.*
équivoque, *a.*, *s. et v.*
évoque, *v.*
invoque, *v.*
provoque, *v.*
révoque, *v.*

OR [1].

or, *s.*
or, *adv.*

Mont-Thabor, *g.*

Ang-Kor, *g.*

cor.
décor.
encor (*pour* encore).

bouton d'or.
capéador.
conquistador.
condor.
corrégidor.
corridor.
drap d'or (camp du)
Endor, *g.*
fructidor.
Labrador, *g.*
Lindor, *n. p.*
matador.
messidor.
Mont-d'Or.
picador.
toréador.
thermidor.
Toison d'or.

confiteor [4].

for.

Belphégor, *myth.*
Chandernagor, *g.*

monsignor.
señor.
signor.

aide-major.
état-major.
major.
sergent-major.
tambour-major.

similor.
tricolor.

Armor, *g.*
cyclamor.

ténor.

essor.
Louqsor, *g.*
tussor.
Windsor, *g.*

Nabuchodonosor, *n. p.*
trésor.

alligator.
butor.
castor.
Castor, *myth.*
imperator.
Hector, *n. p.*
Mentor, *n. p. et s.*
Nestor, *n. p.*
portor.
Stentor, *n. p. et s.*
Thor, *myth.*

fluor.
quatuor.
septuor.

sextuor.

camerera mayor.

Azor, *n. p.*

voir ORD *et* AUR.

ORBE.

orbe.
Vallorbe, *g.*

téorbe.
euphorbe.

absorbe, *v.*
résorbe, *v.*
sorbe.

ORC.

porc.

ORCE.

écorce, *s. et v.*

efforce (s'), *v.*
force, *s. et v.*
forces (ciseaux).
renforce, *v.*

amorce, *s. et v.*

divorce, *s. et v.*

voir ORSE.

ORCHE.

écorche, *v.*

porche.

torche, *s.*
torche, *v.*

1) Cf. au pluriel, la finale ORS.

ORD [1].

abord.
bâbord.
bord.
d'abord.
haut-bord.
ord.
plat-bord.
rebord.
sabord.
stribord *ou* tribord.

accord.
désaccord.
discord.

Périgord, *g*.

fiord.

lord.
milord.

démord, *v*.
mord, *v*.
remord, *v*.

nord.

bitord.
détord, *v*.
distord, *v*.
retord, *v*.
tord, *v*.
voir ORT.

ORDE.

orde.
horde.

borde.

aborde, *v*.
borde, *v*.
déborde, *v*.
reborde, *v*.
saborde, *v*.
transborde, *v*.

corde.

accorde, *v*.
corde, *s. et v*.
concorde, *s. et v*.
décorde, *v*.
désaccorde, *v*.
discorde, *s. et v*.
heptacorde.
miséricorde.
monocorde.
raccorde, *v*.
recorde, *v*.
tétracorde, et autres semblables.

morde.

démorde, *v*.
morde, *v*.
remorde, *v*.

torde.

butorde, *pop*.
détorde, *v*.
retorde, *v*.
torde, *v*.

xorde.

exorde.

ORDRE.

ordre.

démordre.
mordre.
remordre.

désordre.
sous-ordre.

détordre.
distordre.
retordre.
tordre.

contre-ordre.

ORDS [2].

démords, *v*.
mords, *v*.
remords, *s*.
remords, *v*.

détords, *v*.
retords, *v*
tords, *v*.
voir ORS.

ORE.

ore.
d'ores (et déjà).

a-ore.

Lahore, *g*.

bore.

abhorre, *v*.
arbore, *v*.
corrobore, *v*.
élabore, *v*.
ellébore.

core.

accore (terme de marine).
décore, *v*.
édulcore, *v*.
encore.
pécore.
picore, *v*.
Terpsichore, *myth*.

çore.

Açores, *g*.

clore.

clore.

1) Cf. au pluriel, les finales ORDS, ORS et ORTS.
2) Cf. au pluriel les mots en ORD et ORT.

chlore.
déclore.
éclore.
enclore.
forclore.

dore.

adore, *v.*
Apollodore, *n. p.*
commodore.
dédore, *v.*
Diodore, *n. p.*
dore, *v.*
Héliodore, *n. p.*
inodore.
lendore, *pop.*
mandore.
odore, *v.*
Pandore, *myth.*
Polydore, *n. p.*
redore, *v.*
surdore, *v.*

é-ore.

météore.

fore.

fore, *v.*
perfore, *v.*

(*voir* phore.)

flore.

déflore, *v.*
Flore, *myth.*
mirliflore.
multiflore.
passi-flore.
uniflore.

gore.

Anaxagore, *n. p.*
mandragore.
Pythagore, *n. p.*

gnore.

ignore, *v.*

i-ore.

améliore, *v.*

lore.

colore, *v.*
décolore, *v.*
folklore.
incolore.
multicolore.
pylore.
tricolore.
versicolore.

more.

claymore (épée).
Baltimore, *g.*
matamore.
More.
remémore, *v.*
sycomore.

nore.

déshonore, *v.*
honore, *v.*
honore (s'), *v.*
insonore.
sonore.

pore.

évapore, *v.*
incorpore, *v.*
madrépore.
pore.

phore.

amphore.
Bosphore, *g.*
canéphore.
choéphore.
cistophore.
doryphore.
éphore.
métaphore.
œnophore.
phosphore.
pyrophore.
sémaphore.
(*voir* fore.)

plore.

déplore, *v.*
explore, *v.*
implore, *v.*

rore.

aurore.
pérore, *v.*

spore.

spore.

tore.

expectore, *v.*
pléthore.
store.
tore.

vore.

carnivore.
dévore, *v.*
frugivore.
fumivore.
granivore.
herbivore.
ignivore.
omnivore.
voir AURE.

ORGE.

orge.

forge, *s. et v.*
reforge, *v.*

coupe-gorge.
dégorge, *v.*
égorge, *v.*
engorge, *v.*
entr'égorge (s'), *v.*
gorge, *s. et v.*
regorge, *v.*
rengorge (se), *v.*
rouge-gorge.

George, *n. p.*

salorge.

ORGNE.

borgne.
éborgne, *v.*

lorgne, *v.*

ORGUE.

orgue.
point d'orgue.

morgue.

ORME.

orme.

corme.

dorme, *v.*
endorme, *v.*
rendorme, *v.*

aériforme.
chloroforme.
conforme, *s. et v.*
cunéiforme.
déforme, *v.*
difforme.
filiforme.
forme, *s. et v.*
informe, *a.*
informe, *v.*
iodoforme.
multiforme.
plate-forme.
reforme, *v.*
réforme, *s. et v.*
transforme, *v.*
uniforme, *a. et s.*

norme.
énorme.

ORNE.

orne, *s.*
orne, *v.*
Orne, *g.*

aborne, *v.*
borne, *s. et v.*
suborne, *v.*

bicorne.
capricorne.
corne, *s. et v.*
décorne, *v.*
écorne, *v.*
encorne, *v.*
licorne.
salicorne.
tricorne.

adorne, *v.*

bigorne.
flagorne, *v.*

viorne.

cromorne.
morne, *a.*
morne, *s.*

Nornes.

litorne.
malitorne.
Maritorne, *n. p. et s.*

ORPHE.

amorphe.
anthropomorphe.
hétéromorphe.
isomorphe.
polymorphe.

ORPS.

voir ORS.

ORQUE.

orque.

Majorque, *g.*

remorque, *v.*

Minorque, *g.*

détorque, *v.*
extorque, *v.*
rétorque, *v.*

ORS [1].

hors.

arrière-corps.
avant-corps.
corps.
corps à corps.
garde-du-corps
haut-le-corps.
justaucorps.
recors.

dors, *v.*
endors, *v.*
rendors, *v.*

dehors.

fors.

alors.
dès lors.
lors.

mors.

ressors, *v.*
sors, *v.*

détors.
distors.
retors.

1) Cf. le pluriel des mots en OR.

tors.

voir ORDS.

ORSE.

Corse, *g.*
corse, *v.*

morse, *s.*
Morse, *n. p. et s.*

détorse, *a. f.*
distorse, *a. f.*
entorse.
retorse, *a. f.*
torse, *s.*
torse, *a. f.*

voir ORCE.

ORT.

accort.
maillechort.

dort, *v.*
endort, *v.*
rendort, *v.*

Alfort, *g.*
Belfort, *g.*
coffre-fort.
confort.
contre-fort.
déconfort.
effort.
fort, *a.*
fort, *s.*
Francfort, *g.*
raifort.
réconfort.
renfort.
Rochefort, *g.*
roquefort.

croquemort.
ivre-mort.
malemort.
mort, *s. et part.*
apport.
avant-port.
déport.
passe-port.
rapport.
report.
port.
sport.
support.
transport.

consorts.
ressort, *s.*
ressort, *v.*
sort, *s.*
sort, *v.*

tort.

voir ORD.

ORTE.

aorte.

accorte, *a. f.*
escorte, *s. et v.*

colle-forte.
conforte, *v.*
déconforte, *v.*
eau-forte.
forte, *a. f.*
main-forte.
réconforte, *v.*

feuille-morte.
main-morte.
morte, *part. et s.*

cohorte.

apporte, *v.*
cloporte.
colporte, *v.*
comporte, *v.*
contreporte.
déporte, *v.*
emporte, *v.*
exporte, *v.*
importe, *v.*
porte, *s.*
porte, *v.*
Porte (la Sublime)
rapporte, *v.*
remporte, *v.*
reporte, *v.*
supporte, *v.*
transporte, *v.*
veine porte.

sorte, *s.*
sorte, *v.*
ressorte, *v.*

bistorte.
retorte.
tortes (jambes).

avorte, *v.*

exhorte, *v.*

ORVE.

morve.
torve.

ORZE.

quatorze.

OS

(dont le *s* se prononce).

Laos.
naos.
un os.

Lesbos, *g.*

Colchos, *g*
Cos, *g.*
trabucos.

Calvados, *g. et s.*
Ténédos, *g.*

Andros, *g.*

Argos, *g.*
Burgos, *g.*
crapulos.
Délos, *g.*
Pylos, *g.*

cosmos.
Samos, *g.*

albinos.
custodi-nos.
Lemnos, *g.*
mérinos.
Minos, *n. p.*
tétanos.

Atropos, *myth.*
quipos.

Paphos, *g.*

extra-muros.
intra-muros.
Paros, *g.*
plaza de toros.
rhinocéros.
Scyros, *g.*

Athos, *g.*
ithos.
lotos.
pathos.

albatros.

nescio vos [4].
escampativos.

Naxos, *g.*

OS

(dont le *s* ne se prononce point).

des os.

chaos.

clos, *s. et v.*
déclos.
éclos, *v.*
enclos, *s. et v.*
forclos.
huis clos.

ados.
dos.
endos.
extrados.
surdos.

gros.

los.

nos.

à-propos.
avant-propos.
campos.
dispos.
propos.
repos.

héros.

vos.

OSE.

ose, *v.*

cose.

glucose.
métempsycose.

chose.

chose.
pas-grand'chose.

close.

close, *part. f.*
éclose, *part. f.*
enclose, *part. f.*

dose.

apodose, *gram.*
dose, *s. et v.*

é-ose.

apothéose.
emphytéose.

glose.

glose, *s. et v.*

i-ose.

grandiose.
pluviôse.

lose.

alose.
ankylose, *v. et s.*
cellulose.
close (et ses composés).
tuberculose.

mose.

anastomose.
ecchymose.
enchymose.
endosmose.
exosmose.
Formose, *g.*

nose.

gnose.
trichinose.

pose.

appose, *v.*
compose, *v.*
décompose, *v.*
dépose, *v.*
dispose *v.*
entrepose, *v.*
expose, *v.*
hypotypose, *gram.*
impose, *v.*
indispose, *v.*
interpose, *v.*
oppose, *s.*
pose, *s. et v.*
prépose, *v.*

présuppose, *v.*
propose, *v.*
recompose, *v.*
repose, *v.*
superpose, *v.*
suppose, *v.*
transpose, *v.*

phose.

anamorphose.
métamorphose, *s. et v.*

plose.

explose.

prose.

prose.

rose.

amaurose.
arrose, *v.*
chlorose.
couperose.
laurier-rose.
morose.
passe-rose.
rose, *s.*, *a. et v.*

nécrose.

tose.

dermatose.
exostose.
hématose.
Potose, *g.*
ventôse.

u-ose.

virtuose.

vose.

nivôse.

vrose.

aponévrose.
névrose.
voir AUSE.

OSQUE.

Osque, *g.*

kiosque [3].

OSSE long.

adosse, *v.*
endosse, *v.*

basse-fosse.
fosse.
Lafosse, *n. p.*

engrosse, *v.*
grosse, *a. f.*
grosse, *s.*
voir AUCE et AUSSE.

OSSE bref.

cabosse.
Carabosse (fée).
bosse.
embosse, *v.*
ronde-bosse.

brosse, *s. et v.*

cosse.
Écosse, *g.*
écosse, *v.*

crosse, *s. et v.*
porte-crosse.

gosse.
Saragosse, *g.*

Panglosse, *n. p.*

colosse.
Molosse, *g. et s.*

carrosse.
rosse, *s.*
rosse, *v.*

drosse.

désosse, *v.*
voir OCE.

OST.

ost (armée).

Faust, *n. p.*

toast (*pron.* tost).

OSTE.

accoste, *v.*

Arioste, *n. p.*
périoste.

anagnoste.

aposte, *v.*
avant-poste.
déposte, *v.*
imposte.
poste, *s. et v.*
riposte, *s. et v.*
timbre-poste.

staroste.

toste, *s. et v.*

OSTRE.

rostres.

OT long.

dépôt.
entrepôt.
impôt.
suppôt.

rôt.

aussitôt.
bientôt [2].
plutôt.
sitôt.
tantôt.
tôt.

prévôt.
Prévost, *n. p.*
voir AUT.

OT bref
(dont le *t* se prononce).

Sabaoth.
steamboat (*pron.* (stîmbôte).

Scott, *n. p.*

chott.

dot.

Loth, *n. p.*

black-rot.
Astaroth, *n p.*

yacht (*prononcé* yott).

OT bref
(dont le *t* ne se prononce point).

a-ot.

cahot.

bot.

bot.
cabot.
chabot.
escarbot.
étambot.
jabot.
nabot.
paquebot.
rabot.
sabot.
turbot.

cot.

abricot.
asticot.
bécot.
bicot.
calicot.
chicot.
coquelicot.
écot.
fricot.
haricot.
Jacquot.
massicot.
persicot.
picot.
subrécot.
surcot.
tacot.
tarabiscot.
tricot.

chot.

bachot.
cachot.
manchot.

dot.

bardot.
péridot.

flot.

flot.

glot.

sanglot.

got.

argot.
berlingot.
bigot.
bousingot.
cagot.
ergot.
escargot.
fagot.
flingot.
gigot.
Goth, *g.*
larigot (à tire).
lingot.
magot.
Margot.
marigot.
mégot.
mendigot.
Ostrogoth, *g.*
parigot.
ragot.
sergot.
Turgot, *n. p.*
Visigoth, *g.*

i-ot.

Amiot, *n. p.*
chariot.
compère loriot.
idiot.
loriot.
maigriot.
petiot.
piot.
pouliot.
rabiot.
timariot.

lot.

angelot.
ballot.
bellot.
Berthelot, *n. p.*
bibelot.
bimbelot.
boulot.
brûlot.
caboulot.
cachalot.
camelot.
clot, *v.*
culot.
déclot, *v.*
enclot, *v.*
falot, *s.*
falot, *a.*

goulot.
grelot.
halot.
hublot.
hulot.
îlot.
javelot.
lot.
matelot.
mélilot.
miquelot.
mulot.
ocelot.
palot.
pâlot.
pilot.
poulot.
Ramollot, *n. p. et s.*
surmulot.

llot *mouillé.*

billot.
caillot.
grillot.
Guillot, *n. p.*
maillot.
paillot.
parpaillot.
pouillot.
vieillot [2].

mot.

à demi mot.
bon-mot.
en un mot.
marmot.
mot-à-mot.
mot.

not.

canot.
cheminot.
godenot.
goguenots.
huguenot.
Jeannot, *n. p.*
linot.
minot.
palinod.
Pernod, *n. p. et s.*

pot.

cache-pot.
capot.
Chassepot (fusil).
galipot.
hochepot.
pot.
tallipot.
tripot.

plot.

plot.
complot.

rot.

Corot, *n. p.*
Diderot, *n. p.*
fiérot.
frérot.
garrot.
lérot.
livarot.
Marot, *n. p.*
pérot.
pierrot [2].
rot.
tarots.

sot *dur.*

cuissot.
sot.

tot.

Hottentot, *g.*
paletot.
Vertot, *n. p.*
Yvetot, *g.*

trot.

Poltrot, *n. p.*
trot.

vot.

dévot.
indévot.
pavot.
pivot.

yot.

fayot.
voir O *et* OC.

OTE long.

ôte, *v.*
hôte.

côte.
entre-côte.
garde-côte.
Pentecôte.

maltôte.
voir AUTE.

OTE bref [1].

hotte.

a-ote.

cahote, *v.*

bote.

barbote, *s.*
barbote, *v.*
botte, *s. et v.*
cabote, *v.*
caillebotte.
jabote, *v.*
rabote, *v.*
ribote, *s. et v.*
sabote, *v.*
tire-botte.

blote.

tremblote, *v. et s.*

cote.

asticote, *v.*

1) Cf. les féminins des mots en OT et les formes des verbes en OTER.

biscote.
boursicote, *v.*
chicote, *v.*
cocotte.
cote, *s. et v.*
cotte.
marcotte.
mascotte.
picote, *v.*
tarabiscote, *v.*
tricote, *v.*

(*voir* quote.)

çote.

suçote, *v.*

(*voir* sote *dur.*)

chote.

chuchote, *v.*
crachote, *v.*
Don Quichotte, *n. p.*
manchote.

crote.

crotte, *s. et v.*
décrotte, *v.*
garde-crotte.
paracrotte.

dote.

anecdote.
antidote.
dote, *v.*
Hérodote, *n. p.*
radote, *v.*

é-ote.

emphytéote.
péotte.

flotte.

flotte, *s. et v.*

frotte.

frotte, *v.*

gote.

bigote.
cagote.
défagote, *v.*
dégote, *v.*
ergote, *v.*
fagote, *v.*
gargote, *s. et v.*
gigote, *v.*
ligote, *v.*
mendigote.
ostrogote.
ravigote, *v. et s.*
redingote.

glote.

épiglotte.
glotte.
polyglotte.
sanglote, *v.*

gnote.

bourguignotte.
cagnotte.
clignote, *v.*
gnognote.
grignote, *v.*
mignote, *v.*

grote.

grotte.

iote.

cheviote.
compatriote.
galiote.
griotte.
idiote.
Iscariote, *n. p.*
patriote.
riote, *v.*
vieillotte.

jote.

jugeote.
mijote, *v.*

lote.

ballotte, *v.*
bellotte.
boulotte.
calotte.
camelotte.
Charlotte, *n. p.*
culotte.
décalotte, *v.*
déculotte, *v.*
dorlote, *v.*
échalote.
falote.
gibelotte.
goulotte.
hulotte.
ilote.
lotte.
matelote.
pâlotte.
parlote.
pelote, *s. et v.*
pilote, *s. et v.*
roulotte.
sans-culotte.
saprelote !

llote *mouillé.*

bouillotte.
démaillote, *v.*
emmaillote, *v.*
papillote, *s. et v.*

mote.

bergamote.
escamote, *v.*
marmotte, *s.*
marmotte, *v.*
motte.

note.

annote, *v.*
bank-note.
canote, *v.*
croque-note.
dénote, *v.*
emmenotte, *v.*

garde-note.
gélinotte.
gymnote.
huguenote.
linotte.
menotte.
note, *s. et v.*
quenotte.

pote.

capote, *s. et v.*
chipote, *v.*
clapote, *v.*
compote.
dépote, *v.*
despote.
empote, *v.*
papote, *v.*
popote.
pote.
sapote.
tapote, *v.*
tripote, *v.*

plote.

complote, *v.*

prote.

prote.

quote.

aliquote.
quote.

(*voir* cote.)

rote.

carotte, *s. et v.*
fiérote.
garrotte, *v.*
marotte.
numérote, *v.*
rote, *s.*
rote, *v. pop.*
sirote, *v.*

sote *dur.*

assote, *v.*
sotte.

(*voir* çote.)

sote *doux.*

azote.
baisote, *v.*
Cazotte, *n. p.*
créosote.
frisotte, *v.*

tote.

Aristote, *n. p.*
asymptote.
litote.

trote.

trotte *s. et v.*

vote.

buvote.
chènevotte.
gavotte.
pivote *v.*
velvote.
vivote *v.*
vote, *s. et v.*

vrote.

chevrote, *v.*
fiévrotte.

OTRE long.

côtre.
Le Nôtre, *n. p.*
nôtre.
patenôtre.

apôtre.

vôtre.

voir AUTRE.

OTRE bref.

notre.

votre.

OTTE.

cf. liste des mots en *ote.*

OU [1].

miaou !
hou ! hou !
ou.
où.
racahout.

bou.

bambou.
caribou.
hibou.
Topinambou, *g.*
tabou.

brou.

brou.

cou.

Bakou, *g.*
cou.
casse-cou.
coucou.
coupe-cou.
licou.
Moscou, *g.*
roucou.
torcou.

chou.

cachou.
caoutchouc.
coupe-chou.
chou.
chouchou.
Mandchou, *g.*
mandchou.
porte-chou.
vertuchou.

1) Cf. au pluriel, les finales OUS et OUX.

clou.

clou.

crou.

écrou.

dou.

amadou.
guilledou.
Indou, *g.*
padou.

fou.

archifou.
Corfou, *g.*
fou.
garde-fou.

flou.

flou.

frou.

froufrou.

gou.

grigou.
sagou.

glou.

glouglou.

i-ou.

biniou.
Elleviou, *n. p.*
interview.
mildiou.
pioupiou.

jou.

acajou.
Anjou, *g.*
bijou.
joujou.
sajou.
sapajou.

lou.

Andalou, *g.*
bourdalou.
filou.
flou.
gabelou.
pilou.

llou *mouillé.*

caillou.
pousse-caillou.

mou.

mou.

nou.

genou.
Manou, *n. p.*
nounou.
Vishnou, *myth.*

pou.

pou.

prou.

prou.
prou (peu ou).

rou.

kangourou.
loup-garou.
Pérou, *g.*
tourlourou.
verrou.

sou *doux.*

canezou.
grisou.
10 août.
vesou.

sou *dur.*

grippe-sou.
saoul.
sou.
tire-sou.

tou.

itou.
lalaïtou.
Manitou, *myth.*
matou.
Poitou, *g.*
tatou.
Tombouctou, *g.*
toutou.

trou.

bouche-trou.
le 4 août.
Rotrou, *n. p.*
trou.

you.

voyou.
youyou.

OUB.

mektoub.
radoub.

OUBE.

adoube, *v.*
radoube, *v.*

caroube.

OUBLE.

double, *a., s. et v.*
dédouble, *v.*
gras-double.
redouble, *v.*
rendouble, *v.*

rouble.

trouble, *s., a. et v.*

OUC et OUK.

bouc.
chibouk.
Fernanbouc, *g.*
stud-book.

Mamelouk, *g.*

Kalmouk, *g.*
Bachibouzouc.

OUCE.

courrouce.

douce, *a. f.*
taille-douce.

pouce.

voir OUSSE.

OUCHE.

bouche.

abouche, *v.*
babouche.
bouche, *s.*
bouche, *v.*
débouche, *v.*
embouche, *v.*
rebouche *v.*
rince-bouche

couche.

accouche, *v.*
couche, *s. et v.*
découche, *v.*
recouche, *v.*

douche.

douche, *s. et v.*
piédouche [3].

louche.

louche, *a. et v.*

mouche.

chasse-mouche.
émouche, *v.*
escarmouche, *s. et v.*
gobe-mouche, *s.*
mouche, *s.*
mouche, *v.*
oiseau-mouche.
pattes-de-mouche.
Scaramouche, *n. p.*

rouche

effarouche, *v.*
farouche.

souche.

essouche, *v.*
souche.

touche.

cartouche.
Cartouche, *n. p.*
Destouches, *n. p.*
retouche, *s. et v.*
Sainte Nitouche.
touche, *s.*
touche, *v.*

OUCLE.

boucle, *s. et v.*
déboucle, *v.*
escarboucle.
reboucle.

OUD.

coud, *v.*
découd, *v.*
recoud, *v.*

Saint-Cloud, *g.*

émoud, *v.*
moud, *v.*
remoud, *v.*
rémoud, *v.*

voir OUT.

OUDE.

boude, *v.*

accoude (s'), *v.*
coude, *s. et v.*

consoude, *v.*
dessoude, *v.*
ressoude, *v.*
soude, *s.*
soude, *v.*

OUDRE.

coudre, *s. et v.*
découdre.
recoudre.

foudre, *s. m. et s. f.*

émoudre.
moudre.
remoudre.
rémoudre.

coton-poudre.
dépoudre, *v.*
poudre. *s. et v.*
saupoudre, *v.*

absoudre.
dissoudre.
résoudre.

OUDS.

mouds, *v.*, et ses composés.

voir OUS et OUX.

OUE.

houe, *s. et v.*

boue.

boue.
emboue, *v.*
topinamboue.

broue.

ébroue, *v.*
rabroue, *v.*

coue.

secoue, *v.*

choue.

échoue, *v.*
mandchoue.

cloue.

cloue, *v.*

décloue, *v*.
désencloue, *v*.
encloue, *v*.
recloue, *v*.

doue.

amadoue, *v*.
Cordoue, *g*.
doue, *v*.
gadoue.
indoue.
Padoue, *g*.

foue.

bafoue, *v*.

floue.

floue.
renfloue, *v*.

froue.

froue, *v*.

goue.

engoue, *v*.
fagoue.

joue.

abajoue.
bajoue.
déjoue, *v*.
joue, *s*.
joue, *v*.
rejoue, *v*.

loue.

alloue, *v*.
Bourdaloue, *n p*.
loue, *v*.
reloue, *v*.
sous-loue, *v*.

moue.

moue.

noue.

dénoue, *v*.
noue, *v*.
renoue, *v*.

poue.

Capoue, *g*.
papoue.

proue.

proue.

roue.

désenroue, *v*.
enroue, *v*.
roue, *s. et v*.

toue.

Mantoue, *g*.
tatoue, *v*.
toue, *s. et v*.

troue.

troue, *v*.

voue.

avoue, *v*.
désavoue, *v*.
dévoue, *v*.
voue, *v*.

OUF.

ouf !
patatouf !
pignouf.
pouf.

OUFE.

esbroufe.

OUFFE.

bouffe, *a*.
bouffe, *s*.
bouffe, *v*.
opéra-bouffe.

épouffe (s'), *v*.
pouffe, *v*.

étouffe, *v*
touffe.

OUFLE.

moufle, *s. m. et f*.

maroufle, *s. m. et f*.

boursoufle, *v*.
essouffle, *v*.
souffle, *s. et v*.

emmitoufle (s'), *v*.
pantoufle.

OUFRE.

engouffre, *v*.
gouffre.

ensoufre, *v*.
soufre, *s. et v*.
souffre, *v*.

OUG.

joug.

Marlborough, *n p*.

OUGE.

bouge, *s*
bouge, *v*.

gouge.

rouge.

OUGRE.

bougre.

lougre.

OUGUE.

fougue.
La Hougue, *g*.

OUIL.

fenouil.
verrouil (en).

OUILLE.

houille.

bouille.

barbouille, *v.*
bouille, *s.*
bouille, *v.*
bourbouille.
débarbouille, *v.*
débrouille, *v.*
écrabouille, *v.*
embrouille, *v.*
gribouille, *v.*
pot-bouille.

brouille.

brouille, *s. et v.*
débrouille, *v.*
embrouille, *v.*

douille.

andouille.
bredouille, *s.*
bredouille, *v.*
douille.
niquedouille.
vadrouille, *s. et v.*

fouille.

bafouille, *v.*
farfouille, *v.*
fouille, *s. et v.*

gouille.

gargouille, *s.*
gargouille, *v.*

grouille.

grouille, *v.*

mouille.

mouille, *v.*
La Trémouille, *n. p.*

nouille.

agenouille (s'), *v.*
cornouille.
grenouille.
nouille.
quenouille.

pouille.

dépouille, *s. et v.*
épouille, *v.*
fripouille.
Pouille (la), *g.*
pouille, *v.*
pouilles, *s.*

rouille.

dérouille, *v.*
enrouille, *v.*
rouille, *s. et v.*
verrouille, *v.*

souille *dur.*

arsouille.
souille, *s.*
souille, *v.*

touille.

chatouille.
patouille.
ratatouille.
touille, *v.*
tripatouille, *v.*

trouille.

citrouille.
patrouille, *s.*
patrouille, *v.*

zouille.

gazouille, *v.*

OUIN.

voir OIN.

OUINE.

fouine [2].

baragouine, *v.* [4]

voir INE.

OUK.

voir OUC.

OUL.

capitoul.
Frioul [2], *g.*
Stamboul, *g.*

OULE.

houle.

boule.

blackboule, *v.*
boule.
Boulle (meubles de).
ciboule.
déboule, *v.*
éboule (s'), *v.*
maboule.
saboule, *v.*

coule.

coule, *v.*
à la coule.
découle, *v.*
écoule (s'), *v.*
roucoule, *v.*

croule.

croule, *v.*
écroule (s'), *v.*

foule.

foule, *s.*
foule, *v.*
refoule, *v.*

goule.

barigoule.
cagoule.
débagoule.
engoule.
goule, *s. f.*

moule.

émoule, *v.*
moule, *s. m. et v.*

moule, *s. f.*
moule, *v.* (*de* moudre).
remoule.
rémoule, *v.*
semoule.
vermoule (se).

poule.

ampoule.
chair de poule.
cul de poule.
poule.

roule.

déroule, *v.*
enroule, *v.*
roule, *v.*

soule *dur*.

dessoule, *v.*
soûle, *a. f. et v.*

OULPE.

coulpe.

poulpe.

OULS.

voir OUS.

OUM.

goum.

Karthoum, *g.*
pantoum.

poum.

grill-room.
groom (*pron.* oum).

spoom.

OUN.

Simoun.
Aroun, *n. p.*
pitchoun.
clown.

OUP

(dont le *p* se prononce).

houp !

croup.

group.

sloop (*pron.* oup).

OUP

(dont le *p* ne se prononce point).

à-coup.
après-coup.
beaucoup.
contre-coup.
coup.
sur le coup.
tout à coup.
tout d'un coup.

cantaloup.
gueule-de-loup,
loup.
saut-de-loup.

OUPE.

éhouppe, *v.*
houppe, *s. et v.*

coupe, *s.*
coupe, *v*
découpe, *v.*
entrecoupe, *v.*
fausse-coupe.
recoupe, *s. et v.*
soucoupe.
surcoupe, *v.*

croupe.
groupe, *s. et v.*

chaloupe.
Guadeloupe, *g.*
loupe, *s. et v.*

poupe.

soupe, *s. et v.*

étoupe, *s. et v.*

attroupe, *v.*
troupe.

OUPLE.

accouple, *v.*
couple, *m. f. et v.*
découple, *v.*
désaccouple, *v.*

ensouple, *s. f.*
souple.

OUQUE.

bouque, *v.*
chibouque.
débouque, *v.*
embouque, *v.*

felouque.
souque.

OUR.

a-our.

giaour.

bour.

calambour.
calembour.
labour.
rambour.
tambour.
topinambour.

cour.

arrière-cour.

avant-cour.
basse-cour.
cour.

dour.

Adour, *g.*
cavalcadour.
pandour.
Pompadour, *n. p.*
tandour.
troubadour.

four.

carrefour.
chaufour.
four.

jour.

abat-jour.
bonheur du jour.
bonjour.
contre-jour.
demi-jour.
faux-jour.
jour.
séjour.

mour.

amour.
humour.
mamours.
pomme d'amour.

pour.

pour.

sour.

ksour.

tour.

alentour.
atour.
autour, *s.*
autour, *prép.*
contour.
détour.
demi-tour.
entour.
pourtour.
retour.
tour, *m. et f.*
tour à tour.
vautour.

OURBE.

bourbe.
débourbe, *v.*
désembourbe, *v.*
embourbe, *v.*

courbe, *a. et v.*
recourbe, *v.*

fourbe, *s. a. v.*

tourbe (conbust.)
tourbe (foule).

OURCE.

source.
ressource.

voir OURSE.

OURCHE.

affourche.
désaffourche.
enfourche, *v.*
fourche.

OURD.

gourd.

balourd.
lourd.

sourd, *a. et v.*

tourd.

voir OURT.

OURDE.

bourde.
lambourde.
gourde, *s.*
gourde, *a. f.*

hourde, *v.*

balourde, *a. f.*
falourde.
happelourde.
lourde, *a. f.*
Lourdes, *g.*
palourde.

sourde, *a. f.*

OURDRE.

sourdre, *v.*

OURE et OURRE.

bourre, *s. et v.*
débourre, *v.*
laboure, *v.*
rembourre, *v.*

courre, *v.*
courre, *s.*
accoure, *v.*
concoure, *v.*
discoure, *v.*
encoure, *v.*
laisser-courre.
parcoure, *v.*
recoure, *v.*
secoure, *v.*

Pandoure.

fourre, *v.*

goure.

ajoure.

loure.

mourre.

énamoure (s').

entoure, *v.*
pastoure.

bravoure.
savoure, *v.*

OURG.

bourg.
Brandebourg, *g.*
Cherbourg, *g.*
Édimbourg, *g.*
faubourg.
Fribourg, *g.*
Luxembourg, *g.*
Saint-Petersbourg, *g.*

OURGE.

Bourges.
courge.
où cours-je ?

OURLE.

ourle, *v.*

OURME.

gourme, *s.*
gourme, *v.*

chiourme.

OURNE.

Libourne, *g.*

défourne, *v.*
enfourne, *v.*

ajourne, *v.*
réajourne, *v.*
séjourne, *v.*
atourne, *v.*
contourne, *v.*
détourne, *v.*
retourne, *s. et v.*
tourne, *v.*

Livourne, *g.*

OURPRE.

empourpre, *v.*
pourpre.

OURQUE.

hourque.

OURS [1].

ours.

débours.
rebours.

accours, *v.*
cours, *s.*
cours, *v.*
concours, *s. et v.*
encours, *v.*
décours.
discours, *s. et v.*
parcours, *s. et v.*
recours, *s. et v.*
secours, *s. et v.*

petits-fours.

toujours.

velours.
passe-velours.

alentours.
atours.
Tours, *g.*

OURSE.

ourse.
grande-ourse.

bourse.
coupe-bourse.
débourse, *v.*
embourse, *v.*
rembourse, *v.*

course.

voir OURCE.

OURT.

accourt, *v.*
Azincourt, *g.*
concourt, *v.*
court, *a.*
court, *v.*
Dancourt, *n. p.*
discourt, *v.*
encourt, *v.*
entre-secourt (s'), *v.*
parcourt, *v.*
recourt, *v.*
secourt, *v.*

voir OURD.

OURTE.

courte, *a. f.*
écourte, *v.*

tourte.

OUS [2].

bous, *v.*

couscous (*s* finale sonore).

remous.

---

1) Cf. le pluriel des mots en OUR et en OURD, et l'adjectif pluriel *courts*.
2) Cf. le pluriel d'une partie des mots en OU.

nous.
burnous (s sonore).

négous (*s* sonore).

pouls.

absous, *v.*
au-dessous.
dessous.
dissous, *v.*
par-dessous.
sous.

résous, *v.*

par-dessous.
sous.

résous, *v.*

tous (*s* sonore en fin de phrase).

entrevous.
rendez-vous.
vous.

v. OUDS et OUX.

OUSE.

arbouse.
bouse.

blouse, *s. et v.*

couse, *v.*
découse, *v.*
recouse, *v.*

grouse.

andalouse.
jalouse, *a. f. et v.*
pelouse.
Toulouse, *g.*

épouse, *s. et v.*

Talmouse.

ventouse, *s. et v.*
voir OUZE.

OUSSE.

housse, *s. et v.*

éclabousse, *v.*

brousse.
rebrousse, *v.*

recousse, *vi.*
rescousse.
secousse.

gousse.
gargousse.

glousse, *v.*

émousse, *v.*
frimousse.
mousse, *a., s. et v.*
pamplemousse.
trémousse, *v.*

entre-pousse (s'), *v.*
pousse, *a. et v.*
pousse-pousse.
repousse, *v.*

Barberousse, *n. p.*
jarousse.
lune rousse.
rousse, *a. f.*

frousse.

tousse, *v.*

détrousse, *v.*
retrousse, *v.*
trousse, *s.*
trousse, *v.*
voir OUCE.

OUSTE.

langouste.
mangouste.

OUT
(dont le *t* se prononce).

Beyrouth, *g.*
boy-scout.
knout.
mammouth.
Plymouth, *g.*
raout *ou* rout.
shoot !
snow-boot.
vermouth.

OUT
(dont le *t* ne se prononce point).

août [1].

about.
About, *n. p.*
bagout.
bout, *s.*
bout, *v.*
debout.
embout.
marabout.
passe-debout.
rebout, *v.*
vent-debout.

brout.

coût.

arrière-goût [4].
avant-goût.
dégoût.
égout.
goût.
haut-goût.
ragoût.

moût.

surmoût.
vermout.

rout.

absout, *v.*
dissout, *v.*

résout, *v.*

atout.
brise-tout.
brûle-tout.
mange-tout.
partout.
passe-partout.
risque-tout.
surtout, *adv. et s.*
touche-à-tout.
tout.
va-tout.

voir OUD.

OUTE.

arc-boute, *v.*
boute, *v.*
contre-boute, *v.*
reboute, *v.*

broute, *v.*

coûte, *v.*
écoute, *s.*
écoute, *v.*
aux écoutes.

cloute, *v.*

choucroute.
croûte.
écroûte.
encroûte, *v.*

doute, *s. et v.*
redoute, *s.*
redoute, *v.*
sans doute.

froufroute, *v.*

dégoûte, *v.*
dégoutte, *v.*
égoutte, *v.*
glougloute, *v.*
goûte, *v.*
goutte.
ragoûte, *v.*

ajoute, *v.*
joute, *s. et v.*

filoute, *v.*
veloute, *v.*

a vau de route.
banqueroute.
cailloute, *v.*
déroute, *s.*
déroute, *v.*
route.

absoute, *a. f. et s.*
dissoute, *a. f.*
soute.

caoutchoute, *v.*
somme toute.
toute, *a. f.*

envoûte, *v.*
voûte, *s. et v*

OUTRE.

outre, *s.*
outre, *prép., adv. et v.*
d'outre en outre.

accoutre, *v.*
coutre.
raccoutre, *v.*
loutre.

Brahmapoutre, *n.p.*
poutre.

youtre.

OUVE.

couve, *v.*

douve.

louve.

approuve, *v.*
désapprouve, *v.*
éprouve, *v.*
improuve, *v.*
prouve, *v.*
reprouve, *v.*
réprouve, *v.*

controuve, *v.*
retrouve, *v.*
trouve, *v.*

OUVRE.

ouvre, *v* (ouvrir).
ouvre, *v.* (ouvrer).

couvre, *v.*
découvre, *v.*
recouvre, *v.* (recouvrir).
recouvre, *v.* (recouvrer).

Douvres, *g.*

Louvre, *n. p.*

rouvre, *s.*
rouvre, *v.*

entr'ouvre, *v.*

OUX [1].

houx.

portechoux.

aigre-doux.
doux.
saindoux.
tout doux !

gabeloux.
jaloux.

époux.

courroux.
roux.

toux.

Trévoux, *g.*

v. OUDS et OUS.

OUZE.

douze.
in-douze.
Charles Douze.

voir OUSE.

OVE.

ove.

love (se).

alcôve.

innove, *v.*
quinquenove.

voir AUVE.

OVRE.

Hanovre, *g.*

voir AUVRE.

OX.

aurochs.
box.
Fox, *n. p.*
phlox.

OXE.

boxe, *v. et s.*

Eudoxe. *n. p.*
hétérodoxe.
orthodoxe.
paradoxe.

équinoxe.

OY.

boy.
cow-boy.

OZ.

Badajoz.
Berlioz.
Booz.
Buloz.
Droz.

1) Cf. le pluriel d'une partie des mots en OU.

U

U [1].

eu, *v.* (*d'avoir*).

a-u.

Esaü, *n. p.*

bu.

barbu.
bu.
embu.
fourbu.
herbu.
imbu.
rebu, *part.*
tribu.
zébu.

blu.

râblu.

bru.

bru.
membru.

cu.

cu *ou* cul.
cocu.
convaincu.
écu.
gratte-cul.
invaincu.
survécu, *v.*
tapecu.
vaincu.
vécu, *v.*

çu.

aperçu, *part. et s.*
conçu.
déçu.
imperçu.
inaperçu.
perçu.
préconçu.
reçu, *part. et s.*
trop-perçu.

(*voir* su *dur.*)

chu.

branchu.
chu, *v.*
crochu.
déchu.
échu.
fichu.
fourchu.
grinchu.
moustachu.

clu.

conclu.
exclu.

cru.

accru.
a cru.
cru (*de* croire).
cru, *a.*
cru, *s.*
crû (*de* croître).
décru.
écru.
Lustucru.
recru, *a.*
recrû, *v.* (*de* recroître).
surcru.

du.

appendu.
ardu.
assidu.
attendu.
bien entendu.
compte rendu.
condescendu, *v.*
confondu.
correspondu, *v.*
défendu.
démordu, *v.*
dépendu.
descendu.
détendu.
détordu.
distendu.
distordu.
dodu.
du.

---

1) Pour le pluriel, on consultera la série US. Aux 3es person. indicatif passé en *ut* correspondent en plus des subjonctifs en *ût*.

dû, *s. et v.*
entendu, *part. et a.*
épandu.
éperdu.
étendu.
fendu.
fondu.
inattendu.
inétendu.
individu.
indu.
invendu.
malentendu.
mordu.
morfondu.
pendu, *part. et s.*
perdu.
prétendu, *part. et s.*
pondu.
pourfendu.
prétendu.
redescendu.
redû, *part. et s.*
refendu.
refondu.
rendu.
répandu.
rependu.
reperdu.
répondu.
résidu.
retendu.
retordu.
sous-entendu, *part. et s.*
survendu.
suspendu.
tendu.
tondu.
tordu.
vendu.

dru.

dru.

fu.

griffu.
touffu.

flu.

joufflu.
melliflu.
superflu, *a. et s.*

gu.

aigu.
ambigu, *a. et s.*
bégu.
contigu.
exigu.
suraigu.

glu.

glu.

gru.

congru.
incongru.
Pichegru, *n. p.*

hu.

copahu.
tohu-bohu.

lu.

absolu.
bienvoulu, *vieux, s.*
chevelu.
dévolu.
dissolu.
élu
émoulu
équivalu.
fallu, *v.*
goulu.
hurluberlu.
impollu.
irrésolu.
lanturlu *ou* lanturelu.
lu.
malvoulu.
mamelu.
moulu.
patte-pelu.
pelu.
poilu.
prévalu. *v.*
râblu.
réélu.
relu.
remoulu.
rémoulu.
résolu, *part. et a.*
revalu.
révolu.
tolu.
valu, *v.*
velu.
vermoulu.
voulu, *v.*

llu ***mouillé.***

feuillu.

mu.

ému.
mu (lettre grecque).
mû.
promu.

nu.

abstenu, *v.*
advenu.
appartenu.
avenu.
bienvenu [3].
biscornu.
charnu.
chenu.
circonvenu.
connu.
contenu, *part. et s.*
continu.
contrevenu, *v.*
convenu.
cornu.
détenu, *part. et s.*
devenu.
discontinu.
disconvenu.
entretenu.
grenu.

inconnu.
ingénu.
intervenu.
maintenu.
méconnu.
menu, *a. et s.*
malvenu.
non avenu.
nu.
obtenu.
parvenu, *part et s.*
prévenu, *part. et s.*
provenu.
reconnu.
redevenu.
ressouvenu.
retenu.
revenu, *part. et s.*
saugrenu.
soutenu.
souvenu, *v.*
subvenu, *v.*
survenu.
tenu.
ténu.
trotte-menu.
venu.

pu.

corrompu.
crépu.
grappu.
interrompu.
lippu.
pu, *v.* (*de* pouvoir).
pu. *v.* (*de* paître).
repu.
rompu.
trapu.

plu.

complu, *v.*
déplu, *v.*
plu, *v.* (*de* plaire).
plu, *v.* (*de* pleuvoir).

ru.

accouru.
apparu.
bourru.
comparu, *v.*
concouru, *v.*
couru.
discouru.
disparu.
encouru.
féru.
paru, *v.*
parcouru.
recouru, *v.*
reparu.
ru.
secouru.

su *dur.*

bossu.
cossu.
fessu.
insu (à l').
issu.
moussu.
ossu.
pansu.
su.
tissu, *part. et s.*
(*voir* çu.)

su *doux.*

cousu.
décousu.
de visu.
recousu.
j'avais eu.
vous avez eu.

tu.

abattu.
battu.
combattu.
courbatu.
cogne-fétu.
court vêtu.
de auditu.
débattu.
dévêtu.
ébattu.
fétu.
impromptu.
pattu.
pointu.
rabattu.
rebattu.
revêtu.
têtu.
tortu.
tu, *part.* (*de* taire).
tu, *pron.*
turlututu.
tutu.
vertu.
vêtu.
ils ont eu.

tru.

malotru.
Patru, *n. p.*
ventru.

vu.

dépourvu, *part. et a.*
au dépourvu.
entrevu.
imprévu.
pourvu.
prévu.
revu.
vu, *part. et s.*

UB.

club.
tub.

UBE.

bube.

cube.
entube, *v.*
Hécube, *n. p.*
incube.
succube.

jujube.

Danube, *g.*

marrube.

tube, *s. et v.*

UBLE.

affuble, *v.*

dissoluble.
indissoluble.
insoluble.
irrésoluble.
résoluble.
soluble.

chasuble.

truble.

UBRE.

élucubre, *v.*

lugubre.

insalubre.
salubre.

Insubres, *n. p.*

UC.

Habacuc, *n. p.*

aqueduc.
archiduc.
caduc.
duc.
grand-duc.
mal caduc.
viaduc [3].

Luc, *n. p.*
mameluck.
Montluc, *n. p.*
volapuck.

Baruch, *n. p.*

truc.

suc.

stuc.

UCE.

capuce.
épuce, *v.*
puce.
prépuce.
Vespuce, *n. p.*

ressuce, *v.*

suce, *v.*

astuce.
voir USSE.

UCHE.

huche.

buche, *v.*
bûche, *s.*
débuche.
embûche.
rembuche (se), *v.*
trébuche, *v.*

lambruche.

cruche.

déjuche, *v.*
juche, *v.*

breluche.
coqueluche.
fanfreluche.
freluche.
merluche.
peluche, *s. et v.*
guenuche.

capuche.

épluche, *v.*

baudruche.
perruche.
ruche.

autruche, *v.*
truche, *v. vieux.*

UCRE.

involucre.
lucre.

Sucre, *g.*
sucre, *s. et v.*

UD.

Talmud.

sud.

UDE.

bude.

Bude, *g.*

lude.

collude, *v.*
élude, *v.*
interlude.
prélude, *s. et v.*

nude.

dénude.

prude.

prude.

rude.

rude.

sude.

exsude, *v.*

transsude, *v*.

tude.

altitude.
amplitude.
aptitude.
attitude.
béatitude.
certitude.
décrépitude.
désuétude (en).
dissimilitude.
étude.
exactitude.
gratitude.
habitude.
hébétude.
inaptitude.
incertitude.
inexactitude.
ingratitude.
inhabitude.
inquiétude [5].
lassitude.
latitude.
longitude.
mansuétude [5].
multitude.
platitude.
plénitude.
promptitude.
quiétude [4].
rectitude.
servitude.
similitude.
solitude.
sollicitude.
turpitude.
vicissitude.

UE [1].

eue, *part. f.* (*d'a*-voir).
hue, *v*.
hue !

bue.

attribue, *v*.
barbue.
contribue, *v*.
distribue, *v*.
écobue, *v*.
rétribue, *v*.

cue.

évacue, *v*.

clue.

conclue, *v*.
exclue, *v*.

crue.

accrue.
crue.
décrue.
recrue.

due.

étendue.
fondue.
gradue, *v*.
prétendue.
tendue.

flue.

afflue, *v*.
flue, *v*.
influe, *v*.
melliflue.
reflue, *v*.

guë.

arguë.
besaiguë.
bisaiguë.
ciguë.

glue.

déglue, *v*.
englue, *v*.
glue, *v*.

grue.

coquecigrue.
grue.

lue.

berlue.
dilue, *v*.
éberlue, *v*.
évalue, *v*.
évolue, *v*.
moins-value.
patte-pelue.
plus-value.
pollue, *v*.
salue, *v*.

mue.

commue, *v*.
mue, *s. et v*.
remue, *v*.
transmue, *v*.

nue.

atténue, *v*.
avenue.
bienvenue [4].
continue.
cornue.
déconvenue.
dénue, *v*.
diminue, *v*.
discontinue, *v*.
éternue, *v*.
exténue, *v*.
insinue, *v*.
maintenue.
nue, *a. f.*
nue, *s*.
retenue.
revenue.
survenue.
tenue.
venue.

o-ue.

cohue.

1) Cf. les féminins des participes et des adjectifs en U.

pue.

conspue, *v.*
pue, *v.*

rue.

charrue.
grand'rue.
morue.
rue, *s. et v.*
verrue.

sue.

bossue, *v.*
issue.
massue.
ressue, *v.*
sangsue.
sue, *v.*

tue.

accentue, *v.*
battue.
constitue, *v.*
déshabitue, *v.*
désinfatue, *v.*
destitue, *v.*
effectue, *v.*
évertue, *v.*
habitue, *v.*
infatue, *v.*
institue, *v.*
laitue.
perpétue, *v.*
ponctue, *v.*
prostitue, *v.*
reconstitue, *v.*
restitue, *v.*
situe, *v.*
substitue, *v.*
statue, *s.*
statue, *v.*
tortue, *partic.*
tortue, *s.*
tue, *v.*
tue, *part. f.* (*de* taire).

true.

désobstrue, *v.*
menstrues.
obstrue, *v.*

vue.

bévue.
boulevue (à).
entrevue.
longue-vue.
point de vue.
revue.
vue.

UF.

bluff.
puf !
tuf.

UFE.

Tartufe, *n. p.*

truffe, *s. et v.*

UFLE.

buffle.

mufle.

insuffle, *v.*

UGE.

Bruges, *g.*
bus-je ?
grabuge.

centrifuge.
fébrifuge.
hydrofuge.
ignifuge.
refuge.
subterfuge.
transfuge.
vermifuge.

égruge, *v.*
gruge, *v.*
adjuge, *v.*
déjuge (se).
juge, *s. et v.*
préjuge, *v.*

déluge.
luge.

muge.

UGNE.

impugne, *v. vieux.*
répugne, *v.*

UGUE.

Hugues, *n. p.*

fugue.

conjugue, *v.*
subjugue, *v.*

UL.

Saül, *n. p.*

bulbul (rossignol).

accul.
calcul.
recul.

cumul.

nul.

consul.
proconsul.
vice-consul.

ULBE.

bulbe.

ULCE.

Trivulce, *n. p.*
voir ULSE.

ULCRE.

sépulcre.

ULE.

bule.

bulle
conciliabule.
confabule, *v.*
déambule, *v.*
démantibule, *v.*
fibule.
funambule.
globule.
infibule.
lobule.
mandibule.
noctambule.
papier bulle.
préambule.
somnambule.
Tibulle, *n. p.*
tintinnabule, *v.*
vestibule.

brule.

brûle, *v.*

cule.

accule, *v.*
adminicule.
animalcule.
articule, *v.*
bascule, *v. et s.*
bouscule, *v.*
calcule, *v.*
canicule.
caroncule.
circule, *v.*
clavicule.
conventicule.
corpuscule.
craticule.
crépuscule.
cuculle.
cuticule.
denticules.
désarticule.
duriuscule.
écule, *v.*
édicule.
éjacule, *v.*
émascule, *v.*
facule.
fascicule.
fécule.
follicule.
funicule.
gesticule, *v.*
Hercule, *myth.*
homoncule.
immatricule, *s. et v.*
indicule.
inocule, *v.*
Janicule, *g.*
macule, *s. et v.*
majuscule.
matricule.
minuscule.
molécule.
monticule.
opercule.
opuscule.
panicule.
particule.
pécule.
pédicule.
pellicule.
perpendicule.
portioncule.
radicule.
recule, *v.*
renoncule.
réticule.
ridicule.
spécule, *v.*
tentacule.
testicule.
tubercule.
utricule.
véhicule.
ventricule.
vésicule.

dule.

acidule, *a. et v.*
adule, *v.*
cédule.
crédule.
glandule.
incrédule.
module, *s.*
module, *v.*
ondule, *v.*
pendule.

fule.

infule.
scrofules.

gule.

coagule, *v.*
jugule, *v.*
virgule.

lule.

cellule.
encellule, *v.*
libellule.
pillule.
pullule, *v.*
repullule, *v.*
ulule.

mule.

accumule, *v.*
cumule, *v.*
dissimule, *v.*
émule.
formule, *s. et v.*
mule (animal.)
mule (pantoufle.)
plumule.
simule, *v.*
stimule, *v.*

nule.

annule, *v.*
campanule.
canule, *v. et s.*

granule.
lunule.
nulle, *a. f.*
ranule.
veinule.

pule.

copule.
crapule.
cupule.
manipule, *s.*
manipule, *v.*
papule.
scrupule.
stipule, *v.*
stipule, *s*.

rule.

aspérule.
curule.
férule.
home rule.
sporule.

sule.

capsule.
clausule.
péninsule.
Ursule, *n. p.*

tule.

capitule, *s.*
capitule, *v.*
Catulle, *n. p.*
congratule, *v.*
ergastule.
fistule.
Gétule, *g.*
intitule, *v.*
notule.
ovule.
plantule.
postule, *v.*
pustule.
récapitule, *v.*
rotule.
sextule.
spatule.
sportule.
tarentule.
tulle.
valvule.
Vistule, *g.*

ULGUE.

promulgue, *v.*

divulgue, *v.*

ULPE.

disculpe, *v.*
inculpe, *v.*

pulpe.

ULQUE.

inculque, *v.*

pulque.

bisulque.
trisulque.

ULSE.

compulse, *v.*
expulse, *v.*

voir ULCE.

ULTE.

ausculte, *v.*
culte.
inculte.
occulte.
sculpte, *v.*

adulte.

tumulte.

catapulte.

consulte, *s. et v.*
insulte, *s. et v.*
jurisconsulte.
sénatus-consulte

résulte, *v.*

exulte, *v.*

UM (*prononcé* om.)

hum ! hum !

a-um.

Capharnaum, *g.*

bum.

album.

cum.

cœcum.
vade-mecum.
veni-mecum.

crum.

sacrum.

dum.

memorandum.
referendum.

é-um.

calcanéum.
caséum.
linoléum.
muséum.
nymphéum.
populéum.
sérapéum.
te Deum.
triduum.

ium.

Actium, *g.*
aluminium.
aquarium.
atrium.
compendium
consortium
critérium.

épithélium.
frigidarium.
géranium.
harmonium.
iridium.
Latium, *g.*
magnésium.
médium.
mégathérium.
minium.
oïdium.
omnium.
opium.
palladium.
pandémonium.
pallium.
radium.
sodium.
sudatorium.
tépidarium.
triclinium.

lum.

peplum.
spéculum.
velum.

mum.

maximum.
minimum.

num.

Barnum, *n. p. et s.*
duodénum.
galbanum.
jejunum.
laudanum.
sternum.

plum.

péplum.

rum.

arum (*botan.*).
décorum.
forum.
labarum.
quorum.
rhum.
sérum.
variorum (édition).

sum *dur.*

Epsum, *g.*
pensum.

tum.

ad libitum.
desideratum.
erratum.
factotum.
factum.
fatum.
post-scriptum.
postulatum.
rectum.
rétentum.
scrotum.
substractum.
ultimatum.
voir OM *sonore.*

UM (*prononcé* un.)

parfum.
voir UN.

UMBLE.

humble.

UME [1].

nous eûmes, fûmes, etc.

brume.

brume.
embrume, *v.*

cume.

Cumes, *g.*
écume, *s. et v.*

clume.

enclume.

fume.

enfume, *v.*
fume, *v.*
parfume, *v.*

gume.

légume.

grume.

grume.

lume.

allume, *v.*
rallume, *v.*
volume.

hume.

hume, *v.*
inhume, *v.*
transhume, *v.*

plume.

déplume, *v.*
emplume, *v.*
plume, *s. et v.*
porte-plume.
remplume, *v.*

rume.

désenrhume, *v.*
enrhume, *v.*
rhume.

sume *dur.*

assume, *v.*
consume, *v.*

sume *doux.*

présume, *v.*
résume, *v.*

1) Cf. au pluriel, la première pers. du plur. du passé défini de plusieurs verbes en OIR et en RE.

tume.

accoutume, *v.*
amertume.
anthume.
apostume.
bitume.
costume, *s. et v.*
coutume.
désaccoutume, *v.*
posthume.
raccoutume (se), *v.*
réaccoutume. *v.*

xume.

exhume, *v.*

UMNE.

Vertumne, *myth.*

UN.

Hun, *g.*
un.
trente et un.

tribun.

brun.
embrun.

aucun.
chacun.

Verdun, *g.*

brûle-parfum.
parfum.

jeun (à).

alun.
falun.

commun.

nerprun.

quelqu'un.

importun.
inopportun.
opportun.
petun.

UNCH.

lunch.
punch.

UNE.

hune.
une, *a. f.*

tribune.

brune, *a. f. et s.*
runes.

aucune.
chacune.
lacune.
pécune.
quelqu'une.
rancune.

dune.

lagune.

alune.
demi-lune.
falune.
lune.
Pampelune, *g.*

pétune.

commune, *a. f.*
commune, *s.*

prune.

demi-fortune.
fortune.
importune, *v. et a. f.*
infortune.
inopportune.
Neptune, *myth.*
opportune.
thune.

UNT.

défunt.

emprunt.

UNTE.

défunte, *a. f. et s.*

emprunte, *v.*

UNTE (*prononcé* onte).

junte.

voir ONTE.

UPE.

huppe.

occupe, *v.*
préoccupe, *v.*

dupe, *s. et v.*

drupe.

jupe.

UPLE.

décuple, *a. s. et v.*

quadruple, *a. s. et v.*

centuple, *a. s. et v.*
quintuple, *a. s. et v.*
sextuple, *a. s. et v.*

UQUE.

sambuque.

caduque.
éduque, *v.*
heiduque.

Lucques, *g.*
noctiluque.
reluque, *v.*

eunuque.
nuque.

perruque.

stuque, *v.*

truque, *v.*

UR.

Tibur, *g.*

clair-obscur.
obscur.

dur.

au fur (et à mesure).

contremur.
fémur.
mur.
mûr.
Namur, *g.*
Réaumur, *n. p.*
Saumur, *g.*

impur.
pur.

sur.
sûr.

Arthur, *n. p.*
déléatur.
édition ne varietur.
exéquatur.
futur, *a. et s.*

azur.

URBE.

perturbe, *v.*

URC.

Turc, *g.*

URCE.

Quinte-Curce, *n. p.*

URDE.

absurde.
Kurde, *g.*

URE.

ure.
hure.

bure

bure.
carbure.
courbure.
ébarbure.
fourbure.
garbure.
saburre.

blure.

criblure.
doublure.
encâblure.

brure, crure, frure et prure.

cambrure.
diaprure.
gaufrure.
marbrure.
membrure.
nacrure.
zébrure.

cure.

cure, *s.*
cure, *v.*
Dioscures, *myth.*
écure, *v.*
Epicure, *n. p.*
manucure.
Mercure, *myth. et s.*
obscure, *a. f.*
pédicure.
phœnicure.
procure, *v.*
recure, *v.*
sinécure.
Valkure, *myth.*

(*voir* qure.)

çure.

enfonçure.
fronçure.
gerçure.
glaçure.
rinçure.

(*voir* sure *dur*).

chure.

bavochure.
bouchure.
brochure.
contre-hachure.
écorchure.
embouchure.
emmanchure.
enfourchure.
épluchure.
hachure.
mâchure, *v.*
mouchure.
panachure.

clure.

conclure.
exclure.
inclure.

raclure.
reclure.
sarclure.

crure.

échancrure.

dure.

bordure.
dure, *a. f. et s.*
dure, *v.*
endure, *v.*
froidure.
indure (s').
iodure.
ordure.
procédure.
soudure.
sur la dure.
verdure.
vidure.

fure.

chauffure.
coiffure.
échauffure.
sulfure.
surchauffure.

flure.

boursouflure.
désenflure.
enflure.
éraflure.
soufflure.

gure

augure, *s. et v.*
configure, *v*
défigure, *v.*
envergure,
figure, *s. et v.*
inaugure, *v.*
transfigure, *v.*

geure (pr. jure).

gageure.
mangeure.
vergeure.

(*voir* jure.)

gnure.

égratignure.
encognure.
rognure.

i-ure.

arséniure.
chiure.
demi-reliure.
liure.
reliure.
sciure.
striures.

(*voir* yure.)

jure.

abjure, *v.*
adjure, *v.*
conjure, *v.*
injure.
jure, *v.*
parjure, *a. et s.*
parjure (se), *v.*

(*voir* geure.)

lure.

accolure.
allure.
annelure.
bosselure.
boursouflure.
brûlure.
cannelure.
carrelure.
chapelure.
chevelure.
ciselure.
coulure.
craquelure.
crénelure.
criblure.
dentelure.
désenflure.
écartelure, *blason.*
échauboulure.
encolure.
enflure.
engelure.
engrêlure, *blason.*
faufilure.
fêlure.
filure.
foulure.
gravelure.
moulure.
niellure.
peinturlure, *s. et v.*
pelure.
perlure.
raclure.
réglure.
roulure.
silure.
soufflure.
tavelure.
tellure.
tubulure.
turelure.
vermiculure.
vermoulure.
voilure.

llure *mouillé.*

écaillure.
émaillure.
entaillure.
éraillure.
feuillure.
maillure.
mouillure.
peignures.
rouillure.
souillure.

mure.

amure.
armure.
bromure.
claquemure, *v.*
démure, *v.*
contremure.

emmure, *v.*
empaumure.
entamure.
étamure.
fumure.
hémures.
limure.
mure, *v.*
mûre, *s.*
mûre, *a. f.*
murmure, *s. et v.*
ramure.
saumure.

nure.

cernure.
charnure.
cyanure.
damasquinure.
écornure.
engrenure.
enluminure.
entournure.
glanure.
léonure.
rainure.
tenure.
tournure.

ou-ure.

enclouure.
nouure.

pure.

apure, *v.*
coupure.
découpure.
dépure, *v.*
épure, *s.*
épure, *v.*
étampure.
guipure.
impure, *a. f.*
jaspure.
pure, *a. f.*
râpure.
suppure, *v.*

qure.

piqûre.

(*voir* cure.)

rure.

bigarrure.
carrure.
chamarrure.
chlorure.
cirure.
déchirure.
dorure.
échancrure.
ferrure.
fourrure.
mordorure.
nerf-férure.
parure.
serrure.

sure *dur.*

assure, *v.*
blessure.
bouffissure.
brouissure.
brunissure.
cassure.
censure, *s. et v.*
chancissure.
chaussure.
commissure.
cotissure.
crépissure.
damassure.
déchaussure.
éclaboussure.
élargissure.
enchâssure.
épissure.
fissure.
flétrissure.
fourbissure.
fressure.
froissure.
meurtrissure.
moisissure.
morsure.
noircissure.
plissure.
polissure.
pressure, *v.*
rancissure.
rassure, *v.*
ratissure.
salissure.
scissure.
sertissure.
sûre.
susurre, *v.*
ternissure.
tissure, *s. et v.*
tonsure, *s. et v.*
vernissure.
voussure.

(*voir* çure *et* xure.)

sure *doux.*

à mesure.
baisure.
brasure.
brisure.
césure.
croisure.
cynosure, *astr.*
décousure.
embrasure.
évasure.
frisure.
masure.
mesure, *s. et v.*
présure.
usure.

(*voir* zure.)

ture.

acupuncture.
agriculture.
apiculture.
appogiature.
arboriculture.
arcature.
architecture.
argenture.
armature.

aventure, *s. et v*
aviculture
biture
bonne aventure.
bouture
cadrature.
candidature
capture, *s. et v.*
caricature, *s. et v.*
ceinture.
cléricature
clôture.
collature.
confiture.
conjecture, *s et v.*
conjoncture.
contexture.
contracture.
courbature.
couture.
couverture.
créature.
culture.
déchiqueture.
déconfiture.
dénature, *v.*
denture.
désinvolture.
devanture
dictature.
droiture.
écriture.
égoutture.
emboîture.
enture.
facture.
fermeture.
filature.
fioriture.
forfaiture.
fourniture.
fracture, *s. et v.*
friture.
future, *a. f.*
garniture.
géniture.
horticulture.
imposture.
inculture.
investiture.
jointure.
judicature.
lecture.
législature.
ligature.
littérature.
maculature.
magistrature.
manufacture, *s. et v.*
mâture.
mésaventure.
miniature [5].
mixture.
monture.
moucheture.
mouture.
nature.
nomenclature.
nonciature.
nourriture.
obture.
ossature.
ostréiculture.
ouverture.
pâture, *s. et v.*
peinture.
penture.
pisciculture.
pointure.
portraiture.
posture.
pourriture.
préfecture.
prélature.
préture.
primogéniture.
progéniture.
projecture.
puériculture.
quadrature.
questure.
rature, *s. et v.*
réouverture.
roture.
rudenture.
rupture.
sacrificature.
sature, *v.*
sculpture.
sépulture.
signature.
sous-préfecture.
stature.
structure.
superstructure.
sursature, *v*
suture.
sylviculture.
tablature.
teinture.
température.
tenture.
texture.
toiture.
tonture.
torture, *s. et v.*
triture, *v.*
vergeture.
vêture.
villégiature [6].
viticulture.
voiture, *s. et v.*
Voiture, *n. p.*

vure.

bavure.
élevure.
emblavure.
enjolivure.
gélivure.
gravure.
lavure.
levure.
nervure.
photogravure.
pyrogravure.
rivure.

xure.

luxure.

(*voir* çure *et* sure *dur.*)

yure.

balayure.
enrayure.
nettoyure.
rayure.
à la revoyure.

zure.

azure. *v.*
(*voir* sure *doux.*)

URGE.

Panurge, *n. p.*

expurge, *v.*
purge, *v.*
repurge, *v.*

insurge (s'), *v.*

dramaturge.
thaumaturge.

URGUE.

Lycurgue, *n. p.*

URLE.

hurle, *v.*

URNE.

urne.

diurne.

cothurne.
Minturne, *g.*
nocturne.
Saturne, *myth.*
taciturne.
turne.
Vulturne. *g.*

URPE.

usurpe, *v.*

URQUE.

bifurque (se), *v.*

mazurque.

turque, *a. f.*

US

(dont le *s* se prononce).

us (et coutumes).
Huss, *n. p.*

a-us.

Danaüs, *myth.*

bus.

autobus.
choléra-morbus.
gibus.
naturalibus (in).
nimbus.
obus.
omnibus.
partibus (évêque in)
Phébus, *myth.*
quibus, *pop.* (argent).
rasibus, *pop.*
rébus.
syllabus.

cus.

Antiochus. *n. p.*
Bacchus, *myth.*
blocus.
Britannicus. *n. p*
Cacus, *n. p.*
fucus.
Germanicus, *n. p.*
Glaucus, *myth.*
Gracchus, *n. p.*
Inachus, *n. p.*
mordicus.
mucus.
Spartacus, *n. p.*

dus.

gradus.
Indus, *g.*

drus.

Codrus, *n. p.*

gus.

Argus, *myth.*
negus.

gnus.

agnus.

i-us.

Apicius, *n. p.*
Apollonius, *n. p.*
Arius, *n. p.*
Confucius, *n. p.*
Fabricius, *n. p.*
Jansénius, *n. p.*
Laïus, *n. p. et s.*
Marius, *n. p.*
médius.
olibrius.
radius.
Sirius, *astron.*
Trophonius. *myth.*

jus.

de cujus.

lus.

angélus.
Bélus, *myth.*
calus.
Carolus.
cumulus.
Lucullus, *n. p.*
palus.
Régulus, *n. p.*
Romulus. *n. p.*
tumulus.

mus.

Cadmus, *n. p.*
Comus, *myth.*
humus.
Momus, *myth.*
non possumus.
Nostradamus, *n. p.*
orémus.
Rémus, *n. p.*
vidimus.

nus.

anus.
Brennus, *n. p.*
corpus,
cosinus.
Janus, *myth.*
savant en us.
sinus.
terminus.
Uranus. *astron.*
Vénus. *myth.*

o-us.

Achéloüs, *myth.*
Antinoüs, *myth.*
Pirithoüs, *myth.*

pus.

habeas-corpus.

phus.

typhus.

rus.

Arcturus, *astron.*
Assuérus, *n. p.*
chorus.
cirrus.
Cyrus, *n. p.*
Diafoirus, *n. p.*
Eurus, *g.*
Fleurus, *g.*
garus.
humérus.
papyrus.
Pyrrhus, *n. p.*
Taurus, *g.*
urus (*aurochs*).
utérus.
virus.

sus *dur.*

consensus.
Consus. *myth.*
Crassus, *n. p.*
en sus.
excursus.
Issus, *g.*
lapsus.
Nessus, *myth.*
processus.
sus !
sus (en).

sus *doux.*

Crésus, *n. p.*
Nisus, *n. p.*

tus.

Brutus, *n. p.*
cactus.
Clitus, *n. p.*
cubitus.
décubitus.
détritus.
eucalyptus.
fœtus.
hiatus [3].
lotus.
motus.
Plutus, *myth.*
prospectus.
quitus.
rictus.
stratus.
Titus, *n. p.*
Unigenitus (bulle).

US [1]

(dont le *s* ne se prononce point).

abus.
cabus.
obus.

conclus.
exclus.
inclus.
perclus.
reclus.

confus.
diffus.
infus.
je fus, *v.*
refus.

j'eus.
jus.
verjus.

talus.

camus.

je pus.
pus.

au surplus.
plus.
surplus.

dessus.
en sus.
par-dessus.

Jésus, *n. p.*

contus.
obtus.

abstrus.
intrus.
(*voir* UX.)

USC.

busc.

musc.

USCLE.

muscle.

1) Cf. le pluriel des noms en U et en UT de même que les deux premières pers. du sing. du passé défini des verbes indiqués à UT.

USE.

use, *v.*

abuse, *v.*
arquebuse.
buse.
cambuse.
désabuse, *v.*

accuse, *v.*
excuse, *s. et v.*
récuse, *v.*
Syracuse, *g*

cluse.
écluse.
percluse.
recluse.
Vaucluse, *g.*

Méduse, *myth.*
méduse, *v. et s.*

confuse.
diffuse.
fuse, *v.*
infuse, *v.*
science infuse.
refuse, *v.*
transfuse, *v.*

amuse, *v.*
camuse.
cornemuse.
Muse, *myth.*

céruse.
ruse, *s. et v.*

mésuse, *v.*

intruse.

Aréthuse, *myth.*
contuse.

USQUE.

busque, *v.*
débusque, *v.*
embusque, *v.*

brusque, *a. et v.*
lambrusque, *s.*

frusque.

offusque, *v.*

jusque.

mollusque.

musque, *v.*

Étrusque, *g.*

USSE [1].

aumusse.

Gugusse, *n. p.*

laïusse, *v.*

musse.

Prusse, *g.*

Russe, *g.*
voir UCE.

USTE.

arbuste.
buste.
flibuste, *v.*
robuste.
tarabuste, *v.*

Locuste, *n. p.*
Procuste, *n. p.*

incruste, *v.*

aduste.

fruste.

Auguste, *n. p.*
auguste, *a.*
déguste, *v.*

ajuste, *v.*
désajuste, *v.*
injuste.
juste.
rajuste, *v.*

Salluste, *n. p.*

USTRE.

lacustre, *a.*

frustre, *v.*

aplustre, *s.*
balustre.
délustre, *v.*
illustre, *a. et v.*
lustre, *s. et v.*
palustre, *a.*

rustre.

UT
(dont le *t* se prononce).

ut, *musique.*

Belzébut, *n. p.*
but.

brut (poids).

chut !

lut.
luth.

---

1) Cf. les deux premières pers. du sing. de l'imparfait du subjonctif des verbes indiqués à UT.

azimut.
bismuth.

comput.
Lilliput, *n. p.*
occiput.
préciput.
sinciput.

scorbut.

Ruth, *n. p.*
rut, *s.*

UT [1]

(dont le *t* ne se prononce point).

eut, *v.* (*d'*avoir).

a-ut.

bahut.
chahut.

but.

attribut.
but, *s.*
but, *v.*
but-à-but.
début.
rebut.
scorbut.
tribut.

cut.

revécut, *v.*
survécut, *v.*
vécut, *v.*

çut.

aperçut, *v.*
conçut, *v.*
déçut, *v.*
perçut, *v.*
reçut, *v.*
(*voir* sut *dur.*)

chut.

chut, *v.*
déchut, *v*
échut, *v.*

clut.

conclut, *v.*
exclut, *v.*
inclut, *v.*

crut.

accrut, *v.*
crut, *v.*
décrut, *v.* et autres composés de *croître.*
recrut.

dut.

dut, *v.*
redut, *v.*

fut.

affût.
à l'affût.
fut, *v.* (*d'*être).
fût, *s.*

lut.

chalut.
élut, *v.*
émoulut, *v.*
équivalut, *v.*
fallut, *v.*
lut, *v.*
moulut, *v.*
prévalut, *v.*
réélut, *v.*
relut, *v.*
remoulut, *v.*
rémoulut, *v.*
résolut, *v.*
revalut, *v.*
salut.
valut, *v.*
voulut, *v.*

mut.

émut, *v.*
mut, *v.*
promut, *v.*

nut.

canut.
connut, *v.*
méconnut, *v.*
reconnut, *v.*

put.

put, *v.* (*de* pouvoir).
reput, *v.* (*de* repaître).

plut.

complut, *v.*
déplut, *v.*
plut, *v.* (*de* plaire *et de* pleuvoir).

rut.

accourut, *v*
apparut, *v*
comparut, *v.*
concourut, *v.*
courut, *v.*
discourut, *v.*
disparut, *v.*
encourut, *v.*
mourut, *v.*
parcourut, *v.*
parut, *v.*
recourut, *v.*
reparut, *v.*
secourut, *v.*

---

1) Ajoutez les 3es pers. du sing. de l'imparfait du subjonctif de tous les verbes donnés ici à la 3e pers. de l'indic. du passé défini : *eût, fût, voulût,* etc.

sut *dur.*

sut, *v.*

(*voir* çut.)

tut.

institut.
statut.
substitut.
tut, *v.*

vut.

dépourvut, *v.*
pourvut, *v.*

UTE long [1].

affûte, *v.*

flûte, *s. et v.*

UTE bref.

hutte.

cahute.
chahute, *v.*

bute, *v.*
butte.
être en butte.
culbute, *s. et v.*
débute, *v.*
rebute, *v.*
saquebute.

blute, *v.*

brute.

charcute, *v.*
discute, *v.*
exécute, *v.*
percute, *v.*
persécute, *v.*
répercute, *v.*

chape-chute.
chute.
parachute.
rechute.

recrute, *v.*
scrute, *v.*

affûte, *v.*
réfute, *v.*

flûte, *s. et v.*

gomme-gutte.
jute.
verjute, *v.*

de haute lutte.
délute, *v.*
lute, *v.*
lutte, *s. et v.*
volute.

permute, *v.*

minute, *s. et v.*

ampute, *v.*
compute, *v.*
députe, *v.*
dispute, *s. et v.*

impute, *v*
répute, *v.*
suppute, *v.*

hirsute.

UVE.

cuve, *s.*
cuve, *v.*
décuve, *v.*
encuve, *v.*

effluve, *s. m.*

Vésuve (le), *g.*

étuve, *s. et v.*

Vitruve *n. p.*

UX

(dont le *x* se prononce).

Pollux, *n. p.*

UX

(dont le *x* ne se prononce point).

flux.
reflux.

voir US.

UXE.

luxe, *s.*
luxe, *v.*

1) Cf. au pluriel, la deuxième pers. du plur. du passé défini des verbes indiqués à UT.

Y

Y.

by.

baby.
derby.
naby.

cy.

Bercy, *g.*
Montmorency, *g.*
Nancy, *g.*
le Sancy, *g.*

dy.

brandy.
dandy.
lady.

gny.

Coligny, *n. p.*

ky.

whisky (*prononcé* ki.)

ly.

Marly, *g.*
Sully, *n. p.*

lly *mouillé.*

Bailly, *n. p.*
Chantilly, *g.*
Neuilly, *g.*

my.

Barthélemy, *n. p.*

ny.

Jenny, *n. p.*
Parny, *n. p.*
penny.

psy.

gipsy.

ry.

Chambéry, *g.*
Du Barry, *n. p.*
Jules Ferry.
jury.
Monthléry, *g.*
Scudéry, *n. p.*
Satory, *g.*
sillery.
tilbury.
tory.

sy *dur.*

Bussy, *n. p.*
Passy, *g.*
Poissy, *g.*

sy *doux.*

Choisy, *g.*
revenez-y

ty.

garden-party.

try.

Grétry, *n. p.*
Vitry, *g.*

uy.

puy.
Le Puy, *g.*
Duruy, *n. p.*

vry.

Ivry, *g.*
voir I.

YBE.

Polybe, *n. p.*
voir IBE.

YCLE.

cycle.
épicycle.
hémicycle.
tricycle.
voir ICLE

YD.

Clyd (la), *g.*
voir ID.

YDE.

chlamyde.
oxyde, *s. et v.*
voir IDE.

YDRE.

hydre.

anhydre.

clepsydre.

voir IDRE.

YE.

Libye, *g.*

abbaye [4].

rallye.

voir IE.

YGE.

callipyge (Vénus), *myth.*

voir IGE.

YGME.

borborygme.

voir IGME.

YGNE.

cygne.

voir IGNE.

YLE.

chyle.
Eschyle, *n. p.*

Sibylle.

idylle.

éolipyle *ou* éolipile.
Thermopyles, *g.*

amyle.

dactyle.
péristyle.
prostyle.
style, *s.*
style, *v.*
voir ILE.

YLPHE et YLVE.

sylphe.
sylve.

YM (*pron.* in).

thym.

voir IN.

YMBE.

corymbe.
voir IMBE.

YME.

cacochyme.
parenchyme.
chyme.

didyme.

élyme.

anonyme.
antonyme.
éponyme.
homonyme.
paronyme.
pseudonyme.
synonyme.

azyme.
voir IME.

YMNE.

hymne.

Méthymne, *g.*
voir IMNE.

YMPE.

Olympe, *g. et myth.*
voir IMPE.

YMPHE.

lymphe.

nymphe.
paranymphe.

YNE.

androgyne.
misogyne.

Mnémosyne, *myth.*

Luynes, *n. p.*
voir INE.

YNQUE.

ornithorynque.
voir INQUE.

YNX.

lynx.

larynx.

pharynx.
voir INX.

YPE.

polype.

archétype.
daguerréotype.
linotype.
prototype.
stéréotype.
type.
voir IPE.

YPHE.

apocryphe.

anaglyphe.
hiéroglyphe.
triglyphe.

Sisyphe, *n. p.*

voir IFE et IPHE.

YPRE.

Chypre *ou* Cypre, *g.*
Ypres, *g.*

YPSE.

gypse.

apocalypse.

voir IPSE.

YPTE.

eucalypte.

crypte.

Égypte.

YQUE.

diptyque.
libyque.
polyptyque.
triptyque.

YR.

Byrrh (boisson).

Saint-Cyr, *g.*

Zéphyr, *myth. et s.*

martyr.
Tyr, *g.*

voir IR.

YRE et YRRHE.

Anticyre, *g.*
Corcyre, *g.*

Cynégyre, *n. p.*
dextrogyre.
hydrargyre.
senestrogyre.

collyre.
lyre.

myrrhe.
Palmyre, *g.*

porphyre.

apyre.
lampyre.

martyre.
Satyre, *myth.*
Tityre, *n. p.*
voir IRE.

YRNE.

Émyrne.
Smyrne, *g.*

YRSE.

thyrse.

YRTE.

myrte.

Syrtes, *g.*
(*voir* mots en *irte.*)

YS
(dont le *s* se prononce).

Téthys, *myth.*
voir IS.

YS.
(dont le *s* ne se prononce point.)

pays [2].

Denys, *n. p.*
Érinnys, *myth.*
voir IS.

YSE.

Cambyse, *n. p. et s.*

dépayse, *v.*
payse, *a. f. et s.* [3].

analyse, *s. et v.*

apophyse.
épiphyse.
symphyse.

diélyse.
catalyse.
électrolyse.
paralyse, *v.*
voir ISE.

YSME.

cataclysme.

dandysme.

paroxysme.

torysme.
voir ISME.

YSSE.

Ulysse, *n. p.*
voir ISSE.

YSTE.

kyste.
enkyste (s').

analyste.

améthyste.

myste.

xyste.
voir ISTE.

YTE.

presbyte.

leucocyte.
phagocyte.

Cocythe, *myth.*

trachyte.

Troglodytes, *g.*

acolyte.
Hippolyte, *n. p.*
prosélyte.

lithophyte.
lithozoophyte.
néophyte.
zoophyte.

baryte.

voir ITE.

YTHE.

mythe.

Scythe, *g.*

YTHME.

rythme.

voir ITHME.

YTRE.

élytre.

voir ITRE.

YX

(dont le *x* se prononce *cs*).

Éryx.

Japyx.

onyx.

Styx, *myth.*

voir IX.

ACHEVÉ D'IMPRIMER
PAR L'IMPRIMERIE
BRODARD ET TAUPIN
À LA FLÈCHE
LE 14 AOÛT 1985

Numéro d'éditeur : 2003
Numéro d'imprimeur : 6562-5
Dépôt légal : 4e trim. 1979

Printed in France

NOTES

NOTES

NOTES

NOTES

NOTES

NOTES

NOTES

NOTES

NOTES

NOTES

NOTES

NOTES

NOTES

NOTES

NOTES

NOTES

NOTES

NOTES